T0348710

ADN Barça

ADN Barça

Paco Seirul·lo

Penguin
Random House
Grupo Editorial

Primera edición: marzo de 2024

© 2024, Paco Seirulło
© 2024, Roca Editorial de Libros, S.L.U.
Travessera de Gràcia, 47-49. 08021 Barcelona

Printed in Spain – Impreso en España

ISBN: 978-84-19965-00-4
Depósito legal: B-759-2024

Compuesto en Fotoletra, S. A.

Impreso en Liberdúplex
Sant Llorenç d'Hortons (Barcelona)

RE65004

Índice

Prólogo de Pep Guardiola

Paco, lo que has propuesto en estos textos no constituye un libro de fútbol, sino del fútbol. De esa forma de jugarlo que hemos tenido la inmensa fortuna de compartir durante años, siendo el resultado de un proceso y producto de entenderlo y practicarlo desde la inteligencia, disciplina y talento de «aquellos» que se «juntaban» para disfrutar, teniendo siempre en cuenta a su equipo, al objeto de ganar.

Me gusta el concepto de espacio de fase para lograr comprender cómo organizarnos en el espacio respecto al balón en y para cualquiera de los sistemas que utilicemos. Pues así se transforman en disponer del balón (en ataque) o en tener que recuperarlo (defensa), de manera proactiva, en todo el espacio de juego. Así el balón es el medio y el fin del jugar.

Me encanta el pase como gesto único de la motricidad del jugador, y por tanto de toda la intracomunicación del equipo, y para el engaño (táctica) de los contrarios.

Me gustan sobremanera los patrones semánticos de intercomunicación entre los nuestros, sobre todo el de contramovimiento. ¡¡Genial!! Así se materializa cualquier sistema de ataque que se utilice.

Me fascinan las propuestas de objetivos de entrenar cada día, pues van dirigidos directamente al cerebro, a la inteligencia de los jugadores, de manera que los capaciten tanto para conocer el juego como a lo que juegan y a sí mismos.

En fin, podría continuar ensalzando cada una de las líneas donde propones los hábitos operativos propios de este jugar, lo que haría interminable este prólogo, pues creo que has logrado abrir una diferente y nueva forma de ver, jugar, entrenar y disfrutar de jugar al fútbol, y así ganar.

¡Sencillamente gracias, Paco!

Prólogo de Jordi Cruyff

Hace unos días me encontré con Paco Seirul·lo, con el que hacía tiempo que no coincidía, e inevitablemente terminamos hablando de fútbol, de aquel tiempo en que fue mi preparador físico en el Barça B y demás gratos recuerdos compartidos. Me anunció que estaba terminando un libro de fútbol, pero rápidamente aclaró que era del fútbol que había vivido y sentido en el tiempo inolvidable que compartió con mi padre. Me pidió esta colaboración, que sin dudar acepté después de oír el emocionado relato de todo lo que mi padre le había aportado a su conocimiento del juego, y servido como base motivadora de sus estudios e interpretación desde la teoría de sistemas y las ciencias de la complejidad, como base teórica y propuesta práctica que propone en este libro.

Me contó que uno de sus primeros días de los muchos compartidos con mi padre le dijo: «El fútbol es tener el balón, y del cómo me encargo yo, "lo otro es correr", y de eso te encargarás tú». Todo lo exponía con esa lógica aplastante y compleja sencillez. Decía también que pasar el balón debía hacerse a un compañero libre de marca, de cara, al pie y al primer toque, y si era posible, a su pie bueno; que había que pasar primero en corto para atraer y luego en largo al compañero libre de marca para superar. O que antes de pedir un pase, hay que mirar, para que cuando te llegue tengas pensado lo que puedes hacer. Desde esa sencillez, había comprendido un sinfín de conceptos valiosos y podido construir una verdadera epistemología del pase que es la base de sus textos.

Así he podido comprobarlo con la lectura de su libro, de la que especialmente me ha impresionado el concepto de espacios de fase donde concluyen todas las esencias del pase y la forma de jugar a modo de un sistema de juego, y los patrones semánticos de comunicación para construir esos espacios tanto en la fase de tener el balón como en la de recuperarlo. Pero hay otros muchos conceptos que nacen desde la idea de que en el fútbol «todo es pase» que sin duda sorprenderán al lector y le darán las bases para poder así entrenar, tanto en equipos de base como a profesionales, de una forma novedosa, eficiente y atractiva.

Para mí, todo lo aquí propuesto entiendo que puede ser el ADN del Barça del que todos hablan, y nadie hasta ahora lo había expuesto con esta claridad, para deleite tanto de aficionados como de profesionales y estudiosos de este «juego de los juegos», como dice Paco.

Introducción

Estimado lector:

Nos vemos en la obligación de indicarte que este no es un libro de fútbol o sobre el fútbol, sino que es un libro del «fútbol», de ese fútbol al que Johan Cruyff nos abrió sus puertas y que Pep Guardiola, mientras entrenó en el F. C. Barcelona junto con Tito Vilanova, propuso y desarrolló hasta que el proyecto se interrumpió por los motivos que ya conoces. Por tanto, no esperes encontrar en estas líneas sistemas de juego nuevos, o desarrollos inesperados de ideas y valores desconocidos sobre conceptos de ataque o de alguna defensa inexpugnable, ni tampoco cómo entrenarlas.

Este, sin embargo, es un documento que solo se centra en el fútbol que se ha venido llamando «fútbol Barça», o, para muchos, «fútbol posicional». Es un método controvertido, en parte por su desconocimiento, ya que Guardiola y sus «antecesores» solo han podido mostrar algunos de sus aspectos en los diferentes equipos que han entrenado. Es posible que sea porque este fútbol debe ser aprendido desde «la cuna» como un idioma materno que nos acompaña toda la vida. Y eso es algo que no se ha podido realizar en otro lugar distinto al F. C. Barcelona. Con él somos capaces de «conversar» entre nosotros, de manera que eso que sentimos y compartimos al comunicarnos es producto y consecuencia de un consenso tácito sobre cómo debemos tratar (no maltratar) el balón, para «lenguajear» en unos términos que solo nosotros conocemos bien, identificamos y cuyo valor comprendemos, pues es producto de un legado histórico fortalecido por conocer cómo ha sido «ese otro algo» sin lo nuestro.

Supone una clara alternativa al fútbol «tradicional», pues dentro del equipo conversamos acoplados en constructos físicos-espaciotemporales-situacionales que logran y definen formas nuevas de coexistir, invitándonos a que todos nos involucremos a la hora de conformar los distintos y necesarios espacios para jugar en «disposición» del balón (EENFD) o hacerlo para su «recuperación» (EENFR). Son dos microecosistemas distintos, entrelazados a modo de sucesión coreográfica de emociones y deseos, que tienen el poder de hacernos lidiar con la incertidumbre del jugar, proporcionándonos energía para nuestro cambio necesario, al tener que ver, sentir, vivir y convivir con todo lo nuevo que surge con cada pase. Y es que solo el balón tiene ese poder. A través del pase, que en su deletreo comunicativo de acuerdo con unos «patrones semánticos» solo nosotros llamamos PS, manifestamos unas intenciones comunes, consensuadas durante los entrenamientos. Estos convenios conforman el jugar que «seremos» en cada actuación al intercambiarnos el balón, pues todos así lo hemos aceptado, tengan el resultado que tengan.

Cada paso hacia el conocimiento de nuestro jugar se muestra como un nuevo-diferente logro cooperativo-altruista que todos compartimos y practicamos para poder superar lo competitivo, pues este otorga valores individuales, generando siempre, aún sin querer, un algo destructivo para el grupo. Mientras que aquello altruista genera valores afectivos que son imprescindibles para jugar como equipo al fútbol Barça y obtener el éxito deseado. Entendemos que para ello debemos generar un ambiente de entrenamiento adecuado donde organismo y entorno se acoplen por medio de una práctica recursiva de tareas singulares propias, tomando lo mejor de la naturaleza humana para «practicar virtudes» que contengan necesariamente acciones inteligentes, no automáticas. Ello hace necesario que a veces se tengan que utilizar métodos y lenguajes pertenecientes a otras disciplinas que han de deambular entrelazadas por espacios permeables, para fundirse en una interdisciplina propia de entrenamiento, para que así pueda surgir la innovación en nuestro jugar. Es cómo entrenamos...

Todo lo expuesto es posible si se abandona el determinismo y la causalidad. Dejamos de lado a Descartes y a Hume, y damos la bienvenida a la psicología ecológica de Gibson, la teoría de Chile de H. Maturana, así como a las neurociencias que permiten afianzarnos en saber lo que estábamos haciendo y lo que nos faltó por hacer. Esto es lo que exponemos en estos textos con el máximo respeto a quienes nos precedieron. Deseamos que te ayude a disfrutar del conocimiento de este maravilloso «juego de los juegos» desde acaso otra dimensión. ¡A por ello!

1

Aquel hermoso día

Hay dos clases de innovación: una «horizontal», que consiste
en cambiar de respuesta (evolución). Y otra «vertical», que
consiste en cambiar de pregunta (revolución).

JORGE WAGENSBERG, 2014

Aquel hermoso día en que nos preguntamos: ¿es suficiente para un entrenador que quiera triunfar conocer bien el fútbol actual, a los jugadores que han hecho/hacen su historia y formarse en las escuelas de entrenadores, o necesita algo más-diferente? Y de ser así, ¿qué dirección debería tomar? ¿Podríamos recorrer un camino distinto por el que acceder a un fútbol diferente-nuevo?

Son preguntas que ya nos hicimos hace tiempo para comenzar a construir ese nuevo camino, cuando decidimos que era necesario otro sendero para la innovación del juego del fútbol, pues el conocimiento acumulado de este deporte, ya desde hace más de un siglo, es tan diverso-amplio e interpretado con tanta variedad en tantos años, culturas y visiones alternativas que entendimos que era imposible (aceptando esta rotunda perspectiva experiencial) encontrar el camino buscado, nuevo-deseado. Así pues, concluimos que era necesaria una nueva-distinta forma de interpretar la realidad del juego. ¡Una pequeña-deseada revolución!

Para lograr un verdadero cambio, era necesario partir desde los cimientos más ancestrales sobre los que se sustentaba el juego. Ello suponía implicarnos en provocar un cambio del paradigma respecto al que hasta ahora se había sustentado-desarrollado. Entendíamos que no podíamos jugar de manera distinta si permanecíamos instalados en la misma esencia, pues ya había sido explotada durante demasiado tiempo.

Ese paradigma, que llamaremos «reduccionista», ha sido utilizado exhaustivamente y de forma dominante para entender-entrenar y proponer el fútbol. Soporta este fútbol impregnándolo-justificándolo con ideas-conceptos analíticos y reduccionistas. De esta forma, nos hemos acostumbrado a aceptar como válido que:

- El juego puede ser comprendido-practicado únicamente cuando se descompone dividiéndolo en los que atacan y los que defienden. Desde este dilema dicotómico se confeccionan los equipos, se construyen los sistemas de juego que se exhiben en los partidos y se forman a los jugadores especialistas de cada parte.
- Solo desde el análisis se observan cada una de las «jugadas» que dan forma y caracterizan el juego de los equipos.
- Desde el orden, y bajo estos conceptos, se puede prever el buen o mal juego, y no de otra forma, pues es el modo más sencillo-evidente «del jugar», según un sistema que los centrocampistas «dirigen».
- Cada efecto observado tiene una sola causa, que genera siempre el mismo efecto en el juego, por lo que la jugada nace allí donde aparece.
- Hay que aceptar que solo la repetición en idénticos términos causales-analíticos proporciona mejoras en los jugadores durante sus entrenamientos.
- Es suficiente con identificar un reducido número de premisas causales, que, por ser las esenciales-importantes para el juego, son las bases incuestionadas del aprendizaje del juego. Y así se entrena...
- El entrenador es quien conoce el juego y lo enseña; los jugadores lo aprenden así.

¡En el fútbol está todo inventado!

Todas estas premisas y alguna más han constituido el desarrollo de este paradigma, soporte «científico» del juego, hasta hoy. Solo gracias al talento de algunos grandes jugadores que en muchas ocasiones han desatendido a sus entrenadores, el deporte ha logrado evolucionar y mantener la atención y el cariño de los aficionados durante tanto tiempo, para su gloria y veneración.

Ante tal situación, nos propusimos utilizar la misma etiología-génesis..., ¡tener que cambiar de paradigma! Entendíamos que solamente de esta forma podríamos lograr-participar en conformar otra manera de observarlo-enseñarlo-practicarlo. ¡En definitiva, amarlo!

Concluimos que el paradigma emergente de la complejidad podría aportarnos aquellos valores epistemológicos necesarios que nos permitirían hacer los cambios que según nuestro criterio eran necesarios para obtener una diferente forma de ver el fútbol, desde otras alternativas más «científicas». Seguimos así a Thomas Kuhn (*La estructura de las revoluciones científicas*, 1985): «El progreso científico no es solo una simple acumulación de nuevos conocimientos; una verdadera revolución científica es aquella que implica un cambio de paradigma».

Nuestro objetivo se transformó pronto en un desafío respecto a cómo lograr la reconstrucción del juego desde una totalidad dialógica, pues entendíamos que atacar y defender no son solo antagónicos-opuestos, sino complementarios-indisociables y que únicamente el balón los hace necesarios, o que los efectos son a la vez productores-causadores de lo que los produce, ocasionando un *continuum* de complejidad. Además, supimos que si el juego es un estado de ánimo, este es a su vez generador de una forma-alegría de jugar, con lo que ello comporta de lúdico-creativo. Solo desde esta perspectiva sistémica podríamos observarlo-expresarlo en toda su ineludible complejidad.

Desde este paradigma ya experimentado en otros campos del conocimiento y prácticas humanas, podemos explicar el juego como «un todo» único que se reorganiza en el espacio-tiempo, que está conformado por-desde múltiples dimensiones de distinta naturaleza y a su vez por elementos en interacción que son capaces de mantener cierto grado de estabilidad en sus actividades durante el juego, alejadas del equilibrio. Estos elementos son los jugadores, seres humanos deportistas (HD) que, por sus características sistémicas únicas y específicas, se consideran unidades funcionales complejas-activas capaces de lograr durante el juego diversas organizaciones comprometidas en modificar los espacios-entornos del juego según ciertos intereses comunes, que se concretan en cómo ganar el partido. Para ello se deberán establecer unas redes específicas de comunicación motrices y no motrices entre los propios compañeros, que no sean reconocidas-identificadas, y por lo tanto acaso interrumpidas por sus oponentes, con los que comparten el espacio-tiempo del juego. El balón es la referencia-objeto que define y explica la totalidad compleja de tal comunicación, pues es él el que conforma los entornos situacionales espaciotemporales donde vivimos-jugamos. Cuando queremos modificar los acontecimientos vividos-viviéndolos con referencia espacial, tenemos que actuar sobre el balón en función del tiempo de nuestras ejecuciones. Al contrario, si deseamos intervenir modificando los acontecimientos en relación con su ajuste temporal, tendremos que actuar sobre el balón en esos momentos, en función del espacio. Ello constituye la interacción E-T que conforma la complejidad operacional de este nuestro jugar al fútbol.

Establecidas tales premisas, podemos interpretar el «nuevo fútbol» como un proceso complejo de interdependencias dinámicas de acontecimientos más o menos creativos de enfrentamientos y coaliciones, esperados e inesperados, previsibles e imprevistos siempre sujetos a un alto nivel de incertidumbre que en cada momento conforman el juego. El espacio, el terreno de juego, no es algo ajeno, inerte, sino un lugar de interacciones-sinergias positivas entre nuestros jugadores, a veces inhibidoras o negativas, ocasionadas por los contrarios, donde nada de lo que ocurra puede definirse como independiente o aislado, sino como un proceso continuo de redes de interacciones que conforman complejos comunicativos altamente entrelazados por sentimientos-deseos-emociones. Son propias de las mujeres y los hombres, de todos los seres humanos deportistas (HD) que desean jugar al fútbol.

Esta diferente conceptualización transformadora implica poder pasar de aquellas certezas causales del fútbol tradicional a la necesaria aceptación de la complejidad e incertidumbre. De objetivos prefijados a la responsabilidad de la elección individual-grupal. De mostrarnos un único camino unidireccional de la comunicación a aceptar la recursividad. De una práctica tradicional tranquilizadora del «dejar hacer» a dar paso a la inquietud generadora de la creatividad exploratoria. De hacer de su entrenamiento una práctica genérica de repetición-adicción de modelos preestablecidos (físicos, técnicos, tácticos), a una práctica innovadora que logre integrar todas las estructuras de los humanos-jugadores, y que, por practicar con totalidades complejas, cobra una relevancia total.

Nos pusimos a sopesar-investigar desde esta diferente-nueva dimensión, basándonos en las ciencias de la complejidad y las teorías sistémicas, como soporte de nuestras convicciones-intereses. Después de más de diez años de encuentros-desencuentros, de muchos esfuerzos, esperanzas vacías y algunas compensadas, podemos ofrecer ahora una manera distinta de entender el fútbol y jugarlo que posiblemente haya cautivado a los aficionados de todo el mundo, y acaso haya interesado al mundo del conocimiento científico.

Somos conscientes de que haber tenido un grupo de jugadores excepcionales nos ha permitido alcanzar niveles de excelencia inesperados y nos ha dado posibilidades de explorar estos nuevos caminos-territorios; sin ellos habrían resultado inaccesibles a nuestro conocimiento. No obstante, también creemos que estos mismos jugadores entrenados en métodos clásicos no habrían jugado como lo han hecho. Seguramente podrían acaso haber logrado los mismos o parecidos laureles, es posible, pero de lo que estamos seguros es de que no lo habrían hecho de la forma que fue y será desde entonces identificativa del «estilo Barça». ¡Nuestro juego! ¡Iniciamos nuestra revolución!

2

Así ha sido

Somos palabra.

Sin duda, la terminología utilizada en el fútbol tradicional (FT) nos muestra claramente su procedencia. De este modo, los conceptos de estrategia o de táctica proceden del ámbito militar, se remontan hasta hace miles de años. Uno de los más antiguos conceptos militares empleados para desarrollar la estrategia lo encontramos en *El arte de la guerra*, de Sun Tzu (544 a. C.), de gran popularidad en el siglo pasado. Ha tenido mucha influencia tanto en la gestión y en las estrategias empresariales como en la política y en el ejército. Dicen que, actualmente, es lectura obligada para el Cuerpo de Marines. Contiene alternativas detalladas de los planes de guerra para vencer a los enemigos. ¿A qué suena esto? No digamos ya a la táctica que nace en el ejército, definida como aquella acción que, utilizando los «medios de acción propios», hace que podamos superar al enemigo en el campo de batalla. Así pues, trazando paralelismo, no es de extrañar que un chut a portería sea un «disparo a puerta», o un gol que entra ajustado sea un «tiro por la escuadra», por poner solo unos ejemplos de esa terminología del fútbol que es propia de la guerra.

«Estamos preparados para la guerra», dice orgulloso un entrenador al final de la pretemporada. El proceso del juego atacar-defender da muestra inequívoca de la procedencia bélica del fútbol y de otros muchos deportes de equipo.

Otra de las fuentes de conocimiento que queremos utilizar para la comprensión del juego y las condiciones de ejecución de las tareas del entrenamiento la aportó René Descartes (1596-1650) en varios aspectos de sus teorías, principalmente con la formulación de su «principio de causalidad», que nos ha facilitado la identificación de las acciones de juego. Lo presentó en estos términos:

- La causa es anterior a cualquier efecto observado.
- Ambos se presentan de manera contigua en el espacio-tiempo del acontecimiento.
- La misma causa produce el mismo efecto, por lo que existe una dependencia evidente, unívoca entre esa causa y el efecto producido.

¡Acaso no buscamos las causas que han producido todos los efectos, tanto los deseados como los no deseados! En el FT y en muchos deportes de equipo, sus entrenadores han explicado-entendido-entrenado mediante la aplicación de este principio. La causalidad impregna cada acción, cada situación del juego; a través de ella, se evalúan las actuaciones de los jugadores en cada momento del partido. Cada intervención de un futbolista con el balón es causa concreta del efecto producido y solo por ella causado. Así pues, «cada jugada» es una concreta sucesión lineal causa-efecto producida por la acción de ese jugador; se califica positivamente al futbolista por su actuación, cuando el efecto causado en su intervención se entiende como válido-positivo para los intereses del equipo y para que la afición disfrute. Por el contrario, cuando se dice «¡ha fallado ese pase!», puede que sea porque el jugador lo hizo con el exterior del pie, con el que se tiene menos control. «¡Esa es la causa!», dice el entrenador. Después la utiliza en los siguientes entrenamientos para corregir la causa del problema. Y es la más lógica desde la perspectiva del entrenador en su análisis por partes de tal ejecución. Esto constituye otra doctrina filosófica, el mecanicismo al que también Descartes aportó su conocimiento. Desde este análisis lógico-mecanicista se plantea que cada jugada, o cuestión compuesta-problemática, se puede dividir en partes. ¡Divide y vencerás! Simplificada, se pueden observar por separado sus causas y los correspondientes efectos. De esta forma, se propone construir ejercicios también analíticos, para lograr modificar aquellas causas que producen efectos no deseados. La formación y los conocimientos que el entrenador tenga sobre el juego le facilitarán identificar un concreto número de causas que puedan producir unos concretos-determinados efectos que serán identificativos de su forma particular de «ver» el fútbol o cualquier actividad complicada-problemática. En esta clase de actuaciones se ha basado el entrenamiento del FT que muy a menudo cae en una «ficción analítica», producto del alejamiento no consciente de la realidad del juego, buscando luego su transferencia a este.

Sin duda, en cien años de FT, toda esta terminología y todas estas condiciones del entrenamiento se han sofisticado, aunque manteniendo su anterior esencia. En principio, el terreno de juego era identificado (a veces) como campo de batalla; actualmente, su lógica causal se concreta refinadamente en términos de «escenarios de juego», donde se identifican diferentes formas de intervención tanto en «escenarios de ataque» o de defensa. En estos escenarios hay un decorado, la forma en que se constituyen las líneas de batalla de ambos contendientes que se implantan en el campo de acuerdo con el sistema de juego (estrategia de batalla) reconocido por el entrenador. Este les proporciona a los jugadores la seguridad de que ellos supuestamente conocen (el guion) de lo que «tienen que hacer», pues su técnico lo ha mostrado durante los entrenamientos en alguna ocasión. En los partidos, cuando las causas que se proponen no logran los efectos deseados, a veces aún queda el recurso de las «intervenciones arbitrales», que, siendo muy exigentes-adversas, han perjudicado «nuestros intereses». Ha impedido el desarrollo de nuestro juego, pues con sus decisiones ha logrado descentrarnos de los objetivos previstos-deseados.

Se dice que cuando un equipo lleva el partido a «su escenario» logra la iniciativa en el juego; es entonces cuando está en el camino de ganarlo. En muchas ocasiones y producto del análisis desde la lógica mecanicista segmentadora, cuando el entrenador reflexiona sobre la derrota de su equipo dice cosas como: «¡Nos han llevado el partido al escenario de "lo físico", donde ellos son superiores!». De este modo, propone la única causa lógica-determinista de que: «¡Si corren más!... Durante la segunda parte, han sido (solo por ello) superiores... ¡Hay que trabajar más, sufrir, dejarnos la piel!».

Todo el entorno del fútbol acepta estas causas con naturalidad y como algo evidente, pues son componentes fácilmente observables en los que coinciden los analistas que basan sus juicios en esta lógica reduccionista-lineal y análisis mecanicista con los que juzgan cada intervención, «la jugada» de cada futbolista. Culpabilizan solo a «este» del efecto bueno o malo causado. ¿Quién dio ese pase? ¿Quién ha fallado en este gol?

Entienden y aceptan como máximos influyentes bélicos a sus ancestros (el *calcio*) la mencionada inefable linealidad del principio de causalidad y el mecanicismo, pero posiblemente nos pasó desapercibido por ser contemporánea con el desarrollo inicial del fútbol, aquella que el economista y sociólogo alemán Max Weber (1864-1920) definió como teoría burocrática, que fue un gran paso para el estudio y el desarrollo posterior de la sociología y de la administración de empresas. Posiblemente, esta diera apoyo teórico y «filosófico» a los conceptos y necesidades que el fútbol requería para el orden interno del juego, pues, en esa teoría burocrática, Weber expone cómo deben «hacerse las cosas» para que una organización sea eficiente, logre los objetivos deseados y supere a otras organizaciones que compiten con los mismos intereses. ¿No son estos los mismos objetivos de los equipos deportivos? Basta ahora que mostremos el paralelismo entre las propuestas de la teoría burocrática y por qué se han podido constituir como aspectos fundamentales organizativos de los equipos deportivos. Resumiendo y adaptando sus ideas como las exponemos, veremos el incuestionable paralelismo entre la teoría burocrática y la forma en que se han constituido organizativamente los equipos en algunos aspectos fundamentales. De este modo, hasta puede parecer que Weber hizo sus propuestas para el deporte de equipo en vez de para las empresas.

Dice la teoría burocrática:

- *La burocracia se desarrolla por normas y reglas de carácter legal:*
  - ¿No es así el reglamento del fútbol? Hay un reglamento del juego y otro para la competición en la que participe el equipo. Y el incumplimiento de tal legalidad conlleva multas o expulsiones de esa competición o de ese partido; es lo que hace el

árbitro aplicando las reglas de carácter de ley. Muchas veces incluso se enfrentan con las leyes que los ciudadanos acatan en sus actividades laborales y sociales.

- *La administración de las empresas (equipos) es independiente de los propietarios:*
  - Claro que los propietarios o los socios del equipo no participan en la actividad competitiva del equipo, ni en sus entrenamientos.
- *La jerarquía necesaria de la autoridad:*
  - Los jugadores han de aceptar la máxima autoridad. El carisma del entrenador, su formación y sus conocimientos le otorgan autoridad sobre los miembros del equipo; en el partido, el árbitro es su extensión.
- *Las relaciones interpersonales funcionan a través de comunicaciones formalizadas:*
  - Los jugadores se comunican por medio de realizaciones técnicas que el reglamento del juego formaliza; los árbitros sancionan su validez. Pero son los entrenadores quienes enseñan las técnicas más eficientes para la comunicación durante los entrenamientos, los partidos, formando técnicamente a sus jugadores, para que se intracomuniquen entre sí.
- *División racional del trabajo:*
  - Si bien el reglamento lo facilita, no obliga a ello, pero la tradición y la teoría del juego determinan dividir el juego; por tanto, también el trabajo como necesaria consecuencia de defender-atacar. Todos aceptamos la necesidad de especialistas en alguna de estas funciones y posiciones para completar un buen equipo. Los defensores defienden, los atacantes-delanteros atacan.
- *La profesionalización de los participantes:*
  - La competitividad y el tiempo dedicado al juego hacen ahora absolutamente necesaria la profesionalización de los jugadores, en los equipos de élite, y es a lo que aspiran todos los jugadores de cualquier nivel de competición.
- *Competencia técnica de los funcionarios:*
  - Es el objetivo del entrenamiento de cada día, tanto para obtener los especialistas como para comunicarse entre sí en el desa-

rrollo de los sistemas de juego de que el equipo disponga. Jugadores competentes, ellos van «al trabajo» como «funcionarios contratados».

- *Rutinas procedimentales estandarizadas del trabajo:*
  - El desarrollo de la sesión de entrenamiento progresa por medio de rutinas, de calentamiento introductorio, de parte fundamental..., pero también por la rutina repetitiva de cómo se entrenan «las jugadas», sobre todo para la finalización, o por la rutina semanal de los entrenamientos en función del día de competición. «¡Hoy hacemos rutinas de ataque!».

Prácticamente, cada entrenador tiene procedimientos rutinarios para implantar su filosofía de juego en todo equipo que entrena. Es la teoría burocrática que puede que haya aportado el fútbol alemán. Es lo que dijo Gary Lineker: «El fútbol lo inventaron los ingleses, juegan once contra once, y siempre gana Alemania», aunque seguramente el exjugador inglés no conocía a Weber.

Llegados a este punto, afirmamos que, con las tres teorías mencionadas, podemos disponer de la base teórica reconocible del fundamento «científico» del FT y de cómo se ha practicado desde sus inicios hasta nuestros días. Posiblemente debamos añadir el factor humano creativo cuando, en los partidos, la responsabilidad del entrenador se traslada a los jugadores. Es cuando aparece la cultura de los fenómenos particulares: «la jugada». Ese futbolista que ejecuta de forma intuitiva el «enfrentamiento» individual con una acción altamente eficaz. Se utiliza para potenciar al individuo como único artífice de tal fenómeno, muchas veces obviando al equipo. Así nacen las grandes leyendas del juego; sin duda, los románticos la utilizan para desestimar lo científico del fútbol. Más que ciencia deberíamos hablar de teoría, pues son elementos nacidos del conocimiento observacional-lógico-deductivo de las actuaciones de los jugadores durante el juego, y también pueden dar soporte a las prácticas del entrenamiento.

El juego se entiende desde la táctica y los sistemas que la desarrollan; la táctica se presenta como moderadora de las coacciones que un equipo realiza sobre el otro, consecuencias muchas veces comunes de las propuestas tácticas de ambos entrenadores. Estas proposiciones intentan «racionalizar esfuerzos» para que así todos los jugadores «crean en él». El sistema debe tener apariencia de coherente, por lo tanto, perfecto en su desarrollo, para que el jugador no necesite de su verificación, sino que solo se centre en realizarlo. De esta forma, se han construido sistemas coherentes-cerrados-consistentes, con la lógica y racionalidad del que conoce el juego y a los equipos contendientes. Pero tales ideas no hacen que logremos darnos cuenta de lo que realmente sucede, de que el partido se desarrolla en cierto estado de desorden permanente, causado por esos «enfrentamientos» entre jugadores de ambos equipos. Sin embargo, ese desorden se considera «basura informativa» como todo aquello que queda fuera de lo que se ha presupuestado reconocible-mesurable de cada sistema táctico. Por ello son incapaces de hacer previsiones cuando surgen acontecimientos inesperados como el recibir un buen gol en los primeros minutos del partido. «¡No lo esperábamos y nos ha costado mucho reaccionar, pues ha trastocado nuestros planes!», explica el entrenador al final del encuentro. Mucha culpa de ello la tiene Max Weber, que, en su teoría burocrática, no expuso los recursos de los que los equipos (empresas) disponen para cuando las cosas no salen como se desea, como consecuencias de la actuación del rival. Es aquí donde el fútbol recurre a identificar localmente las actuaciones de cada jugador contrario cuando «supera al nuestro». «Este punta supera fácilmente a nuestro lateral-marcador... ¡Nos genera un desequilibrio por banda!». La orden consecuente: que nuestro extremo baje en la ayuda de nuestro lateral. Son órdenes reactivas y analíticas, consecuencia de la ideología lineal causa-efecto de la que ya hemos hablado. Sin reparar en que una acción no debe ser una reacción, sino una nueva creación-producción. No hay órdenes precisas para el extremo durante o después del enfrentamiento. ¿Y si el oponente supera a los dos? ¡Mala suerte! O ¡es que tiene mucha calidad! La buena o mala suerte explica muchos de los acontecimientos del juego cuando este se divide en sucesión de jugadas o cómo se finalizan. Su tiro al palo después de una jugada «bien trenzada», un gol en propia meta, una segunda oportunidad tras el «rebote» del balón en un compañero, un resbalón inoportuno... son solo una pequeña muestra de las observaciones analíticas, monocausales, del desarrollo del juego, que son totalmente inexplicables desde la causalidad y la linealidad.

Estas bases teóricas mencionadas han aportado el soporte necesario para obtener elementos constituyentes del juego. Así se ha concluido que para jugar bien hay que tener jugadores buenos que logren que su equipo se muestre en el campo capaz de superar al contrario gracias a obtener dos valores fundamentales que son «la esencia» para desarrollar un juego ganador. Estos valores son el orden y el equilibrio tanto en defensa como en ataque. Estos valores, complementados con la intensidad, el trabajo, el esfuerzo, la creatividad y otros valores psicológicos, constituyen el bagaje del buen jugador. No obstante, todos los entrenadores aceptan que un equipo solidario en/para obtener y mantener el orden y el equilibrio durante todo el partido es un equipo ganador.

El orden es un concepto diferente según en qué contexto se explique, pues ordenamos las cosas-sucesos en función del conocimiento que tengamos de ellos o del uso que les queramos dar. En el fútbol, la palabra «orden» tiene distintas acepciones. Una de ellas es la que muestra su carácter imperativo, como la tajante orden individual o instrucción que deberá cumplirse en todos sus términos en tal o cual acción del partido. La dictó el entrenador, el responsable que dice cómo se debe jugar-entrenar. Asume la responsabilidad de esas actuaciones de los jugadores, que han seguido sus órdenes. Dice a un defensa: «Tienes que marcar al 9 por delante, para que este no reciba». Es una orden de obligado cumplimiento hasta que el técnico indique lo contrario. El jugador no necesita comprender el juego, sino la orden, para cumplirla en los términos que su entrenador requiere-dicta para esa acción del juego. Con órdenes, el técnico propone una determinada manera de cómo «debe funcionar» siempre un jugador frente a cierta acción del juego (jugada). Tendrá que exponerla con claridad para que el futbolista la reconozca durante sus participaciones, para obrar correctamente según los criterios descriptivos-evaluativos del entrenador. Tales órdenes emanan de la autoridad del entrenador, que les otorga su conocimiento del juego y acaso su experiencia como antiguo jugador. Mediante ellas construye una «filosofía» personal del juego, una forma de interpretarlo, entrenarlo, jugarlo. Estas órdenes impregnan todas las actuaciones de sus jugadores proporcionando escenarios donde dicen reconocer «la mano» del entrenador. Así construye su personal metodología para un entrenamiento basado en sus experiencias-estudios. Por medio de estas órdenes dicta lo que debe hacerse y lo que no en cada acción del partido. Esta situación entraña ciertas obligaciones por su parte, que se centran en cómo propone-coordina esas órdenes a lo largo de los diferentes partidos de la temporada para no repetirse en demasía, y el cómo las distribuye entre sus jugadores, pues deberán ser adecuadas para las diferentes jugadas de ataque o defensa. Es posible-seguro que una orden sea válida para defender en un momento concreto, pero no lo sea en otro espacio o en una defensa posterior. Que lo sea para ciertos jugadores-equipos y no para otros. En estos casos, los entrenadores, amantes del orden, proponen los sistemas de juego como consecuencia del concepto orden, cuando ordena a sus jugadores por «líneas»: la defensiva, la de centrocampistas y la de delanteros. En esta nueva opción, las órdenes afectan por igual a todos los jugadores, pero de distinta manera a lo largo del partido. Pero una vez fijada su pertenencia a una determinada línea, deberá cumplir las órdenes colectivas de línea. ¿Sean cuales sean sus calidades?

La orden del entrenador es ahora la ordenación de los jugadores por líneas y cómo se debe componer una determinada línea. Así nacen los sistemas de juego, pues estos determinan el número de jugadores por línea y el orden espacial en el que están colocados en ella los jugadores. Un equipo será ordenado cuando los futbolistas mantengan su posicionamiento en la correspondiente «línea», y es potestad del entrenador distribuirlos según sistemas (1-4-4-2) o (1-4-3-3)… Deberá también determinar cómo se mantiene-modifica ese orden en cada línea, tanto cuando se defiende como cuando se ataca; así como dónde y con qué separación entre ellas se deberá establecer o modificar en sus desplazamientos para responder al juego contrario. «¡Este equipo es muy ordenado, pues está bien plantado en el campo! —dicen los entendidos—. ¡Saben lo que hacen!».

Otra finalidad de este concepto es la que se vincula con la obtención del «equilibrio» del equipo sobre el terreno de juego a lo largo del partido. En el fútbol actual, siempre se utiliza este término para calificar a un equipo en el que sus jugadores hacen bien los desplazamientos de cada línea sin perder el orden tanto cuando atacan como cuando defienden. Puede verse desde diferentes perspectivas. Una es la energética-física, que se tiene en cuenta escasas veces, por poco probable-desconocida. Este equilibrio debe entenderse como si en una hipotética balanza se pusiera en un platillo la «energía» que se gasta en defender y en el otro la que se va en atacar. Ambos deben ser similares, pues «hacer demasiado» en defensa nos desgasta y no podemos mantener después el ritmo deseado en el ataque posterior. Este es el equilibrio de energías que debe ser objetivo del preparador físico, tanto en cada partido como en toda la competición. La perspectiva del equilibrio espacial es más conocida y estudiada, pues es cómo se distribuyen los jugadores en el terreno de juego atendiendo las órdenes de su entrenador al desarrollar un determinado sistema o sistemas en su doble función de ataque-defensa. Deberán ser altamente compatibles, y se entienden como válidos y necesarios para contrarrestar las acciones del oponente. Concretando la visión de estos valores, los técnicos determinan cómo se dispondrán las diferentes líneas en el campo, cuál será su separación-distancia entre líneas, el número de jugadores y el nombre de los que las componen, así como el modo en que se modifican según estemos defendiendo o atacando. En este sentido, algún entrenador añade el concepto «compacto» cuando los componentes de sus líneas, de su equipo, están bien equilibrados (muy juntos) y logran resistir los intentos de desequilibrar de sus oponentes, fundamentalmente cuando deben defender. «¡Nos faltó orden defensivo! ¡Perdimos el equilibrio en el centro del campo!», denuncian los entrenadores cuando evalúan el partido perdido. Otra perspectiva del equilibrio es la de cómo ubicar a los jugadores en cada línea. Se ha aceptado la hipótesis de que un buen equipo ha de estar equilibrado en todas sus líneas. Desde el portero hasta su línea de ataque. Para ello, debes tener jugadores especialistas y de calidad para hacer las dos funciones en todas sus líneas. La preferencia de una u otra la marcará la proximidad de la línea a nuestra portería (más defensores), y la contraria (más delanteros), pero debe priorizarse que el nivel cualitativo de los futbolistas que las componen sea similar. No obstante, ¡cuanta más calidad, mejor! Así el equipo estará equilibrado en todas sus líneas y «contundente» en las dos áreas.

De cualquier forma, el entrenador, mediante sus propuestas de entrenamiento y la elección de los sistemas de juego más compatibles con la calidad de sus jugadores, deberá lograr el equilibrio necesario para competir y ganar. ¡Así se hace un equipo ganador! Como la mayoría de los equipos y sus entrenadores aceptan tales postulados, resultará que el conjunto que gana es porque dispone de mejores jugadores que su contrario en cada una de sus líneas y porque los sistemas que el entrenador propone no dificultan, sino que facilitan tales efectos. Buscando ese equilibrio se fichan a los jugadores que el entrenador entiende que podrán desarrollar las tareas específicas adecuadas a los sistemas que él propone-conoce. Así se construye el equipo en función de la «personalidad» del técnico. Quedará esta manifiesta en cómo instaurar la línea-líneas defensivas más o menos cerca de la portería propia, en su versión defensiva, o lo contrario en la ofensiva. Los «repliegues» y las «transiciones» marcarán definitivamente el carácter del equipo consecuencia del orden-equilibrio impuesto por el entrenador. También suele proponerse como solución a este deseado equilibrio que al menos en cada línea haya un jugador que se corresponda con la calidad deseada por el técnico. Por tal motivo, se habla de la «columna vertebral» del equipo, que ha de satisfacer las necesidades para que un conjunto esté equilibrado a gusto del entrenador. Como puede suponerse, a lo largo de más de un siglo de fútbol, las interpretaciones que los miles de entrenadores han realizado de los diferentes sistemas de juego han sido innumerables, y con todas ellas en algún momento y lugar se han obtenido triunfos y derrotas. Aquellos técnicos que han obtenido más éxitos ponen «de moda» el sistema o los sistemas que han utilizado, pero sobre todo las cualidades mostradas por sus equipos respecto al orden y el equilibrio que él ha ordenado. Evidentemente que sus éxitos responden en buena parte a las formas de entrenar, tanto físicos como técnicos-tácticos donde con su práctica se mejoran las conductas de los jugadores. En ese sentido, el orden y el equilibrio aportan los valores primordiales para asegurarnos la competitividad del grupo: «Jugamos como un equipo».

Se acepta que los sistemas elegidos por el entrenador y las órdenes que hacen que se pongan en práctica producen el efecto mágico del orden y el equilibrio. Tales premisas se han mantenido por tradición, y su transmisión verbal ha constituido el vehículo. Eso sí, siempre respetando como base del éxito del equipo que se depende del talento de los jugadores. Sin duda, por eso lo que se graba en la memoria del aficionado es «el jugador», y no tanto cómo lograba su equipo el orden-equilibrio. Esta cuestión primordial solo queda para aquellos entrenadores estudiosos-creyentes.

De lo expuesto concluimos que en el fútbol tradicional (ideograma 1):

Ideograma 1

Durante el partido, están determinados por las condiciones del equipo contrario y la elección que hace el entrenador de una forma de desarrollo y ajuste de él o los (ideograma 2):

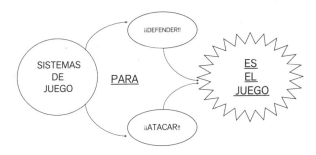

Ideograma 2

El entrenador propone a los jugadores el sistema o los sistemas que ya conocen por haberlos entrenado-aplicado con antelación. Con ellos pretende obtener «el orden» tanto en defensa como en ataque, y así lograr un determinado «equilibrio» que en todo momento neutralice las propuestas del equipo adversario. Por ello:

Ideograma 3

De esta forma, el equipo logrará atacar y defender de forma equilibrada durante todo el partido, pues cada jugador sabe a qué línea pertenece, lo que ello supone y qué intención tiene su entrenador en esos espacios donde se concreta cada jugada del partido. Lo vemos así como «valores» que se manifiestan en su juego, su calidad.

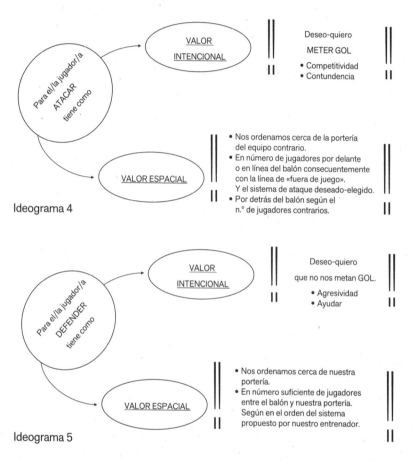

Ideograma 4

Ideograma 5

Estos valores intencionales y los espaciotemporales hacen del FT un juego con una entidad propia y única entre los demás juegos-deportes de equipo. Y si añadimos el valor reglamentario de no poder hacer más que tres cambios (ahora cinco) y que esos jugadores no pueden volver a participar durante el partido, tenemos los ingredientes que mediatizan el juego y la dinámica del FT. Que se concreta en:

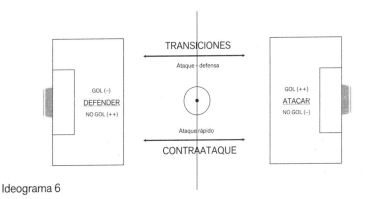

Ideograma 6

La transición desde una portería a otra, que, en realidad, es de un área a la otra, se hace sin «ningún sentido», pues el «verdadero» fútbol aparece en las áreas. Es donde los jugadores de talento hacen la jugada definitiva. ¡El espectáculo! ¡Y a veces nos pasamos noventa minutos para ver en una o dos ocasiones... tal acontecimiento! Últimamente, en ocasiones aparece una situación extraordinaria, cuando un equipo está atacando y pierde el balón, en vez de hacer la transición ataque (→) defensa hacia su portería, cosa que convierte en algo más arriesgado esa transición defensiva, ejercer un tiempo de «presión» en la zona donde se ha perdido el balón (presión tras pérdida) antes de regresar (replegar) a las zonas defensivas, para así dar tiempo a que el equipo se «ordene defensivamente», pocas veces con la verdadera intención de «robar» el balón en aquella zona. Y alguna vez con mayor intención de robarlo si la zona está cerca de la portería en campo contrario. Ello nace tras la interpretación errónea del «otro fútbol», ese que luego propondremos: «nuestro fútbol».

Y así han sido las cosas, sin reparar en que cuando, en cualquier sistema, organización o equipo, si la funcionalidad se mantiene mediante orden y equilibrio, la física dice que tal sistema es más vulnerable y próximo a morir, pues todo lo que tenía que pasar ya pasó. Y ello sucede cuando entendemos que el orden no es más que ciertos enlaces predeterminados por el entrenador, siguiendo algún tipo de jerarquías, a veces coyunturales, que emanan de cómo él interpreta los sistemas de juego que utiliza tanto para defender como para atacar. Cuanto más orden, más y más información es necesaria, información establecida y propuesta durante sus entrenamientos. ¡Y este es su punto débil! Pues llegado al orden extremo del equipo, este se hace altamente vulnerable cuando en su entorno aparecen «cambios rápidos». En tales condiciones, la motilidad del equipo disminuye, tiende a paralizarse o a autodestruir su orden.

¿Qué hemos hecho? ¿Hemos matado el fútbol? ¿O es un simple juego de palabras, orden y equilibrio, suficientemente lógicas para creerlas y no practicarlas?

Como hemos visto, las leyes deterministas dominadoras del conocimiento, junto con la teoría burocrática de Max Weber, han dado apoyo teórico a la evolución del fútbol, cuya práctica ha sido resuelta de la forma expuesta a lo largo del siglo XX. Es evidente que los distintos jugadores y entrenadores con su aportación multiforme han contribuido a su evolución y consumo. ¿Continuará siendo así?

Edgard Morin ha denominado a estas teorías el «pensamiento simplificador»; para identificarlo expone cuatro principios con los que podemos explicar prácticamente todas las propuestas del FT:

1. *La disyunción.* Que considera los objetos y acontecimientos «independientes» del entorno donde están o acontecen. Para explicarlo (y nosotros añadimos entrenarlos) se los aísla de su entorno.
2. *La reducción.* Explicar cualquier realidad solo por alguno (uno) de sus elementos. Ejemplo: explicar el todo por la parte. El juego es la «aparición» sucesiva de jugadas.
3. *La abstracción.* Establecer leyes generales desconociendo las particularidades de donde surgen. «Coger la espalda», «pasar fuerte», «presionar», «doblar», «definir», «fijar la marca»...
4. *La causalidad.* La realidad es una sucesión lineal de causas-efectos, como el adjudicar una sola causa a lo sucedido. Ha fallado el pase por tocarlo con el exterior. ¡No entró con la contundencia necesaria!

Si se repasa el fútbol tradicional con la aplicación de estas leyes del pensamiento simplificador, podemos identificar cada uno y todos sus aconteceres como valedores de una u otra de estas leyes.

¡Así ha sido y así lo hemos visto!

¡Así lo hemos disfrutado!

3

El equipo

El mundo del fútbol se ha pasado casi doscientos años
buscando el orden y el equilibrio del equipo sin apreciar por
ello el desorden y la complejidad del juego.

¡El fútbol se juega en equipo! Por ello empezamos la propuesta de «nuestra» forma de jugarlo estudiando «aquello» que genera el espectáculo: ¡el equipo! Cuando abordamos el estudio del juego desde la complejidad y las teorías sistémicas, confirmando al equipo como aquello que lo genera, sin duda lo podemos identificar como un sistema complejo adaptativo (Instituto de Santa Fe/J. H. Holland, H. Morowita), y podemos entender así que:

- El equipo está conformado por diferentes componentes en sí mismos complejos, humanos deportistas, hombres o mujeres (HD), que están interconectados necesariamente por tener una misma intención y que, aunque actúen por separado, forman parte de un único y específico marco-entorno socializado (el partido), haciendo emerger actuaciones globales coherentes, tanto de carácter competitivo como cooperativo, durante el tiempo de «su jugar». Para ello se conforman como red dinámica-interactiva de HD actuando en colectividad autosimilar, pues el reglamento del juego los homogeniza motrizmente. En todo momento están compartiendo «territorio» con otro equipo de HD con idéntica finalidad y posibilidades motrices por estar también bajo el mismo reglamento. Para superarlos durante el partido, todos sus componentes están organizados según su eficiencia y eficacia operacional en diferentes niveles: portero, defensas, centrocampistas... Y en cada nivel existen «bloques» de distinta funcionalidad, que se manifestará en el FB por medio de sus posibilidades organizativas-relacionales respecto al balón.

- Como consecuencia del enorme número de decisiones tomadas simultáneamente por todos y cada uno de los agentes (HD) de ambos equipos, se generan continuamente situaciones de alta inestabilidad e incertidumbre decisional donde solo esta clase de sistemas dinámicos complejos resultan eficientes, pues disponen de distintas formas de actuar en los entornos de esas características. Y no solo deberán, entre todos sus componentes, «adaptarse» a esos niveles de complejidad, sino el poder «cambiar» el entorno, modificando sus parámetros en lo posible-deseable, hacia los que interesen a ese equipo en cada momento del partido. Esto es consecuencia de las complejas redes de intracomunicación entre compañeros (HD), compuestas por valores comunicativo-motrices cargados de la información semántica que sea necesaria-suficiente para tomar decisiones sobre el qué hacer y el cómo hacerlo. Estos planes y estas previsiones de futuro sobre el juego se han de basar en el análisis observacional y la conceptualización común de todos y cada uno, en los variables contextos vividos en «el ahora» de su jugar. Cuando todas esas decisiones se manifiestan con una determinada «coherencia operacional» se logra identificar cómo juega ese equipo. Parte de esa coherencia se muestra cuando cada jugador renuncia a algo de su potencia operacional, en beneficio de la coherencia global del equipo. Así podrá mostrar un dinámico crecimiento competitivo y cooperativo entre sus componentes. ¡Por fin jugamos como un equipo! Entonces sucede que cada HD de ese equipo se encuentra en un ambiente de elementos-jugadores altamente conectados: el grupo. De manera que si «algo» o «alguien» (el balón, el árbitro) actúa sobre uno de ellos, influye en todos. Decimos que estamos en un ámbito sistémico donde la estabilidad es determinante para la funcionalidad que se logrará gracias a todos.

- Su estabilidad es consecuencia de esta funcionalidad operacional que capacita al equipo para poder rendir en entornos inestables-irreversibles e inciertos del juego, producto de una determinada intención común a ambos equipos: la de disponer del balón, obtener la iniciativa del juego y lograr al gol de la victoria. Entendemos así su estabilidad, cuando se reafirma con alta frecuencia una determinada y no prefijada situación de su jugar. Es una «regularidad» que todos nosotros entendemos y deseamos de la misma forma, identificando claramente su objetivo. En el camino necesario para cumplir ese objetivo su estabilidad podrá variar «fluctuando» entre ciertos límites proposicionales, siempre cualitativos dependientes de cierta probabilidad, nunca explicitada, de lograr predecir alternativas de cambio que puedan aparecer en algún momento del partido. Una estabilidad eficiente es cuando el equipo que goza de ella logra mantener un nivel de «fallos» siempre cualitativos por debajo de ciertos umbrales mínimos, asumibles y aceptados por el equipo, que por ellos no perderá su estabilidad. Es objetivo del entrenador minimizar sus posibles efectos no deseados.

- En el proceso necesario para cumplir sus objetivos, el equipo actuará de manera conjunta para obtener esa energía estabilizadora siempre renovada, pues emerge de nuevas intenciones comunes, de ciertos deseos, emociones y afectos que comparten todos sus componentes, que los viven en los entrenamientos con asiduidad y cuidado, tal y como sucede en la competición. Por tanto, su optimización se va logrando durante su participación en los partidos como en cada entrenamiento. Siempre que, en estos, su entrenador les proporcione vivencias en entornos específicos-cualitativos en forma de «constreñimientos» con variación, y similares a las situaciones de partido, concretas-posibles-frecuentes, que deberán practicarse con asiduidad por el equipo. En esto también tienen cabida elementos creativos individuales para que todos los conozcan y no lleguen a inestabilizar al equipo. De esta forma, el interesado podrá mostrarlos durante el partido, según su parecer, con el beneplácito del grupo, que, por haberlos conocido en sus entrenamientos, acepta y comprende ahora ese «lucimiento» particular. En cierto modo, se sientan partícipes de ello. De esta forma, el equipo logra alcanzar una estabilidad cualitativa que le proporciona una práctica acorde con las condiciones y características del siempre nuevo entorno competitivo. Con su entrenamiento debe obtener las funciones de autorregulación, no como actos reactivos y adaptativos de sus componentes, sino como actuaciones ajustados a los cambios del entorno, coordinados en el tiempo, para obtener cierto nivel de seguridad que puede ser necesario. Este se logrará cuando puedan mantener con eficiencia las características semánticas-relacionales-funcionales que los propios componentes del equipo ya conocen. ¡No otras! De esta forma se mantiene la comunicabilidad del equipo que logre superarabsorber cierto grado de hostilidad que se pueda generar en cada momento de los distintos entornos competitivos que propongan los oponentes. También el equipo cumple los requisitos de las estructuras disipativas cuando consideramos que utiliza-intercambia-procesa la «energía informacional» del ambiente, para su propia autoconformación. Y así es, cuando identificamos al menos dos opciones de estas fuerzas-contrafuerzas, pues se generan durante los innumerables encuentros entre oponentes, no solo por medio de hechos y acciones motrices, sino que estas son producto de cierto modo de «conversaciones» que ocultan intenciones futuras, que son la esencia y el porqué de las acciones motrices por venir. Una de esas fuerzas es la energía informacional que circula en el interior del equipo, válida para su organización en este ahora temporal (To), así como su futura reorganización en los inmediatos siguientes (T1... Tn). Esto proporciona el mantenimiento de la deseada estabilidad durante todo el tiempo de juego. La otra de las fuerzas emana de la coherencia operacional del equipo y aporta distintas formas de control sobre las fluctuaciones desestabilizadoras provocadas por las acciones de los contrarios. Es decir, la que emana del entorno del equipo. Se desconoce su potencialidad, acaso destructora de nuestra estabilidad. La identificación de ambas fuerzas dota al equipo de propiedades reguladoras no adaptativas de la estabilidad necesaria en todo momento del partido. Aparece entonces Nicklas Luhman con sus teorías sociales y nos ayuda a proponer que la comunicación es fundamento-origen de la organización autopoiética-conformadora del equipo. Debemos atender a cada jugador en su actuar, pues en ese momento se «transforma» en elemento comunicacional de primer orden, ya que a través de sus decisiones-actuaciones comunica valores de alta carga informacional sobre todo aquello que desea que suceda. Se logrará mostrar durante el partido la diferencia entre lo propuesto y lo realmente ocurrido en este presente, que posiblemente sea distinto de lo pasado que se propuso, pero que acaso se transforme en el futuro por «algún motivo», en aquello para lo que se propuso, así se manifiesta la incertidumbre. Este intervalo tempo-espacial hace imposible la evaluación por parte de los demás y sí la autoevaluación del ejecutor. La coincidencia entre esos juicios proporciona la cohesión del equipo y logra incrementar la coherencia operacional para cualquier otro acontecimiento que el equipo vaya a vivir, aunque no sea parecido al vivido. ¡Estamos en racha! ¡Nos sale todo!

- El equipo también puede ser reconocido como sistema social (Hall) al estar constituido por HD necesariamente «unidos» por relaciones diferentes a las ya mencionadas, informacionales-motrices. Estas son las socioafectivas, que, junto con «aquellas», conforman nuevos valores para todos los componentes del equipo, algo que lo hace fiable para actuar en situaciones de estrés de muy diferente naturaleza. Los componentes socioafectivos circulantes en el equipo aportan la sostenibilidad de la autogestión durante el partido. Logran absorber la incertidumbre en los diálogos entre compañeros asegurando una información cualitativa, a pesar de las propuestas interpuestas por los contrarios, así como la aceptación de las posibles y siempre inesperadas apariciones del azar. Los valores de este componente comunicacional socioafectivo se concretan en lograr adquirir en los componentes del equipo las capacidades de empatía y asertividad, pues lo empático proporciona la posibilidad de comunicación-motriz con mi compañero, a través del diálogo-gesto-motor de la forma que a él le gusta-entiende-desea (N. Viewer). Se establece así una forma-estilo de interacción-motriz que al compañero le facilita la autorrealización en ese momento, sin interferir en sus posibilidades de elección y con la mayor libertad operacional posible. Por otro lado, la asertividad (A. Salter) se centra en la claridad inequívoca de la información que le queremos ofrecer. La semántica ha de ser transparente-clara-definitiva-funcional, que sea fácilmente interpretada por él, pero también por nuestros compañeros. La carga socioafectiva de la comunicación aporta calidad a la comunicación. Así nace la necesidad de cierta semiótica de signo motriz específica de nuestro equipo que haga posible «nuestro juego», el FB. Esto hace necesaria la captura y la adjudicación de una semántica casi estable-concreta para cada una de las actuaciones que en ese tiempo vivido del juego aparezcan-desaparezcan como conjuntos más o menos convenidos-reconocidos de información, que darán un sentido concreto a ese y a todos los acontecimientos del juego. Aparece así el valor comunicativo-específico de cada actuación de nuestros jugadores tanto para el poseedor del balón como para «todos» sus compañeros HD, y tanto cuando dispongamos de él como para cuando tengamos que recuperarlo. Contamos con la prueba de que no es posible el «no comunicarse» mientras dure el partido. Esto obliga a «todos» los jugadores del equipo a preguntarse en «todo momento» mientras estén en el campo: «¿Qué hago yo ahora aquí?». Los interpela a tener que actuar, participando en todos los acontecimientos del juego, tanto si el balón está cerca como si se encuentra lejos, tanto si lo tenemos nosotros como si lo tienen ellos, pues en todos esos momentos se está poniendo a prueba la estabilidad del equipo y el éxito de cada acción propuesta.

Todos tienen que participar, pues la pérdida de comunicabilidad de algunos jugadores durante cierto tiempo (ausencia informacional) provoca su aislamiento del juego del equipo, que se ve afectado en sus fundamentos por el aumento de su entropía.

Este concepto proviene de la termodinámica (R. Clausius, 1850). A nosotros nos interesa cómo se aplicó a la teoría de la información (C. E. Shannon, 1949); esta es la que nos dará luz. Según expone, la entropía es la forma de medir la cantidad de información, así como su calidad, según el grado de incertidumbre que genere o no, en cada receptor, y este deberá evitar en todo momento el encuentro. Transformada la teoría en «fórmulas matemáticas» también identifica la probabilidad de que cierta información no sea válida por ser altamente imprevisible. Por todo ello se puede emplear como medida de la incertidumbre que existe en el conjunto de mensajes emitidos por los jugadores de un equipo, desechando el considerado como «ruido informativo», el no deseado. Es decir, queremos la información eficiente. Un equipo no es tal mientras no disponga de suficiente información circulante, pues durante ese tiempo el equipo es vulnerable. Genera entropía, altamente dañina para su estabilidad funcional; cuando supera sus posibilidades de fluctuación, ese equipo pierde su identidad. Es lo deseable para el equipo contrario y no para el nuestro.

Para evitarlo tenemos que mantener los niveles de contenido semántico-funcional de todos nuestros jugadores en cada uno de los mensajes-actuaciones en los que necesariamente tiene que participar, en todo momento. Este es el objetivo del equipo que quiera llevar la iniciativa del juego: mantener o aumentar su comunicabilidad tanto cuando disponga del balón como cuando tenga que recuperarlo. El aumento de fluctuaciones es una señal de desestabilización del equipo, indica falta de acoplamiento temporal-espacial-decisional entre cierto número de sus componentes. Será positivo si con ellas logra readaptarse recuperando su estabilidad. En ello se debe involucrar todo el equipo, dando mayor número de pases, incrementando su «frecuencia», en zonas no comprometidas con valores semántico-funcionales muy reconocidos y de alto valor empático-asertivo. Son gestores de seguridad y confianza para el equipo, que se incrementará si con ello recuperamos el balón si lo habíamos perdido, o si logramos en su caso mantenerlo en zonas favorables para nuestros intereses. Conocido este proceso, nos debe enseñar cuáles son los argumentos desestabilizadores para el equipo contrario. Con lo expuesto, podemos entender que todos los jugadores «están» durante todo el partido y, quieran o no, serán partícipes de la continua remodelación de la estabilidad, pues en «el jugar», si el equipo contrario dispone del balón o en función de cómo lo recupere-utilice-disponga el propio equipo, no dejan de sucederse acontecimientos generadores de una novedad tras otra que no se pueden interpretar desde el principio de la causalidad. Eso supone la entrada en escena de las interacciones-comunicacionales; solo el equipo que mantenga una coherencia operacional propia-interna-precisa por medio de «constructos relacionales» por y a base del pase, con sus atributos semánticos, será capaz de lograr-mantener-aumentar su estabilidad, según los deseos compartidos por «todos» sus componentes. Estas construcciones no son otra cosa que redes de intracomunicación que deben ser «repetitivas» y adecuadas a cada situación. Su característica es la redundancia que otorga con la repetición del mensaje por otro canal distinto del anterior enviado (repetición). Se establece así una comunicación efectiva-afectiva entre nuestros jugadores que es necesaria para restablecer-instalar su estabilidad, que, como vemos, va más allá del tiki-taka, tan criticado por aquellos que desconocen la función esencial del pase para el juego identificativo del Barça, y mantiene la comunicabilidad y estabilidad del equipo. Por eso el Barça quiere «tener siempre» el balón, para deteriorar el equilibrio y el orden del contrario, manejándolo en los espacios que deseamos, con pases «redundantes» (repetir-pase) colmados de valores semánticos reconocidos, y así mantener-aumentar su coherencia operacional, que cuando aumenta y aumenta llega a inmovilizar al equipo contrario, que, refugiándose en su orden y equilibrio, termina cayendo en el pozo de una alta entropía por falta de información entre sus componentes, cosa que lo hace más vulnerable y proclive a recibir gol. Esto explica en muchas ocasiones por qué el Barça marca más en las segundas partes. No solo responde a la fatiga física del contrario, tantas veces mencionada, que también, sino que es sobre todo por este proceso de juego mantenido durante gran parte del partido, que hace incrementar la falta de intracomunicación de sus contrarios. Esto ocasiona grandes aumentos de su entropía, que a veces causa acontecimientos (faltas) antirreglamentarios-violentos o fallos denominados técnicos-individuales y tácticos-colectivos, inexplicables en otros momentos del partido. Las teorías causa-efecto los explican y los justifican de este modo, estrictamente físico. ¿Cuáles son los elementos proposicionales de toda la información circulante en nuestro equipo? No son otros que los que llamamos componentes-espacio-relacionales (CER); son los transportadores de los valores semánticos de la información circulante en el espacio de juego y que emanan de la motricidad de todos nuestros jugadores durante el juego. Son estos CER: la ubicación, las distancias, las trayectorias y la orientación, que, junto con otros de gestualidad corporal específicos de cada jugador y los valores temporales de todos los CER indicados, son fuentes de las que emanan toda la información necesaria para la intracomunicación del equipo durante el juego. Lo desarrollaremos en el siguiente capítulo. Veremos el valor de los CER como conformadores de los EDF (espacios de fase) identificando su potencia informacional, y también como componentes básicos del proceso de juego. Así tenemos que (ideograma 7):

Ideograma 7

Estos componentes son los mediadores de la información, «canales» de valores semántico-informacionales diferentes. Hacen que nuestros jugadores dispongan de la redundancia que afirma-valida una información eficiente según los deseos del emisor-futbolista en todas las situaciones y momentos del partido, cosa que se confirma en la mayoría de las situaciones vividas, con pases eficaces, la óptima vía para la organización y reorganización del equipo en cada momento. Por tanto, lo relevante no es el orden que se impone al equipo, sino la capacidad-posibilidad de sus jugadores para organizarse que aporten estos componentes. En el equipo, los jugadores conforman así su capacidad organizativa, que es su alto valor intangible, en forma de comunidad-dinámica de práctica holística que congrega a todos los futbolistas para que aporten su talento-innovador al servicio de los demás. Es decir, que se puedan crear redes de intracomunicación y espacios de cooperación e innovación, que luego llamaremos espacios de fase (EDF), para lograr establecer-producir interacciones semiesperadas, no preestablecidas, para poder enfrentarse con éxito a lo desconocido-inesperado que puedan proponer los contrarios. Esta capacidad holístico-organizativa junto con la creatividad individual respetada hace que el equipo se conforme con rotundidad como «sistema-dinámico-complejo-social».

Podemos ahora considerar el equipo una organización social que aprende por y al enfrentarse colectivamente a situaciones de práctica compleja; entonces se promueven cambios en sus componentes, jugadores-participantes directos u observadores, como proceso interno de innovación colectiva. Este conocimiento que cada jugador obtiene suele adquirirse en el seno de los equipos donde «vivió». A veces, a esto se le añaden los de otros jugadores y equipos que son asimilados durante las competiciones o entrenamientos, por procesos «enactivos», ya definidos por J. Bruner (1968). Es el ¡hago lo que veo!, muchas veces de tanto valor, como algo institucionalmente propuesto en las academias de formación. De aquí los defensores del «fútbol de calle», que es capaz, según ellos, de formar a jugadores de talento. Pero entendemos que el FB que proponemos lo han de realizar y exponer nuestros técnicos durante sus entrenamientos. Pues, aunque todo vale, en el jugar no solo se trata de ir «eliminando» jugadores contrarios con un «gambeteo», regate excepcional, para progresar con el balón hacia la portería contraria, sino el «contar» con los compañeros para ello. En la mayoría de las situaciones, se ha de utilizar esa cualidad individual en la medida justa. Así todos la facilitarán y la aceptarán en espacios-tiempos convenidos. Hemos de saber que, en todas las intervenciones en competición del equipo, se dan necesariamente las dos formas de optimización de los jugadores. El enactivo evidente, por estar todos los participantes-jugadores inmersos continuamente en una determinada atmósfera de situaciones variadas y de complejidad no reproducible durante los entrenamientos, mientras que los entrenadores aportan el otro tipo de conocimiento al equipo, basado en la capacidad de razonamiento e inferencia de los HD jugadores. Son conscientes de que una gran base de datos no constituye *per se* conocimiento; sí lo será cuando todo el equipo es capaz de convertir los datos y la información circulante en acciones efectivas, eficaces y eficientes, y hacerlo contra cualquier forma de jugar que propongan los oponentes. Es decir, que este conocimiento pueda preservarse para conformar la organización del equipo durante su jugar, pues todos los futbolistas son capaces de compartir los mismos universos de significados para cada acontecimiento que pueda aparecer durante los partidos, constituyéndose en los «activos intelectuales» de cada futbolista participante en el juego del equipo. Todo este conocimiento es sin duda el generador de innovación, no solo el enactivo, que se puede emplear más en situaciones concretas. Posiblemente, una combinación armónica de ambos saberes sea la clave para el rendimiento del equipo y la formación de sus jugadores (HD).

Y es que, a medida que lo innovado es más complejo, los perfiles de los futbolistas tienden a ser más «generalistas» para facilitar una alta conectividad eficiente-novedosa que propicia espacios y opciones «del jugar» diferente, que caracteriza al juego del Barça (nuestro juego). Estos jugadores generalistas que son ejemplos de nuestro jugar son los «superconectores» del equipo; propician la ubicación de los «solistas» improvisadores, y mediante los CER organizan a todos los demás «seguidores», en ese momento colaboradores del grupo, para lograr la estabilidad deseada y los objetivos en cada fase del juego. Así se logra jugar como un equipo. Y todo ello por producir redes de pases redundantes identificativos de «nuestro juego», de aquí la necesidad de «Iniestas», «Xavis» y «Busis» para poder jugar de este modo. Porque, si se juega en todos los espacios del campo así, el equipo adquiere unos valores y unas energías superiores, diferentes a los que ningún jugador tiene y a los que el equipo dispone. En nuestros equipos, lo podemos identificar cuando, en su gestión-innovación interna, son capaces de mostrar en su quehacer cotidiano que:

- Asume sus desconocimientos, o acaso la falta de comunicación en las posibles derrotas.
- Crece pensando por sí mismo gracias a aceptar la pluralidad de sus individuos.
- Obtiene sus propios conocimientos localizando los saberes de todos y cada uno de los compañeros durante los entrenamientos.
- Comparte y asume otros conocimientos también durante los partidos, tanto de los propios compañeros como de los oponentes.
- Acepta críticas y propuestas para innovar en sus actuaciones.
- Gestiona y genera proyectos colectivos en y durante sus partidos, por la autogestión, para mantener su estabilidad.
- Se organiza bajo liderazgos compartidos y se autoorganiza con creatividad y tesón, para recuperar el balón.
- Propone patrones semántico-informacionales, «códigos» para regular la organización específica del equipo en muy distintos entornos, competitivos y cooperativos.
- Se observa y se autodefine como un espacio de posibilidades confiables.
- Conoce los recursos de los que dispone el equipo para adoptar decisiones con rapidez y eficacia en cualquier situación de juego.
- Acepta responsabilidades en el momento de la autogestión necesaria cuando se ponga en peligro su estabilidad.
- Logra adquirir niveles de interdependencia general a la hora de congeniar la ejecución individual con el deseo colectivo.
- Busca alternativas para anticipar estrategias no reactivas, en las situaciones de enfrentamiento, sino creativas o cooperativas.
- Intenta continuamente alternativas de coaliciones tanto para dis-

poner del balón como para recuperarlo, en todas las zonas del campo.

- Persigue la eficiencia en la transmisión-creación de información individual y colectiva.
- Quiere poder obtener diagnósticos colectivos del entorno de juego basados en su conocimiento ontológico para, posteriormente, poder intervenir en él de manera eficiente-eficaz.
- Conforma arquitecturas estables en forma de distribuciones en el espacio de juego para dar soluciones-actuaciones que puedan ser manejadas-compartidas por todos sus componentes, jugadores, y en todo momento.
- Admite «el azar» como un elemento más, componente de los contextos del juego; al actuar conforme a esa dimensión, lo desliga del «castigo del destino» muy aceptado en otros equipos y culturas.

Entendemos que estos y algunos otros por determinar, objeto de su investigación, son los elementos que conforman a nuestros equipos y les otorgan su capacidad innovadora y su funcionalidad compleja generadoras de su ideología, dinámica organizativa, posibilidades de improvisar, su capacidad para la optimización individual-colectiva, su alta competitividad global, la conectividad estabilizadora necesaria y sus posibilidades informacionales. Todo ello por entender al equipo como un sistema único e inteligente conformado por individuos únicos e inteligentes que están de alguna forma «acoplados» para lograr objetivos comunes, a pesar de su individualidad, que se respeta.

Carles Rexach utilizaba la metáfora de la Sinfónica de Boston cuando el equipo formado por «muchos» con intereses diversos y deseos particulares de éxito «tocaba» como una sola persona. Ahora proponemos que, en vez de orquesta sinfónica, el equipo que juega a nuestro juego sea como un grupo de jazz, pues su música se mueve (como el fútbol) entre la dialógica de la tradición y la innovación creativa; su identidad es, por tanto, compleja. Es como un nuevo idioma musical, claramente diferenciado de la música clásica (como el FB del FT). En todo momento de su interpretación, el «solista» especialista de un instrumento (talento técnico) improvisa con su «fraseo» (el gesto creativo) buscando la pureza del sonido y la «expresividad» de su instrumento, el que sea (la parte del cuerpo utilizada). ¿No es esto fútbol? Esa improvisación y expresividad la realiza el solista sobre la estructura armónica de cada tema hecho, que es mantenida-facilitada por el resto del grupo en el tiempo, en función de unos concretos «acordes» que todos conocen. De este modo, todos tienen su espacio y su momento para crear algo nuevo y distinto a la suma de esas individualidades.

Esta es la metáfora que completa la idea total de equipo como sistema generador de armonías-comunicativas-portadoras de información-semántica, pero también llena de valores estéticos y éticos, como un modo de ser y comportarse todos los jugadores durante sus intervenciones; sin duda, son los valores que aparecen en todas las competiciones en que los equipos del Barça participan.

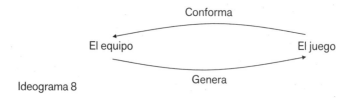

Ideograma 8

Desarrollaremos estos valores a lo largo de las páginas de este libro.

4

Nuestro juego

Cuando no puedas cambiar lo que ves, cambia tu mirada...
¡Y después verás!

SHELLEY CARSON, 2012

Introducción

Ciertos valores entendidos, aceptados, y a veces no escritos, ya desde hace tiempo por los gremios de entrenadores, se han estado imponiendo y han encriptado cualquier alternativa de conformar el juego de otra forma que proponga entornos «del jugar» aún no convenidos, cuya pretensión sea obtener una innovación conceptual consecuente, donde las maravillosas utopías tengan alguna posibilidad. Así se accede a nuevas y auténticas aportaciones que beneficien al «cómo jugar», logren extraer al juego de sus limitaciones-manipulaciones que entendemos y que ya están agotadas por repetitivas. Se precisa una heurística del juego que promueva la innovación, lo inédito, lo creativo, proponiendo nuevas y diferentes sistémicas que trasciendan las realidades anteriores, validadas para proponer algo distinto, nuevo y hermoso que habilite una reconstrucción del jugar en una nueva dimensión. ¡En eso estamos!

El fútbol Barça (FB) que proponemos se fundamenta en su historia, que es la que han construido sus entrenadores y todos aquellos jugadores que durante muchos años y partidos nos han ofrecido su calidad y esfuerzo para que podamos disfrutar de sus éxitos a partir de un estilo y una filosofía identificativos del jugar del Barça.

El tema

Para iniciarnos en la propuesta de este otro fútbol, no podemos obviar que desde su aparición siempre se le ha comprado-explicado desde el FT, posiblemente por ser este más practicado-entendido, fruto sin duda de su mayor longevidad y apego en los aficionados.

Como toda comparación puede llegar a ser una fase previa para la comprensión, no es odiosa, y menos en esta ocasión. Lo que compararemos es bien conocido, el FT que «enfrentaremos» cognitivamente con algo de su misma naturaleza, pero que se «observa» desde otra perspectiva de conocimiento menos conocida... o totalmente desconocida, pues sus bases científicas se han desarrollado en el último tercio del siglo xx. Tras la comparación esperamos poder explicar otra forma de identidad, como algo «antes oculto», que proporcione unos nuevos-diferentes aspectos-fundamentos sobre el fenómeno comparado. Por ello, inicialmente, vamos a comprar la génesis y ciertos contenidos fundamentales que explican el modelo fútbol (FT) que han dictado toda su práctica desde sus comienzos hasta nuestros días. En el capítulo anterior ya hemos expuesto el paradigma sustentador del FT, y ahora lo enfrentaremos con el fútbol que desde ahora será fútbol Barça (FB), nuestro fútbol. Desde algo conocido (FT), nos podremos adentrar en sus simetrías y en las nuevas alternativas propuestas como FB.

Nuestro juego visto por los otros

El juego que se ha venido desarrollando en el F. C. Barcelona siempre ha sido comparado y explicado desde la perspectiva paradigmática de la linealidad, el paradigma dominante durante la mayor parte del pasado siglo. Desde esta perspectiva hemos oído-leído-visto que las características identificativas del juego FB son: salida de balón jugado desde el portero, mantener su posesión y progresar mediante circulación del balón rápida y sostenida acumulando gran cantidad de pases. Esta posesión se reafirma en campo contrario hasta conseguir posiciones desde las cuales se logre romper el equilibrio defensivo del contrario, por la intervención de los jugadores de talento que «viven» en esas zonas, y generar jugadas de gol. Cuando esta opción se trunca por la pérdida del balón, es también identificada «una presión tras pérdida» rápida, cuestión puesta de moda en los equipos que juegan al FT como una fase de la «transición» del ataque a la defensa, en su idea de mantener dividido el juego, y que, si tiene éxito, se hace bien, y posiblemente en campo contrario, se inicia otra vez el proceso sometiendo a los contrarios a un desequilibrio constante de sus líneas. Esto es un análisis simple del mal entendido tiqui-taca. A veces, a estas cuestiones se les añade la dificultad que tiene nuestro equipo a la hora de defender el «balón parado» y controlar los contraataques, talón de Aquiles del modelo. Se define como bueno que el equipo esté siempre «junto», así como la alta calidad técnica de sus jugadores. De este modo, se completa su definición desde la linealidad.

Hay otro tipo de análisis que hacen las distintas personas que en mayor o menor medida, y de manera específica, llegan a influir o están presentes en el espectáculo, lo observan-viven, desde distintas perspectivas-intereses, pero que también lo analizan en su mayoría desde el paradigma dominante. Son los árbitros, desde la rígida linealidad del reglamento. Y también los espectadores, desde la pasión y a veces la estética del juego, entendido por la mayoría como sucesión lineal de «las jugadas» más o menos vistosas ejecutadas por un jugador o un reducido número de compañeros que «se entienden» bien, y así permiten-facilitan a ese jugador aproximarse a la portería contraria a través de un espacio «conquistado por él», que le ha facilitado finalizar la jugada en gol. Por su parte, los jugadores, verdaderos protagonistas, se encuentran ante los más variados y diferentes compromisos durante el juego, como satisfacer a los espectadores en sus intereses estéticos y su pasión por ganar. Además de no saltarse las condiciones reglamentarias, pero con la necesidad de superar las propuestas del equipo contrario, a veces sintiéndose ayudados por alguno de sus compañeros. Todo ello para construir una jugada que concilie sus propios intereses con los de sus compañeros, debiendo ajustar todo con las premisas que su entrenador les ha comunicado respecto a esas actuaciones concretas, que además las has fijado durante sus entrenamientos como «sistemas» de juego tanto de ataque como defensa. Todo ello hace que «esta experiencia» pueda ser muy diversa, pocas veces bella, y de eso se ocupan los periodistas y «analistas» del FT.

Creemos que cualquiera de estos análisis que hemos mencionado son acertados-correctos, desde el paradigma de la linealidad ahora dominante en todos estos ámbitos, pues todas aquellas afirmaciones han sido validadas y aceptadas desde la experiencia-tradición en las instituciones rectoras del juego y la sociedad.

Nuestro juego desde la complejidad

Pero sentimos que hay otras certezas que provienen de la observación-estudio y, ojalá pronto, de la teoría-ciencia del fútbol. Desde esta perspectiva paradigmática que hace ver-jugar-disfrutar del juego en otra dimensión, abierta a la intemperie de la verdadera naturaleza del juego, donde todo fluye en inestabilidades inesperadas que solo allí pueden aparecer con toda su fuerza y variedad. Pues así es sin duda como se manifiestan los procesos que conforman tanto la vida como el juego (FB). Proponemos para ello entender-entrenar-jugar-disfrutar del fútbol desde el paradigma de la complejidad, y desde este vamos a exponerlo y compararlo.

Este paradigma explica-entiende entre otros muchos aspectos que el FT no propone intercambios recíprocos entre los participantes, solo aprecia que el balón sirve para construir hábitos cerrados de trabajo, desde las lineales causa-efecto. No permite compartir proyectos entre jugadores-compañeros, sino la defensa de aquellos del propio individuo, haciéndole especialista en ellos. No acepta-concibe que el terreno de juego sea un lugar acogedor donde todos aprenden de todos, pues se intercambian conocimientos asumidos en sus diferentes entrenamientos y culturas del juego; o acaso no se acepta como un lugar de diversión donde me expreso y creo, sino que se entiende como un terreno para la lucha o conquista, donde sobrevive solo el más fuerte, y donde el esfuerzo máximo se utiliza en «aplastar» cualquier propuesta de los adversarios. ¡Destruir su juego!

Por el contrario, la alternativa paradigmática de la complejidad contempla la novedad creativa individual integrada en la propuesta del juego del equipo. La linealidad se identifica como hemos visto por la simplicidad-orden-certidumbre. Contrariamente a ella, lo sistémico habita en lo complejo, desorden e incertidumbre.

Nuestro reto conceptual debe ser lograr desligarnos de las «certidumbres» que, amparadas desde hace demasiado tiempo en perspectivas científicas como la linealidad, mecanicismo y causalidad, han mermado nuestro sentido crítico y de aventura, que es necesario para jugar. Por desgracia, se constituyen también como justificantes de nuestra formación y trayectoria intelectual, perpetuando de manera implacable nuestro exclusivo obrar-vivir en esos términos de linealidad-causalidad-determinismo. Una gran mayoría acepta estos términos como ciertos-válidos-únicos para explicar y jugar al fútbol, no sin antes haberlo «descuartizado» para así «analizar» esas partes, creyendo, de esta forma, comprenderlas mejor. ¿Por ser más sencillas? Este ha sido el paradigma reduccionista que ha explicado el fútbol como sucesión de distintas y aisladas partes defensa-ataque. «Constituyen» diferentes especialistas para cada una de ellas, pues no tienen que participar-entender nada de la otra parte. Aunque pregonan que ¡todos juntos jugamos como un equipo! Nosotros debemos ponernos unas «gafas sistémicas» para lograr que nuestras observaciones del juego nos permitan ver algo diferente al tener que aceptar a las partes defensa-ataque como los componentes constituyentes del juego. O tener que describir aquí y ahora «las jugadas» como simples actuaciones individuales. Aceptar también que las acciones del juego como correr, saltar, golpear o conducir el balón..., que ocupan la mayoría de las realizaciones de los jugadores, son tareas muy elementales; al haberlas separado, se pueden aprender de forma individual-aislada del juego. Al no apreciar que cuando estas se ajustan-desajustan en un espacio-tiempo imprevisto e imprevisible-dinámico, tanto por la presencia de oponentes como de compañeros, con los que debo establecer intercambios de energía e información de muy diferentes rangos. Toda esta aparente simplicidad muestra su verdadera complejidad.

Es entonces cuando se desencadenan fenómenos inesperados (emergentes), producidos por todos los concurrentes al generar-vivenciar-evaluar-autoevaluar y de nuevo generar, en una única acción global del juego, que la perspectiva determinista no acepta ni alcanza a explicar.

¡Pero incomprensiblemente aún continuamos confiando en ella! La utilizamos para explicar-comprender el juego en la confianza explicitada, por no sabemos qué motivo, de que los participantes durante el juego permanecen en un ámbito de procedimientos regulares-repetitivos, controlados por la linealidad causa-efecto; el resto es la «suerte». Posiblemente sea que los humanos nos encontramos en ello conformes-cómodos, pues ¡el fútbol es muy sencillo, está todo inventado! ¡Si todo el mundo hace lo mismo, por algo será!, dicen.

Debemos revelarnos, despertar y reconducir nuestro pensamiento hacia los caminos de la no linealidad, que han permanecido enterrados-ocultos en nosotros, a veces por desconocidos e inciertos, por culpa de la cómoda y reconocida causalidad lineal. Esta ha invadido con sus doctrinas todo nuestro entorno, ya desde hace demasiado tiempo, creándonos una total dependencia conceptual-cultural que ha distorsionado la verdadera naturaleza del fútbol y, lo que ha sido peor en muchos casos, nuestra vida.

¡Pero ahora sabemos que no es así! Gracias a nuestras «gafas sistémicas» identificamos que nada de lo que ocurre en el juego existe suelto-inconexo, pues todo lo que observamos-vivimos en el juego surge, es consecuencia, y partícipe a la vez, de alguna trama de relaciones-procesos que conforman un futuro-presente-vivido-dinámico del juego que no alcanzamos a ver desde nuestra ceguera de linealidad, pues para ello consideramos el juego-fútbol como el global enfrentamiento entre dos equipos, que están formados por individuos (HD), jugadores, grupo de humanos, que están intracomunicados con los contrarios que necesariamente comparten el espacio de juego. Por separado, cada uno de ellos exhibe propiedades comportamentales-decisionales-situacionales, que hacen a su participación, tanto con el balón como sin él, vivir-convivir en su jugar, en un entramado complejo de relaciones nunca predeterminadas. Estas se alimentan y se retroalimentan en el entorno del juego, continuamente por medio de cierta energía informacional circulante más o menos significativa, siempre esencial en su antes-durante y un después-antes, de acontecimientos competitivos y/o cooperativos en su disputa por la posesión del balón. Todo sucede en unos espacios-tiempos sensoromotores-relacionales-operacionales, junto con otros distintos componentes de carácter recursivo-creativo, para lograr ser diferentes-únicos. Todos ellos cargados de valores emotivos, sentires íntimos y afectos, acaso nunca mostrados. Podemos entender todo ello como producto de una coevolución multidimensional donde el presente del juego es el resultado de ciertos ajustes multidimensionales autopoiéticos, específicos de cada jugador. Estos le proporcionan la autonomía suficiente para generar espacios de probabilidades donde puedan cumplirse sus deseos de victoria y cooperación, impregnando de «bien hacer» a todos los componentes del equipo, siempre en función del tiempo. Sin embargo, también cuando aquellas adaptaciones no se logran, aparecen las actuaciones no deseadas y el juego se deteriora; el mal menor es ocasionar la pérdida del balón, nunca deseada en el FB. Nuestro juego es y tiene su fundamento en la intracomunicación de todos los componentes del equipo. Por ello este juego (FB) se transforma en un universo del no equilibrio y desorden causado por los oponentes en un entorno donde aparecen fluctuaciones y soluciones múltiples de cada jugador que pueden explicarse por la noción de «homeodinámica» de A. Braud, pues propone que el juego se instaura y desarrolla continuamente entre la inestabilidad y el cambio. Ambos son identificativos de su naturaleza lúdica. La recursividad constitutiva de su estructura comunicativa tiende a intensificar sus parámetros de alteración y cambio, que así demuestran sin paliativos su naturaleza compleja, que quedará reafirmada cuando las relaciones entre los participantes en el jugar no puedan explicarse por el estímulo-respuesta o la acción-reacción. Estamos ante una perversa dicotomía de tales relaciones, por el nuevo mundo de la «interacción», que explica el mundo del intercambio informacional en el que se ve inmerso todo HD mientras juega y vive. Jugar al FB es, por tanto, un «asunto» sistémico, no lineal, como el atacar-defender en el FT. Está conformado por espacios-subespacios heterogéneos no estables y a veces no definidos, ni mesurables, donde el razonamiento lógico es inútil, pues las variables que lo conforman no son tales, ya que son estados dinámicos-transitorios; por lo tanto, la inestabilidad es su característica y fundamento, donde solo las intuiciones y la creatividad pueden

ser útiles para sus participantes, pues ambas apuestan por la probabilidad (porcentaje) y el poder pensar varias cosas diferentes a la vez como
posibles causas de los procesos, pero sin dar prioridad a ninguna de
ellas y siempre desechando la «certeza causal» de la razón lógica que
ahora no tiene validez alguna. Así se vive y se siente nuestro jugar al FB
para disfrute de nuestros HD, jugadores, aficionados y seguidores de
todo el mundo.

Las interacciones en el juego

Las interacciones se entienden como procesos dinámicos interactivos,
cuasi instantáneos, pero con diferentes gradientes de intensidad en la
intracomunicación, entre los jugadores de nuestro equipo. Durante el
juego, están conformados como redes de comunicación que se estable-
cen-aparecen-modifican por y en «su jugar». Estas redes constituyen
espacios de información multicanal, de manera que cada jugador se
encuentra sumido en un entramado ambiental-informacional complejo,
pues, cuando alguno de los individuos actúa-interviene en cualquier dimensión del juego, dispone o no del balón, y esté donde esté, se verá
afectado por la situación global del entorno. Esto es posible, pues, para
los jugadores, humanos inteligentes deportistas (HD), cualquiera actuación está mediatizada por la percepción que cada uno tiene de lo que
hacen «los otros» en ese momento, sean compañeros u oponentes, así
como de los elementos-componentes del entorno donde actúan todos. El
valor «carga cognitiva» de toda esa información contiene elementos semánticos que todos los componentes identifican a través de una autova-
loración que cada cual hace de lo que acontece continua-discontinuamente. Los componentes (HD) de nuestro equipo deben homogeneizar
esos valores identificando así los contextos semióticos de cada acontecimiento, desde una misma perspectiva negociada-practicada durante los
entrenamientos, y así poderlas identificar para comunicarse entre sí.

Las interacciones son, por tanto, aquellas formas de intracomunicación consistente en la «comunicación interna» del equipo que:

- Anima y responsabiliza a todos los jugadores a participar activamente en el juego. Y no solo a parte de ellos que están próximos al balón en ese momento.

- Facilita su intervención selectiva y organizada en todos los acontecimientos sucesivos del jugar, asumiendo el mayor o menor riesgo que suponga su intervención.

- Aportan un número suficiente de alternativas-semántico-comunicacionales que facilitan una variada y redundante comunicabilidad a todos los componentes del equipo.

- Propone una validez diferenciada para cada fase del jugar del equipo, dotando por ello la eficiencia y fiabilidad a la comunicación tanto en FD como en FR.

- Hace a todos responsables de la eficacia comunicativa vivida en cada acontecimiento y durante todo el partido, para aumentar así la capacidad de sorpresa y confusión de los contrarios.

- Permite la evaluación del autocompromiso de cada individuo (HD) respecto al equipo.

- Estimula propuestas creativas para deleite de los espectadores.

Tipos de interacciones

Para identificar los tipos de interacciones, disponemos de las propuestas de Gregory Bateson y de su forma de entender la interacción-comunicativa; como resultado de una secuencia de hechos comunicativos-semánticos-interpersonales (HD), las utilizan cuando tienen que comunicarse con sus compañeros para conformar los acontecimientos del juego. Según Bateson, existen dos patrones básicos de interacción: la interacción simétrica (IS) y la interacción complementaria (IC).

- La IS propone una interrelación basada en la igualdad conceptual (para nosotros del jugar) entre interlocutores, o con una diferencia mínima entre los sujetos implicados. Ello implica la recursividad entre las dos aptitudes. Cuando sucede así durante las propuestas intersubjetivas de los HD del mismo equipo, los hace altamente eficientes en sus «encuentros» contra sus oponentes, y con un alto nivel de coherencia operacional.

- La IC presupone ciertas aptitudes superiores «del otro» compañero (HD). Por lo tanto, basada en la desigualdad de «poder» en cualquier interacción, que impone el dominador. Sabemos que, durante el juego, el futbolista que tiene el balón dispone de esta energía superior. Este controla la responsabilidad de interacción-eficacia; para ello, el «débil» (receptor) debe ajustarse a las iniciativas del ya aceptado, superior. Puede que estas interacciones sean las que se establezcan también entre la «estrella» del equipo y aquellos otros que comparten funciones con él, pues siempre suelen aceptar-acompañar las iniciativas de su líder o a un compañero que le da un «pase al espacio». No suelen ser tan eficientes como las IS, aunque acaso sí puedan ser eficaces.

No obstante, existen otras propuestas como la de Laing, de la escuela de Palo Alto, y de Mucchielli (1998), que apuntan a otros tres tipos más de interacciones: la interacción de tangencialización (IT), la de descalificación (ID) y la de mistificación (IM), que como las propuestas hechas por Bateson hacen referencia a interacciones interpersonales. Como las anteriores, hacen que podamos diferenciar los valores semánticos intercomunicativos entre el poseedor del balón como pasador y el posible receptor o posibles receptores por medio de trayectoria de desmarque-ofrecimiento; Van Gaal pregunta al poseedor si quiere jugar con él por medio del pase que le está «pidiendo». En este ámbito comunicativo, la IT se aplica cuando el poseedor no responde a la pregunta del compañero-receptor, «se va por la tangente», hasta que este haya barajado los elementos espaciotemporales-situacionales que le ofrece el receptor. Puede suponer frustración al receptor-solicitante, y nos dice mucho, tanto de la exigencia-experiencia del poseedor-pasador, como acaso de su incapacidad. En cualquiera de las dos opciones, el entrenador debe intervenir con posterioridad en actuaciones similares en los entrenamientos y próximos partidos para intentar reconocer lo positivo de tal forma de interacción. En la ID, el poseedor se limita a expresar sus propios deseos, desestimando la propuesta-solicitud del compañero-solicitante-posible receptor, casi siempre por desestimar las condiciones del contexto de juego que se le ofrecen, incluso cuando puedan ser favorables. Esta interacción nos muestra el carácter individualista del poseedor y para identificar si ese o esos compañeros pueden jugar en espacios de juego y funciones compartidas, pues claramente ese poseedor está descalificando a sus compañeros para esas determinadas condiciones contextuales. Por su parte, la IM es aquella en la que el poseedor hace creer al receptor que ha hecho una «petición-pregunta» con su gestualidad que en realidad no ha hecho. La realidad puede ser que el poseedor, por disponer del balón con su poder de coacción, transmite al receptor que su petición debía haber sido hecha en otros términos, pues así no le ha parecido buena y no lo tiene en cuenta. Esta interacción es la de ¡creí que…! o ¿acaso tú decías que…? Algunas veces puede ser una justificación de una mala decisión del poseedor, o, lo que es peor, como culpar a un compañero del propio error. Como en el caso de IT, el entrenador deberá tener en cuenta los posibles conflictos comunicativos y proponer algunas soluciones eficaces cuando identifica estas interacciones problemáticas. ¡Para eso están los entrenamientos!

Sin embargo, y a pesar de los esfuerzos de los entrenadores durante los entrenamientos, en todas aquellas interacciones comunicativas mostradas durante los partidos, sean fallidas o no, irremediablemente ocurren fluctuaciones. Aparece otra vez G. Bateson, quien llama «cismogénesis» a las modificaciones (cismas) que se ocasionan en las normas y las posibilidades de comportamientos individuales, entrenados. A veces vienen provocados por la acumulación reiterada de interacciones y encuentros repetidos fallidos o no entre los jugadores de ambos equipos durante todo el tiempo del partido, pues en estos reiterados encuentros se va deteriorando el nivel operacional de los contendientes. Ciertos analistas-observadores suelen interpretarlo como fatiga física, cuando son preferentemente el producto de ese cisma comunicacional cuya génesis es principalmente expresivo-creativa, por haberse hecho una práctica muy repetitiva y no variable durante el juego. Las «rutinas» del entrenamiento también ocasionan esta no deseada sensación en los participantes. Otras veces les causa también una sensación emotivo-volitiva

por resultar no deseado-fallido, a los que los jugadores se ven sometidos durante el tiempo del partido, o que también acaso pudieron ser desatendidos en sus entrenamientos. Puede decirse ¿¿ya hemos entrado en cismogénesis?? cuando nuestros jugadores, o los futbolistas en general, provocan condiciones de intra e intercomunicación no eficientes o eficaces. Se pierden pases, se deterioran los espacios eficientes para jugar y los tiempos de interacción que antes existían y se utilizaban. Nos quedamos sin posibilidades, sin opciones de comunicación; en muchos casos, estas cuestiones son las que producen las remontadas en los resultados al final de los partidos. La solución es anticiparse a este estado, haciendo-proponiendo situaciones variadas de interacción. ¡No agotar algunas de las que disponemos! Esto es no hacer lo mismo una y otra vez solo porque últimamente nos ha salido bien. La opción es nuestra estructura expresivo-creativa que nunca nos falla, y debemos entrenarla para que, conjugada con la socioafectiva, proporcione niveles de alta eficiencia en la intracomunicación de nuestros jugadores, y una innovación continua en los elementos comunicativos utilizados, con anterioridad a este partido, y que fueron objetivo-intención de nuestros entrenamientos.

Camino a la complejidad

Como anteriormente propusimos la causalidad, la reducción o la disyunción como pilares paradigmáticos del FT, ahora proponemos consecuentemente la complejidad y el pensamiento sistémico como origen-conformación del FB. Instalados ya en lo sistémico y de espaldas a la causalidad, el FB, nuestro juego, emprende un nuevo camino por los vericuetos de la complejidad. Y es un camino que desconocemos hacia dónde nos llevará, pero es seguro que a otros nuevos-distintos horizontes desde donde plantearnos nuevos desafíos, como ya sucedió en el pasado próximo cuando vivimos grandes triunfos desde una nueva manera de jugar. Es a través de los principios del pensamiento complejo expuestos por Edgar Morin en sus teorías como alcanzamos a comprender-fundamentar el FB.

Y es que la dialéctica disruptiva que dividió el juego en defensa-ataque queda sustituida en su propuesta por el principio dialógico integrador. Proponiendo algo tan evidente como... «los antagónicos coexisten». Siendo ello así, no hay contradicciones que no se encuentren en una unidad conceptual. Es la asociación compleja y concurrente de antagonistas, pues uno y otro son necesarios para la existencia del juego. Y ambos permanecen en él.

El juego tradicional se ha ido construyendo desde la dialéctica (Hegel) maximalista que propone la lucha entre los opuestos ataque-defensa en forma, por tanto, asimétrica, a través de valores que tienden hacia el orden y equilibrio opuestos al cambio permanente de las cosas, sin aceptar que el equilibrio no puede ser permanente. ¡Jamás! Por el contrario, la dialógica entiende el juego como el marco donde se conjugan los contrarios, proporcionando desorden, desequilibrio y azar. De esta forma se consuma el tránsito de lo cuantitativo a lo cualitativo; conjugando a los contrarios, se provocan transformaciones mutuas, interacciones, y aparecen propuestas altamente autoorganizantes. El juego así entendido se conforma como una red global donde todo está vinculado por medio de esas interacciones; estas son las generadoras de las transformaciones internas de cada participante en ellas. La dialógica considera que el juego también ocasiona interacciones entre los sujetos que participan en su entorno de práctica. Es la realidad, el partido en el que cada uno de los participantes pone su parte para conformar una red donde, entre todos, el equipo decide qué hacer en los marcos contextuales de esa red. Con la presencia de esa red de valores semánticos contextualizados, ya no vemos causas, sino «procesos» transformadores y entornos cambiantes alejados del orden y el equilibrio, que sin duda estarían entrelazados en el tiempo, pasado, presente y futuro-pasado en un *continuum* de complejidad que solo se interrumpe al finalizar el partido. Nos constituye entonces como experiencia pragmática, y al espacio de juego como lugar para la optimización interindividual.

Según lo expuesto, la dialógica de Edgar Morin nos permite proponer, como vemos en el ideograma 9, que:

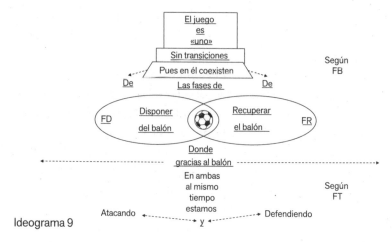

Ideograma 9

- Pues cuando el equipo dispone del balón siempre logra a la vez atacar y defender (FT), dado que los contrarios no pueden atacarnos, según su cultura y comprensión lineal del juego, por no tener el balón, defendiendo su portería, aproximándose a ella en orden y sistema previsto (líneas).

- Y nosotros, por utilizar y aplicar el concepto «recuperar» el balón, nos defendemos, pero también «atacamos» las posiciones de los contrarios poseedores, pues las actuaciones de recuperación son, efectivamente, «atacar al poseedor» del balón, inmediatamente allí donde lo hayamos perdido momentáneamente, sin replegarnos hacia nuestra portería. Las dos fases del juego, entendidas desde el principio dialógico, coexisten en una «unidad de objetivos». Nuestro juego FB se transforma en una unidad funcional, pues, al recuperar, ya dispones, y en cada una de las fases se logra simultáneamente atacar-defender o defender-atacar en la terminología del FT. Por lo tanto, lo que el FT dividió para especializar y simplificar el juego, el FB lo une desde la dialógica. Así pues, convenimos que el principio dialógico proporciona al juego la complejidad de observarlo como un proceso único, en el que se suceden las fases de disponer-recuperar-disponer... en sucesiones imprevisibles tanto espacial como temporalmente. Eso constituye un gran cambio, una «pequeña revolución» en la concepción del jugar, que hace modificar sustancialmente los componentes del juego. De esta forma, este juego se centra en el balón como eje y objetivo del jugar. ¡Quien tiene el balón tiene el poder! Con él determinamos el atacar-defender en una sola acción. Nos organizamos a su alrededor para determinar cualquier acontecimiento del juego. Ahora no se define-decide en las áreas, sino que se gestiona en todo el espacio de juego (EDJ). Así cobra un interés-valor diferenciado en cualquier lugar, en todos los lugares. El gol es el lugar preferente, como culminación del jugar del equipo. Llegar a él no es una casualidad que «aparece tras una jugada», sino que es un proceso de juego en el entorno del balón cuya consecuencia es el deseado tanto del triunfo, en el que efectivamente-necesariamente participa todo el equipo, en unidad dialógica.

Frente a la causalidad lineal, para identificar el mundo complejo, Edgar Morin propone un segundo principio, el de recursividad. Este indica que, en los procesos sistémicos, los productos sean a su vez productores, y estos en algún momento del proceso observado son también productos. Es decir, en terminología de linealidad, los efectos son también, en ese momento, causas. En el fútbol, este principio queda reflejado cuando observamos el juego desde la perspectiva del futbolista. Obtenemos así que el jugador hace el juego; genera el juego que él vive al jugar, pero ese propio juego vivido es el que hace-conforma con esa experiencia al mismo jugador. La causa se transforma en efecto; al participar en el proceso del juego, este mismo se produce-reproduce a sí mismo. Esta coherencia operacional hace que el FB pueda ser entendido-explicado-practicado desde esta perspectiva sistémica. De tal forma, el terreno de juego deja de ser un campo de batalla donde el más fuerte impone su dominio y el FB lo transforma gracias a esta recursividad en un lugar más o menos amable donde el juego enseña-forma al futbolista, que así comprende «su jugar». Este jugar recursivo de base sistémica establece entornos de juego donde cada jugador se optimiza, pues se fomentan espacios interactivos no programados ni concertados entre grupos distintos de jugadores de uno y otro equipo, por lo tanto, de individuos (HD) conocidos y otros no conocidos, o poco conocidos. Por tener todos los mismos objetivos, necesariamente intervienen a distintos

y variados niveles cognitivos-comportamentales-decisionales-situacio-
nales-temporales. Así, constituyen ricas redes de intercomunicación de
alta carga informacional de todas esas dimensiones, que fluctúan en los
espacios-tiempos del juego nunca iguales, y por ser poco conocidos y de
alta variación, son sumamente optimizadores. ¡El fútbol se aprende ju-
gándolo! Es una frase que ha logrado calar profundamente en la peda-
gogía del fútbol y que ha permitido oír continuamente «el fútbol es de
los futbolistas». Y es así, pero no por ese motivo basado en los conceptos de linealidad y mecanicismo, sino por esta propuesta del principio
de recursividad, que obliga a realizar una práctica consciente, vivida en
entornos ricos, no solo en la calle, donde se proporcione la suficiente
variabilidad, incertidumbre e interacción; componentes imprescindibles
del jugar al fútbol. Para ello deben prestar máxima atención a cómo los
jugadores próximos solucionan-realizan los distintos «encuentros» con
sus oponentes, por si allí aparecen algunos elementos nuevos, no cono-
cidos-interactivos o aquellos inesperados (emergentes) que hacen del
juego algo por descubrir, transformando al lugar de juego en un espacio
de descubrimiento y enseñanza inigualable. También se utiliza por y
para el entrenador, que debe tomarlo como base pragmática de su propia, nueva y necesaria formación que nunca logrará encontrar en los
libros. Toda esta carga comunicacional ahora recursiva tiene que ser
propuesta-compartida-practicada en nuestros entrenamientos diarios.
En ellos se identificarán e intercambiarán todo tipo de deseos-intenciones de cada jugador respecto a su jugar. Todo ello por medio de su
movimiento-gestualidad-posicionamiento-actitud corporal-proximi-
dad-velocidad..., que se producen y aparecen en los espacios comunes
de juego. Necesariamente serán interpretados por todos y cada uno de
nuestros compañeros y tendrán un concreto-reconocido significado
para todos nosotros, tanto cuando se disponga del balón como cuando
haya que recuperarlo. Eso constituirá un lenguaje específico impregnado necesariamente de «un algo» personal e identificativo de nuestro
jugar. Estos rasgos son los que más adelante propondremos como criterios espacio-relacionales (CER) a los que este principio da apoyo forta-
leciendo su pertenencia a una forma de jugar compleja que proporciona
la coherencia operacional recursiva a nuestro jugar.

Por último, Morin propone un tercer principio que debe cumplirse en cualquier proceso que pueda considerarse complejo. Es el principio hologramático, que indica que «el todo está en las partes» y las partes son componentes de ese todo. Esto es fundamento del FB, pues la dialógica nos hizo entender cómo los componentes constitutivos de las dos fases del juego lo hacen uno, ya que ellas son el propio juego. Su desarrollo conceptual es ahora que:

- Existe la posibilidad de que esas partes se conserven en ese todo al que pertenecen y lo hacen uno, pero mantendrán su singularidad durante el juego al tener que modificar la funcionalidad de sus componentes constitutivos, los jugadores.
- Ello proporciona la relativa autonomía que pueden disfrutar esos componentes en el todo constitutivo del jugar.
- Se presenta la necesidad de establecer relaciones semántico-comunicacionales e intercambios autoorganizadores entre las partes (fases concurrentes en unidad), de todos los HD que concurren en ellas.
- Observar la capacidad de la que disponen los componentes comunicacionales de las fases, para generar mediante su coherencia operacional, el todo, el juego.

De esta manera conformamos un constructo cognitivo-semántico-único y explicativo conformador del jugar al FB que llamamos espacios de fase (EDF). Cada EDF es un «holograma» del jugar, pues está conformado por los componentes propios del juego que concurren en todas las interacciones constitutivas del juego.

Cada uno de los lugares donde se dispone o recupera el balón presenta para cada ET vivido unas interacciones diferentes, pero todo ello sujeto a la dialógica y recursividad propias del juego complejo, donde se entremezclan de manera estocástica las múltiples y distintas secuencias de recuperar-disponer, asegurando que, según el principio hologramático, las partes son el todo, y este todo son las partes.

De este modo, ahora conocemos el camino del nuevo-diferente juego del Barça (FB), que está constituido sobre las bases de la complejidad.

Al observarlo con nuestras «gafas sistémicas» podemos disfrutarlo, y al comprenderlo así nos comprometemos a practicarlo con nuestros jugadores durante nuestros entrenamientos. Podemos proponerlo a todos los aficionados-seguidores durante nuestros partidos para que puedan disfrutar de él. Todo lo anteriormente expuesto cobra sentido, y la complejidad es su fundamento, pues, desde esta perspectiva paradigmática, el juego no consiste en describir o descubrir como espectador el jugar como una sucesión de «jugadas», sino la identificación del proceso que ocasionó aquellas actuaciones-situaciones espaciotemporales donde confluyen lo cognitivo, condicional, coordinativo, socioafectivo, bioenergético, emotivo-volitivo, expresivo-creativo y mental, que en ese momento del juego se manifiesta globalmente en interacciones que deben considerarse como el juego de nuestro equipo. Tales realizaciones son los vínculos interpersonales ocultos que se ponen en interacción-interferencia espaciotemporal entre «los nuestros» y los componentes del otro equipo, donde la variabilidad y el azar toman cuerpo y nos hacen entender que todo lo que «aparece» son propiedades emergentes del conjunto-equipo a veces solo diferenciadas cuando este logra disponer del balón o cuando debe recuperarlo. Podríamos decir que son «constructos narrativos» multipersonales, en los que cada momento es un episodio narrativo y un acontecimiento dialógico, recursivo y hologramático, donde las intenciones de los jugadores de ambos equipos son como un hipertexto cuyo final se desconoce, si bien cada equipo construye el suyo con la esperanza de superar al contrario.

Como hemos indicado antes, las interacciones generan intercambios de «distintas energías» entre y para todos los jugadores propios y contrarios, debiendo entender que los dos medios cambian; no solo los instalados en las proximidades del balón, sino «todos». Por ello se ocasionan continuas modificaciones del medio externo, el entorno, tanto como el medio interno de cada uno y todos los HD jugadores. Aparecen espacios de incertidumbre acaso resueltos por los «encuentros» en lugares distintos del espacio, entre varios jugadores de cada equipo que se enfrentan ahora con semejantes pero opuestos objetivos. Es cuando emergen acontecimientos a veces no deseados y el temido azar. Sin embargo, también cuando un equipo es capaz de producir-conservar ciertas «identidades relacionales» que faciliten su intracomunicación a pesar de los contrarios, se abre todo un entorno identificado-identificable por los nuestros más libres de emergencias y azar. Estas identidades no son otra cosa que las llamadas ventajas relacionales (VR) que más tarde contemplaremos como objetivo específico del juego, e intentaremos obtener cierto porcentaje de probabilidad a nuestro favor de que se cumpla lo deseado en cada encuentro interindividual. Los «niveles operacionales» de cada individuo durante los encuentros con los contrarios se entienden-solucionan, teniendo en cuenta que todo lo que sentimos, nuestras intenciones, deseos y ciertos temores, son los fenómenos no observables que guían nuestras interacciones en cada uno de los encuentros. Sus efectos se logran minimizar cuando nuestro equipo ha establecido en «ese» encuentro la ventaja (VR) conveniente para decantarlo a nuestro favor.

Sabemos que cada encuentro se realiza entre dos organismos (jugadores, HD) con similares intenciones que conviven instante a instante en un entrecruzamiento de coordinaciones de carácter aparente y predominantemente motriz, establecidas como identidades relacionales, posiblemente por las posibilidades del entorno, vividas durante los entrenamientos. Es allí, en sus entrenamientos, donde aparecen como conversaciones interpersonales a veces consideradas inconsistentes, poco relevantes, pero ahora, en la realidad-responsable del encuentro competitivo del partido, reaparecen con toda su fuerza, pues son guiadas por la intimidad de los deseos, miedos, ambiciones, gustos, rechazos, aspiraciones, ilusiones, respetos y hasta codicias, de cada uno de los contendientes que con toda seguridad estos valores solo se «entrenan» en los partidos, pues no son reproducibles íntegramente durante los entrenamientos. Todos estos sentimientos se entrecruzan inconscientemente como una doble conversación entre los «enfrentados» en diferentes modos e idiomas-culturas mientras dure el encuentro. El resto de los observadores de uno y otro equipo pueden ver un fluir de «conversación-motriz», pero desconocen el otro entrecruzamiento de sus íntimos deseos descritos, que a veces no es descubierto ni por los mismos contendientes, o lo hacen en un plano reflexivo posterior. En algún caso será válido para su autoafirmación y experiencia, pero a veces se ve interferida por el resultado del encuentro.

Llegados a ese momento, la intervención de algunos compañeros, apoyando-cooperando a sus respectivos colegas, ahora enfrentados, les aportan más energía informacional que deberán utilizar para ayudar a cada uno de los contendientes. Pero el concepto «más» en este momento del juego es diferente, pues no es una sumación lineal acumulativa de una sola clase y de alta homogeneidad conceptual de elementos cuantitativos con la valoración, de que siempre «más es mejor», sino que toda esa semántica circulante en ese comprometido momento del juego se debe entender como una «masa crítica» recursiva de elementos comunicacionales cualitativos que puedan cambiar instantáneamente los contextos comunicativos-relacionales de todos y cada uno de los jugadores participantes. Cuando esos cambios se realicen eficientemente, podrán acceder a otros entornos espaciotemporales nuevos-diferentes, posiblemente provocados por la aparición de distintos patrones semióticos hasta ese momento no utilizados. Sin duda, estos obtendrán otra masa crítica informacional con nuevos elementos recombinados de alguna manera, constituyendo un nuevo EDF para orgullo de su entrenador, que los propuso-practicó en sus entrenamientos. Estos no son otra cosa que la continua adquisición y luego identificación de redes complejas de ciertas masas críticas informacionales, de contendidos semánticos que se han de manifestar en cada una y cualquiera de las actuaciones motrices del juego. La carga semiótica será consecuencia de la interpretación diferenciada del juego que hace cada jugador, que a veces son analizadas, por algunos, solo como actos motores de la realización automática de una técnica, y puedan parecer semejantes, pero esa carga semiótica los hace muy diferentes por ser también transportadores de rasgos personales inigualables e identificativos de cada ejecutor. ¿O es que Neymar «dribla» como Messi? Y ambos hacen la misma acción-actuación técnica del juego, pero nuestras «gafas sistémicas» continúan ofreciéndonos otro juego, pues logramos apreciar que esas actuaciones no son «jugadas», a veces incluso atractivas para los espectadores, afiliados a formas culturales de valores estéticos-tradicionales-locales, sino que son la consecuencia de interconexiones de múltiple naturaleza, que conforman especies de «mallas» entrecruzadas de elementos informacionales convenidos por nuestros jugadores durante los entrenamientos y que ahora en los partidos se conforman como elementos multirreferenciales opacos para los oponentes y translúcidos para los nuestros, pues transportan toda la información necesaria para que cada acontecimiento del partido sea coherente con lo deseado-entrenado por el equipo, contribuyendo a su coherencia operacional.

En este capítulo hemos planteado que, en la observación del fútbol desde las teorías de la complejidad y el pensamiento sistémico, las gafas sistémicas nos permiten ver en otra dimensión del juego. Este paradigma modifica la esencia del FT, que es atacar la portería contraria para hacer gol y defender la nuestra para que no nos lo hagan; así aparecen las transiciones ataque-defensa y defensa-ataque donde los dos equipos transitan por zonas «neutras» del terreno de juego muchas veces con la única intención de llegar a las inmediaciones de la portería contraria rápidamente. Ello ha supuesto que el juego se haya «partido», y que en las dos áreas sea donde se resuelve el juego. Si lo miramos desde el paradigma de la linealidad es así, pero desde el de la complejidad es «casi» así, con muchos otros matices, tantos que hacen al juego propuesto, el FB, desde la perspectiva compleja, claramente diferente al FT. Para nosotros, todo el espacio de juego es significativo para el bien jugar; como veremos, las modificaciones son sustantivas, y algunas ya han sido indicadas. Pero en sucesivos capítulos vamos a exponer pormenorizadamente este nuevo y diferente fútbol que es el fútbol Barça. En su máxima simplificación consiste en (ideograma 10):

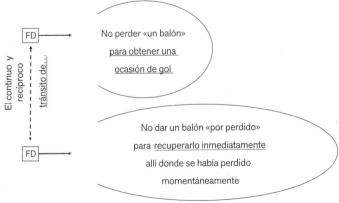

Ideograma 10

Jugar al FB

Hemos venido exponiendo en qué consiste el juego y hablando de cómo comprenderlo desde la complejidad, para poder explicarlo como sistema complejo y adaptativo por tener que adaptarse durante el juego a un entorno conformado por el reglamento del juego. Pero hay unos oponentes dispuestos a impedir las alternativas de juego deseadas por nuestro equipo. Como estas reglas han sido aplicadas, modificadas y desarrolladas desde una dimensión conductista, analítica y con una visión pragmática de la linealidad, han dado como resultado el jugarlo de una determinada forma instalada desde hace cien años (FT). En nuestra propuesta no hemos modificado sus reglas, pero como dijo Einstein: «El mundo, tal y como lo hemos creado, es fruto de nuestro pensamiento. No se puede cambiar sin cambiar nuestra forma de pensar». Basta cambiar, esta es la gran verdad, la palabra «mundo» por la palabra «fútbol», y tendremos la guía, el origen de la propuesta que a partir de ahora vamos a exponer en estos textos. Con el único y gran reto de poderlo jugar de otra manera, consecuencia de haber cambiado nuestra forma de pensarlo-comprenderlo. ¡Nuestras gafas sistémicas han dado ya sus frutos! A partir de ahora veremos cómo el jugar a «nuestro juego» es una forma diferente de jugar al fútbol, que posiblemente haya cautivado a unos e inquietado a otros en el mundo del fútbol.

Toda nueva disciplina necesita disponer de un diferente lenguaje que sea identificativo para establecer una comunicación clara y específica de esta nueva disciplina. Ya fue el precursor del humanismo J. Luis Vives quien defendió el «somos palabra», pues por ella nos comunicamos, identificando nuestro entorno, los conocimientos de los que disponemos, lo que queremos y todos nuestros sentimientos. Todo aquello que pensamos son palabras, que mientras permanezcan dentro de nosotros son nuestro único patrimonio como seres humanos, pues cuando las comunicamos de alguna forma a los demás ya son de todos aquellos con los que vivimos-convivimos y compartimos nuestras ideas. Como queremos cambiar el jugar al FT, tenemos que cambiar lo que pensamos de él y, por lo tanto, aquellas palabras con las que identificar ese diferente jugar al FB, pues hemos pensado que el jugar es la expresión de un diálogo interior entre aquello que conozco y quiero con lo externo y desconocido, aquello que propone o van a proponer «los contrarios». Eso nos hace tener cuidado con cómo llamamos a «los otros», y por lo tanto los pensamientos que tenemos hacia ellos; aquello que generamos con nuestro diálogo interior y exterior, pues, al odiar a «esos otros», considerándolos-llamándolos «enemigos», cometemos un grave error estratégico-cognitivo. Proporciona a nuestros jugadores una información disvaliosa que está asociada a conceptos como el miedo a lo desconocido, la sospecha de algún daño, la inquietud del peligro y todo aquello que las armas secretas y las trampas dolorosas creemos que tiene ese «enemigo» desconocido. Son pensamientos asociados desde hace tiempo a nuestra memoria histórica particular. Todo ello promueve entre nuestros jugadores la ausencia de los rasgos identitarios de la comunidad, del equipo, tales como la intencionalidad compartida, la intracomunicación entre los compañeros o el gravamen de su prestigio. Son cuestiones que, de alguna manera, se instalan como limitaciones del intelecto y generan odio, ira y miedo en el momento de los enfrentamientos con esos enemigos. Por estas cuestiones, cuando alguno de esos enfrentamientos tiene un resultado negativo, aumenta el número de actuaciones individuales, en un vano intento de demostrar que ¡yo no tengo miedo!, con la clara intención de autoliberación de tales miedos y, cegados acaso por aquella ira generada, aparecen más frecuentemente participaciones individuales, incluso a veces violentas, que solo generan situaciones negativas para el equipo y para aquel jugador más influenciable por estas cuestiones. Al igual que esta palabra, otras muchas con distinta génesis, constituyen la terminología bélica que debemos desterrar. Asimismo, llamamos campo o terreno de juego al lugar donde jugamos. El concepto campo tiene tres acepciones muy utilizadas, que no se ajustan en absoluto con el componente lúdico de nuestro juego. La primera es aquella que hace referencia a de dónde viene: ¡el campo de batalla! Concuerda con la idea bélica que impregna toda la terminología futbolística, algo que queremos evitar. ¡Es muy a menudo en lo que se transforma el juego, si sus protagonistas se preocupan más en matar-destruir que en crear! La segunda acepción de campo es la que hace referencia a la expresión «poner puertas al campo» como metáfora de querer coartar la libertad. ¿Acaso se puede identificar que las porterías del campo están para eso? Entendemos que en nuestro juego no tiene tal intención, pero la metáfora resulta, al menos, inquietante. De la misma forma, un «terreno», aunque sea de juego, define una superficie, «dos dimensiones», que suele estar en venta como un lugar de tierra, mayoritariamente llano, bien para poder construir o para realizar labores agrícolas. Ninguna de estas propuestas se ajusta a las intenciones de nuestra actividad lúdica de jugar, ni la bélica de campo ni la de terreno ya asociado a otras ocupaciones. Por ello entendemos que al lugar donde jugamos debemos llamarlo desde ahora «espacio de juego» (EDJ), pues el espacio es un lugar de tres dimensiones (el fútbol se juega así), no un terreno solo de dos dimensiones. Además, también está conceptualmente alejado de todo el *agón* de lucha y muerte que ya hemos explicado. Por ello es un «espacio» libre para el arte, el conocimiento, la exploración de lo incierto, la creación, la comunicación, el respeto, la libertad, la identidad espacio-tiempo. Y posiblemente la apertura a la ciencia como espacio físico-ecológico. La lista se amplía a todos estos términos cuya procedencia es obvia:

- Tiro a puerta: por chutar a..., finalizar...
- Atacar: por disponer del balón para...
- Defender: por recuperar el balón. Pues es y ha sido nuestro...
- Robar: eficientes en recuperarlo. Quitárselo al contrario.
- Luchar: disfrutar de..., empeño en...
- Matarlos: superarlos en..., engañarlos.
- Agresividad: valentía para..., creatividad.
- Contundencia: convencimiento, resolución...

Y muchas más que irán surgiendo con las páginas. Se trata de cambiar la terminología del *agón* griego por la del latino *ludus*, que no es otra cosa que elegir palabras de vida como alegría y creatividad del *ludus*, en vez de tristeza, pena y muerte del *agón*. Y nuestro fútbol (FB) es alegre, vivo, creativo; participa plenamente de la belleza y disfrute del altamente gratificante *ludus*. Es que ¡somos latinos! Sabemos que solo con el lenguaje adecuado se puede conocer-identificar la simplicidad compleja del cómo jugar y exponerla a nuestros jugadores (HD) para que de esta forma entiendan que es necesaria su lúdica participación en la organización de su equipo en torno al balón, para lograr «distraerlo» entre los oponentes y vivirlo-disfrutarlo con los demás compañeros, con el objeto de lograr marcar gol la mayor cantidad de veces posible en la portería contraria. Sin embargo, por tener que adaptarnos al reglamento del juego, debemos comprender que tenemos que pasar el balón y hacer las demás tareas con los segmentos corporales reglamentarios y lanzar-pasar a portería el balón con estos segmentos. E igualmente reglamentario es que el árbitro decida dar o no validez a esa acción de gol que hemos ejecutado. Pero todo este proceso se debe hacer más veces o al menos una vez más que el equipo contrario durante el tiempo reglamentario de duración del partido que decida el árbitro. Una participación coherente y completa de nuestro quehacer en el juego es la contribución a que el equipo contrario no logre marcarnos ningún gol, por nuestra actuación a lo largo del tiempo de juego, así como ser capaces de disponer del balón el mayor tiempo posible del partido; todo ello por una funcionalidad eficaz y una coherencia operacional indivisible-global, pues nada de lo expuesto puede hacerlo cada jugador por separado. Para jugar a este fútbol debemos tener siempre presente «una cosa», ¡que el compañero es lo primero! Así debemos saber transformar parte del talento y esfuerzo individual en inteligencia colectiva del equipo, para entre todos lograr los objetivos deseados, que se acordaron previamente con el entrenador. Llegados a este punto cabe plantearse unas premisas condicionantes del cómo actuar durante un partido:

- Llévate bien con el árbitro, respeta sus decisiones sin protestarlas, facilita su trabajo, no simules acciones inexistentes, pues él es quien tiene que «certificar» todo lo que ocurra, dándole validez reglamentaria; de nada vale hacer algo si el árbitro no lo da por bueno, pues incluso puede validar algo que no haya sucedido. Da igual si va en contra o a favor de nuestros intereses.
- Ocúpate de intervenir durante todo el tiempo del partido, jugando reglamentariamente, evitando sanciones que pueden excluirte del partido. Entiende que todo lo que no hagas ahora ya no po-

drás hacerlo nunca, y es dar ventaja a los contrarios, pues, sin tu jugar, el tiempo va a su favor; y el tiempo es implacable, siempre pasa factura.

- Fíjate en si lo que has hecho durante tus intervenciones es el objetivo deseado-planteado por tu entrenador como logro del equipo y en cómo lo has realizado, con qué nivel de eficacia ha resultado. Si ha sido el que tú tienes y si estás contento contigo o te sientes defraudado al final del partido.

- En ese después si se ha ganado por azar, o por alguna decisión arbitral y no por «nuestro jugar» todo entrenador y equipo beneficiado, sentirás, cuando se apaguen las luces, que hemos sido perdedores.

- El ganar te da éxito, incluso la gloria de vencer campeonatos, pero solo «cómo» se logra te permitirá permanecer en el recuerdo de todos los aficionados y, según como hayan sido esas victorias, en la historia del fútbol.

Todo lo expuesto es jugar. Sin embargo, jugar al juego del Barça... ¿qué es? Es aceptar la complejidad como su soporte teórico. Y su componente práctico es asumir formas de actuación sistémicas donde se conviva entre interacciones no lineales que puedan producir mayoritariamente emergencias, muchas de ellas inesperadas, donde solo se puede intervenir por medio de la reorganización y/o la autoorganización de todo el equipo. Porque solo los jugadores que comprendan estas situaciones podrán sobrevivir a la incertidumbre generada en todos y cada uno de los encuentros-enfrentamientos con los contrarios que irremediablemente aparecerán a lo largo del partido. El FB no se manifiesta como una sucesión de «datos simples», jugadas concatenadas, sino como instancias de procesos sistémicos, que, como tales, aceptan el azar, la duda, lo inesperado, generador de incertidumbre, que constantemente obliga a sus participantes a tomar decisiones bajo presión temporal, lo que aumenta el riesgo de fracaso.

Jugar a nuestro fútbol pasa tanto por el amor que se tiene al balón como por la desmedida confianza y el respeto que se debe al HD, pues, durante el jugar, a él le voy a dar mi mayor tesoro, lo que más quiero, el balón, que vamos a compartir durante el tiempo de nuestro jugar. Pero no voy a dárselo de cualquier forma, sino como a él le gusta. Aceptando que al igual que los músculos necesitan del movimiento, el cerebro rector de las actuaciones de relación precisa del cambio. Así hace que la mente goce de la belleza cambiante del entorno donde se juega, tanto como del reconocimiento y del amor de las personas con quienes compartes ese entorno de juego. Por todo ello, nuestro juego necesita ser variado para que todos los compañeros del equipo lo disfruten en sus distintas maneras de ver el juego y según sus variados talentos interpretativos del jugar. De esta forma, se integrará en el equipo, se sentirá acogido y aceptado tal como es, sintiendo el respeto y la admiración que sus compañeros le tienen. Todo ello teniendo presente que su fundamento es el «cambio» estimulador del cerebro. Se trata de crear entre todos formas de construir aquellos espacios de interacción bonitos, eficaces, eficientes y creativos. Este jugar lo ha descrito, con su acostumbrada genialidad, César Luis Menotti con solo «tres ges: ganar, golear, gustar».

El ganar, para orgullo y la historia del club. El golear, para satisfacción de los jugadores y su entrenador, cuando el gol fue como consecuencia de su buen hacer, su estilo de juego. Y el gustar como reflejo de su calidad contrastada con un juego variado, para el disfrute de los espectadores, sean o no seguidores, pero sobre todo de sus socios. Y es que el gusto por el juego hace que tal equipo sea respetado-admirado por cualquier aficionado amante del fútbol. Según el Flaco, eso solo lo ha conseguido el Barça, que para él ha sido el mejor equipo de la historia que él conoció. Esta tríada de diferentes ges nos anima a exponer en esta misma forma tripartita el jugar del Barça. ¡Así lo vamos a proponer! Pues Johan Cruyff así nos lo mostró con su palabra y ejemplo.

Las tríadas

La primera tríada es la del jugar

Jugar al FB consiste en:
1. Llevar la «iniciativa» del juego.

2. Lograr ventajas relacionales (VR) en cada EDJ.
3. Hacer «goles», en la portería contraria, para ganar.

1. Llevar la «iniciativa» del juego

Lograremos tener la iniciativa del juego cuando nuestro proceso del jugar logra enlazar, durante todo el tiempo reglamentario, ciertos acontecimientos reconocibles-auténticos e identificables como una «forma propia» de conformarlos, ante cualquier tipo de oponente, durante todo el tiempo de juego en nuestros partidos y en todas las competiciones en las que participe el equipo. Este es el medio para poder gestionar los contextos competitivos a nuestro favor, imponiendo nuestro «estilo» de juego ante cualquier forma de oposición y amenazas que propongan los contrarios. ¡Es nuestra seña de identidad!

¿Cómo se manifiesta esta deseada iniciativa en nuestro juego? Es imprescindible «disponer del balón» en altos porcentajes para no adaptarnos al juego del contrario; debemos proponer el nuestro.

Por lo tanto, es una cuestión-responsabilidad de todo el equipo. Ello supone:

- Disponer de «un flujo» óptimo de circulación del balón. Hemos de entender este concepto desde su aspecto cuantitativo como el número de pases por unidad de tiempo. Y desde su perspectiva cualitativa, la calidad de esos pases, consistente en su seguridad, la velocidad de traslación del balón en los pases que se realicen y el valor de esos pases para permitir conformar la organización de los EDF bajo los criterios de eficacia y eficiencia que más adelante exponemos.
- Generar con alta frecuencia «amenazas» a la integridad de la portería contraria. Los pases son el instrumento amenazador por excelencia, para eso hay que realizarlos con la «variabilidad espacial» necesaria, que es fenómeno claramente identificativo de nuestro juego; consiste en modificar con eficiencia y creatividad tanto los espacios-foco donde se localizan las acciones de amenaza como el tipo de jugador/es que las realizan. Se trata de no re-

gresar repetidamente a los espacios donde antes se ha tenido cierto éxito. Es el no «agotar la fuente», pues, en cada uno de los anteriores intentos, los oponentes de esa zona están aprendiendo cómo contrarrestar nuestras amenazas y lo pondrán más difícil. Pedirán ayuda a sus compañeros, o su entrenador podrá hacer las oportunas indicaciones. Solo nuestros dos elementos de variación indicados nos darán el éxito. Evidentemente, en nuestras posesiones posteriores separadas por un tiempo significativo, seguramente las condiciones del entorno y los oponentes serán distintas o estarán en aquella zona, pero con diferente actitud; entonces se puede repetir la zona de amenaza. Pero no es algo que se dé con frecuencia a lo largo del partido. Ellos siempre aprenden... ¡Y nosotros también!

- Como puede verse, la disposición del balón, que antes indicábamos es necesario que se haga en la mayoría del tiempo en el «campo contrario». Así las «amenazas serán reales» por la proximidad a su portería, obviedad que supone una excelente organización de todo el equipo, conformando EDF eficaces y eficientes donde se manifiesta el entrenamiento realizado, pues nadie adquiere este estilo de jugar solo por cambiarse de camiseta, sino por sudarla durante los entrenamientos, donde crece y se comprende la variabilidad espacial antes mencionada; ahora, por jugar en campo contrario, la iniciativa adquiere una nueva dimensión. Es la de no poder perder el balón; si sucede, es necesario realizar una inmediata recuperación en ese lugar o en los espacios próximos donde se perdió. Así se prueba el valor eficiente del EDF que estaba formado antes cuando disponíamos del balón. En esta situación previa a la pérdida, deben conjugarse en comunidad tanto la energía para disponer del esférico como la de recuperarlo, ambas generadas en los EDF gracias a la variabilidad espacial que proporcionan los pases en amplitud, cambiando de pasillos constantemente. Aunque estos no serán hechos paralelos, a la misma altura, sino en diagonal, incluso ganando o perdiendo zonas; es decir, ganando profundidad o perdiéndola para obligar a que los oponentes tengan que estar continuamente «achicando» o retrocediendo sus líneas de defensa. Todo ello es posible con la modificación de la velocidad de nuestros pases según sea la separación entre los protagonistas de nuestros pases. Los próximos serán más lentos para atraer contrarios, y los alejados serán más rápidos para superarlos generando amenazas reales a su portería. Y otros aspectos que iremos proponiendo.

Estos criterios proporcionan a nuestro juego un estilo, una forma reconocible de vivir el juego en nuestros equipos, llevando la iniciativa de cada partido y en todos los partidos. Sin duda, es algo más que ganarlos. Es identificar una forma, un estilo de cómo hacerlo, pues ningún estilo será el nuestro cuando solo pensamos y estudiamos el juego de los contrarios para contrarrestarlo y ganarlos. Si el objetivo solo es ganar y no lo logramos, ¿qué nos queda? ¿Qué fue de nuestro entrenamiento? ¡¿Dónde se fue nuestro trabajo?! Incluso el tan utilizado ¡hay que ganar como sea! Cuando este «como sea» suele ser la renuncia a nuestro estilo..., no es otra cosa que la muestra de miserias latentes, como la inseguridad o el miedo. Hemos de entender que nunca seremos perdedores si jugamos con nuestro estilo, de llevar la iniciativa. Aunque alguna vez el marcador diga que hemos perdido, nos sentiremos ganadores. Por lo tanto, disponer del balón el mayor porcentaje del partido de la forma que hemos indicado en campo contrario es otro aspecto identificativo de nuestro estilo de jugar. ¡Nuestra es la iniciativa del juego!

2. Lograr ventajas relacionales (VR) en cada EDJ

El segundo aspecto de la tríada que nos ocupa es el lograr VR. Son estas organizaciones espaciotemporales-situacionales de nuestros jugadores tanto en la fase de disponer como de recuperar, y de las dos a la vez, para lograr obtener el objetivo que en cada caso (situación del juego) se desea. Las VR han de ser recursivas, pues, cuando se esté conformando una cualquiera de las VR en la fase de disponer del balón, tiene que demostrar su validez para en la próxima lograr mantener esa disposición del balón. Pero, además, ser también recursiva en el posible cambio de fase cuando haya pérdida del balón. Solo así resultará eficiente la autoorganización del equipo para su inmediata recuperación, pues en este proceso se evidencia el *continuum* del juego de nuestro equipo, manteniendo la iniciativa por medio de la eficaz y eficiente conformación de VR, en cada uno y en todos los EDF que constituyen el proceso de nuestro jugar.

3. Hacer «goles», en la portería contraria, para ganar
Por último, el tercer criterio de la tríada del juego. Como veremos más adelante, debemos lograr los tipos de VR que son las más eficaces para cada zona-pasillo del espacio de juego. Es decir, acceder por medio de las distintas VR a conformar entornos de juego donde todas esas VR obtengan espacios de éxito donde, por un lado, se controle el nivel de riesgo de perder el balón, y por otro lograr conformar entornos situacionales cómodos, al gusto de nuestros jugadores «especiales», para que dispongan del espacio y del tiempo suficientes para explotar sus capacidades técnicas de finalización. ¡Su talento! Este lo entendemos como el particular «arte», la peculiar facilidad de «esos» jugadores, para resolver en condiciones cambiantes, un deseo personal y colectivo del juego, ¡hacer gol! Todo pasa por la seguridad que nos dan las VR de no perder la posesión, además de obtener la alta probabilidad que ofrecen el dar oportunidades a «esos» jugadores talentosos que hemos mencionado para lograr más goles que los contrarios. Pero siempre se han de ofrecer espacios de juego donde tengan sitio la iniciativa y creatividad de todos nuestros jugadores (HD), para su disfrute, el de los espectadores y el de su entrenador. Eso sin descartar que alguno de sus otros compañeros participantes en aquel espacio cómodo de éxito pueda también ser goleador. Por aprovechar el poder de atracción, que nuestros compañeros «talentosos» provocan en las «líneas defensivas» de nuestros oponentes.

Estos son los frutos de la primera tríada del jugar que dan apoyo conceptual al proceso del juego, que se desarrollará más adelante.
Hemos propuesto que el «juego es uno» en dos fases, pues estas también tienen sus tríadas conceptuales-cualitativas:

Tríada de «disponer» del balón

El balón tiene que ser jugado:

1. De cara.
2. Al pie.
3. Al primer «toque».

Así facilitamos las interacciones deseadas:

1. De cara

Jugar «de cara» supone facilitar la comunicación entre el poseedor y receptor/es (HD) de nuestro equipo, en todos los momentos del jugar el balón mediante el pase, en todos los lugares del espacio de juego.

En primera instancia entendemos que al poseedor le facilita identificar al compañero que, de entre todos los «suyos», se ofrezca en esa condición de cara, y que según su criterio se le facilita la acción de pase con el más alto valor de seguridad-continuidad para la acción del juego deseada y ahora desde este To, por ambos compartida. Entenderá al receptor como objetivo de una actuación válida para obtener la continuidad de nuestro jugar. Entre tú y yo no hay nadie, existe un pasillo, todo un camino, vía libre para que circule el balón sin obstáculos hasta la «estación» de tu pie. ¡Así podemos comunicarnos!

- Nos ofrecemos la «fachada principal» de nuestro cuerpo, la que tiene mayor eficiencia comunicativa para establecer cualquier tipo de actuación intercambio dual: «Te doy la máxima facilidad para jugar "al pie", sobre cualquiera de los dos; pero si lo haces sobre mi pie dominante, mejor...», dice el receptor.
- Entre los dos vemos todo el EDJ. Tú, el que está a mi espalda, y yo, el que está detrás de ti. Así no hay sorpresas inesperadas y puedo pedirte tu cooperación, «preguntarte» por tus necesidades y deseos. En fin, estoy preparado para ayudarte en lo que necesites.
- «Jugando de cara, ambos apreciamos la distancia que nos separa, lo que facilita mi "toque" del balón con la potencia óptima que

proporciona al balón la velocidad ajustada, no solo para recorrer ese espacio, sino para darte el tiempo necesario que te favorezca no solo a ti, sino también a los demás compañeros para que se reorganicen y puedan conformar el EDFD en el T(n+1) siguiente...», dice el pasador.

El jugar de cara no obliga a que ambos tengan que estar ubicados a la misma «altura» dentro de una zona del EDJ, sino que facilita la comunicación en cualquier zona o pasillo donde encontremos espacios más libres de oponentes, cuestión que esta ubicación facilita, por procurar la visión global del EDJ. Así se podrán ponderar posibilidades de interacción en relación con la probabilidad de éxito; posibilidades de acción que tendrán para comunicarse CER entre los dos con la información semántica que hayan acordado-reconocido durante los entrenamientos, que también esta postura (de cara) facilita. Entra en este momento el valor informativo de las diferentes interacciones que harán exclamar a los espectadores. ¡Qué bien se entienden tales jugadores!

Es el pensamiento dual de «ayudando a mi compañero me estoy ayudando a mí mismo y ayudamos a nuestro equipo» lo que debe movilizar la iniciativa de los participantes en ese momento y en los posteriores acontecimientos del juego.

2. Al pie

Jugar «al pie» es otro de los elementos identificativos de nuestro juego, pues evidentemente es un criterio prioritario, pero no es exclusivo de las posibilidades para mantener la disposición del balón de nuestro equipo. ¿Y por qué al pie? Porque es el espacio que ocupa el receptor de cualquier balón; es el lugar más seguro y acogedor para el balón, el sitio que ocupa el pie dominante de cada jugador. Es el contacto justo para el control de la acción posterior a la recepción de cualquier pase. Es el lugar más protegido y seguro, pues ya ha sido ocupado por el receptor antes de «la llegada» del balón. Así controla la energía del balón y la transforma en una nueva-distinta idea, directamente sin tener que acomodarla. Se opone a la otra alternativa del pase «al espacio» del que se diferencia en varios aspectos. De un lado, ese espacio debe ser ocupado de manera obligada por el receptor para continuar con la disposición del balón. En ese caso se produce una interacción complementaria (IC) donde el pasador asume un rol de superioridad, «la jugada la he visto yo... ¡Tú debes ir donde yo te digo!». El receptor debe acatar la propuesta. De esta forma se anula su iniciativa utilizando una IC que como antes vimos es impositiva. Y aunque ese pase logre cierta ventaja para el receptor, incluso mucha, también se la da al contrario, pues reconoce dónde tiene que ir para «robarnos» el balón, el tiempo que dispone para hacerlo, la trayectoria que debe realizar... Con todo ello, la seguridad de este pase es inferior al pase al pie, que proponemos como un rasgo identificativo del FB, pues cuando recibo el pase al pie recibo la iniciativa y la confianza del equipo, me siento partícipe del juego e integrado-acogido por todos los compañeros. Más aún cuando este pase sea «corto», que es característica cualitativa y de seguridad de esta clase de pases, ya que ello supone que la distancia entre las CDN de intervención (balón) y ayuda mutua están separadas por un «corto» interespacio en cualquier dirección. Esta separación es sinónimo de seguridad y cooperación eficaz de todos los componentes (HD) en esas dos ubicaciones. También aporta libertad de actuación a ese poseedor, para valorar la dirección justa de la trayectoria de su pase. Y para el receptor tener alternativas numerosas (ideaciones) por estar cerca de muchos compañeros cuando reciba el balón, pero con la gran ventaja de disponer del tiempo suficiente para realizar su actuación y conformar el sucesivo EDF del proceso de juego, el nuevo EDF que todos deseamos.

3. Al primer «toque»

Con el concepto «al primer toque» completamos esta tríada. Johan Cruyff decía: «El fútbol empieza al primer toque», y apostillaba: «A todo aquel al que le gusta el fútbol le gusta jugarlo al primer toque». Esto ha sido una constante identificativa del FB; y, en algún caso, también se podía hacer con dos toques, control y toque. Es muestra clara de la calidad individual y la necesidad de una organización colectiva de todo el equipo, para entender que todos jugamos por la necesaria alta frecuencia de pases «flujo», del cómo y por dónde deberá circular el balón, y así lograr obtener los beneficios que ello ofrece. Pero antes de recibir el pase, el receptor debe haber hecho varias acciones tanto cognitivas como físicas, de manera simultánea, como ubicarse a distancia de interacción con el poseedor con suficiente nivel de seguridad para ser «el elegido», y con el perfil adecuado de acuerdo con la acción siguiente a la recepción. Por lo tanto, supone que tendrá que anticipar también esa actuación y al compañero destinatario de su elección que también esté de cara y pueda jugar al pie, con la idea de que él mantenga fácil la disposición del balón. No obstante, a la vez, debe anticiparse al espacio en el que pueda ofrecerle recursividad en el caso de que no se cumplan todos los cálculos anticipatorios realizados. Tras estos antecedentes cognitivos, podrá ofrecerse realizando una trayectoria física de aproximación o alejamiento con cierta direccionalidad que facilite el pase de su compañero y habilite con su toque la continuidad del juego que ha deseado y previsto. Como vemos, este es un juego inteligente donde, además, un oponente inteligente, que también ha previsto nuestros deseos, puede romper todo lo anticipado. En este momento, la recursividad comentada es la solución, para continuar en disposición del balón y realizar lo deseado. Todo este es el proceso de nuestro juego, que exige una organización colectiva y una cooperación de todos para conformar los EDF sucesivos de la que más adelante presentaremos. Todas estas acciones cognitivoanticipatorias desembocan en poder realizar un solo toque al conocer de antemano lo que voy a ejecutar-hacer cuando me llega el balón. Todo eso supone aplicar a ese solo toque toda una energía de carácter socioafectivo y comunicacional de gran valor cualitativo. Nada más haber hecho «ese toque», el juego Barça propone estar nuevamente preparado situacional-decisional-relacional para así participar en la construcción de un nuevo EDF que proponga un nuevo reto, un nuevo paso del proceso para jugar; de cara, al pie y al primer toque del juego: lo que nos identifica. Ello exige además que el equipo se proponga una nueva creación colectiva como una performance que se desvanece en el siguiente pase, el cual sirve para añadir elementos en directo a la obra que el equipo ha creado con una vida efímera, solo vigente hasta que llega el siguiente pase. Con toda esta propuesta solo queremos mostrar que se puede jugar sin conducir el balón de manera individual. O que los pases al espacio son un gran medio, pero solo en muy contadas ocasiones. Que el balón aéreo solo puede jugarse reglamentariamente con la cabeza (aún no se han estudiado los efectos nocivos de tal técnica en los jóvenes jugadores) o de «chilena» o «bolea». Y que la eficiencia, seguridad y protección de la disposición del balón son signos identificativos, entre otros, de nuestro juego, por lo que estas formas son poco utilizadas. Jugando bajo la perspectiva de esta tríada, se confiere al balón la energía y el poder que tiene en el fútbol Barça, para que cada disposición concluya en una situación de «pase definitivo» a la red, el gol.

Ya vimos que el juego es uno en dos fases. La otra fase, la de recuperarlo, también tiene su tríada:

El balón tiene que ser recuperado:

1. Allí donde se perdió.
2. Por la intervención de todos los jugadores de campo.
3. Lo más rápido posible, y sin perder la estabilidad del equipo.

Ya vimos el gran valor simbólico de llamar a esta fase del juego «recuperar el balón», como actitud proactiva de no aceptar «la pérdida» y lograr recuperar cuanto antes lo que «es nuestro». Esta tríada propone los medios disponibles y las características de cada episodio de recuperación.

1. Allí donde se perdió
El allí donde se perdió debe transformarse en allí donde se recuperó. Queremos «no perder» la iniciativa del juego, lo que es casi siempre posible si en el momento de la pérdida nuestro equipo tenía conformada una eficiente arquitectura del anterior EDF de disponer del balón. Ya que, si es así, el jugador o los jugadores que conformaban las curvas de nivel (CDN) de intervención y ayuda mutua se disponían ya en las «distancias funcionales» eficientes para desarrollar esas dos funciones. En el FT es «la pobre» indicación de ¡el equipo estaba junto!, cuando se cumplen las premisas de que los jugadores sin tener que hacer trayectorias muy largas podrán intervenir sobre el poseedor, de esta manera:

- El más cercano al poseedor deberá cerrar la salida del balón de esa zona, «atacando» la opción del lado fuerte del oponente poseedor. Teniendo en cuenta su dominancia lateral, su perfil y el espacio «abierto» del campo.
- Otros dos de los compañeros que conformaban la CDN de ayuda mutua deberán formar un triángulo recuperador para apoyar a su compañero, nunca a la misma altura ni distancia respecto al balón. Así evitan la posible salida en «regate» del oponente-posee-

dor, por cualquiera de los dos costados, y «oscurecen» los espacios en diagonal del posible pase del poseedor.

- El resto de los compañeros de ayuda mutua y de cooperación deberán ubicarse interfiriendo la imaginaria línea que tiene su origen en el balón ahora suyo, y su final en «todos» y cada uno de los demás jugadores contrarios que se postulan como posibles receptores, de un pase de largo, o por arriba, del poseedor.

¡Es verdad que esto es más que «el presionar» al poseedor del FT! En estas condiciones debemos evitar que los contrarios puedan cumplir su deseo, que debe evaluarse con la recuperación en un espacio muy próximo al lugar de la pérdida y sin perder la estabilidad de nuestro equipo. ¡Los espacios internivel son redundantes! Hay que tener en cuenta que al decir «todos» los jugadores contrarios incluimos también a su portero. Recuperar cerca de esa portería haría posible generar una ocasión de gol.

2. Por la intervención de todos los jugadores de campo
El segundo criterio de esta tríada se cumplirá cuando lo indicado se realiza de manera eficiente, pues nuestro portero, al no poder intervenir en todo el espacio de juego, nos deja en inferioridad para realizar la organización en dos EDF de la manera antes indicada. Entonces disponemos de dos alternativas de distintos episodios de recuperación. El primero es por medio de nuestros jugadores ubicados entre el balón y los oponentes más alejados, en CDN de cooperación, que tendrán que modificar su ubicación; para eso se dispondrán en «intermedias» entre dos jugadores contrarios, los más alejados. Y lo harán una distancia funcional que le permita, en caso de que el pase largo sea sobre uno de ellos, pues están muy lejos, tener tiempo de actuar selectivamente sobre ese receptor y recuperar el balón. De esta forma ya actuamos en igualdad numérica, pero manteniendo una redistribución de recuperación, no perdemos nuestra estabilidad.

La otra posibilidad entraña más riesgos, pero a veces resulta más eficaz, pues puede hacer desequilibrar «las líneas» del equipo contrario-poseedor. Consiste en que, conscientes de estar siempre en inferioridad en la recuperación, «dejamos libre» una salida concreta al poseedor, pero que, por reconocida por nuestros jugadores, es una «salida trampa» que conducirá al/los contrario/s engañado/s a la pérdida del balón, por entrar en un callejón sin salida construido por nuestros jugadores. Actuarán en un primer momento como en el caso anterior. Serán los tres primeros jugadores que formaban el triángulo de recuperación indicado los que «dejan» una salida que hemos convenido de antemano que sea «el engaño». Si cae en él y poseedor-oponente sale por ese camino, el resto de los compañeros que antes indicábamos estaban ubicados en ayuda mutua y cooperación, tendrán conocimiento anticipatorio de por dónde «sale el balón», facilitando su actuación de intervención sobre la acción del poseedor. En ambos casos, la actuación convenida de los componentes del triángulo de recuperación es esencial para temporizar la acción del oponente-poseedor, haciéndole entradas-amagos sucesivamente que retrasen su decisión-acción. Así damos tiempo suficiente al resto de nuestros jugadores a poder posicionarse en las distintas ubicaciones-funciones indicadas en cada caso expuesto. Todo esto se entrena por medio de los juegos de situación que más tarde exponemos. Como podemos suponer, cualquiera de las opciones propuestas hace necesaria la participación de todos nuestros jugadores de campo. La coordinación en alta eficiencia tempo-espacial refuerza considerablemente nuestra energía como equipo y la identidad en nuestra forma de jugar.

3. Lo más rápido posible, y sin perder la estabilidad del equipo

El tercer criterio que marca el nivel de eficiencia es el de hacer todo lo expuesto en un tiempo mínimo-óptimo posible, lo que ocasionará una menor pérdida de energía del equipo, pues en los dos anteriores momentos-episodios de recuperación expuestos exigen un «paso adelante» de todo el equipo para obtener los respectivos objetivos situacionales, lo que supone una carga alta de energías decisionales-operacionales-relacionales que no deben agotarse en ningún caso. Por ello, el criterio de eficiencia temporal que ahora tratamos resulta imprescindible. La posibilidad es que, si se falla en primera opción, nos centramos en que ellos no puedan hacer más de tres pases sucesivos, pues supondría nuestro fracaso en este episodio de recuperación. Nuestra atención tiene ahora que centrarse en anticipar ese tercer pase que los contrarios planean. Para ello, en última instancia, sería el lograr un fuera de banda en esa zona, si estamos en los pasillos laterales y cercanos a nuestra portería. Si estamos en los centrales y más alejados, sería el realizar una falta de las mal llamadas tácticas, pues acaso pudiera llamarse «recursiva»; por tan «bien hecha», podría parecer que es el propio oponente-poseedor quien se la hace a sí mismo. Una vez detenida la posesión de los contrarios, pasaríamos a conformar el EDF que corresponda.

Como resultado de todas estas tríadas puede observarse que el jugar del Barça aporta muy distintos aspectos a los que el FT da:

- Los jugadores se organizan en torno al balón para desarrollar un proceso de juego identificativo y distinto.
- Se inicia el juego, cuando nos toca, desde el portero, que participa como un jugador de campo más; generalmente se logra la primera VR del jugar de nuestro equipo, en zona A.
- Siempre queremos llevar la iniciativa del juego siendo protagonistas creativos de la conformación del jugar, y nunca como reacción al equipo oponente. No nos adaptamos al entorno que ellos proponen para construir, sino que con nuestras acciones cooperativas, entre todos, creamos-conformamos, proponemos el jugar que deseamos, para ganar, para gustar a nuestros aficionados y para que nuestros jugadores disfruten.
- Jugamos en todas las dimensiones del espacio de juego en constructos llamados EDF, y a poder ser siempre cerca de la portería contraria, con la continua amenaza de lograr gol, y que el contrario no pueda hacerlo.
- Cuando disponemos del balón, no solo atacamos, sino que también nos defendemos. Y cuando lo recuperamos no solo nos defendemos, sino que atacamos, como ya vimos, pues nuestro juego es «uno», no es atacar o defender; ambas se integran en las fases de «disponer» del balón (FD) y en la de recuperarlo (FR) gracias a nuestra organización dialógica (híbrida).
- Cuando tenemos que recuperarlo (FR), todos damos un «paso adelante» inmediatamente para reducir los espacios de juego de los oponentes. No nos defendemos retrocediendo hacia posiciones próximas a nuestra portería, acumulando jugadores entre el balón y nuestra puerta como hace el FT. Nosotros «atacamos» así en los espacios reduciéndolos para recuperar el balón. ¡No damos tiempo para pensar a los contrarios!
- Cuando lo disponemos, todos damos un «paso atrás» para «abrir» el campo en todas sus dimensiones, facilitando la continuidad de nuestra disposición del balón, y también disponer del

espacio y tiempo necesarios para lograr las VR y la organización deseadas. ¡Así nos defendemos! Ampliando en todo lo posible el espacio de juego, solo coartado por el fuera de juego que pueda proponer el equipo contrario en su propio campo.

- Para disponer del balón y hacerse con la iniciativa del juego, proponemos los elementos de la segunda tríada que hace a nuestro juego único, identificativo de la forma Barça de utilizar el balón: ocupar los espacios de juego que deseamos y utilizar las VR como instrumento definitorio de nuestras opciones de jugar.

- La organización del equipo en concordancia con los deseos del cómo jugar colectivo nos proporciona mantener la estabilidad del equipo ante cualquier propuesta de los contrarios, y con su reorganización y autoorganización aseguramos el proceso de juego que nos identifica y nos proporciona el éxito.

- Desorganizarse voluntaria y momentáneamente para organizarse hacia el logro de alguna nueva finalidad es una posibilidad del equipo cuando interpreta colectivamente su jugar para ganar, confundiendo al equipo contrario (contramovimiento).

- Responsabilidad y exigencia deben entenderse bajo el epígrafe «auto» como fundamento de una participación individual eficiente, pues cualquier intervención individual debe conectarse con un todo lógico que magnifique su eficacia en conjunción con un juego único del equipo. Por tanto (ideograma 11):

Ideograma 11

El juego FB, fundamentado en estas tríadas, se desarrolla y emerge en unos términos coherentes con el nivel operacional de seres humanos inteligentes (HD) libres, que aceptan y comprenden cómo generar aquello que generamos, vivir como vivimos el jugar y sentir un presente que ya no es ahora, o convivir con otros (HD) deseados y otros no. Todo ello vivido desde la coherencia de su propia experiencia al operar bajo la observación de estas tríadas, con la completa autonomía que surge de la responsabilidad de su propia libertad para crear, porque para, aun haciendo lo mismo, pasar y pasar el balón, cada vez obtenemos situaciones y resultados diferentes. Es una cuestión únicamente explicable por medio del paradigma de la complejidad.

Epílogo del capítulo

Nosotros no hemos inventado nada nuevo en el fútbol, solo hemos descubierto y propuesto una forma distinta de verlo-vivirlo-entrenarlo-jugarlo-quererlo. No parecerse ni aceptar lo que los demás hacen o han hecho, sino centrarnos en lo que nosotros queremos hacer. Cambiar de un juego instalado en un determinado paradigma a otro nuevo que lo desliga de la causalidad lineal que nada tiene que ver con el jugar. Pensando que el cambio está del lado de los que rechazan aquellas resistencias y relegan su interés personal a favor del equipo. Son capaces de entender que el cambio les ha proporcionado la posibilidad de crear algo nuevo y diferente que pueda ser atractivo para los aficionados-seguidores de nuestro equipo, que se logra con una práctica de integración social en grupos que, aunque inicialmente heterogéneos, adquieren una especial habilidad para cooperar, gestionar los conflictos que pudieran aparecer en su diario convivir, desenvolverse en contextos variables, desconocidos y complejos, siendo capaces de gestionar sus propias emociones en las situaciones siempre cambiantes. Así será su jugar, pues de este modo habrá sido su entrenamiento. Con estos sencillos pasos, hemos iniciado el camino aún oculto y por reconocer en los siguientes capítulos de este nuestro fútbol, el FB.

5

El espacio y el tiempo como componentes del FB

El valor del espacio en el FB. «Espacio de fase» ¿Por qué juega así el Barça?

El Barça juega como juega porque sus jugadores logran continuas combinaciones y recombinaciones de ciertos elementos, que ya hemos descrito como componentes espacio-relacionales (CER) motrices y otros no motrices-informacionales que promueven el conformar espacios de fase (EDF) con eficiencia y eficacia.

Se pueden considerar y entender estos EDF, en un principio, como espacios conceptuales abstractos, que toman cuerpo durante el juego en el entorno del balón, cuando los HD jugadores de uno y otro equipo se lo disputan. Se conforman físicamente teniendo como «epicentro» el balón. Se van reconfigurando continua-discontinuamente según los deseos, actuaciones y respetos de los jugadores de los equipos contendientes. Su arquitectura y morfología adoptarán formas diferentes en cada momento que el balón cambia de posición, como resultado y consecuencia de las interacciones de los jugadores de ambos equipos. Así el EDF constituye una «invención» que permite pasar de imaginar a operar en una totalidad evanescente de un suceder de arquitecturas dinámicas espontáneas, pues aparecen en un presente que, por cambiante, desaparece solo en un pase. Es comprensible cuando se utiliza el tiempo como referente de la sucesión de interacciones y retroacciones que se reconstruyen y destruyen en los presentes cambiantes; por ello decimos que están en continua transformación. Son, en fin, totalidades armónicas y desarmónicas entroncadas en un espacio altamente relacional, no como una concatenación de sucesos aislados que ocurren en un presente sin historia y sin propósito, sino como acontecimientos dinámicos procedentes de cierta geotopología histórica próxima. En ocasiones, esta también puede ser espontánea e inesperada, en un presente siempre continuo e imperfecto de interacciones deseadas donde se intuye el futuro inmediato, pero este nunca resulta predeterminado en su totalidad. Siempre será disconforme por ser continuamente disputado por ambos equipos.

¡Para qué son los EDF!

Un primer argumento que sostiene la validez de los EDF como facilitadores cognitivos del juego FB para los entrenadores y jugadores podrá apreciarse cuando estos logren interesarse en «entender» el juego desde los EDF, porque les ofrece todo un mundo de posibilidades diferentes de sentir y elegir, de relacionar y reaccionar, de comprender e intuir. Hace a los jugadores poder generar, en instantes, alguna forma de entender «el qué hacer» para comunicarse empáticamente con los suyos y su reciprocidad simpática. Pero en otras ocasiones deben ser proactivos y han de descubrir su potencial de manipulación y dominador de sus contrarios para vencerlos. Todo ello por medio del balón.

De la misma forma, los EDF facilitan poder ser autoevaluados fácilmente según sensaciones, relacionales íntimas, de manera positiva o negativa. Pues cada EDF vivido constituye un referente inapelable de las evocaciones históricas lejanas que en su momento ya se consideraron y se aceptaron durante los entrenamientos realizados. Allí se evaluaron sin el dramatismo del resultado, desde el razonamiento emotivo-afectivo del entrenador y la socioafectividad de sus compañeros. Así se obliga a ¡entrenar como se quiere jugar! Frase común, pero muchas veces vacía, por no poder simular la complejidad del juego, que solo aportan los EDF. Para esto es imprescindible que los componentes del equipo, durante sus prácticas específicas de entrenamientos, comiencen a «conservar» ciertos elementos relacionales «patrones semánticos» identificados como la intracomunicación común para todo el equipo. Así, posiblemente, luego aparecerán en el juego algunas situaciones semejantes a los EDF que conformaban sus entrenamientos, aceptando que, aunque la oposición y los encuentros con los oponentes intenten hacer que todo cambie, posiblemente solo lograrán hacerlo en contadas ocasiones y entornos siempre semejantes a esas relaciones conservadas, pues se han cargado antes de emociones y deseos inquebrantables que podrán superar y absorber tales perturbaciones. En todo caso, solo serán ocasionales y esporádicas, sin un gran efecto sobre el resultado de aquellos encuentros, y posiblemente se lograrán mantener las iniciativas propuestas por el equipo en un porcentaje significativo.

Los EDF son consecuencia de observar el juego desde la complejidad. Permite entenderlo como un hecho complejo, que evoluciona en función del tiempo, en el ámbito de la incertidumbre, el desequilibrio, y al borde del caos. Los EDF cumplen los tres principios de Edgar Morin, pues su dialógica se manifiesta en su coherencia estructural tanto para disponer del balón como para recuperarlo; solo por cambiar la funcionalidad de sus componentes, jugadores implicados. Los opuestos conviven en su unidad, su recursividad es evidente cuando el equipo acepta jugar de manera compleja, nuestro juego lo es, cosa que pone en evidencia que su jugar es la sucesión «estocástica» del EDF. Esa secuencia temporal de EDF conforma su juego. «Ellos» son el juego, y el juego son ellos. Y concluimos contemplándolo como el espacio hologramático por excelencia que jamás se ha logrado por cualquier otra forma de jugarlo. Cada EDF acumula, y en él se representan todas y cualquiera de las opciones organizativo-relacionales-tempo-espaciales... del juego. Además, ofrece la posibilidad de identificar cualquier significado que se quiera hacer de los acontecimientos del jugar. Y es altamente significativa su posibilidad hologramática de transferir la historia del pasado inmediato, hacia una prospectiva coherente del futuro incierto, en el transcurrir de este ahora presente tiempo de juego. Recordemos a Mandelbrot en sus teorías sobre la geometría fractal: «Las nubes no son esferas, ni las montañas, conos; ni las cortezas de los árboles son lisas... Y, sin embargo, así se las "representa"». En su metáfora de aplicación de esta teoría al fútbol, convenimos que el juego no es la jugada individual con el balón, aunque así nos lo indiquen. Tampoco los sistemas de juego son el número de jugadores que componen las «líneas» de defensa, sino que solo entendiendo los EDF como «fractales» de jugar, podremos entender-identificar-jugar al fútbol desde la complejidad, que es su esencia y fundamento. También para conformar los EDF en torno al balón y no hacer la ordenación y colocación de un número de HD jugadores en líneas, defendiendo su propia portería o en el acoso de la portería contraria en ataque, como hace el FT.

Entendemos ahora que en el balón y su entorno (EDF) circulan todos los campos energéticos que permiten a la vez un atacar-defender durante el juego, y ello es el propio FB. Eso nos aporta y comporta una visión nueva y diferente de los EDF como foco energético. Acaso puede darnos paso a la interpretación termodinámica de cada forma de jugar cuando se logren reconocer las variables termodinámicas cambiantes de cada una de las nubes del ideograma 12. Podríamos hablar entonces de los valores entrópicos de cada situación-acontecimiento de jugar. ¿O es que disponer de una posesión cerca de la portería contraria tiene la misma «energía» que disponer de ella en el centro del campo?

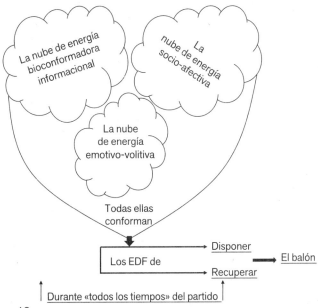

Ideograma 12

- Donde lo bioinformacional viene constituido por los componentes-condicionales-coordinativos-cognitivos-expresivos y creativos que confluyen en cada individuo, en cada momento y lugar de jugar. Y fueron producidos por los CER.
- Los socioafectivos son todos los códigos semánticos interindividuales y los afectos que unen a estos. Se diferencia así a los compañeros de los contrarios.
- La energía emotivo-volitiva son todos los deseos y emociones compartidos, bien «establecidos» de forma conjunta por todo nuestro equipo, durante nuestros entrenamientos. Esto dota de alta cohesión a nuestro grupo y da la mejor energía para competir.

Toda esta energía emana de los eventos externos y de los procesos internos que aparecen durante el partido, con mayor o menor impacto en cada jugador (HD) participante. En el ideograma 13 aparecen los más significativos que emergen y afectan a la constitución de todos los EDF; los podemos entender como componentes de la complejidad del juego fútbol.

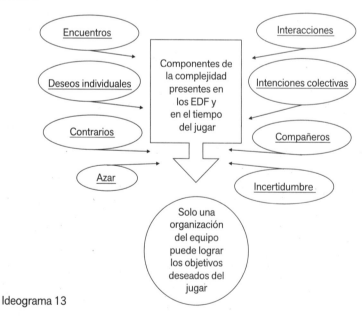

Ideograma 13

Así, los EDF como «constructo teórico» formado por estos y otros elementos conceptuales facilitan que «la ciencia» pueda interesarse por el fútbol, mostrándole el camino por el que introducir ese conocimiento, pero sin «romper» el juego.

Un primer paso para lograr descifrar la indiscutible complejidad del juego del fútbol es aceptar que el juego no es una sucesión de jugadas más o menos aisladas unas de otras, sino complejas y sucesivas unidades consecuentes de EDF que proporcionan el tránsito de lo cuantitativo, número de jugadas, a lo cualitativo provocado por múltiples interacciones y retroacciones entre los jugadores de cada equipo. Así, con los diferenciados niveles de intercomunicación que conforman estos EDF, intentan superar a sus contrarios, interrumpiendo a la vez sus canales de comunicación antes ocultos para lograr ganarles el partido. Entender esta alta complejidad generada por la incertidumbre comentada solo es posible al estudiarlo desde las ciencias de la complejidad. Únicamente este paradigma es capaz de explicar cómo dos equipos sumidos en interacciones inciertas, que, estando formados como sistemas físicos complejos, pues todos sus componentes-jugadores lo son. Aun «produciendo» situaciones espacio-temporales semejantes, por disponer los jugadores de una obligada funcionalidad homogénea, pues está sustancialmente controlada por el reglamento del juego. Y por convivir en ese ET compartido con sus oponentes; teniendo que desplazarse en ese ET con los mismos segmentos, piernas-pies con los que deben también actuar sobre el balón, resulta que... ¡unas mismas actuaciones nunca arrojan los mismos resultados, como podría suponerse! ¿Acaso esto no es el fútbol? ¿Será la física de partículas la que pueda identificar el movimiento de los jugadores sobre el espacio de juego como una «nube» de puntos (partículas) que continuamente, durante el tiempo de juego, se desplazan de forma caótica en relación con las líneas del campo, cuando el balón cambia de situación, la que nos aportaría algo nuevo? ¿Acaso sería la termodinámica la que podría explicarnos por qué el balón cambia de energía al poseedor cuando su equipo logra conformar algún tipo específico de EDF en los diferentes espacios del jugar? Posiblemente la teoría de redes sea un primer paso.

De cualquier forma, la puerta está abierta para poder «escudriñar» en su complejidad, hasta ahora ignorada por la ciencia tradicional, y que hoy en día las ciencias de la complejidad pueden enseñarnos a navegar en la incertidumbre y, a veces, caos de este «juego de los juegos» llamado fútbol. ¡Pero Iniesta no sabe de matemática compleja! Nosotros tampoco, pero entendemos que este juego, contemplado desde tal paradigma, nos podrá acaso explicar cómo puede variar la distribución de probabilidad de lo que pueda ocurrir en dos observaciones o mediciones consecutivas del juego. Esta sucesión siempre inacabada de acontecimientos deseados y no deseados seguramente estará sujeta a cierta probabilidad oculta. Acaso se podrá «vislumbrar» cuando, a través de estas ciencias, seamos capaces de descifrar las conexiones, algunas siempre ocultas, entre los jugadores que el balón quizás esconda. Con ello, también podríamos optimizar las condiciones de los entrenamientos, ¡o acaso mostrar otra belleza del juego! Pero la gran aportación de los EDF es poder conformar «un juego diferente» al que dominó durante más de cien años en el mundo del fútbol. Los EDF nos proporcionan entender y explicar el juego del Barça como una sucesión de carácter estocástico de EDF de «disponer» el balón o de «recuperarlo». Estas dos fases se entrecruzan en función del tiempo, como consecuencia de interacciones específicas, que son los distintos encuentros entre grupos de jugadores de ambos equipos. Esta sucesión no es determinista causa-efecto, sino compleja, pues cada EDF es altamente dependiente, no solo de un eventual encuentro interactivo, sino que con él se entrecruzan los históricos inmediatos y alejados de ambos grupos contendientes, debiendo además aceptar la posibilidad de la aparición de nuevos e inesperados acontecimientos nunca determinados que se pueden agregar con el tiempo a todo ello, en términos probabilísticos de momento, imprecisos, como si de una fantástica ruleta se tratara. De esta forma concluye un devenir de entrelazadas transformaciones de los EDF donde se llegarán a lograr o no las deseadas «superioridades», que para nosotros serán ventajas relacionales, VR cuando haya una especie de coinspiración colectiva identificada y deseada por nuestros jugadores. Esto será posible cuando aquel «poso» de intracomunicaciones comunes, conservadas gracias al entrenamiento, impulsen a «todos» a cooperar activamente en esos acontecimientos cambiantes, en el que el equipo se encuentra comprometido, con la idea de disponer y conservar el balón para..., o bien recuperarlo allí donde se perdió, y así retornar a su disfrute colectivo, para marcar gol, que es su objetivo final.

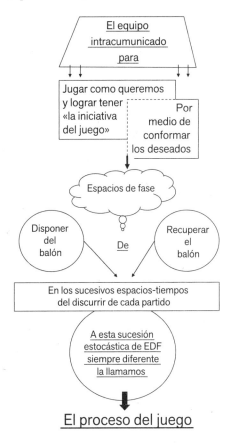

Ideograma 14   El proceso del juego

De esta manera, se conforma un proceso de juego de evidente complejidad como algo único y continuo donde no pasa nada que no pueda pasar, pero sin descartar lo improbable, o acaso desconocido, porque aún no se ha vivido. Así son las interacciones entre los jugadores en los EDF, siempre diferentes, pues están marcadas por actuaciones conscientes e inconscientes, deseadas y detestadas, tanto de los propios como los contrarios, a lo largo de este proceso del juego. Debemos añadir la necesaria consideración de que las actuaciones de cada jugador (HD), aunque parezcan independientes entre sí (jugadas), son en su totalidad la consecuencia de una sucesión de procesos comunicativos y contracomunicativos complejos, continuamente enlazados en una totalidad en alto grado de interdependencia nunca determinada por completo, pues están compuestos por actuaciones interindividuales sobre el balón, de dimensiones macroscópicas concretas de pasar, conducir, tocar... el balón. Se pueden observar en distintas dimensiones, macro-micro y ultra-microscópicas como las que componen al ser humano que participa en el juego. Es desde la dimensión macro cuando logramos identificar el juego y proponer en los entrenamientos ciertas de aquellas variables, componentes específicos de los entornos de juego, como resultado de las interacciones entre los jugadores que son acontecimientos que afloran en los espacios de juego a lo largo del tiempo del partido. El estudio de los EDF se propone identificar no solo aquellas variables macro, sino también cómo estas se combinan y se recombinan conformando los EDF. Gracias a ello podremos comprender, explicar y entrenar el juego desde el paradigma de la complejidad, pues solo desde este paradigma y las ciencias que lo soportan lograremos dar el significado deseado a cada fase del juego. Sus componentes, sus relaciones, su organización, su estabilidad, su dinámica...

Son los EDF unos de los generadores ocultos del «gran secreto» del FB, pues ellos logran explicar en toda su compleja magnitud todo aquello que los jugadores de nuestro equipo deben y saben hacer gracias a comunicarse por medio de interacciones multidireccionales en función de los intereses yuxtapuestos con los de sus oponentes, allí donde esté el balón. La vivencia continuada de estas complejas dinámicas situacionales en sus entrenamientos logra que cada jugador adquiera cierta autosuficiencia; el «talento», que le proporcionará poder actuar en espacios relacionales «cuasi» deseados por él, más o menos aleatorios, pues siempre estarán cuestionados por la proximidad de sus oponentes durante el partido. Para ello deberá ser capaz de ceder, dejar de ser el centro de la acción, que pasará voluntariamente a compartir; se ayudará mutuamente, en una cooperación nada egoísta, de todos sus compañeros. Se activa de esta manera la verdadera esencia del juego colectivo. Una diferente manera de lograr entre todos, el «crear algo nuevo», disfrutar de lo diferente que bascule entre la seguridad y la incertidumbre, hacer un todo complejo y atractivo de tal valor que ninguno de los jugadores podría obtenerlo por separado. ¡Esto sí es jugar como un equipo! Así es el juego del Barça que pasamos a explicar por medio de la identificación-explicación de los componentes-espacio-relacionales (CER) constitutivos físicos para la conformación de los EDF, «células madre» del juego que cautivó al mundo del fútbol.

Este juego es esencialmente diferente al juego tradicional. No es solo una cuestión meramente terminológica, como ya indicamos, sino conceptual, y altamente diferenciada de los convencionalismos tradicionales (FT). Con soportes ideológicos y epistemológicos antagónicos, lo que da como resultado acceder a otra forma de jugar, pues con los EDF nos encontramos con «un juego» donde:

- Por utilizar los EDF como constructos teóricos, hologramas del jugar, que nos deben aportar-hacer-conformar-entrenar-entender-investigar el fútbol desde una diferente perspectiva paradigmática, la de la complejidad. Por eso queremos llegar a identificar este juego como diferente y algo nuestro. ¡Nuestro fútbol, el FB!

- Los sistemas de juego son sustituidos por EDF conformados por los jugadores no en líneas, para que unos pocos ataquen y otros muchos se defiendan, sino en espacios para disponer del balón o recuperarlo allí donde casualmente se haya perdido. Gracias a un alto nivel de intracomunicación del equipo, que sea indescifrable por el rival. No hay unos que atacan y otros que defienden. ¡Todos jugamos! Conformando los EDF deseados.

- Estos EDF se conforman al proponer códigos, patrones semánticos que de manera simultánea emiten-producen nuestros jugadores participantes en el juego durante todo el partido.

- Son la forma de vivir colectivamente «lo jugado» y el «porqué jugar» del juego, en todos sus momentos, pues el tiempo es su vector.

- El espacio-tiempo de cada EDF aporta los elementos de eficacia y eficiencia conferidos a eso jugado o por jugar.

- Los EDF racionalizan la ocupación del espacio de juego por nuestros jugadores, al categorizar su funcionalidad, no como un determinado sistema de juego como lo hace el FT, sino según la ubicación del balón. Si lo disponemos nosotros, se «proponen» las actuaciones-intervenciones de cada uno y de todos los componentes del equipo. Hemos indicado que se «proponen». Son, por tanto, alternativas que dotan al equipo de la coherencia operacional adecuada y conformada libremente para «esa» situación de juego. Así todos, el equipo, hacen suyo ese acontecimiento vivido, así como los que quedan por vivir durante el resto del partido. Con ello cada HD jugador aclara sus funciones, lo que le permite identificar su funcionalidad y determinar el autoconocimiento de su nivel de competencias.

- Los EDF proponen la distribución-organización de los jugadores en niveles espaciales, teniendo al balón como referencia. Estos espacios denominados curvas de nivel (CDN) proporcionan adjudicar cierto número de funciones comunicacionales más o menos eficaces para cada CDN. Esta posibilidad favorece que el entrenador también disponga de información relevante para su comunicación y ayuda a sus jugadores, tanto como poder proporcionar alternativas variadas y específicas en las tareas de entrenamiento.

- Podemos proponer-entender el concepto de «flujo de fase» como el conjunto de trayectorias que los componentes-jugadores describen en los distintos espacios internivel entre las CDN en sus diferentes desplazamientos para conformar los nuevos EDF. Esto nos proporciona identificar conceptos cualitativos del jugar; es el poder identificar los índices de estabilidad del proceso de juego, cuando los flujos superan o no unos valores por determinar de la estabilidad del equipo.

- Otro aporte de los EDF es el concepto de «volumen de fase», como el número de jugadores de uno y otro equipo que conforman esa fase, y su ubicación en ese EDF. Supone la identificación de dos tipos de ventajas relacionales (VR), las numéricas y las posicionales, que podremos conocer cuando hacemos un recuento del número de jugadores propios y contrarios, así como se distribuyen en esos espacios interlíneas, y cómo, desplazándose por ellas, se logra modificar la morfología y la arquitectura del EDF al que ahora pertenecen. Eso confirma la eficiencia y eficacia de lo ejecutado, así es el FB que proporcionan los EDF (ideograma 15).

* Es labor de los entrenadores durante sus entrenamientos ensayar-practicar los códigos semánticos colectivos de estos valores, para que sean reconocibles-reproducibles por sus jugadores en los distintos momentos del partido, e interpretados sin equívocos para el «bien jugar» en todo momento, cuando los nuestros logren estar capacitados para identificar los significados ocultos de aquellas distintas energías producidas durante su jugar.

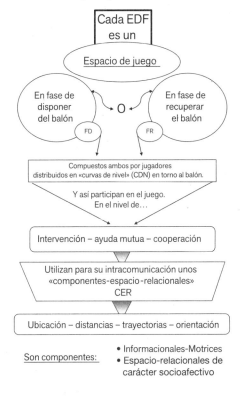

Ideograma 15

Los componentes espacio-relacionales (CER) del juego

Son aquellos elementos comunicativos-motrices que sirven para confirmar los vínculos comunicacionales que se establecen al jugar entre aquellos jugadores (HD) que conforman los EDF. Se logran por medio de ciertos niveles de información acotados, a veces muy precisos, como réplica de uno o varios gestos, señales significativas para nuestros compañeros. No solo han de suponer una respuesta-activación, sino un significativo sentir de cierto valor informacional indispensable para establecer altos niveles comunicacionales-semánticos preñados además de símbolos explicativos necesarios para cualquier actuación en equipo. Para ello, el FB promueve elementos capaces de conformar un lenguaje específico. Un saber proposicional que permita a nuestros jugadores un hablar-comprender-compartir propuestas y deseos para nuestro jugar colectivo, que será abierto y creativo. Cada HD ubicado en su respectiva CDN mostrará su iniciativa combinando-utilizando los diferentes CER según sus intereses y los del equipo. Es la sociomotricidad del juego, que se obtiene mediante su intracomunicación.

Pasaremos a describirlos para poderlos identificar durante las interacciones que conforman el jugar por medio de EDF. Además, cada uno de ellos, combinando y recombinando con los otros más personales, proponen los intercambios informativos-intencionales entre sus HD, transformándose así en los componentes no materiales, semánticos, que proporcionan a los jugadores participar en la conformación de los EDF.

¿Para qué hago esta trayectoria conduciendo el balón? ¿En qué momento debo o me propongo participar en la conformación de este EDF junto con mis HD, para obtener una ventaja deseada? Todo esto exige de un universo intracomunicativo-motriz, no discursivo, que proporcionan todos y cada uno de los CER y utilizan los HD participantes en cada EDF durante el juego.

Con todos estos componentes (CER) se forman complejos comunicativos a veces inacabados que proporcionan «aquello atractivo» del juego. Estos componentes comunicacionales se manifiestan «físicamente» por movimientos de los jugadores en su discurrir en cada EDF. Son actos motrices, pero, por tener una intención en el jugar, transportan valores informacionales-relacionales-intencionales, por lo tanto socioafectivos que, descifrados por todos los HD, producen EDF eficientes y eficaces. Debemos tener presente que estos componentes semánticos participan en la conformación de cualquier tipo de EDF y de todos, tanto si son en fase de disponer (FD) como en la de recuperar (FR).

Evidentemente con una motricidad intencional diferente que más tarde propondremos.

La motricidad del jugador dispone de estos CER y se manifiestan en el espacio del juego en:

1. Su «ubicación» en el espacio de juego, dónde estoy ahora.
2. Percibir las «distancias» entre..., para...
3. Desplazarse según unas «trayectorias» deseadas.
4. Su «orientación» corporal en el espacio, según sus intenciones, durante y para todos los momentos de su jugar.

Todos los HD jugadores exponen-experimentan al participar en el juego, por ser los componentes físicos-espaciales-relacionales activos del jugar, donde necesariamente aparecen otros componentes no físico-espaciales, pero también ahora necesarios, como:

- El conocimiento compartido del juego.
- De las experiencias vividas al respecto.
- Todo compromiso nacido de la socioafectividad grupal.
- El deseo inquebrantable emotivo-volitivo de ganar.
- De la posibilidad de crear y expresarse en esos espacios.
- De la valoración del esfuerzo y del entrenamiento.

El fútbol tradicional los llama físicos o psicológicos, y vemos que también son de otra naturaleza, e impregnan siempre, aunque en mayor o menor medida, a todas las interacciones.

Son las descritas capacidades espaciales, secuencias comunicativas (CER), como ciertos códigos concretos producidos por todos los jugadores que como humanos (HD) disponen de esas potencialidades relacionales y las utilizan para «emitir» información no verbal. Son realizaciones físicas observables, pero portadoras de contenidos semánticos ocultos que dependen de la naturaleza de los componentes motrices utilizados y de los distintos usos posibles que se les dé en cada situación de juego. Por ello pasamos al estudio de cada uno de estos componentes criterios espacio-relacionales (CER), pues entendemos su identificación por todos los jugadores como imprescindible para la intracomunicación grupal, para la identidad irrenunciable del jugar del equipo según una manera propia de desplazarnos y pasarnos el balón con una intención común: ¡ganar!

1. La ubicación

Tras la necesaria localización del balón, aparecen diferentes valores de los acontecimientos que suceden en su entorno. Son las interacciones entre los HD jugadores de uno y otro equipo que toman el balón como epicentro de sus referencias y diferencias. Determinamos así su localización en el campo facilitándola al acotarlo con líneas (no reglamentarias-imaginarias) que proponemos en cuatro zonas, A, B, C, D, y cuatro pasillos, dos derechos y los izquierdos (esquema 1). El balón transita por esos pasillos y zonas impulsado por los jugadores de forma reglamentaria y de manera casi imprevisible; sin embargo, gracias a esas inventadas «marcaciones», disponemos de una alta descripción topográfica de las acciones espaciales y su diferente situación en el juego.

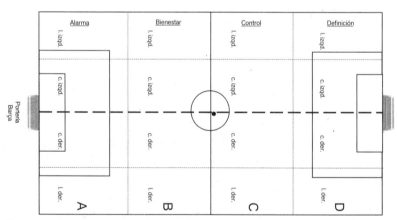

Esquema 1

Esta propuesta (esquema 1) nos permite identificar la localización del balón y la ubicación de todos los jugadores en cada pasillo o zona del espacio de juego. Los marcados del 1 al 8 son los del «propio» espacio de juego, y los del 9 al 16 son los espacios de los contrarios en su campo. Cuando tenemos bien aprendido esto, sabemos que primero es la zona y después el pasillo. Los pasillos se describen con minúsculas y las zonas con MAYÚSCULAS.

La ubicación nos informa sobre los valores para la comprensión de lo que queremos que ocurra, pues determina en qué lugar del espacio se está jugando y además nos facilitará qué situación se está viviendo. Así:

- Los jugadores alcanzarán a comprender qué CER utilizar en esta situación de juego para ser más eficientes en su comunicación, o qué VR nos brinda cada zona o pasillo, según utilice uno u otro CER en cada coyuntura del jugar.
- Para ese logro deberá identificar elementos cuantitativos del orden de cuantos jugadores hay de uno y otro equipo, y dónde está lo que hemos llamado «volumen de fase».
- También otros de orden cualitativo como quiénes son y de qué creo que son capaces. Qué ámbito de interacciones sospecho que disponen para actuar en el ambiente instaurado en ese específico EDF que ahora jugamos.
- Para según las características identificadas cualitativas de cada HD jugador se apresurará a identificar la clase de VR que ahora están latentes, y las que pueden optar a permanecer en el futuro inmediato del juego. Y según los valores cuantitativos, se podrá confirmar qué parte del histórico antecedente acaso estará presente y cuánto de nuevo pueda aparecer.
- Con todo lo identificado, ahora tendrá que elegir las posibilidades de intracomunicación con su equipo, tanto cuando disponga (FD) del balón como cuando tenga que recuperarlo (FR), en esa o cualquier otra ubicación.
- La localización de un lugar en el espacio de juego, desde donde podrá participar eficazmente, según sus propios deseos, en el jugar del equipo, al colocarse en una CDN diferente y deseada respecto al balón.
- Descubrir en los espacios internivel las prioridades posibles, valorando las modificaciones del volumen de fase, para constatar la

opción de que pueda ser ventaja numérica, posicional, o las dos, y así participar en alguna de ellas.

• Lograr anticiparse (juicio anticipatorio) a las condiciones y posibles efectos del siguiente-continuo futuro de nuestro jugar. Para eso se debe estar ¡siempre atento!

• Por último, describiremos la existencia o no de «atractores» del juego según nuestro jugar, pues son estos los lugares donde algún jugador ocasiona con alta frecuencia de intervención encuentros más o menos similares que se resuelven a favor. Si bien en el juego del Barça este concepto «atractor» toma también otra diferente dimensión, que es uno de nuestros elementos espacios-relacionales específicos. Y es aquel que se manifiesta en el lograr «atraer» hacia un determinado espacio-ubicación a un número concreto de jugadores de los contrarios, por disponer del balón en esa zona/pasillo obtenida por una u otra intracomunicación específica en un EDF compuesto por un número de nuestros jugadores siempre menor que el de los oponentes atraídos. Transformamos el agente atractor, de ser un jugador a ser el balón, «el gran atractor», gracias a esa atracción del balón provocada generalmente por el número de pases allí generados (frecuencia). Con ello producimos en otra ubicación distante y posterior algún tipo de ventaja que favorezca cierta intención de juego en los sucesivos EDF.

Durante este proceso, debemos tener presente que no solo existe la energía bioinformacional expresada y la socioafectiva relacional que proporcionará todo el mundo interactivo vivido y por vivir, sino que en el momento de intervenir la energía emotivo-volitiva nos llega la emoción de tener que descubrir el futuro del juego y el deseo de participar en ello. ¿Es en ese momento cuando, por observar el juego desde las teorías de sistemas, sabemos que en el FB como sistema dinámico complejo su comportamiento futuro depende en gran medida de las condiciones iniciales, que ahora vivimos (To), con la adquisición de ubicaciones eficaces para...? Estas ubicaciones colectivas aportan el aspecto físico de ese concreto EDF cuya forma externa, que llamamos «morfología», se observa trazando una línea «imaginaria» que une a los jugadores HD que conforman una CDN respecto al balón en un determinado To. Mientras que, atendiendo a las características de los jugadores (HD) que conforman cada una de esas CDN, entendemos su arquitectura. Así, la morfología nos aporta conocer aspectos cuantitativos, mesurables, mientras que su arquitectura son los elementos cualitativos de cada CDN. Con estos sabemos lo que podemos esperar de ellos en ese momento To del jugar que ahora observamos, pues esta arquitectura del EDF conformado en ZA o en ZC tiene ciertas probabilidades porcentuales mayores o menores de mantener el balón en FD según las cualidades de cada HD, o de recuperarlo en FR. Es el objetivo del entrenamiento en FB que todos los jugadores adquieran niveles eficaces de participación en ambas fases del jugar, para facilitar la conformación eficiente de todos los EDF en cualquier ubicación del espacio de juego (EDJ). Ver esquema 2 para conocer la geotopología de los EDF.

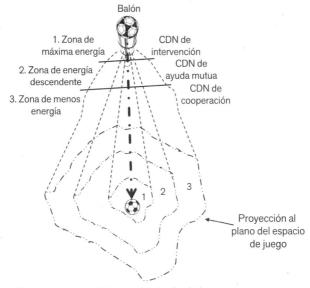

Esquema 2. Proyección simbólica en el espacio de juego.

2. Distancias

Este componente comunicativo viene determinado por cómo se aprecian y varían los espacios que separan linealmente cada uno de los propios jugadores y contrarios del balón; es decir, las que hay entre todos ellos, tanto cuando están parados como cuando se desplazan al formar los sucesivos EDF. Serán así variables, dependientes en función del tiempo.

Del mismo modo, con ellas identificamos la distancia de cada jugador respecto a sendas porterías, cuando ello nos pueda interesar. Y sus distancias respecto a cualquier otra línea de la demarcación del espacio de juego, para una concreta función. De esta forma, el componente distancia nos ofrece identificar el valor intercomunicador que ella tiene. Así, con las distancias respecto al balón, identificamos las organizaciones sucesivas del equipo que en el tiempo van conformando los EDF. Por ella alcanzamos a localizar y describir las que llamamos «curvas de nivel (CDN) comunicativo» que nos definen interespacios de interacción al unir con una teórica línea recta invisible-imaginada; la distancia entre los jugadores que estimamos que están intercomunicados para intervenir desde esa curva de nivel aparente que terminamos de trazar. Aparecen así los interespacios entre las diferentes curvas de los distintos niveles (esquema 2) de alto valor intercomunicativo que llamamos:

- De intervención
- De ayuda mutua
- De cooperación

A continuación, concretamos su distinta «función comunicativa».

El porqué de las curvas de nivel (CDN)

Al igual que en la naturaleza (la topografía), las CDN describen la morfología y arquitectura de los EDF. En ella, el balón es el que marca las distintas opciones definiendo su forma y límites. Las CDN son espacios normativos que proponen-determinan las opciones en todas las actuaciones de intra-intercomunicación, para todos los jugadores del equipo, cuando estén en una concreta fase del juego. El futbolista que por su ubicación-distancia relativa al balón está en una concreta CDN se desplazará por los «espacios internivel» cuando desea-necesita participar o no en un determinado acontecimiento del juego. Eso produce el entrar a formar parte de otra CDN, o no; pero, si cambia de CDN, tendrá que reajustar necesariamente alguna de sus funciones. Se obtiene así el poder conocer-entrenar-jugar con:

- *Eficacia (energía emotivo-volitiva)*: al obtener las diferentes «distancias funcionales» deseadas en los EDF de cada zona-pasillo del espacio de juego, y así lograr «lo deseado» en su jugar.
- *Las CDN son una abstracción topográfica-energética del juego*: consideramos la zona del entorno del balón como una montaña, como una curva simulada de energía, cuya cúspide es el balón. Las faldas de una montaña-energética disponen de un valor descendente de energía por estar sucesivamente alejadas del foco-balón (ver esquema 2). Cuando realizamos un teórico «corte» a la montaña, según los niveles de energía propuestos, y los proyectamos en el plano «superficie del juego», tenemos:

1. Distancia funcional del espacio internivel de intervención sobre el balón.
2. Distancia funcional del espacio internivel de ayuda mutua, para disponer del balón o recuperarlo, entre varios HD jugadores.
3. Distancia funcional del espacio internivel de cooperación con los HD componentes de las otras CDN.

Así podemos simular el EDF conformado por las tres CDN energéticas, separadas a unas distancias que corresponden con las distancias espacios relacionales entre nuestros jugadores, puesto que «todos» participan en el juego, conformando de esta manera los EDF de disponer o de recuperar de manera eficaz. Buscamos con ello:

- *La eficiencia comunicacional* para obtener con el esfuerzo «óptimo» todas las formas de intracomunicación, para ser preferentemente «asertivo» en las fases de disposición, y «empático» en las fases de recuperación de nuestros jugadores HD.

Así se aportarán al juego valores cualitativos-ecológicos en todas las intervenciones cuando los jugadores al desplazarse por los distintos espacios internivel al participar en el juego son conscientes de las distintas funciones que deberán realizar sin errores desestabilizadores en su nueva ubicación, aunque necesariamente sea transitoria. Esa conciencia es la de adquirir la capacidad de identificar-participar en las diferentes reorganizaciones que se conforman-modifican como consecuencia de la autonomía, que los EDF ofrecen a los jugadores, durante el partido. Es a lo que hemos llamado «eficiencia organizacional», cuestión que nos otorga la iniciativa del juego.

- *Son las curvas de nivel de «intervención»* las que forman aquellos jugadores de nuestro equipo más próximos al balón, que le permitirán intervenir sobre él con alguna acción ahora componente comunicativa, sin necesidad de realizar un desplazamiento significativo. Es el interespacio más pequeño, donde acaso se disputa la posesión del balón, en el que se localizan encuentros y enfrentamientos, entre un número, siempre reducido y siempre por determinar, de jugadores de ambos equipos. Es el espacio de intercomunicación más privado y directo, en el que siempre se influye en la continuidad y calidad del juego. En él se entrecruzan los intereses opuestos de ambos «bandos». El equipo que gane preferentemente en este interespacio puede lograr la iniciativa del juego en los aspectos mentales ¡pues dispone del balón! El objetivo de nuestro jugar en este interespacio es asegurar la posesión del balón cuando logramos disponerlo (FD) para hacerlo circular según nuestra «forma» y deseos de jugar; con eso facilitamos a los compañeros el tiempo para conformar en ese «punto de posesión», el EDF que corresponda. Por el contrario, en la CDN de intervención, cuando estamos en FR, el interespacio de intervención se transforma en interespacio de «disputa» de la posesión a nuestros contrarios, con la idea de «atacarlos» (FT) para recuperar lo que es nuestro: el balón. En él tenemos que evitar el progreso del oponente con balón, tanto por pase como por conducción, y no dejarle un mínimo espacio-tiempo para que pueda ejecutar un pase largo.

- *Son las curvas de nivel de ayuda mutua* aquellas curvas que con su trazo invisible unen a los jugadores que se encuentran en intercomunicación entre ellos y tienen en común el estar en disposición más o menos adecuada de intercambio comunicativo con los que intervienen sobre el balón con ciertas opciones de éxito. Mantienen la expectativa de participar mediante una actuación concreta de intercomunicación con ese compañero HD de éxito, el poseedor. Le proporcionarán a este alguna información, esperando obtener reciprocidad de beneficios con tal contacto, pues le debe mostrar que ha identificado los mismos intereses, intenciones y deseos sobre su actuación. Es una práctica que aporta satisfacción y energía al equipo, pues hace compartir éxitos y fracasos, sin reproches, tanto cuando se logra recuperar el balón como cuando se mantiene. ¡Déjate ayudar!, y me ayudo a mí mismo, dejando siempre de lado lo particular para ganar ambos; es algo identificativo del juego asociativo del equipo. Este interespacio es mayor que el de intervención, y su límite está en el ajuste temporal-espacial en el que los jugadores sean capaces de comunicarse con eficacia en este espacio internivel en FD y FR. Esta eficacia es determinante, no como el equilibrio del FT, pero sí para la estabilidad (FB) del equipo cuando este trata de mantener la disposición del balón en cualquier lugar zona/pasillo del espacio de juego. Podríamos añadir el concepto de eficiencia de la estabilidad cuando esta CDN no se instala más allá de una zona y un pasillo, de la curva de intervención próxima al balón. Es clave para su posible e inmediata recuperación en caso de pérdida. De cualquier forma, el entrenador suele dimensionar y modificar estas interdistancias de las curvas en estos dos niveles descritos, según su equipo disponga del balón o lo quiera recuperar, teniendo en cuenta su ubicación y la de los contrarios en el espacio de juego. Según su criterio, ofrecerá y entrenará a sus jugadores para disponerse en distintas organizaciones de acuerdo con esos criterios. Es, por tanto, el entrenador quien asume la responsabilidad de intracomunicación específica para la ayuda, con los niveles de libertad individual correspondiente. En este espacio internivel CDN de ayuda mutua suceden los acontecimientos más significativos del jugar al FB. Son la utilización CER con la intención de confundir a los contrarios para lograr mantener el balón haciéndolo circular hacia la portería contraria por los caminos más inesperados para todos ellos. Los ubicados en esta CDN se desplazarán procurando la duda y el desorden de los contrarios, tanto cuando tengamos el balón (FD) como cuando queramos recuperarlo (FB). Esas trayectorias en FD serán para la intracomunicación con nuestro HD compañero que dispone del balón, «pidiéndoselo», utilizando la semántica oculta que en cada situación sea más conveniente-conocida por todos. Pero en FR se trata de conseguir una intercomunicación con los contrarios que los confunda; tras ese embrollo cognitivo al que los sometemos, serán incapaces de ordenarse para tener el balón durante el tiempo suficiente para lograr sus deseos. Debemos utilizar los CER necesarios para «interceptar» todas sus posibilidades de continuar en posesión, mediante pase, conducción...

- *La distancia de cooperación* es aquella que ocupan todos los demás jugadores de campo de nuestro equipo que no están en ninguna de las otras dos curvas de nivel ya mencionadas, completando así los niveles de intracomunicación específicos de «todos» los jugadores del equipo respecto al balón. Los futbolistas que conforman esta curva muestran sus límites físicos y sus formas, por tanto, la morfología de ese eventual EDF. Los inscritos en ellas tienen diferentes funciones a los de las otras curvas de nivel, pues su función se centra en velar por la eficiencia y estabilidad del equipo en la fase en la que esté, completando una organización global que saben que les puede hacer lograr sus objetivos comunes. Deberán permanecer en alerta constante «viviendo» su cercanía, pero «mirando» lejos, allí donde sus compañeros disputen el balón por intervención y ayuda mutua, anticipando su posible resultado. No es posible su pasividad, pues, según la nueva inmediata solución, el balón, por cambiar necesariamente de posición, puede llegar a sus inmediaciones y tendrá en algún caso que «saltar» a cualquiera de las otras dos CDN, teniendo posiblemente que cambiar a realizar otras funciones y utilizar componentes comunicativos (CER) con «materiales» acaso diferentes para lograr completar la conformación de todos los EDF en el transcurso del jugar. Gracias a la «lejanía» del balón es capaz en FD de poder anticipar con mayor tiempo el discurrir del juego y en FR el «disuadir» al poseedor de realizar un pase largo que supere a nuestro equipo. Los ubicados en esta CDN tienen que cuidar de la proporcionalidad en separación entre las otras curvas para que todos los EDF conformados en todas las zonas y pasillos se ajusten a la dimensión y volumen de fase que requiera el momento del partido. Es función del entrenador dar indicaciones al respecto y entrenarlo en sus sesiones de entrenamiento para obtener la geotopología deseada.

- De este modo, se completa una fortaleza comunicativa que aproxima las ideas de todos los HD compañeros, sobre aquello que está sucediendo, vaya a suceder o quieren que suceda. Esta fortaleza entre jugadores adscritos a cada uno de los interespacios limitados por las tres curvas de nivel muestran su eficacia dotando a los EDF de la capacidad de redundancia. Esta les permite detectar los posibles errores de intracomunicación en los interespacios y lograr corregirlos con la eficiencia suficiente para que no se destruya la estabilidad del equipo en ese EDF conformado por ellos para obtener un determinado objetivo, bien haya sido por las instrucciones del entrenador, o según sus propias intuiciones y deseos compartidos por todos, o acaso inducidos por los inmediatos acontecimientos vividos con los contrarios.

- Por su parte, las distancias entre compañeros y oponentes se utilizan para identificar otro valor de los EDF, como es su «densidad». Se entiende esta como la forma de valorar el número total de jugadores de uno y otro equipo que puedan estar emparejados o a muy corta distancia uno de otro. En el FT se llama «marca al hombre». Cuando esto ocurre, aumenta el «volumen de fase» en los EDF así conformados. Por tal motivo, en las fases de posesión nuestra, los jugadores deberán hacer algún tipo de «trayectorias previas» o emigrar a otros espacios, pero al cambiar a fase de recuperación (FR) pueden sacar buen provecho de ello, pues se dificulta sobremanera al equipo que disponga del balón el mantenerlo. En general, la circulación rápida del balón en posesión pone en peligro mantener «la marca». La velocidad del balón con nuestros pases cortos es la energía que hace disminuir la densidad del juego en ese lugar y circunstancia del jugar (FB), contrariamente a lo que sucede en el FT.

- Por último, las distancias respecto a la portería propia o contraria de los jugadores que conforman los EDF y se observan desde esta perspectiva (CDN) nos muestran una de las características más evidentes del FB: intentar-lograr jugar el mayor tiempo posible en campo contrario cerca de su portería. Los EDF allí formados tienen que estar continua-discontinuamente modificando su arquitectura por medio de alterar las distancias y número de jugadores, que se desplazan internivel, para estar en disposición de conformar en esos EDF las variadas y necesarias ventajas en zona D y en sus pasillos centrales.

- El juego del Barça se centra especialmente en las distancias respecto al balón, así como en realizar su juego en campo contrario, y la continua amenaza, a corta distancia respecto a la portería contraria, para lograr gol. El resto de las distancias describen la situación transitoria y la estabilidad que vive nuestro equipo durante todo el proceso de su jugar.

La ubicación y las distancias como criterios de relación (CER) ofrecen a los EDF poder conformar su propia morfología y arquitectura, que son muy útiles para estudiar-comprender-practicar desde estas dimensiones físicas-estructurales de los EDF. Enriquecen en algo la cultura y comprensión del FB a los HD jugadores y entrenadores, facilitándoles la conformación y observación de los EDF durante el jugar de cada partido. Así los técnicos podrán ofrecer en sus entrenamientos información significativa a los jugadores sobre su funcionalidad espacial en cada una de sus participaciones, para justificar-enriquecer los contenidos de su entrenamiento, sobre todo durante su fase formativa. En este momento sabemos que estos dos CER disponen de una especial narrativa cinemática-dinámica formada por combinaciones de movimientos-gestos personalizados, cargados de valores emotivos-afectivos que constituyen su propia identidad expresiva. Pero, aun así, deberán respetar los valores semánticos establecidos y vigentes en el equipo para conformar los EDF necesarios en FD y FR. Para congeniar esta doble naturaleza informacional se requiere tiempo y experiencias que faciliten una «excelsa» conectividad de nuestros jugadores en proximidad a los contrarios en cualquiera de los espacios de juego.

De este modo, podemos entender la morfología de un EDF como la forma que adoptan sus CDN al acomodarse, no adaptarse, en cada momento al entorno-espacio donde se juega. Tiene, por tanto, un alto valor ecológico al aceptar y comprender que esas CDN están continua-mente-discontinuamente cambiando según el equipo esté en FD mante-niendo sus CDN «cuasi» en formas deseadas-previstas, como cuando estemos en FR, pues entonces serán claramente imprevistas e improvisa-das. Sobre todo cuando el juego se desarrolla en campo contrario, pues nuestros oponentes, por utilizar la reglamentación del «fuera de juego», nos obligarán de cierta forma a que nuestra CDN de cooperación tenga acaso una morfología casi lineal y ajustada al espacio ocupado por su último defensor, o que evite esa zona, ocupando las otras CDN. Es de-seable para mantener la estabilidad del equipo que no se «estrangule» ninguno de los espacios-interniveles de las diferentes CDN durante el jugar. A veces en la zona D y de límite de C, como producto del fuera de juego antes mencionado, ocurre esa estrangulación, cuya consecuen-cia es la pérdida de estabilidad para nuestro equipo, que queda expues-to al contraataque de los contrarios. Las formas de las CDN de «ayuda mutua» por su gran versatilidad y capacidad de cambiar, por estar en esas zonas compuestas de cuatro a seis jugadores pueden solventar ese problema. Una eficiente morfología constituyente de un EDF viene de-terminada por la ocupación aproximada a dos zonas y tres pasillos, por sus tres CDN, con la salvedad de lo antes indicado de la FD en zona D. Todos estos criterios nos ayudan a proponer las diferentes morfologías durante nuestros entrenamientos; los juegos de situación son los más indicados para su práctica. El dominio de los CER permite a los jugado-res instalarse en los espacios de juego y mantener ciertas distancias res-pecto a sus compañeros y a los oponentes que ocupan espacios internivel próximos, así como obtener las ventajas numéricas y posicionales que nos proporcionan la iniciativa del juego y acaso oportunidades de gol. Por tanto, cuidar la morfología en dos EDF es identificativo del FB y otorga alta estabilidad en la FD de nuestro jugar.

Por otro lado, la arquitectura de los EDF viene determinada por el número de HD jugadores que componen cada CDN, la separación que existe entre cada componente-jugador de esa concreta CDN y por la relación que se establezca entre componentes de dos CDN producto de sus características-talentos personales. Es, por tanto, un entramado energético que se establece entre todos los componentes de un determinado EDF. El primer valor expuesto, número de jugadores, es el valor cuantitativo que se transforma en cualitativo cuando conozcamos-identifiquemos las capacidades individuales de cada uno por separado. La forma en que se coloquen en cada CDN (ubicación) proporcionará a esta una diferente clase de energía que ninguno podría alcanzar colocado en otro lugar-secuencia de esa CDN. Tengamos en cuenta que en la CDN de intervención en FD solo dispone de un jugador, y solamente en FR deben intervenir 3 o 4 HD jugadores. Cuando tengamos que modificar frecuentemente la relación que existe entre los componentes de dos diferentes CDN, estaremos ante una señal del óptimo conocimiento que los jugadores disponen de sus compañeros, pues son capaces de complementarlos en sus funciones, aportando una gran energía estabilizadora a ese EDF. Esto no tenemos que hacerlo para adaptarnos a las actuaciones de los contrarios, sino por producir energía-comunicacional que sea indestructible por las actuaciones de oponentes. No nos pueden producir entropía destructora en el EDF que vivimos. Para ello, todos los jugadores instalados en cualquier CDN podrán ver el balón desde su posición; es decir, que ningún jugador haga «sombra» a cualquier otro compañero, y que esté a una distancia «funcional» respecto a todos sus compañeros. Entendemos por distancia funcional aquella que proporciona al jugador comunicarse con todos los componentes de cualquier CDN en un tiempo To y la reproduce eficientemente en un $T_1 \ldots T_4$ del proceso de juego, pues el tiempo modifica continuamente tanto la morfología como la arquitectura de los EDF. Cuando existe una eficiente arquitectura, aparecen las posibilidades de lograr la óptima estabilidad en FR. La forma de entrenar esta eficiencia en el jugar la obtenemos por medio de los juegos de posición identificativos de nuestro entrenar donde podemos modificar el número de jugadores de cada CDN, identificando a la vez el tipo de CER que utilizar en cada CDN, para lograr establecer relaciones de interacción energéticas entre los componentes de las diferentes CDN que utilicemos en ese entrenamiento.

En el ideograma 16 exponemos la estructura geotopológica de los EDF que hemos venido explicando, producto de la interacción entre los CER. Distancias y ubicación en los distintos EDJ por los que discurre el jugar. A partir de su observación y continua modificación en los distintos momentos del juego y fases en las que se observe, acaso podamos entender el verdadero valor que para conformar los sucesivos EDF tienen estas interacciones ubicación/distancias que hasta ahora hemos expuesto.

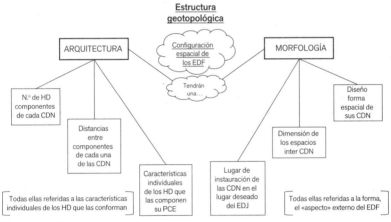

Ideograma 16

3. Trayectorias

La ubicación y las distancias son los CER que definen estados «cuasi» posicionales de los HD, pero gracias a esta nueva variable obtienen su valor dinámico, pues la situación del balón en el espacio de juego viene modificada en cuanto el balón describe una trayectoria (vía) para instalarse en tránsito hacia un nuevo y siempre dinámico lugar. Por este motivo, los jugadores de ambos equipos tienen-pueden realizar ciertos «trazados» en sus desplazamientos, «caminos» que les hacen llegar al nuevo lugar deseado, para una nueva intervención, encuentro, ayuda o cooperación con los demás y el balón, es decir, un nuevo EDFD. Las trayectorias son aquellas «sendas ocultas» por recién trazadas que conducen a los jugadores (HD) hacia los diferentes lugares por donde acceder a participar en la conformación de los EDF del juego. Son «reales» caminos espaciales marcados por información mentirosa y verdades de corto o largo recorrido, que eventualmente pueden ser interrumpidas por oponentes que no cayeron en el engaño. Son producidas tanto por jugadores portadores del balón como por los que no disponen de él; de uno y otro equipo que desean participar de alguna manera en el juego. Las trayectorias quedan determinadas por los desplazamientos de los jugadores, de acuerdo con una concreta y deseada organización del equipo en EDF. Otras veces para lograr acceder a lugares del espacio donde desea intervenir, pero acaso de manera intuitiva, principalmente en FR.

Llamamos trayectorias a los desplazamientos de los jugadores, y vías a los lugares por los que se desplaza el balón. Debemos entender que la trayectoria espaciotemporal de un jugador viene determinada por la sucesión de «apoyos» que ocasionan tal desplazamiento del sujeto sobre el espacio de juego, que en ese momento es «solo suyo». Si consideramos a cada uno de sus apoyos como «puntos» de su trayectoria, la separación entre dos de esos «puntos» es la «amplitud» de sus apoyos. Y en carrera, entre dos de esos puntos sucesivos, existe una «fase aérea» en la que el jugador hace una pequeña trayectoria aérea. En esa situación, el jugador es altamente vulnerable a la intervención de contrarios, pues no puede modificar su trayectoria hasta que no vuelva a estar apoyado. El valor temporal de las trayectorias le otorga el número de apoyos por segundo, «frecuencia» que es capaz de realizar ese HD jugador. La relación entre ambos factores aporta eficacia y eficiencia de tal trayectoria. Las trayectorias de los jugadores durante su jugar viene altamente determinada por los puntos de contacto con el balón, pierna de balón y el lugar del punto de apoyo posterior de la pierna que lo ejecutó. Por ello las formas de desplazamiento en carrera en las que haya contacto con el balón deberán ser de «alta frecuencia» para que la posibilidad de contactos con el balón pueda ser variada y múltiple. Y las fases, aéreas pequeñas.

Así podrá realizar trayectorias eficaces para superar adversarios en muy diferentes condiciones de «encuentros» en los distintos espacios de juego y obtener diferentes ventajas VR para su equipo. Además, sabemos que en cada punto, apoyo, de su trayectoria se puede encontrar en una diferente ubicación y distancia respecto a sus compañeros y/o sus oponentes. Ello aporta el valor dinámico de las trayectorias como CER en función del tiempo y la creatividad del jugador.

Estas «migraciones» de todos los futbolistas por el espacio de juego determinan unos «flujos de trayectorias» preferentes y específicas para las distintas fases del juego y en ciertas zonas y pasillos que nunca serán iguales. Las condiciones en las que se realizan tales trayectorias tienen en su velocidad el factor diferencial. Informa esta sobre la «dinámica» del juego que cada equipo logra realizar. Su valor creativo y su expresividad residen en cómo los jugadores modifican sus trayectorias habituales, realizando trayectos inesperados tanto en disposición como en recuperación, siendo la posesión o no del balón el instrumento transmisor del impulso creativo. La eficiencia de esos flujos se logra modificando las velocidades de flujo en cada zona y pasillo del espacio de juego, variando constantemente la morfología y la arquitectura de los EDF que van conformando.

Un buen equipo debe disponer de múltiples y variadas posibilidades de modificarlos. Eso es una manifestación cualitativa de su juego. Los aspectos temporales de tales flujos de trayectorias, para conformar los diferentes EDF, determinan un antes, un durante y un después respecto a cualquier acontecimiento del juego. Estos tres momentos en uno nos clarifican el valor objetivo de cada trayectoria y los criterios que deben guiar su adquisición.

De este modo:

- *En el antes,* el jugador (HD) ha de reconocer-identificar las necesidades que pueden tener mi/mis compañero/s (HD) en FD, con aquel/aquellos con el/los que deseo interactuar. Observar si no interrumpo alguna trayectoria de cualquier otro compañero. Inmediatamente movilizo mis propios recursos informacionales para hacer las propuestas de ayuda que les puedo dar. Si estoy en las

CDN de ayuda mutua debo, en este antes, realizar las trayectorias de mayor dificultad de identificación para los oponentes. Las de engaño, que luego veremos, pueden ser las más utilizadas, para no atraer-acumular contrarios en el espacio, zona-pasillo, donde esté nuestro compañero poseedor al que deseo ayudar, y justo lo contrario si estamos en FR, para que entorpezca la disposición a los contrarios, y facilite nuestra recuperación.

- *El durante* marca el tiempo de intervención sobre el balón o no que ha estado oculto hasta ese momento. Debe ajustarse a las necesidades que el contexto, balón, componentes-compañeros presenten. Hay que proporcionar la mayor claridad semántica del mensaje, evitando lo irrelevante o confuso, centrarse en la información relevante-asertiva y que el compañero conoce-desea, ejecutada en el espacio-tiempo preciso, en correspondencia con las potencialidades de mi compañero, y en conjunción con las expectativas de interacción en FD o FR que ambos desean. La unidad antes-durante proporciona la coherencia operacional de las interacciones propuestas y marca cualquier después deseado en FD o FR.

- *En el después* temporal contemplamos lo irremisible de estar otra vez en «el antes» para obtener la necesaria continuidad en el desarrollo del proceso del juego. De esta forma, se accede a componer otra CDN diferente o permanecer en la misma, acaso modificando su arquitectura. Y todo ello en función de las necesidades del equipo que está constituyendo un proceso de juego, sea en FD, sea en FR. Es también el momento de evaluar la interacción ejecutada, de ver si los deseos previos-anticipatorios-previstos se han logrado. Hay que evitar sesgos resultadistas y liberarse de los estresores externos a la propia intervención. En este momento, debe intentar mejorar-controlar la tolerancia a lo contradictorio y la frustración que haya podido ocurrir. Así se evitan emociones negativas generadoras de incertidumbre que impregnarán las sucesivas-próximas interacciones con sus compañeros. Solo así se podrá

crear la confianza mutua necesaria y regresar a tener los resultados deseados.

Nosotros disponemos de trayectorias con nombres concretos para
cada fase y acción del juego. Con ello facilitamos la observación-evalua-
tiva del juego y las funciones de cada participante en las interacciones
de su jugar (esquema 3).

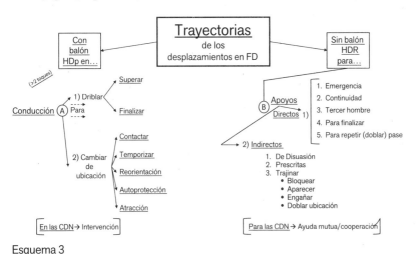

Esquema 3

En el esquema 3 exponemos las trayectorias que nuestros HD realizan durante sus intervenciones en FD. Por un lado, las que dispone
nuestro jugador en «posesión» del balón (HDP), entendiendo que este
realizará una trayectoria significativa con el balón cuando haya teni-
do-querido realizar más de dos toques consecutivos del esférico que
supongan su desplazamiento. Es lo que llamamos (A) *conducciones*, que
son las trayectorias que hace cualquier HD haciéndose microautopases
a él mismo, bien para *driblar* (regate) a un contrario, bien para hacer un
cambio de ubicación en el EDJ con alguna otra intención del juego. Por
lo tanto, estamos hablando de las opciones que los HDP disponen; son
el componente fundamental de la CDN de intervención del EENFD que
estén conformando.

La otra opción que exponemos son las trayectorias que el resto de
los HD componentes del EENFD ofrecerán como (B) *apoyos* a su com-

pañero HDP y que podrán estar ubicados tanto en las CDN de ayuda como de cooperación. Debemos entender que la descripción de estos CER y las trayectorias en especial lo hacemos como vía para la observación del juego y su descripción. Con ellos disponemos de terminología específica de nuestro jugar para el intercambio de información entre nuestros entrenadores. Esta clase de observaciones facilitan poder apreciar carencias en las acciones de conducción del balón o de las condiciones para apoyar al HDP por los demás HDR, durante las pérdidas, para así poderlas practicar durante los entrenamientos.

Dado que la ubicación y las distancias antes descritas se centran más en aspectos posicionales, y las trayectorias y orientación, en aspectos situacionales, las podemos entrenar de manera específica durante los juegos de posición y los de situación respectivamente. Por ello es necesaria gran atención por parte del entrenador, así como que los jugadores (HD) de nuestro fútbol las identifiquen y practiquen.

A. Trayectorias del HDP

Son las que llamamos «conducciones» (esquema 3), pues el HDP quiere con ellas:
  A1. Driblar
  A2. Cambiar de ubicación

A1. Driblar. Driblar es una acción de desplazamiento individual con balón en la que el HDP se verá de cierta forma «obligado» a *superar* él solo la actuación de un contrario sobre él, para poder mantener en disposición (FD) a su equipo. Solo intentará esta acción si no hay otra posibilidad, pues sus compañeros (HDR) no han logrado conformar al menos una parte del EDFD correspondiente. Ello acaso suceda cuando ese HDP es quien acaba de «quitarles» el balón a los contrarios, y cuando, por hacerlo tan rápidamente, sus compañeros aún no hayan logrado por el PS de contextualización el cambio de rol para lograr la triangulación ahora necesaria. En el momento que lo supere, realizará el pase que logre contextualizar su jugar para poder iniciar una nueva FD con su equipo, ya que el pasar está más en el contexto del FB que el driblar, pues es una acción de equipo que facilitará conformar el deseado EEN-FD allí donde se realizó tal apurada conducción.

Muy diferente es driblar a un oponente, que te dará paso a la *finalización* y a la opción de marcar un gol, que es el objetivo de nuestro jugar. Esta es la única acción «cuasi» individual en el contexto del FB y que además es la más «buscada» como objetivo de nuestro juego durante todo el tiempo del partido. ¡Merece la pena el riesgo! Aunque el resto de los HD deberán acompañar al ejecutor, apoyando su jugar. De aquí el cuasi.

A2. Cambiar de ubicación. Las trayectorias con balón para **cambiar de ubicación** se emplean mucho en el FT, y en el FB son solo una alternativa que se fundamenta en las varias posibilidades que le ofrece al HDP para «asegurar» la disposición del balón, en las posteriores situaciones en las que pueda encontrar el HDR a partir y como consecuencia de una pequeña conducción que le permite cambiar de ubicación.

Así sucede que cuando el HDP aprecia dificultad en *contactar* con cierto compañero que está intentando «algo» que nos favorece en la continuidad en FD y no es muy seguro, yo soy capaz de una pequeña conducción-intencionada, de cambiar de ubicación para facilitar el contacto con ese HD compañero sin que él tenga que modificar su intención. ¡Yo he descubierto anticipadamente lo que él deseaba y he modificado mi ubicación para que él pueda cumplir sus deseos! Hemos interactuado por medio de la interacción simétrica facilitada simplemente por este cambio de ubicación sin darle ninguna muestra de mi superioridad por ser yo el que dispongo del balón. ¡Los dos ganamos! Y el equipo también, pues mantendremos la FD deseada.

La alternativa de cambiar de ubicación para *temporizar* es clara. El HDP aprecia que sus compañeros (HDR) no han terminado de conformar el EENFD que nos compete y con una conducción «lentificada» y sin sentido aparente se desplaza hasta que se haya realizado tal función colectiva. Es evidente que se deberá ejecutar cuando los contrarios no puedan sacar beneficio con ello, en nuestra contra. Por ello, los HDP que ejecutan esta conducción son jugadores (HD) de calidad y eficiencia temposituacional, muy útiles para ejecutar el «último pase» de gol, o ese centro inesperado muestra de su calidad, o «simplemente» asegurar la FD del equipo y su ritmo de juego.

El cambio de ubicación para *reorientarse* lo realizan aquellos HDP que ven la opción de coger en contramovimiento a algunos oponentes en un momento y lugar concreto del EDJ. Con ello se pueden lograr ventajas para nuestro equipo y también en otros momentos facilitar sobremanera el mantener al equipo en un EDFD más próximo (ZD) al objetivo deseado del gol. Es muy eficiente para superar defensas (FT) muy pobladas rompiendo su simetría, como veremos. Su ejecución debe hacerse con un desplazamiento lento en una dirección e inesperadamente otro rápido en dirección contraria, reorientarse, y casi siempre en una trayectoria curva para crear incertidumbre a los contrarios próximos sobre mis pretensiones de juego. Son ejecutados por HD con talento y creatividad.

La conducción para mi *autoprotección* se da cuando me encuentro un HD amenazado por varios contrarios, aún no sé cómo y a consecuencia de qué. Acaso puede que haya recibido un pase inesperado y no disponga de soluciones en la situación que me encuentro. Puede que sea por no haber podido controlar el pase y cuando debo realizar un segundo o tercer toque de control que aprovecha un oponente próximo para presionarme (FT)... En cualquiera de estas u otras situaciones de estas características, me veo en la necesidad de autoprotegerme hasta recibir la ayuda de mis compañeros (HD) que estarán sin duda conformando el EENFD que solucione mi situación. Y para facilitárselo deberé conducir con autopases frecuentes, pero cortos, alejándome del contrario que me presiona, cambiando con frecuencia de dirección, pero siempre sin acercarme a las líneas laterales que limitan el EDJ, para propiciar la ayuda de mis compañeros. Pues así, con la aproximación de solo uno de ellos podremos hacer un 2v1, y posiblemente con repetir pase, habremos solucionado la situación al modo Barça. Durante toda esta circunstancia de autoprotección, tendré gran atención en y durante mis autopases a la hora de mantener el cuerpo siempre entre el balón y el oponente, para dificultar las intenciones del contrario. Pues si quiere «meter el pie» se encontrará siempre con el mío, y con el balón lejos de su alcance. Con ello, como poco, podré «sacar» una falta que mantendría el balón en nuestra posesión. Estas son las informaciones que nuestros entrenadores deben dar a nuestros HD durante los entrenamientos en su fase formativa-informativa, y no esperar a su aprendizaje enactivo, que deberá utilizar para perfeccionarlo durante la competición, tanto de este como de los demás CER que estamos proponiendo.

La conducción como *atracción* de oponente/s es justo para eso. Es lograr que un oponente o varios se sientan atraídos por mi gestión de esta forma de conducir el balón. Para ello, tal conducción tendrá que realizarse cerca de él/ellos, pero no encima, lo suficientemente lenta para que entiendan que soy «pieza» fácil y se sientan así atraídos, pero que circule por delante de ellos para que tengan dudas de si viene a por mí uno u otro, o los dos. Inicialmente, deberá ser más lenta, pero, en cuanto hayan caído en la trampa, se hará rápida y «sinuosa» orientada en dirección contraria hacia donde realizaré el pase como colofón del engaño-atracción, para lo cual la última parte de la trayectoria de la conducción será curva. Estas conducciones son muy útiles ante defensas (FT) pobladas y de líneas juntas instaladas entre zonas C-D, para romper su simetría, como veremos.

Ahora tenemos que recordar la evidencia de que todas estas alternativas en conducción (CER) que producen los desplazamientos de los jugadores (HD) en sus trayectorias por el EDJ con el balón son necesariamente de aquellos HD que conforman la CDN de intervención en el EENFD que estamos jugando, y su éxito dependerá de la facilitación que en todos los momentos y espacios logren los demás componentes de las otras CDN de ayuda y cooperación que simultáneamente tendrán que ir ajustando sus trayectorias a cada paso de él. Son las que vamos a exponer a continuación.

B. Trayectorias sin balón HD para...

Las trayectorias de estos HD compañeros del poseedor son de desplazamiento en el EDJ, y participan en la conformación del EDFD que estemos jugando ahora como miembros de las CDN que hemos menciona-do. Cualquier desplazamiento en conducción con balón que antes hemos indicado supone para estos HD, ahora sin balón, poder comunicarse con su compañero, apoyándole por medio de alguna de las opciones que exponemos (esquema 3) portadoras de valores semánticos comunes que todos conocemos que nos facilitarán conformar los EDFD al modo FB. A estos grupos de trayectorias las hemos llamado de «apoyo directo» y de «apoyo indirecto». Las primeras son hechas sobre y para beneficio directo de nuestro poseedor (HD); a las segundas las llamamos indirectas por ser sobre los HD contrarios que estimamos que por su ubicación próxima pudieran de alguna manera actuar sobre nuestro HD poseedor, impidiéndole cumplir sus deseos que son los nuestros, y de esta manera cooperamos para que así se pueda mantener la FD del equipo.

El grupo de trayectorias de **apoyos directos** son las que nos evocan interacciones acaso duales, pero son múltiples, entre el compañero po-seedor y todos los demás como potenciales receptores componentes de todas las CDN del EDF en que jugamos, mientras estamos en disposi-ción del balón. Algunas de ellas ya fueron propuestas por Joan Vilà. Ahora pasamos a completar y exponerlas en su totalidad.

B1. Las de apoyos directo son (esquema 3):

1. *De emergencia*: cuando, en la CDN de intervención, un compañero poseedor está en peligro de pérdida, los compañeros en las CDN de ayuda mutua tendrán cuanto antes que realizar una trayectoria de emer-gencia, para asegurarnos la disposición del balón. ¡Hay una emergen-cia! ¡Una posible pérdida! Para ello, el compañero más cercano a él, componente de la CDN de ayuda mutua, deberá realizar su desplaza-miento hacia un espacio libre y por detrás del poseedor, más cerca de nuestra portería donde en la mayoría de las situaciones estará libre de oponentes modificando necesariamente la morfología del EENFD cons-tituido. Allí perfilándose de cara a él, y a distancia eficiente para pedirle «preguntarle» si su acción la entiende como interacción eficaz, que en este caso puede ser la simétrica para darme el balón (pase), pues allí se

encuentra en una zona-pasillo «despoblado» de oponentes, o al menos con un volumen de fase inferior. Para ello, el jugador que ayuda deberá hacer una eficiente percepción espaciotemporal para que el poseedor la perciba como tal, pues de no ser así podría desestimarla, clasificándola cómo tangencial, y acaso perder el balón. Siempre debe producirse otra trayectoria de emergencia, hecha por otro compañero también en las CDN de ayuda mutua, pero más alejado del poseedor, realizando las mismas funciones en otro espacio-tiempo diferente para ser redundante y dar opciones al poseedor. ¡Cero dudas!

2. *De continuidad*: es para continuar en FD y cuando deseo apoyar un pase si no existe la proximidad-peligrosa del oponente. ¡No hay emergencia! Por tal motivo, los jugadores componentes de CDN de ayuda mutua al poseedor pueden «pedir» a la misma altura que el poseedor o detrás de él. Para esta interacción, la mejor alternativa es que «el poseedor» se comunique con un segundo hombre. El instalado en el pasillo más alejado, aunque sea la misma CDN. Saltándose el primero para que este pueda, cuando el pase le ha llegado, ser el apoyo redundante con el receptor, hasta entonces segundo hombre y ahora receptor. Es, por tanto, «saltarse» el compañero del pasillo contiguo y jugar con el segundo del pasillo más alejado. La utilidad de esta trayectoria es:

- Crear confusión a los oponentes próximos que nos defendían (FT), pues irían a presionar al poseedor y al primer «apoyador».
- Dar tiempo a que nuestros compañeros se reubiquen en las más eficientes CDN en el sucesivo EENFD.
- Poder construir EDF en espacios «más vacíos» y por lo tanto más fáciles y rápidos de realizar. Todos tienen tiempo para reposar en su CDN.

En este caso, modificaremos necesariamente la morfología del EDF previo.

3. *De tercer hombre*: la intencionalidad del HDP es poder contactar con un compañero alejado tanto de zona como de pasillo, pero es muy segu-

ra he identificativa del FB. Se trata de, ante la inseguridad de ese pase directo sobre esa ubicación alejada o de una trayectoria del compañero colocado en CDN de cooperación muy alejada, dar un pase intermedio a otro compañero que suele formar parte de una CDN más próxima de ayuda mutua. Este, comprendiendo la dificultad que tiene el poseedor para interactuar con un pase tan peligroso, se ofrece haciendo una trayectoria de enlace con aquel que está alejado. Para eso tendrá que alejarse del poseedor y perfilarse respecto al alejado. Pedir al poseedor ahora mediante una trayectoria franca, bien ajustada al tiempo de los dos compañeros, y así, al recibir del poseedor, poder pasar al tercer hombre, el alejado, ahora más cerca y más libre de oponentes, con menos riesgo de pérdida. Ese pase intermedio debe hacerse hacia un pasillo lateral y alejado del tercer hombre, para no «despertar sospechas» a los oponentes y dejar el camino expedito para ese segundo pase al tercer hombre antes peligroso, ahora eficaz y de bajo riesgo. Con este pase generalmente se logra ganar zona y también el pasillo respecto al poseedor inicial. Como decíamos, se emplea mucho en el FB y es identificativo de «nuestro jugar». Sobre todo si el primer pase se «dobla» para crear confusión de los contrarios. Es como si todo ese proceso se lograra jugando a «un toque» y al pie, ambas cosas señas de identidad del FB.

4. *De finalización:* es la que hace un compañero del HDP; al realizarla le otorga la posibilidad «franca» de finalizar la acción con un contacto al primer o segundo toque a portería con posibilidad de marcar gol. Tienen todo el riesgo de poder perder la posesión del balón por la actitud de la defensa, pero ahora puede asumirse, por la gran recompensa del gol, al realizarse preferentemente cuando estamos en FD en la ZD y pasillos interiores. Exige de una excelente coordinación espaciotemporal entre el HD pasador que tiene las opciones del último pase, o como centro con un pase aéreo, y también un pase al espacio, en profundidad (FT), o entre líneas de los defensas contrarios y el que ejecuta la mencionada trayectoria. Respecto al HD ejecutor de esta trayectoria, debemos indicar que tendrá que ser:

- Inesperada para los oponentes, por lo que podrá realizar una trayectoria previa del grupo «trajinar», como veremos más adelante.
- Se iniciará después de haber hecho «contacto visual» con el HDP compañero.
- No «marcar» la trayectoria antes de que el HDP haya logrado una posición estable en su trayectoria, que será después de haber driblado para centrar, o de cambio de posición para contactar mediante un pase de los indicados.
- En cualquiera de estas situaciones, al inicio de esta, su trayectoria será ejecutada muy lentamente, «andando» en otra dirección a la que se supone que se hará la definitiva, para, en el momento en que se asegure el contacto con el HDP, realizar el HDR, esta trayectoria de definición, en las condiciones descritas que asegurarán un porcentaje alto de éxito.

5. *Trayectorias para repetir pase*: decimos trayectorias, pues el ejecutor (HDR) tendrá que hacer dos diferentes trayectorias en esa ahora única acción de repetir-doblar pase. La primera será para responder a la trayectoria de contacto que el compañero (HDP) realiza para facilitar la acción del primer pase. Lo hará según criterios expuestos antes para la trayectoria de continuidad, ya que esta será ahora devolver el pase a nuestro HDR. Mientras el balón regresa (al primer pasador) realizaré la segunda, ahora minitrayectoria, para reubicarme en el EDJ, de manera que facilite a mi compañero repetirme nuevamente un pase que nos proporcione mantener la disposición del balón en mejores condiciones de las que antes disponíamos. Y si no fuera así podríamos acceder a poder «doblar» el pase, que será posible cuando ambos HD jugadores entiendan que es bueno y posible volver a repetir todo el mismo proceso para el beneficio de ambos y del equipo. Estas trayectorias «compañeras» de pases precisos y a diferentes velocidades y orientaciones ajustadas a cada uno de esos desplazamientos se emplean en el FB para mantener la disposición del balón en EDJ de alto compromiso comunicacional ante defensas «cerradas» del FT, pero también en las zonas A-B para «asegurar» la que llaman salida del balón (FT) y que para nosotros supone conformar los EDFD en nuestro EDJ, muchas

veces facilitadas-logradas por esta clase de trayectorias, que son generadoras de gran confianza en el equipo.

A partir de ahora, entramos a describir las trayectorias de apoyo que se realizan en «apoyo indirecto», pues se ejecutan de esa manera. Son, por tanto, trayectorias para beneficiar las actuaciones de nuestro HDP compañero con balón sin plantearle la opción-obligación de que juegue sobre nosotros. Actuamos sobre los contrarios más o menos próximos a él para «apoyar» la actuación que él desea, sea cual sea. Así empezamos por:

B2. Las de apoyo indirecto (esquema 3):

6. *La trayectoria de disuasión*: es aquella en el que HDR actúa disuadiendo a aquellos contrarios que entorpecían de alguna manera la actuación del compañero (HDP) que dispone del balón. Tendrá que ejecutarse de manera que:

- Sea «visible» para todos los oponentes cercanos a mi compañero poseedor (HDP).
- Lo suficientemente rápida y ajustada para que atraiga con fuerza irresistible a los contrarios.
- Ajustada entre los oponentes y el compañero (HDP) en trayectoria direccionada hacia donde nuestro compañero HDP no puede, pero que por su rapidez «despierte» la atención de los contrarios, por estar direccionada hacia su propia portería «buscando» la espalda de los oponentes que podían actuar sobre el compañero HDP.
- En el momento oportuno deberá perfilarse como si ya pidiera el pase a su compañero, para así atraer con más fuerza a los oponentes de esa zona o, por lo menos, distraerlos para facilitar a nuestro compañero la acción que desea ejecutar que nunca deberá ser con el ejecutor de esta clase de trayectoria.

- Sin embargo, como en el fútbol el «nunca» no existe, puede suceder que los oponentes no se sientan atraídos por las acciones comentadas y no persigan al atractor, y el pasador pueda jugar un pase sobre él, generando una gran ventaja, o incluso transformarse en un pase de finalización antes mencionado.

7. *Las trayectorias prescritas*: son todas aquellas ensayadas durante los entrenamientos por el equipo y que sirven para dar soluciones a las acciones de balón parado tanto directas como indirectas a favor de los contrarios o a nuestro favor. La infinidad de estas trayectorias hace imposible su propuesta, pero todas estarán sujetas a estas premisas:

- Que no vayan en contra de nuestras tríadas del jugar al FB; que estén en su contexto y con sus finalidades.
- Que durante su entrenamiento y tanto cuando sea para recuperar como para continuar en disposición, se involucre siempre a todos nuestros jugadores (HD) de campo y no solo los dos o tres próximos al balón, como suele ser habitual. ¡Juega el equipo!
- Que se entrene toda la acción, tanto los «movimientos» de antes como los de durante y los de después de poner el balón en juego, pero también las actuaciones siguientes al resultado tanto sea a favor nuestro como de los contrarios.
- Que se tengan prescritas para todos los casos al menos dos o tres actuaciones que empiecen de la misma forma, pero que terminen de distinta. Para siempre sorprender a los contrarios.

8. *Bajo el epígrafe de «trajinar»*: agrupamos a todas aquellas trayectorias que nuestros receptores (HDR) realizan moviéndose con «trajín», de un lado para otro, pero siempre haciendo algo útil, en este caso para los demás. Favorecer al compañero con balón (HDP) es su objetivo. Son trayectorias sin balón generalmente muy cortas que se realizan en el espacio oportuno y en el tiempo preciso, para interferir las intenciones de los contrarios y apoyar la actuación del HD compañero con balón. Suelen ser jugadores (HD) ubicados en CDN de cooperación que sin embargo actúan, «aparecen», en CDN de ayuda, para

realizar alguna actuación sobre aquellos contrarios que pueden entorpecer, o lo están haciendo, las acciones del compañero HDP poseedor del balón.

Una de ellas es la de *bloquear*, que consiste en interponerse, anticipándose, para ocupar el espacio por donde sabe que ese contrario debería de pasar para actuar sobre nuestro HDP que con el balón está conduciendo libre de marca hacia el lugar deseado del EDJ. De manera que no sea una acción antirreglamentaria, pues solo producirá que el contrario tenga que dar un pequeño «rodeo», suficiente para impedirle actuar sobre nuestro compañero HDP. Es necesario no utilizar los brazos como ayuda, pues sería falta clara, con la consecuente pérdida de balón, que nunca se desea. La experiencia del HD jugador en estas lides es fundamental para lograr el éxito de la actuación.

Otra posibilidad en este grupo de trayectorias es la de *aparecer*. Consiste en una trayectoria sobre un contrario (HD) que permanece casi estático en una posición de «espera» al compañero (HDP), pues «sospecha» que quiere pasar por allí, que además él se siente fuerte por ser uno de los componentes de una línea que define el sistema de juego de su equipo. Por no haber mirado hacia atrás, no ha visto que yo estoy «trajinando» una trayectoria de aparecer para truncar sus intereses, pues apareciendo en rápida trayectoria por su costado «ciego» me adelanto a sus intenciones ocupando un espacio que proporcione a mi compañero (HDP) superar al contrario ejecutando un 2 contra 1, para continuar en disposición. Son trayectorias para realizar en el centro del EDJ con espacio y entre los componentes de intervención y ayuda mutua de nuestro equipo que se conocen bien; según sea el comportamiento del oponente, el balón quedará en poder de uno u otro de los HD participantes en este «trajín», logrando con ello poder conformar el siguiente EDFD como continuación de nuestro jugar.

La opción de *engañar* es útil para liberarnos de la marca de un oponente cuando queremos «pedir» a nuestro HDP el balón del que él dispone. Hay múltiples trayectorias con esta función, y en realidad se deberían hacer previamente cada vez que se quiere pasar de una CDN a otra para conformar un nuevo EDF siempre que tengamos un ponente cerca. Se trata de tener una intención de juego y no mostrarla hasta el último momento sorprendiendo a mis oponentes próximos, pero que ello no suceda con mi compañero (HDP) poseedor. Con ellas:

- En ciertos casos, pueden obtenerse ventajas relacionales; en otras, «desequilibrar» las líneas defensivas (FT) de nuestros contrarios, o acaso intervenir cuando parecía que estaba ausente.
- Deben ser muy variadas y variables, que no se repitan en los mismos lugares ni situaciones del juego ni durante todos los momentos de este.
- Recordemos que la opción de pase «hop» es una buena muestra de ella para acceder a una situación de finalización.
- Así como el «dejarse» marcar (FT) fácilmente por un contrario para que, cuando quiera intervenir de «verdad» en el juego, pueda desmarcarme fácilmente, pues ya sé cómo «marca» mi oponente.

Como decíamos, existen infinidad de esta clase de trayectorias de engaño, y con la experiencia de cada HD jugador a lo largo de su vida deportiva, la calidad y la eficiencia de estas trayectorias irá incrementándose; son los entrenadores los que podrán lograrlo con su propuesta en la práctica.

Las trayectorias para *doblar ubicación* también son variadas y múltiples, pues se ejecutan siempre «doblando» cualquiera de todas las demás trayectorias expuestas como apoyos en esta propuesta. Y es que estas trayectorias son acompañantes de todas ellas. Su función es la recurrencia, el apoyo recurrente al compañero, en una similitud espacial máxima, y con un pequeño retardo temporal para asegurar en «dos tiempos» la acción que se pretende. Esta doble energía que se utiliza en esta trayectoria no debe desperdiciarse en acciones comunes, de «trámite» del jugar y «guardarlas» para acciones definitivas de finalización y en los espacios de alto compromiso del jugar, que suelen ser las ZA y ZD. En ningún caso, el ejecutor (HD) debe molestar-interferir en la acción del HDP compañero, muy al contrario, deberá potenciarla, darle esa doble opción al poseedor para elegir entre dos, con cuál de ellos interactuar de manera libre. Con ello, además, se crean niveles altos de incertidumbre a los contrarios. ¿O es que si aparecen dos HD compañeros simultáneamente en dos lugares próximos al HDP de una misma CDN no están facilitando la actuación del pase al HDP? Debe ser una constante en el trajinar de todos los jugadores (HDR), ofrecer al HDP una multiopción en su jugar; al menos una opción más de las que los contrarios impiden. Esta es la función de esta clase de trayectorias de todos los componentes de las CDN de ayuda y cooperación en nuestro jugar.

Iniciamos ahora la propuesta de trayectorias en FR para que todos nuestros HD jugadores las conozcan y las practiquen. En el esquema 4 se exponen en su totalidad. Primero, las del grupo C, para actuar directamente sobre el oponente poseedor, esté donde esté, y la opción D para hacerlo sobre-en el lugar del EDJ e interespacio interoponentes, para lograr la recuperación deseada y en el mínimo tiempo, como indica la específica tríada de esta fase R.

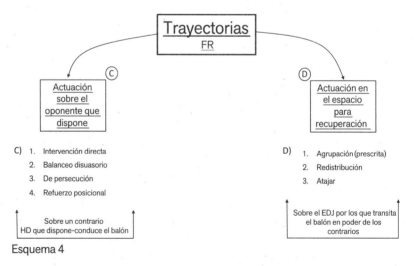

Esquema 4

En el apartado C, vemos las trayectorias cuyo objetivo es despojar del balón al poseedor-adversario que lo disfruta en ese momento. ¡Hay que ir a por el balón! Se trata de actuar selectiva y conjuntamente sobre el poseedor, pero colectiva y globalmente sobre todos los demás oponentes, posibles receptores. Se han de interrumpir todos los canales de comunicación entre los oponentes, estén donde estén. Habrá que identificar anticipadamente sus perfiles, posibles trayectorias de apoyo, su orden sobre el terreno de juego (sistema), sus tendencias de construcción de sus líneas... El histórico reconocido de sus anteriores actuaciones nos ayudarán a conformar nuestro EDF con la autoorganización más eficiente y eficaz para recuperar cuanto antes el balón. ¡Veremos cómo!

C. Podemos realizar trayectorias sobre el HD oponente que dispone del balón:

C1. De intervención directa: es aquella con la que, individualmente, el recuperador realiza una actuación directa sobre el oponente poseedor del balón. La hace cuando sus compañeros están organizados en un EDF facilitador de tal actuación. Desea lograr un enfrentamiento ventajoso, por tener el respaldo de su equipo, en un lugar del espacio de juego donde ese «uno contra uno» tiene opciones de éxito.

Su actuación deberá atender a estos criterios:

- Tendrá que conocer y constatar cuál es la dominancia lateral del poseedor, para «taparle» la salida por su lado fuerte. Así adquirirá una ventaja posicional-espacial.
- No «entrar» de golpe, para dejar que el poseedor muestre su intención de actuación. Así adquirirá una ventaja temporal.
- «Facilitar» con un adecuado perfil la salida del poseedor, en y por el espacio-tiempo que nosotros tenemos previsto. Y decidimos nosotros, pues toda esta maniobra pretende conducir al poseedor no solo por su punto débil, sino por el espacio que conduce hacia donde los compañeros han conformado un EDF de refuerzo de las posiciones de recuperación.
- La trayectoria del recuperador que facilita estas tres actuaciones se ejecutará recta hacia el poseedor, y hacerse curva, cambiando

de velocidad en el último momento para que el poseedor no tenga otra opción más que la que le permite esta acción.

- Siempre que sea posible, el recuperador deberá «echar» al poseedor con su acción, hacia los pasillos laterales, para crear aún más problemas al reducir sus alternativas espaciales de juego y contacto con los suyos, y favoreciendo la actuación de los míos.

- Si con esta actuación recuperamos el balón, debo inmediatamente pasarlo, pero con la máxima seguridad, entendiendo que hasta lograr «un tercer pase» el balón no es nuestro. Para eso, una vez pasado, tengo que realizar una trayectoria sin balón, de bloqueo o de atracción, según entienda cuál favorece la disposición del balón recién adquirida. Con ello, evito que el jugador «desposeído» participe en la recuperación, dada su proximidad espacial en el acontecimiento.

- La organización del EDF en FR nos permite que todas estas actuaciones tengan un sentido, confirmando la coherencia operacional del equipo en todo momento del partido. Los juegos de situación que luego expondremos son los más eficaces para experimentar estas cuestiones durante los entrenamientos.

C2. De balanceo disuasorio: las trayectorias de «balanceo disuasorio» son aquellas que hacen los jugadores en fase de recuperación para impedir al contrario-poseedor que logre circular por los pasillos o zonas que desea. Se hacen cuando, en ese lugar, el recuperador aprecia estar en cierta inferioridad irrecuperable, y quiere enviar al poseedor contrario a otra ubicación donde él se encuentre en tal inferioridad. Espera y provoca que sus compañeros en superioridad puedan lograr allí la recuperación y el posterior mantenimiento del balón. Para ello deberá:

- Identificar sin errores su desventaja, la que fuere, respecto al poseedor.
- De la misma forma apreciar hacia donde debe enviarlo; espacio de ventaja de nuestro equipo.
- Realizar trayectorias de «ida» presión sobre el costado fuerte del poseedor, de manera que le impida circular por ese espacio. Y de

«vuelta», facilitándole engañosamente continuar en posesión, pues lo desplazará hacia su «lado débil».

- Con ese balanceo de corto recorrido, pero reiterado e intenso, de ida y vuelta, irá desplazando al poseedor hacia donde el recuperador quiere; es algo que el poseedor, por su afán de mantener la posesión, no discute.

De esta forma, el recuperador hace perder la iniciativa del juego al poseedor, a pesar de que continúa en posesión. No obstante, será una disposición efímera, pues, durante el tiempo en que el recuperador ha realizado estas trayectorias, sus compañeros han podido reorganizarse para conformar un EDF en FR con alguna ventaja capaz de recuperar el deseado balón, sin duda también facilitado por el desencanto-ofensivo del poseedor al no poder circular-jugar por los espacios que había previsto-deseado, por miedo a perder la posesión ante la acción de nuestro recuperador. En estas trayectorias no se desestima que, acaso por sentirse el poseedor más vulnerable e inseguro por las reiteradas trayectorias «agresivas» del recuperador, pueda este en alguna de sus actuaciones recuperar él mismo la disposición del balón, sin que tenga que intervenir el resto del equipo, que por haberse constituido ya en EDF para la recuperación tiene fácil el mantenimiento del balón, casi inesperada pero fortuitamente realizada.

C3. De persecución: aparecen cuando el poseedor contrario se siente perseguido, haga lo que haga, por un jugador que con insistencia inquebrantable le impide conducir el balón en los parámetros espaciotemporales que pretende. Esta proximidad amenazante hace al poseedor cometer errores tanto en su conducción, protección del balón, como en su toma de decisiones al tenerlas que realizar bajo la presión temporal a la que le somete su perseguidor, para lograr recuperarlo. La eficiencia de la trayectoria de recuperación se medirá con la prontitud con que el perseguidor logre su objetivo. Y su eficacia se constatará en cómo la recuperación permite al que la hace mantener la posesión dando un pase o una conducción seguros, y no solo arrebatarle el balón tras la persecución. Para ello el perseguidor deberá:

- Lograr que su trayectoria sea paralela a la del poseedor.
- Que sea muy próxima para controlar con sus brazos el brazo del poseedor con el objeto de desequilibrarlo (sin hacer falta), solo para entorpecer su «braceo» equilibrador necesario para ejecutar una carrera de conducción del balón. Perder el braceo coordinado por nuestra acción facilita la recuperación del balón por el que la ejecute de tal modo.
- Ubicarse del lado en el que el poseedor es menos eficaz en su conducción, para que se encuentre más vulnerable e inseguro. Si es posible, «cerrarlo» hacia la banda.
- Que cambie la frecuencia de sus apoyos de carrera respecto a los del poseedor, para poder, cuando lo alcance, acceder a tocar el balón sin hacerle falta mientras él se encuentre en fase aérea, interapoyos.
- Que en ninguna circunstancia se tire al suelo para lograr su objetivo, pues, si el poseedor anticipa la acción, el éxito es claro para el poseedor, ya que el perseguidor se habrá autopenalizado.
- Al recuperar el balón, muchas veces el perseguidor se transforma en ¡perseguido! La solución está en que un compañero le dé un apoyo... Si no es posible, deberá lograr realizar una conducción en círculo para facilitar apoyos de otros compañeros, ya que la señal de conducir en círculo les indica esa necesidad, a la que deben acudir con prontitud.

Todos los demás compañeros deberán tapar las posibles líneas de pase que el poseedor disponga durante su recorrido, para que nuestro compañero perseguidor pueda tener el tiempo y espacio para ejecutar su plan recuperador, y así conformar todos el EDF más eficaz para asegurar la recuperación con posterioridad.

<u>C4. De refuerzo posicional:</u> es la que hace un HD jugador a otro compañero que está actuando sobre el contrario-poseedor. Es de carácter preventivo a la vez que disuasorio. Previene que el poseedor contrario supere la posición de mi compañero, y lo disuade de esa posibilidad, porque yo voy a la ayuda de mi compañero; así tendremos la ventaja numérica y posicional. Esta trayectoria es también de valor complementario a la de

intervención directa; es aquella que proporciona la redundancia antes comentada que las curvas de nivel aportan al juego. Para lograr esta trayectoria, el HD jugador o jugadores «refuerzos» deberán:

- Acceder-ubicarse a la espalda del compañero, como si fueran su sombra proyectada por la luz del sol, que es el balón que tiene el contrario.
- No demasiado cerca, pues facilitaría al oponente con una sola acción superar a los dos.
- Si el poseedor contrario está en nuestra zona A y pasillos centrales, debería existir un acuerdo prescrito de equipo y el portero. Así, el jugador que hace la trayectoria de «intervención directa» tapa el lado corto del palo de la portería. El jugador en trayectoria de «refuerzo» tapará la salida al palo largo, ¡pero nunca simultáneamente, sino de forma sucesiva! De no hacerlo así, el poseedor podría superar entre los dos con una sola acción.
- Si la recuperación prospera, nuestro jugador ahora con balón conducirá ganando pasillos exteriores y si puede zonas, y el ayudador ofrecerá trayectoria de emergencia o de continuidad según la nueva situación establecida. De esta forma, logrará mantener con seguridad la posesión ganada, en las sucesivas acciones del jugar, y dará tiempo a nuestros compañeros a conformar el EDF que corresponda. En posiciones cerca de nuestra portería (ZA), puede que, en vez de conducir hacia pasillos exteriores, sea más eficaz el repetir pase con un compañero instalado en una CDN de ayuda mutua y así evitar que el balón conducido haga de atractor de oponentes hacia esta zona A próxima a nuestra portería, y acaso una salida de tercer hombre sea la de mayor eficiencia para esta situación.

D. Actuación en el espacio para la recuperación del balón

<u>D1.</u> <u>De agrupación:</u> las trayectorias de «agrupación» tienen como objetivo lograr unas posiciones, ubicaciones colectivas, de ciertos HD jugadores, con el objeto de ganar-disponer del balón que ahora se está des-

plazando por una vía aérea. Saque de portería o de falta... Se completa tal agrupación por un determinado número de jugadores que se desplazan simultánea o sucesivamente hacia una ubicación colectiva en el lugar donde se «sospecha» que caerá el balón. Se conforman con unas trayectorias en un EDF donde cada uno de los HD compañeros tiene una función específica con sus relaciones ET propuestas por el entrenador. Pero todas las alternativas planteadas deberán cumplir con:

- Que todos diseñen sus desplazamientos para que uno de los implicados dispute el balón e intente anticiparse al contrario o contrarios que tienen las mismas intenciones.
- Simultáneamente, otro grupo de HD jugadores facilitarán la realización de esa trayectoria deseada al protagonista, con trayectorias de atracción, engaño y especialmente de obstrucción-bloqueo.
- El resto de los jugadores irán conformando sus trayectorias en una sucesión ajustada al resultado de la primera situación, para que, si hemos ganado ya en esa primera acción, podamos mantener la posesión del balón en estas sucesivas actuaciones. Es el entrenador quien decide el número y las características de los jugadores que deben intervenir en completar las tres funciones. Todo ello en un tiempo y trayectos que nuestros HD deberán ajustar a las actuaciones, a veces inesperadas, y siempre desconocidas, de los contrarios. Por tal motivo, esas trayectorias nunca o muy pocas veces serán unidireccionales, sino que su sinuosidad eficaz les permitirá acceder a las posiciones pactadas, de manera más eficiente, inesperadas para los contrarios.
- Las agrupaciones serán morfológicamente distintas para los balones aéreos que provengan del saque de porteros, de faltas indirectas, saques de banda o de despejes de balón de los contrarios, pero sus criterios de conformación son los mismos. El número de jugadores que sus características específicas deben ser determinadas y practicadas durante los entrenamientos específicos, en cada caso y contra cada equipo oponente, es la función del entrenador. Serán así como EDF predeterminados en su morfología, espacios

internivel y características de los componentes arquitectura de cada CDN requerida para cada caso, y para cada lugar del espacio de juego donde se produzca la acción.

- En todas estas situaciones es deseable que el protagonista contacte con el balón antes de que este toque el suelo, cuestión que nos dará la iniciativa en el posterior jugar del equipo. La vía del balón como resultante de ese toque también será convenida para que inmediatamente llevemos el balón «al pasto». ¡Es llevarlo al contexto de nuestro juego!

<u>D2.</u> Hasta ahora habíamos hablado de que las trayectorias proporcionaban a nuestros HD desplazarse por el EDJ para organizarse en torno al balón para conformar los EDF en FD de nuestro equipo, pero ahora no disponemos del balón y para recuperarlo tenemos que autoorganizarnos. Ello supone que cada HD deberá desplazarse según su propio interés, que lo verá o no cumplido siguiendo criterios que las trayectorias de este grupo (D) facilitan, para que cada cual se sincronice temporalmente con todos sus demás HD compañeros y se agrupe en el espacio de pérdida, para allí mismo recuperar el balón, según su tríada. Sin embargo, hay veces que el proceso de recuperación se alarga en el tiempo, y el balón de los contrarios cambia varias veces a un distinto lugar. Aquí es cuando este tipo de trayectorias de *redistribución* hacen su aparición utilizadas por nuestros HD, pues se manifiesta la necesidad de redistribuir las funciones de autoorganización de otra-nueva manera de la que fue planteada por los HD con sus trayectorias del grupo D1 que no fueron válidas, en primera intención, para ejecutar la recuperación. Deberán ahora redistribuirse las funciones entre otros HD y también esa redistribución se efectuará en diferente lugar del EDJ donde antes se utilizaron. Se cambiarán también su secuencia de aplicación. La diferencia con las del D1 es, por tanto, que allí las trayectorias que se proponen tienen como objetivo al HD contrario que dispone del balón, y las ejecuta un solo HD compañero. Mientras que las de redistribución las propone el entrenador y se ven involucrados todos los HD jugadores de nuestro equipo, de manera que cada uno de ellos con sus específicas trayectorias cubrirán diferentes necesidades que ahora tenemos para re-

cuperar el balón entre todos. Con ello, el entrenador en primer término y luego los HD jugadores con su experiencia se plantearán volver al contexto de nuestro jugar; recuperar el balón, por medio del EDF correspondiente, y mantener su disposición el mayor tiempo posible en los lugares del EDJ que deseamos.

<u>D3.</u> La trayectoria de «atajar» es la que realiza un solo HD jugador nuestro, sobre la «vía» del balón que viajaba de un oponente a otro con intención evidente de mantener la posesión (FT) para hacernos «algo» en su beneficio. El HD de los nuestros realiza la trayectoria de atajar cuando con su actuación impide que el balón llegue al oponente según sus deseos, interrumpiendo su vía para recuperarlo, no solo tocarlo y desviarlo. Para ello deberá ser:

- Rápida, ajustada al tiempo-velocidad del desplazamiento del balón. Para poderlo contactar en lugar alejado de los dos contrarios ejecutores.
- Evidentemente inesperada para el ejecutor. Para ello, el ejecutor retrasará el inicio de la trayectoria respecto al toque del balón, pero será casi simultánea a la salida del pie ejecutor. Ello no significa que el HD «atajador» deba estar parado; todo lo contrario, deberá estar en un desplazamiento en microtrayectoria opuesta a la real y necesaria para la recuperación; el «atajar» deseado.
- Toda esa maniobra se realizará a una distancia relativa al objetivo, que no despierte sospechas al contrario-poseedor, y esta distancia se logrará por la minitrayectoria antes descrita. El ejecutor recuperador deberá tener una gran confianza en su velocidad gestual y de desplazamiento para identificar la magnitud de este distanciamiento autoimpuesto, que dará sus frutos.
- Esta trayectoria terminará cuando nuestro HD, en su rápida e inesperada trayectoria descrita, recupere el balón. Eso se confirma cuando el ejecutor haya alejado el balón de la zona de la actuación por medio de una trayectoria de reorientación generalmente en curva alejándose de los contrarios, o dando un pase a un compañero que viene en trayectoria de apoyo directo (B1) y compone

ya la CDN del EDF de FD que el resto de los compañeros se apuran en conformar. Siempre queda el recurso de una trayectoria de temporización para facilitar todo lo deseado.

Todas estas trayectorias propuestas intentan describir el cómo y el para qué las realizan los HD durante sus desplazamientos con o sin balón, cuando desean jugar FB. En sus descripciones, hacemos notar los elementos diferenciadores respecto a las que se realizan en el FT y también los componentes ET que consideramos necesarios destacar para su ejecución eficiente, así como aquellos elementos situacionales que, posiblemente, proporcionan un porcentaje de mayor eficacia al ejecutante «aplicado», que los realiza en el momento oportuno. Estas propuestas serán útiles para los entrenadores a la hora de tener criterios de observación del juego de sus futbolistas (HD), e informarlos acaso de forma más precisa, ver a qué tiene que prestar atención cada cual, cuando estemos entrenando la conformación de EDF. Como en casi cualquier situación de juego, las formas y las opciones de trayectorias no aparecen aisladas, sino mezcladas, pues cada HD jugador tendrá que ejecutarlas según la función que deba realizar de acuerdo con su ubicación en el EDF que se esté conformando. Y es que todas las trayectorias tienen como objeto lograr desplazamientos eficientes y eficaces de los HD, por determinados lugares del EDJ para la conformación de los EENFD y de los EENFR del jugar al FB.

4. Su orientación

El espacio de juego (EDJ) está determinado por el reglamento; dentro, los jugadores desarrollan su jugar. Para ello, deberán estar ubicados en algún lugar de ese «espacio propio» y tendrán, a la vez, que diseñar-adoptar una postura corporal, soporte sobre el cual ejecutar sus desplazamientos y demás acciones de su particular y necesaria participación en el juego de su equipo. Cada actuación deseada le hace ocupar espacios diferentes, ya que el movimiento, sea segmentario o global, se manifiesta así en el espacio. Cualquier trayectoria segmentaria o global de su cuerpo tiene una determinada orientación en el espacio, pero ¿respecto a qué?

Los movimientos de nuestros segmentos, piernas, brazos... están orientados respecto a la línea de gravedad, mientras cualquiera de todos los desplazamientos globales del cuerpo se orienta respecto a los elementos espacio-entorno donde se realizan tales desplazamientos. Por ello la orientación de los jugadores en su jugar tiene esas dos características. De un lado, su espacio «propio» adopta una postura corporal que en el fútbol se llama «perfil». La referencia para orientar el cuerpo perfilado... será acaso la trayectoria que describe el balón cuando quiere recibirlo. Será el perfil de mi actuación sobre el oponente próximo que dispone del balón... Será alguno de mis compañeros... Los apoyos de los pies y la línea de hombros determinan e identifican la validez de tal o cual perfil adaptado para su contacto con el balón, o cualquiera de las otras actuaciones del juego en el espacio. Por otro lado, respecto a su eficacia tenemos que indicar que su perfil de juego y su postura corporal mientras está participando en el juego deben permitirle ver el mayor EDJ posible. ¡Estar orientado hacia el juego! Y en el FB estar perfilado «de cara» con el compañero que dispone el balón es un seguro para una eficaz interacción con él. Perfilarse hacia el juego es hacerlo hacia el espacio-entorno donde está el balón, pero la riqueza del FB, y ante la necesidad de tener que conformar EDF para FD o FR respecto al balón, hace que los jugadores tengan que orientarse en relación con la trayectoria del balón y también simultáneamente con los oponentes que a la vez son posibles receptores de ese balón. Así los jugadores que estén en CDN intervención lo harán preferentemente respecto al esférico. Los de ayuda y cooperación lo harán simultáneamente respecto al balón y sobre los demás agentes que circulan en su entorno, que, por estar en su mayoría desplazándose, le obligarán a realizar observaciones múltiples para lograr apreciar sus ubicaciones-trayectorias-perfiles, para diseñar la existencia de alguna relación posible de cooperación con ellos. Todo para poder predecir sus actuaciones posibles en los entornos que se están gestando continuamente. Tendrá que estar observando en todas las direcciones «girando» la cabeza, pues el entorno descrito es dinámico, multidimensional e incierto. Basta que el jugador no «mire» en todas las direcciones para que su actuación pueda no ser eficiente, pues no podrá discriminar simultáneamente la disposición y tareas de los contrarios, compañeros y demás elementos del espacio, lo que entorpecerá su disponibilidad espacial y su eficaz posterior orientación durante su jugar. Como el espacio de juego es muy grande, los jugadores podrán disponerse en diferentes ubicaciones, en grupos dinámicos, EDF, o acaso en «aglomeraciones» diferentes en torno al balón, posiblemente más estáticas en algún momento del partido. Por ello, su postura y perfil deberá facilitar la identificación de cualquier tipo de movimientos-trayectorias de los compañeros y contrarios que realmente pueda ser significativa. Ha de reconocer el espacio donde se desarrolla el juego en proximidad del balón, pero también simultáneamente su espacio entorno-próximo, esté cerca o lejos del balón. De la conjunción de ambas percepciones deberá adoptar un perfil que le proporcione estar disponible tanto para acudir al balón (FR) como para facilitar la disposición (FD) y darle la continuidad requerida en ambos casos, pues en cada coyuntura deberá realizar diferentes matices de su motricidad, utilizando CER eficaces para cada situación. Su perfil debe facilitarle poder realizar cualquier tipo de intervención, y la orientación de sus desplazamientos conformar los EDF formando parte de alguna CDN desde la que intervenir. Por otro lado, cuando sus trayectorias se orientan respecto a las porterías, en vez de hacerlo respecto al balón, como hemos visto, aparecen los conceptos de ganar o perder zonas. El FT dice tener más o menos profundidad. Mientras si sus desplazamientos están orientados respecto a las bandas, el «caer a banda» del FT, para nosotros, es que el juego está orientado hacia pasillos interiores o exteriores. Siempre tendrá que hacerlo respecto al balón, punto-foco vertebrador del FB que no puede perder nunca de vista, para lograr participar eficazmente en la conformación de los EDF necesarios en cada situación de juego. ¡Es el jugar!

Para comprender el significado de la orientación espacial y lograr hacer FB, es necesario incluir el concepto «jugar de cara» para lograr una intracomunicación con el HDP compañero poseedor, pues no solo es necesario adoptar un perfil de cara con el compañero, sino orientar el juego después de ese contacto. Si es el «repetir pase» con él, deberá, después de hacerlo, trazar una trayectoria orientada hacia el espacio «descubierto» que aparece a la espalda del poseedor. Es el motivo por el que se ha repetido pase en la mayoría de las veces. Es la forma FB de acceder a esos espacios, con una alta probabilidad de mantener la disposición del balón. Así se obtiene la organización del EDF, al que ambos pertenecemos. Esto se cumple cuando jugamos al primer toque. Sin embargo, si lo hacemos a dos toques, también el toque de control-recepción debe ser orientado muchas veces al lado contrario hacia donde queremos dar el pase con el segundo toque. Esta orientación conduce al engaño al oponente próximo, y forma parte de la intracomunicación del equipo. Son las formas de realizar y aplicar los CER en nuestro juego. Eso nos obliga a tener que jugar con «las dos piernas» con la misma precisión, motivo por el que, en las fases de iniciación, empleamos tanto los rondos, que es una constante durante la vida deportiva de todos los HD jugadores.

En la psicomotricidad, la orientación consiste en la eficiente proyección de la propia lateralidad en el espacio, de aquí la alta necesidad de instalar pronto una lateralización eficaz en nuestros jugadores. En el FT se simplifica diciendo que es diestro o zurdo aquel que «se gira» mejor y toca el balón preferente o únicamente hacia un lado, llamado dominante. También es cierto que el concepto de proyectar su lateralidad en el espacio es más amplio. Se entiende cuando lo ampliamos observando otras tareas como con qué pierna «bate» o con cuál amortigua y realiza el primer apoyo después de un salto, qué pie es el ejecutor del chut de un penalti, con qué apoyo inicia una carrera en velocidad o con cuál hace un cambio de dirección de forma precisa, o cuál es el perfil preferido en su juego de cabeza. Todos ellos son identificativos de su lateralización personal de los segmentos inferiores (piernas-pies) utilizados en el fútbol. El concepto proyección de su lateralidad supone también cómo ese jugador proyecta estos valores en los demás y todos los elementos instalados en el espacio que le incluye a él. En este caso, lo esencial es el cuidado con que el entrenador debe favorecer la lateralización temprana de sus jugadores, insistiendo en una práctica bilateral. Es decir, el poder ejecutar todas las acciones de su jugar eficazmente en cualquier dirección del espacio y en ambos segmentos. Otra vez son los rondos y los juegos de posición las herramientas eficaces para lograrlo, junto con la insistencia y cuidado del entrenador en este proyecto. Un avance como la mejora-optimización de la inteligencia espacial (H. Gardner, 1983) en sus jugadores es suficientemente atractivo y valioso como para dedicarle buen tiempo del entrenamiento. Este talento, soporte de la orientación, determina y controla también la «direccionalidad» (DC) de todas las actuaciones en desplazamiento de cada jugador, y, por su proyección, también los de todos los demás elementos que circulen por el espacio de juego, compañeros, contrarios, balón, árbitro... Para ello, tomará como referencia alguna de las cuatro líneas que limitan el espacio de juego (esquema 5) en su perímetro total. Ha de tener en cuenta la «línea media», pues, a partir de ella, los oponentes, con la acción de «fuera de juego», pueden reducir grados de libertad (---▸) en las tomas de decisiones en ese espacio, coartando la DC de sus actuaciones.

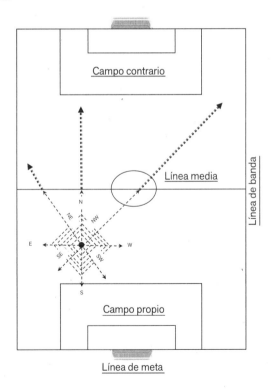

Esquema 5

Si localizamos el balón (•) en nuestro campo (esquema 5) y suponemos estar en fase de disponerlo (FD), las flechas indicadas como (---➤)
muestran las diferentes DC que dispone el poseedor tanto para conducir
como para realizar un pase deseado al compañero localizado en cierta
CDN del EDF, que en esa DC y lugar esté constituido o conformándose.
Pero no es lo mismo comprender algo que estar acostumbrado a ese
algo, pues estamos acostumbrados por el FT a decir «desmarcarse o
hacer un pase en profundidad» o «caer a banda», sin prestar atención
al significado que implica para lograr la deseada orientación del juego.
En el FB tenemos que comprender el significado distinto que tienen,
para comprender el concepto ubicación.

¿Qué supone eso? ¿Es que acaso tiene el mismo valor hacer cualquiera
de las acciones indicadas para una DC de S-N cuando el balón pasa de
ZA a la ZB, o lo haces pasando en las mismas zonas en dirección NE?
No digamos si esa misma acción se realiza cuando el balón pasa de ZC
a ZD y pasillos centrales. Hay que comprender que cada opción tomada
tiene un muy distinto valor energético-social-efectivo e intencional que
condiciona cualquier toma de decisiones por parte de los ejecutores, si
toman la iniciativa unos u otros, o acaso sigo las consignas del entrenador. Así se construye un tipo de jugar u otro. En el FT, para comprender
esta o cualquier otra actuación, el entrenador define como deben acos-
tumbrarse para jugar rápido, a «leer» la situación que les muestra. De
aquí las «flechas» que dibuja, para mostrar la direccionalidad correcta
para atacar la portería contraria, o defender la portería y su transición
al ataque según tal o cual sistema por utilizar en el próximo partido, que
muchas veces se muestra en la charla prepartido. Mientras que en el FB,
como las referencias no son las porterías, sino el balón, debemos lograr
la comprensión de DC en cada situación de juego, para respetando la
iniciativa del futbolista a admitir que el HD jugador dispone de:

- Procedimientos, que ya se han identificado en los entrenamientos,
  para conformar variados EDF realizando las trayectorias y velocidades deseadas por él, para instalarse en alguna de las CDN del

EDF. El entrenador no los convendrá ni los impondrá de antemano. Será el jugador quien utilizará los CER de intercomunicación específicos que él entiende como mejores-eficaces para cada situación de juego, que se está produciendo o se pueda producir. Incluso tendrá posibilidades de innovarlos, siempre respetando la comunicabilidad del equipo.

Tendrá libertad para producir cierta DC a su actuar en cualquier opción de entre las conocidas por sus prácticas, sabiendo que:

- Las direccionalidades EW o WE, por ser paralelas a las líneas de meta de ambas porterías, resultan poco eficaces y peligrosas en cualquier pase que se realice con esas DC cuando estemos en FD. Y es que, en caso de ser intervenido por algún contrario, los compañeros en las CDN de ayuda se verán superados, y además esa acción puede, en un alto porcentaje, ocasionar una superioridad numérica por detrás de nuestros compañeros. Si ello ocurriera en las ZA y ZB y en pasillos interiores, supondrá un riesgo considerable para nuestra portería.
- En este caso cualquier actuación en pase largo-corto será en las direcciones diagonales, sobre los jugadores instalados en CDN de cooperación. Para ello, en ciertos casos, también será válida la opción de tercer hombre.
- Si su elección es la de conducir en vez de pasar, podrá hacerlo también en diagonal y curva, en dirección al lado «cerrado». Es decir, hacia la línea lateral más próxima. Esto ocasiona un estrechamiento de los espacios internivel de ayuda y cooperación del actual EDF, para que, en caso de pérdida, la FR por conformar se facilite. Sin embargo, también facilitaría una salida de pase en diagonal, en dirección contraria a la banda constreñida, posiblemente libre de oponentes.

Lo indicado no es producto del desarrollo de algún sistema de juego para atacar o defender, sino consecuencia del conocimiento individual y colectivo de nuestros HD jugadores del valor del CER orientación, gracias a la identificación libre de las posibilidades de una direccionalidad deseada-concreta-intencional, evidentemente relacionada con el perfil y demás CER que conforman el repertorio identitario de cada HD jugador que así dispondrá de un concreto «potencial comunicacional en el espacio» (PCE) según su habilidad específica y expresión de su repertorio de CER. Ello aporta una conectividad con y entre sus compañeros (intracomunicación) eficiente por ser leal y reconocida por todos, que está en continua exposición en cada actuación compartida de su jugar en equipo, siempre entendiendo que cada uno de los CER otorga distintas posibilidades comunicacionales al PCE de cada jugador, así:

a. Mediante su ubicación, podrá participar a su manera, en el diseño de cierta morfología y arquitectura de las CDN del EDF que se está conformando en un ET del jugar de su equipo.

b. Variando eficazmente sus distancias respecto a sus compañeros o el balón, modificará con eficacia los espacios internivel de las CDN en las que participa. Así facilitará la recuperación o la disposición, según su equipo esté en FD o en la FR.

c. Por ejecutar según qué trayectorias, y en qué DC las ejecute, podrá participar activamente en la obtención de las curvas de nivel, en cada momento, las deseadas ventajas relacionales (VR), y como consecuencia contribuir en mantener las condiciones de estabilidad de su equipo.

d. Con la orientación y el perfil ofrecidos, facilitará el rango comunicacional de su equipo, poniendo continuamente su PCE a prueba, en cada comunicación interpersonal con cada uno de sus compañeros; su repertorio CER se optimizará cuando lo utiliza en el espacio del jugar y cuando se enfrente a sus oponentes.

Como consecuencia de este PCE de cada jugador, el equipo puede constituir una eficaz y eficiente organización en todos los sucesivos EDF que van surgiendo en el devenir del juego, con la conformación de los EDF deseados, requeridos en cada momento del partido (ideograma 17).

Mediante los CER
cada jugador
dispone de su
potencial
comunicacional
espacial (PCE)

Que le permite y
facilita el participar
en la conformación de la
organización de todos
los EDF del jugar

Ideograma 17

La finalidad de todos los CER descritos no es otra que lograr obtener en el jugar de nuestro equipo lo que en el FT llaman «superioridades». Nosotros las llamamos ventajas relacionales (VR) que nos permiten conformar los EDF deseados para practicar nuestro juego, pues el concepto superioridad presupone algo ya dado como una cualidad más innata del algún jugador (HD). Mientras que VR es algo por conseguir que no se nos da, y que logramos por nuestro bien hacer. Por todo ello, la superioridad es más de carácter individual y las ventajas son colectivas, obtenidas por medio de estos CER que logramos en un momento y situación a través de las relaciones conjuntas de nuestros jugadores en los EDF constitutivos del jugar FB.

Las VR de tipo posicional son las que ofrecen, tanto en la conformación de EDFR como en EDFD, la más alta eficiencia energética «al gasto» del equipo, pues con la ubicación de uno solo de nuestros jugadores entre dos contrarios en cualquier CDN tanto en ayuda como en cooperación pueden proporcionar en el EDFR que participan, el disuadir al poseedor contrario de pasar a alguno de estos dos o tres de sus compañeros. Es así cuando nuestro compañero con su posición logra evitar el progreso en conducción del poseedor contrario o que consiga al ubicarse con un perfil eficaz equidistante a dos o si fuera posible tres de los oponentes posibles receptores. Tendrá que realizar complejos procesos cognitivos espaciotemporales para ajustar su distancia respecto a los dos, en el tiempo que estima que podría tardar el balón del contrario poseedor en recorrer el espacio que le separa de los posibles receptores que él controla. De manera que cuando el poseedor quisiera conectar mediante un pase con alguno de ellos, él tendría tiempo de ejecutar una trayectoria de intercepción a la vía que estima que realizaría el balón. Sin embargo, es necesario que con su actitud corporal y perfil logre «engañar» al poseedor contrario para que ejecute ese pase, estimando que era posible realizarlo con éxito, cayendo en el engaño de nuestro jugador, en posicional. De igual manera, cuando nuestro equipo en EDFD uno de nuestros compañeros logra en su CDN una morfología que le ubica posicionalmente en ventaja, es porque en un To logra atraer la atención de dos oponentes (trayectoria de engaño) para simular que desea contactar con su compañero en posesión del balón. Así pues, con su energía, libera a un compañero que, ubicado en esa misma CDN o en otra, es el que realmente podrá interactuar con su compañero poseedor. El objetivo primordial es liberar de marca a un tercer compañero de las ventajas posicionales en FD, pero no se descarta que «la maniobra» indicada logre la confusión de sus dos oponentes próximos a tal ejecución. En ese momento, él mismo podrá ser receptor del pase de su compañero poseedor. Esta situación es definitiva si la ventaja posicional se realiza cuando el ejecutor logra que su ubicación «intermedia» posicional sea sobre dos de los jugadores que están formando la última línea defensiva (FT) realizando el fuera de juego como táctica defensiva, pues la confusión antes definida permite que la conexión-interactiva entre el poseedor y ese compañero en posicional se transforme mediante el pase en una posible situación de definición final. En este contexto, la energía cognitiva-socioafectiva que relaciona a los protagonistas es el elemento esencial para obtener los resultados deseados. Estas ventajas tendrán que practicarse, en todas sus versiones y lugares del espacio de juego, durante las sesiones en momentos de los partidos cortos, y con frecuencia, pues son situaciones que aportan alto rendimiento a nuestro equipo por la dificultad que presenta su defensa (FT). Todos nuestros jugadores tendrán que conocerlas y realizarlas, mostrando así su carácter de jugadores «generalistas», pues, como hemos visto, las posicionales tanto valen para jugar en FD como FR, conformando los EDFD y EDFR con un grado alto de eficacia de sus resultados como en su eficiencia energética para el equipo.

Aunque hasta ahora hemos desarrollado y expuesto el valor del espacio en el juego FB, ha respondido a motivos didácticos y ante la necesidad de exponer el valor específico que tiene el espacio para el FB expresado por medio del constructo cognitivo EDF. *Pero sabemos que el espacio y el tiempo son indisociables para la comprensión-vivencia del juego.* Por eso, todos los elementos descritos como componentes de los EDF están «afectados» por el tiempo que transcurre de manera implacable en la aparición y configuración de cada uno de ellos. Todas estas acciones de los EDF cobran su verdadero sentido cuando se los asocia necesariamente con el tiempo, como hacemos en las líneas que siguen.

El valor del tiempo en los EDF. El proceso del juego

Espacio y tiempo (E-T) son el lugar y la duración, el dónde y cuándo se presentan todos los eventos de carácter físico, por tanto, mesurables y observables, que puedan acontecer en el universo. El fútbol como ente y actividad física de los humanos-deportistas (HD) transcurre y permanece ocupando un espacio visible-mesurable, consumiendo un tiempo necesario e invisible en su jugarlo. A este respecto tenemos instalada, desde hace ya demasiado tiempo, la confusa percepción heredada del FT que, durante el juego, tal o cual HD participante no «existía», pues nadie le prestaba atención en este terreno de juego (FT) hasta que el balón, al llegarle, logra hacerle de nuevo visible, foco de atención de los jugadores, espectadores y medios, en especial de la televisión. Con ello nos dicen que en ese momento To comienza «su jugada». Ese jugador «aparece» gracias al balón y logra transformarse en el protagonista efímero del juego. Pues todo ello termina cuando se desprende de él, o se lo quitan, concluyendo su protagonismo, pasando nuevamente al ostracismo del «sin balón», siendo ahora otro el que hace de protagonista en la siguiente jugada. De este modo, se entiende el FT como una sucesión temporal de jugadas con el balón que se conciben como actuaciones aisladas y las cualifican como buena o mala según sean las consecuencias que tal o cual actuación individual causa en el desarrollo sucesivo del juego. Para eso, los observadores utilizan muy variados criterios de cualificación, generalmente cuantitativos; los más evidentes son los valores de empeño y de velocidad con que haya resuelto cada cual su actuación sobre el balón. Ha sido, por tanto, la percepción conjunta ET la que se ha utilizado mal para «aislar» al jugador de su equipo, deshaciendo el juego del fútbol en cierto número de jugadas sucesivas de atacar o defender separándolas en cada caso en el ET del juego de su equipo.

A este respecto, en el FB proponemos que el espacio de juego (EDJ) sea la vivencia temporal de los EDF, que consideramos contextos ecológicos en torno al balón conformados por variables altamente interrelacionadas; en cada To del jugar confluyen e interactúan todos los componentes del juego, por lo que son todos protagonistas. Cada uno se manifiesta de distinta forma en ese espacio acotado por sí mismos. Todo ello por efecto de ciertos diferentes pero comunes valores cooperativos-emocionales-intencionales-comunicacionales y motrices que hemos llamado CER. Alguno y cualquiera de esos HD del equipo dispone el balón, mientras todos los demás conforman-constituyen un específico EDF para, comunicándose, lograr que uno de ellos se haga con el esférico y el equipo pueda seguir disfrutando de él. Cuando no es así, también todos ellos se proponen conjunta y armónicamente recuperarlo conformando a tal efecto en el mínimo T otro EDF nuevo y diferente EDF. Así pues, es también el T el que define la eficacia y eficiencia, ahora de manera inseparable espacio-temporal. A estos dos momentos los llamamos FD y FR en el FB, pero el T fluye incesantemente consumiendo el T del partido que el reglamento acota y el árbitro decide. Por ello la vivencia de los EDF indicados están altamente influidos por cada momento To del partido en el que suceden. No es lo mismo que aparezcan en la primera que en la segunda parte, o en la proximidad de su final, siempre decidido por el árbitro. Sin duda, el tiempo distorsiona sobremanera la percepción individual de cada una y todas las relaciones espaciales de su jugar. De igual manera sucede cuando el T transcurre jugando en propio campo o en el contrario. Todas esas distintas percepciones temporales concluyen en una síntesis cuasi metacognitiva propia, de todos y diferente para cada uno de los HD que participan en el partido, siempre tratando de paliar en lo posible los efectos a veces nocivos de la percepción difusa del T. Solo con una alta y conocida intracomunicación de todos los componentes (HD) del equipo, unida a una dulce sincronía temporal plasmada en cierta concreta actividad global ET, se congeniarán los tiempos del partido con los tiempos discontinuos y acíclicos del jugar para lograr el objetivo de todos, ganar. Si aceptamos la teoría de la relatividad especial de Einstein como explicación para entender el tiempo en el jugar al fútbol, podremos apreciar la dificultad que tienen los participantes HD en apreciar-diferenciar a la vez y discriminar selectivamente los tiempos que viven mientras cada cual, jugando, se debe desplazar a velocidades diferentes, en un EDJ que todos comparten, en cada momento del partido. Y es que en los EDF que se van constituyendo, cada jugador está en alguna CDN a distinta distancia del balón, por lo que cada cual deberá desplazarse necesariamente a velocidades diferentes en referencia a sus compañeros y sus oponentes, por tener que acudir sincrónicamente a uno u otro lugar, para conformar el nuevo y necesario EDF que corresponda. El balón siempre circula de manera continua, y es obligación de los jugadores lograr mantener su posesión en FD o recuperarlo en FR. La conformación ET de cada nuevo EDF obliga a cada cual a tener que realizar un gran número de operaciones cognitivas para resolver estos conflictos temporales, que solo se solucionan con la eficaz intracomunicación, mediante los diferentes CER que cada jugador propone para lograr adquirir nuevas estructuras organizacionales (EDF) en torno al balón. Todo ello ante el cambio y la emergencia ET del jugar que obliga a todos sus componentes (HD) a entender una manera común de interpretar en «un justo» tiempo aquello que todos ahora desean como equipo. Es como una melodía obtenida-interpretada por todos en alta coherencia operacional. No solo por esperar-atender a una, «la partitura» que el entrenador propone, sino como el desarrollo armónico-temporal de ciertos CER que en algún momento se practicaron en sus entrenamientos en variación y serena continuidad. El T aporta a cada uno y todos los EDF la imposibilidad de que los considere como la simple suma o agregación de jugadas individuales (FT), sino que se constituyen, gracias a la cooperación altruista de todos los jugadores (HD) en perfecta y armónica sincronía de velocidades diferentes, en el deseado EDF. De esta forma será conformado en un To óptimo, pues en los EDF, como antes vimos, cada HD está instalado momentáneamente en una CDN, a distinta distancia del balón, pero deberá nuevamente-continuamente desplazarse a cierta velocidad por determinar, al tener que acudir con eficiencia hasta otro lugar, desde donde conformar un diferente-próximo en el tiempo EDF. Es la inmediatez del continuo fluir y del cambio imprevisible del jugar en FD o en FR durante el partido. Aquí es prioridad la organización de mis intereses-intenciones personales.

La organización

Desde el tiempo, se comprende como todo un mundo de interacciones y procesos de retroalimentación individuales, a la vez que múltiples formas de complementariedades colectivas que acontecen en tiempos distintos, como consecuencia de una coevolución operacional única pero solamente válida para el To «ahora» que se está jugando, pues el T en el FB no es la suma de los tiempos de cada «jugada» hecha por el poseedor del balón (FD), sino la conjunción armónica de tiempos, velocidades, pausas y trascendencias aparentemente pasivas de algunos jugadores, que son a veces las que consiguen las coincidencias interpretativas de los tiempos de cada uno y todos sus compañeros para lograr aquello que todos nosotros perseguimos y que los contrarios pretenden impedir. De esta forma, solo cierta intracomunicación es válida para organizar al equipo; no puede ser algo que aparece de forma esporádica, sino que se constituye en esencia fundamental para modificar las condiciones espaciales del jugar, pero desde el T; por lo tanto, ininterrumpidamente. En esta coyuntura sistémica se registran todos los acontecimientos del jugar. Todo ello es sutil y complejo, pero absolutamente necesario para lograr entenderlo y así considerar al T como responsable de la «fenomenología» del cambio en el jugar; esta procede de marcar pautas, ritmos, tonos, frecuencias y cadencias de todas las actuaciones individuales en colectividad, desestimando la repetición, y así podrá acogerse a las propiedades de los sistemas complejos, como explicativos de su realidad. De esta forma, podemos elaborar una epistemología del T, desde y por la complejidad en que se expresa el fútbol; para ello se proponen dos perspectivas gnoseológicas: su visión sincrónica y su visión diacrónica (ideograma 18).

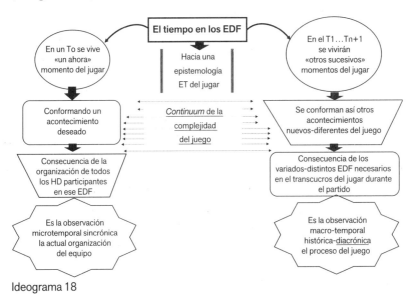

Ideograma 18

Desde la primera visión se observa y puede explicarse cómo todos los jugadores (HD) de un equipo, en el momento To, se relacionan intracomunicándose para conformar «ese» EDF en un micro-To, momento de la actuación de uno de ellos, que dispone del balón (FD), o de varios que intervienen para recuperarlo (FR). Es una observación-interpretación interna de todos sus compañeros, de la forma y composición del EDF en el momento vivido en To. Es consecuencia de cómo los CER proponen los componentes de cada EDF, tanto para actuar en FD como en FR; así ocurre también en el tránsito de una fase a otra. Este To microtiempo del jugar permite identificar la eficiencia organizativa de un equipo, tanto por parte de los jugadores como la de aquellos espectadores y entrenadores «adictos» al FB. Lo sincrónico es aquello jugado en el tiempo-instante (To) organizativo de nuestro equipo, que juega al FB.

La organización concreta cualquier opción para lograr conformar todos los EDF, y cada uno de ellos. Al conseguirlo, se constituyen como «hologramas» del juego, validados por el T, pues en cada uno de ellos se encuentran en alta interacción todos los componentes activos y significativos del jugar: balón-compañeros-adversarios..., todo lo cual acontece en «ese» momento (To) del presente efímero que se está jugando de manera organizada, como tránsito entre el inmediato antecedente (T-1) y el próximo también inmediato futuro (T...n+1), en donde se debe lograr una nueva y nunca repetida conformación sincrónica de todos estos componentes. Por lo tanto, la organización en este To sincrónico no solo dependerá de cuántos sean sus componentes, sino principalmente de cómo sea el grado de interconexión que exista entre sí, así como de la concreta coherencia operacional que puedan lograr entre todos ellos por medio del PCE de cada cual. ¡El jugador hace al juego, y el juego al jugador!

Todos los jugadores componentes de nuestro equipo deberán reconocerse y organizarse como una comunidad humana con capacidad de gestionar un jugar que les proporcione la renovación continua de ese PCE gracias a lo «participado» durante sus entrenamientos, a los partidos ya vividos y al que ahora está viviendo. Acaso eso les proporcione cierta ventaja racional sobre los contrarios; así entendemos en To la organización como una totalidad de nuestros jugadores altamente conectados; aunque heterogéneos, su intracomunicación, propiciada por el nivel de sus PCE, los hace participar con alta coherencia como totalidad no separable, pues los une, entre otras, la gran energía de la intención común del querer ganar. Lo heterogéneo de sus componentes les proporciona una operatividad variada que, gracias a compartir el común lenguaje comunicacional de los CER, pueden interactuar en los ET del juego. Así aparecen las soluciones propias deseadas y distintas no adaptativas ni reactivas, para enfrentarse a las condiciones del medio cambiante e imprevisible del juego. Aparece así ahora la organización como capacidad de enfrentarse adecuadamente a las *sorpresas* y lo *inesperado*, pues la capacidad de convivir con ellas es un aspecto necesario para la «vida» organizacional del equipo.

En esto, los miembros de la organización no pueden recurrir a rutinas o a formas de control habituales-entrenadas. Han de ser capaces de idear nuevas formas de intracomunicación para lidiar con las posibles rupturas e inestabilidad que ocasiona lo inesperado. Debemos tratar a la sorpresa como algo esencial para la vida organizacional, pues es la forma de generar nuevas posibilidades de renovación, autogestión, innovación y autoconocimiento a los HD participantes. Se percibe así que la sorpresa es manejable y se coloca como una estrategia del entrenamiento de la organización en cada partido.

Así, la organización que se va conformando en todos los EDF tiene que entenderse a partir de los siguientes términos:

- Tendrá que concretarse como una democracia *ad hoc* donde el poder de decisión está liberado y repartido entre todos igualitariamente. ¡Todos participan! En términos y coherencia operacional individual, pero por todos reconocida y aceptada durante sus entrenamientos. Nunca desde un compromiso muy alejado de cada PCE individual, y siempre desde las tríadas.

- No existe la supervisión interna que evalúe las continuas realizaciones, por medio de un modelo-sistema concreto de jugar. Solo existe preservar ciertas propuestas de un jugar colectivo, como «hábitos operativos» comunes y novedosos, para conservar un estilo y filosofía del juego ¡FB! Siempre presentes e identitarios.

- La diferencia de la organización sobre el orden del FT se hace evidente cuando aquella surge libremente del compromiso personal a la hora de participar con todos los demás compañeros para obtener la conformación de EDF en los que cada cual pueda exponer sus deseos y mostrar su talento personal (PCE), pues cada cual es libre de hacer propuestas personales basadas en sus anteriores experiencias o en la excepción de lo que él ha vivido en y durante los distintos partidos y competiciones a lo largo de su «vida deportiva». Todo ello muy distinto al orden preestablecido por los «sistemas» que conforman las condiciones de jugar al FT, en defensa y en ataque, que proponen sus entrenadores.

- En cada acontecimiento vivido-organizado en todo EDF, sus CDN estarán conformadas, en su arquitectura y morfología, por jugadores HD distintos que se entenderán como compuestos multioperacionales necesariamente redundantes, de alta variedad operacional, y todos deberán asumirlos como eficientes en este concreto entorno durante ese To de su «ahora jugando».

- Sus criterios organizativos para la conformación en To de los eventos del jugar no serán adaptativos ni reactivos, sino altamente proposicionales, para ser eficientes ante los entornos nuevos e inesperados, propuestos por los contrarios. De esta forma, en la mayoría de las situaciones podrán obtener los objetivos deseados e impedir a los contrarios lograr los suyos. ¡La cooperación es la palabra clave en y para obtener la organización! Donde para cada uno de los componentes de nuestro equipo... ¡el compañero es lo primero!

- La organización del equipo en este To tiene como propósito lograr ciertas ventajas (VR) sobre el orden del equipo contrario. En este caso se evalúan como numéricas y posicionales, fruto de utilizar preferentemente los CER de ubicación y distancias para obtenerlas. Recordemos que las numéricas eran posibles y se completaban cuando la organización de nuestro equipo, en un To concreto, disponía en un espacio acotado en torno al balón de cierto EDF en el que en sus CDN de intervención y ayuda mutua se disponía de un número mayor de jugadores propios que los que disponía el equipo contrario, en «ese» concreto E y T. Por su parte, las ventajas posicionales se lograban mediante un modo de posicionamiento-ubicación de algunos de nuestros jugadores en «ciertos espacios» respecto a uno o varios contrarios que necesariamente (FT) están ordenados, según cierto sistema de juego. Eso permitía satisfacer necesidades-deseos-intenciones de nuestro juego en ese To, que luego se confirmarían en el inmediato futuro vivido. Es posible que sin adquirir ninguno de estos dos tipos de ventajas (VR) se pueda mantener la disposición del balón, pero siempre estaremos en un porcentaje más alto de probabilidad de perderlo. Sin duda, el equipo que logre conformar EDF con estas VR en To podrá disponer de mayor variedad de opciones interactivas de intercomunicación para superar las acciones de los contrarios tanto en FD como FR por muy desconocidas e inesperadas que sean. Por lo tanto, la organización es el origen de nuestro jugar, pero ¿qué tipo de organización? La que nos proporciona la perspectiva temporal diacrónica del proceso de nuestro jugar.

El proceso del jugar

Por el contrario, y como necesario complemento a la sincrónica, la perspectiva temporal diacrónica ofrece toda la posibilidad de apreciar y comprender la evolución histórica del juego, como proceso en To...Tn+1... de los EDF que sucesivamente deben y se afanan en conformar los HD jugadores para solventar el cambio y cómo evoluciona el juego que necesariamente acontece durante todo el macrotiempo del partido (ideograma 19).

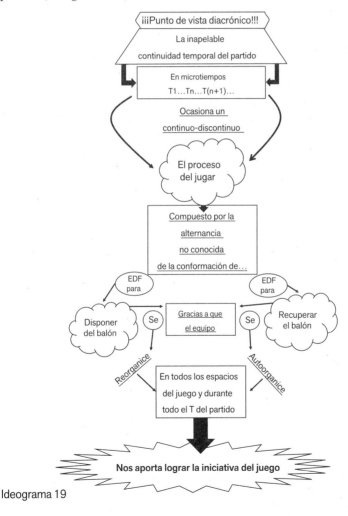

Ideograma 19

No siempre las actuaciones desconocidas de los contrarios-oponentes se ven anticipadas por nuestros jugadores en el transcurso dialógico de jugar. Eso ocasiona una sucesión estocástica de EDF, a veces casi caótica. En ellos toda la energía informacional que circula para conformar su actual estructura debe resultar suficiente y en cierta cuantía superior para obtener la conformación de los sucesivos EDF que se desean, si es que ese equipo quiere mantener la iniciativa en el juego. Es decir, que cuando los dos equipos, que necesariamente dispondrán de distinta complejidad intrínseca debido a sus componentes (HD) siempre diferentes, interactúan en ese To, saldrá más veces beneficiado en Tn+1 aquel equipo constituido con elementos informacionales más coherentes e indescifrables para sus oponentes. Eso implica el aporte de una continua y nueva energía informacional suficiente-eficiente para conformar los sucesivos y nuevos EDF. Esta deberá producir estados diferentes en nuestro jugar, que sean cada vez más recursivos y que puedan imponerse al equipo contrario en un porcentaje más elevado. Ello solo es posible con una coherencia operacional rica, variada y variable que proporcionarán los cambios organizacionales válidos para modificar los entornos del juego, no acomodarse a ellos. Necesariamente tendrán que ser complejos, debido a las múltiples y distintas interacciones sincrónicas que los componen. Eso exige nuevas-variadas formas de interpretarlas por cada uno de los jugadores (HD) en el «ahora» (To) que están implicados y en ese espacio donde se está jugando.

Sin embargo, no debemos menospreciar la posibilidad de que puedan aparecer acontecimientos inesperados acaso emergentes, donde solo las organizaciones altamente recursivas son eficientes para conformar en (Tn+1) los siguientes y deseados EDF. Para ello, tendrán que modificar cierta parte de su arquitectura, como consecuencia y necesidad local de dar paso a la participación de otros jugadores con «cierto» talento, capaces de intervenir ante esas nuevas-variables-impredecibles condiciones, y así lograr amortiguar los posibles efectos nocivos de los contrarios en el jugar de nuestro equipo. Eso no significa que solo los jugadores de talento puedan modificar la organización en Tn+1 de los sucesivos EDF, sino que, por suceder que en el FB todo se refiere al equipo donde se conjugan las multifuncionalidades talentosas de sus componentes, se deberá alcanzar, aún por caminos diversos, una equifinalidad que implique necesariamente tener que aportar, como antes vimos, nuevos-diferentes recursos informacionales para proporcionar una «coevolución» conjunta de las distintas multifinalidades deseadas por cada cual en una sola, con el objetivo de conformar los sucesivos EDF en el T...n+1. En esto consiste el talento del equipo. De esta forma se logra alcanzar la organización que todos desean.

Sabemos que el concepto de organización se entiende en otros ámbitos como resultado de unas propuestas que suelen estar formadas por órdenes de carácter impositivo y jerarquizadas de conceptos, con rígidas reglas predefinidas. Estas se imponen a un grupo o equipo de personas para fijar y controlar en lo posible sus comportamientos para enfrentarse a todos los acontecimientos que puedan aparecer en ciertos lugares, donde esa organización desea ser competente. Esta idea conlleva su reconocimiento y adscripción al paradigma estático de organización, que evidentemente no es válido ni compartimos en nuestro caso, por no ser eficiente para promover y aceptar la libre eficacia operacional de sus componentes (HD) durante su participación en el jugar al FB. Por esto tampoco cabe el de orden, y sí el de una organización de carácter «híbrido» (OH). Solo esta puede aportar cierta energía informacional diferenciada necesaria para conformar EDF en FD y otra diferente para solucionar las condiciones de los EDF en FR. De esta forma, se pueden obtener entornos eficientes-sostenibles que proporcionen un proceso de jugar al FB que otras organizaciones u ordenaciones de individuos no son capaces de adquirir-mantener en el histórico temporal diacrónico que dé la opción de sobrevivir al cambio constante y a la emergencia que son los componentes fundamentales del entorno competitivo que se vive en el fútbol (ideograma 20).

Por eso proponemos que la organización del equipo para jugar al FB sea una OH, mostrando así su carácter y asiento sistémico. ¿O es que un EDF conformado por nuestro equipo, en FD por ciertos jugadores, van a obtener los mismos resultados en ese contexto espacio temporal-situacional que en cualquier otro momento del partido (FD), aunque hayamos mantenido en su composición a los mismos componentes (HD)? ¡Es imposible! Ya que estos componentes (HD) utilizarán una diferente

Ideograma 20

semántica informacional, y distintos CER, para modificar el entorno para así lograr confundir y poder superar a los contrarios, pues, además, estos tampoco estarán ordenados de la misma forma cuando juegan en ataque (FT) y en defensa y en lugares distintos. Por todo lo expuesto, solo la OH es la organización donde sus componentes (HD) pueden gestionar su situación en función del tiempo, sus distancias funcionales internivel en sus CDN, inventar trayectorias para obtener diferentes ventajas VR, lograr ubicaciones orientadas para la intracomunicación con sus compañeros en FD mediante su *reorganización* y también lograr todo lo descrito, en FR, por medio de su *autoorganización*. Entendemos que solo las OH pueden *alcanzar* esta excelencia en cada momento To, y en todos los sucesivos momentos (T...n+1) para crear entornos de jugar nuevos. ¡No se trata de adaptarse al promovido por sus contrarios! Como vemos, nada de lo expuesto tiene que ver con una imposición jerárquica de conceptos predeterminados, como son los de las organizaciones no sistémicas producidas por el orden de sus componentes. Así son los sistemas de juego del FT.

Ahora como OH, aparecen espacios de jugar siempre nuevos, donde se improvisa, se aprende, se asocian fenómenos de naturaleza distinta no solo física, donde pueda aparecer también la posibilidad de previsión de los futuros aconteceres del jugar nuestro y del equipo contrario, posibilidad esta que claramente se diferencia de la mal utilizada en el FT, explicitada en cierta cualidad cognitiva de sus buenos jugadores a la hora de «leer» el partido para saber qué hacer en el momento próximo-futuro de su intervención, pues este concepto de lectura no es válido en el FB. Supone que haya un anterior-pasado fijo ya escrito, por lo tanto, estático, inamovible, que por escrito es inmodificable; así todos lo podrían leer fácilmente, por su estable permanencia en el tiempo. Tal posibilidad no aparece en el fútbol, donde el incierto-inmediato antes vivido es ahora pasado, no se repite ni queda escrito para ser leído. Por tal motivo, hay que anticipar lo que está por jugar mientras estás viviendo este efímero presente. Así se logra conectar el pasado con el futuro deseado. ¡En el FB no se lee, se anticipa! Los juicios anticipatorios sobre las posibles-probables situaciones por acontecer en cierto porcentaje favorable serán las que marcarán el futuro próximo por jugar. Estas tienen su punto de partida en comprender el juego como proceso y no como sucesión de jugadas (FT), pues en los procesos, como ya vimos, algunos de los elementos del ahora jugado-vivido pueden permanecer en ese tiempo futuro por devenir, y por tanto nuestros jugadores pueden anticiparse en un más alto porcentaje mientras continuamos en FD, que cuando lo hacemos sobre el juego de los contrarios, por tener que conformar EDF para esa más desconocida FR. Además, para lograr identificar aquello que pueda permanecer, los nuestros deberán realizar unos juicios anticipatorios coherentes sobre muy variados componentes motrices, espaciotemporales, socioafectivos... que puedan congeniar con los actuales, para completar de este modo el espectro total de variantes, desde una perspectiva inteligente nacida del juego nuestro y del posible jugar de los contrarios; de manera que, cuanto más adelante queramos predecir, más atrás tenemos que mirar. Siempre todo quedará enturbiado por el «maléfico» resultado de los encuentros establecidos hasta ese momento y sobre todo el más próximo que en él ahora (To) se esté resolviendo. En el FT, como es lógico, se entiende que el resultado es fruto del juego, y nosotros identificamos ese juego del FT como determinista-lineal. Sabemos que esta categoría de acontecimientos tiene como característica diferenciadora su «intermitencia». Esta se caracteriza por su carácter repetitivo, por ello se describe el FT como sucesión de jugadas-acciones de manera intermitente; aparece una jugada y desaparece en el tiempo (Tn+1), pues da paso otra, que sigue el mismo camino. La opción de gol «aparece» tras una jugada, pues no hay un motivo diferente al de otras jugadas muy parecidas, salvo el de la proximidad a la portería contraria, y quien sea el jugador que la haya producido. De aquí la falsa creencia de juego que, cuanto antes, hay que llegar con el balón a donde «viven» los delanteros. ¡Juego directo! Es lo correcto, pero también puede desaparecer. ¡Vaya ocasión que ha perdido ese jugador! La intermitencia temporal, solo sopesada por la calidad de ese jugador, es la que determina en gran medida el resultado, el éxito, el gol. De esta manera, se aísla al jugador del contexto de lo jugado, con lo cual se justifican resultados y éxitos gracias a la existencia de esos especialistas como indispensables únicos del ganar o perder. Incluso en la interpretación reglamentaria de la acción de fuera de juego, o no, según cierto jugador aproveche lo que se entiende como «segunda jugada». Se acepta tácticamente que el juego es la suma de «jugadas» (1.ª... 2.ª) para dar validez reglamentaria a tal acción.

Por el contrario, hemos concebido y desarrollado el FB como una sucesión «estocástica» de EDF, y a estos como consecuencia de obtener entre todos los HD jugadores del equipo una OH específica e irrepetible. Con ella, aquellos EDF se suceden en un *continuum* complejo durante todo el tiempo del partido. Este jugar es, por tanto, consecuencia de las actuaciones concatenadas, no separadas-aisladas, algunas previstas y otras no, de todos los jugadores en el entorno del balón donde la presencia de los contrarios hace, en cada una de sus actuaciones, vivir momentos complejos de alta incertidumbre.

El juego se hace impredecible donde solo la probabilidad explica las condiciones de cómo se suceden los acontecimientos futuros, su resultado. No por la intermitencia como en el FT. Únicamente entendiendo el juego como un proceso complejo lograremos aumentar la probabilidad de que suceda algo «parecido» a lo que por todos se desea. Aparece así un proceso que es sistémico y producido gracias a la OH de todos nuestros jugadores para lograr sobrevivir en la inherente impredecibilidad de los irrepetibles acontecimientos del jugar. Lograremos actuar en lo incierto y desconocido. Vivir en la complejidad y disfrutar de ella.

Este proceso temporal diacrónico del jugar se complementa según alternancias temporales jamás conocidas de EDF, y no con jugadas; estos los forman nuestros jugadores que deseen jugar al FB. Así pues, cuando disponemos del balón (FD) y lo mantenemos en otros deseados lugares del EDJ durante un T...n+1 será gracias a la reorganización de todo nuestro equipo, a pesar de las actuaciones de los contrarios. Sin embargo, cuando no es así e iniciamos su inmediata recuperación, entramos en otra fase de nuestro jugar (FR) que conlleva una propuesta organizativa distinta, la autoorganización de todos gracias a una semántica comunicacional común. Así se muestra la potencialidad bifuncional que caracteriza a la OH que hemos propuesto para jugar al FB. Esta bifuncionalidad también se observa desde una teórica perspectiva energética; hacemos referencia a una energía que cada equipo genera si dispone del balón, o por el contrario si debe recuperarlo en los distintos lugares del espacio donde sucedan tales acontecimientos. De esta manera, acaso se pueda abrir una puerta a la explicación termodinámica del FB, posiblemente portadora de perspectivas distintas de este nuestro juego, cuando logremos identificar los muy variados elementos energéticos que sin duda lo componen. Eso nos aportaría diferentes maneras de entenderlo, observarlo y entrenarlo. De cualquier forma, podemos adelantar que este carácter bifuncional-híbrido debe poder afrontar con eficiencia energética los cambios inesperados de fase que implica necesariamente el utilizar distintos recursos energéticos-bioinformacionales semánticos que logren actuar indistintamente en FD o en FR en el transcurso del jugar. De esta forma, en ese tiempo narrativo del discurrir del partido se pueden expresar-proponer-identificar a los EDF como sucesos temporales nunca ciertos de transiciones de fases de recuperar-disponer-recuperar... en el T...n+1, donde las condiciones iniciales de cada fase marcan el devenir de los acontecimientos por vivir en el ahora transcurso (no transición) del macrotiempo por jugar del partido. Por ello, en nuestro proceso de jugar proponemos que el juego lo inicia el portero, para que las condiciones iniciales sean las que nosotros deseamos, pues iniciamos así la conformación del primer EDFD según ciertas condiciones conocidas para que la continuidad del proceso sea «a nuestra manera» y absolutamente consensuada-creada e identificada por todos. En resumen, cuanto más lejos queramos mirar para identificar y anticipar el juego, más tenemos que adentrarnos en cómo se gestionó su pasado en aquel espacio. ¿Acaso con ello hemos entrado en la concepción del espacio cuántico? Puede que así sea, pues el espacio en el que ahora jugamos no es tridimensional (espacio euclídeo). Es multidimensional, donde los contrarios son los causantes de nuevos espacios-energéticos de energía lúdica-energía agonística-energía comunicacional... que ocasionan espacios-tiempos discontinuos en los que hay que identificar-imaginar «aquello» distante que se desea. En estos momentos es donde «aparece» la luz de los grandes jugadores, que a través del tiempo «modelan» ese espacio y generan velocidades, trayectorias inesperadas, gestos de acciones insólitas que son independientes, dando luz al entorno donde los demás juegan. Posiblemente, estarán en dimensión cuántica, en la que se contempla la energía lúdica que proporciona:

- Experimentar nuevas ideas y compartirlas.
- El desear aprender, accediendo a información y conocimiento de objetivos comunes.
- Aceptar la apertura de interacción libre con el entorno como algo esencial para el diálogo con los compañeros y la creatividad personal.

- Obtener una estructura organizativa (EDF) no directiva, poco jerarquizada y flexible, heterogénea, donde se improvisa, se actúa con libertad y sentido del humor, pues el humor supera al miedo.

O la energía agonística que, bien entendida y utilizada, comporta:

- Lograr «trabajar» en equipo en colaboración desinteresada y sacrificarse por los demás.
- Aceptar el riesgo, sin temor al error, ni a las consecuencias que este pueda ocasionar al sujeto o a su equipo.
- Permite actuar en altos niveles de antagonismo e inestabilidad emocional.
- Identifica a los líderes del equipo siempre comprometidos con el desafío, la intervención con intención de obtener lo mejor para su equipo, esforzándose así para ese logro.

¿O es que no es diferente a la energía bioenergética-condicional que la socioafectiva en los momentos vividos-necesarios en FD que en FR? Se inicia así un posible campo de investigación que pueda validar ante la ciencia a la organización híbrida (OH) como solución organizacional eficiente ante los retos de tener que conformar EDF válidos tanto en FD como en FR, pues ahora entendemos que por su naturaleza la OH acepta la sorpresa, lo inesperado, el vivir la experiencia de lo inacabado, de lo incierto; el poder conformar propuestas predictivas de valores globales, anticipatorias de las situaciones no deseadas-generadas por los contrarios, para así lograr que nuestro equipo pueda obtener aquello deseado y acceder a la conformación de su propia identidad, su inimitable forma FB de jugar. Aunque sus componentes HD jugadores aborden esta fenomenología desde diferentes y personales maneras, sin duda deberán lograr integrar esas, sus diferentes capacidades personales operacionales (PCE) en una única propuesta de jugar en To, aunque será siempre distinta y variada en los sucesivos T1…Tn+1 que conforman el proceso de jugar al FB. Es una cuestión esencial para la vida organizacional del equipo en el transcurso del partido, pues entendemos que es la forma de generar posibilidades ilimitadas de autorrenovación para superar los continuos y desconocidos desafíos que los contrarios aportan al juego. Para las OH, estamos ante desafíos que se entienden no como una agresión, sino como los ideales generadores de nuestra continua optimización, ya que aportan situaciones irreproducibles durante nuestros entrenamientos, fomentando idear nuevas formas de cooperación, lidiar con la incertidumbre de lo desconocido y el desorden que producen los contrarios. Todo ello en el desarrollo de cada uno de los enfrentamientos, del jugar, que proporcionan situaciones de alto valor cognitivo-emocional excelentes para lograr una práctica en estados favorecedores de aprendizaje enactivo (I. Bruner, 1984), de gran valor para los deportes de interacción en espacio compartido, como es el fútbol. Por esta situación, cada intervención en el jugar es interferida por los contrarios, pero debemos aceptar que sin ellas no habría cambios optimizadores en los contendientes de ambos equipos. Y es aquí donde en la OH para conformar los EDF de «nuestro jugar» saca ventaja relacional respecto al orden del FT, pues en el intercambio de energías-informacionales (CER) para la destrucción y las de su continua reconstrucción encontramos la causa y a la vez el efecto, por lo tanto, lo sistémico de cómo se conforma el jugar de nuestro equipo. Es razonable decir que sin contrarios no hay optimización, pues los complejos-singulares entornos generados por los oponentes son los que nos proporcionan el esfuerzo-proposicional para conformar los EDF que hacen de nuestro jugar algo improbable e indescifrable que «desordena» a los contrarios y los vuelve vulnerables. Aun así, sin ser los participantes, nuestros jugadores (HD), muy conscientes de ello, el partido genera los más altos niveles de optimización en nuestro equipo, pues aparecen entornos ecológicos irreproducibles en el mejor pensado-propuesto de los entrenamientos. Es la competición real, el lugar donde son los oponentes, el árbitro y la competición los que proporcionan la experimentación de lo «invivido» en nuestros entrenamientos, pues en ellos es en donde cada jugador vive procesos imprescindibles para el conocimiento y optimización de su jugar en colectividad, experiencia irrepetible e imprescindible para conformar su vida deportiva. Ambos son necesarios, pues el entrenamiento hace optimizar el jugar, y este hace tomar sentido al entrenamiento, mostrando una vez más el carácter sistémico de ambas actividades (su recursividad).

De esta forma, el proceso (FB) proporciona apreciar horizontes de aconteceres globales en los que necesariamente todo el equipo tiene que participar. Así podremos descubrir las tramas dinámicas-temporales de todos los aconteceres, evaluarlos de forma inmediata por estar «ahora» viviéndolos, y poder determinar su excelencia o validez para el equipo, pues, aunque nuestro cerebro está acostumbrado a fraccionar, a simplificar lo observado para comprender «fácilmente» todo lo que nos rodea, debemos esforzarnos en identificar los procesos que con toda certeza son los generadores ocultos de «esos» fenómenos que en el FT se proponen como aconteceres aislados, independientes, confiando en que un gol es solo fruto de la actuación puntual del jugador (HD) que lo realiza, obviando el proceso que ha provocado «ese» momento-espacio-acción-situación (jugada de gol en el FT).

Se ensalza al goleador, proclamando su excelencia, y se le tiene como único responsable; de este modo, suele destacarse la clasificación de máximos goleadores (trofeo Pichichi en España). A veces también se «nombra» al que le «asistió», como complemento al jugador que anotó el tanto. De esta forma, se potencia admirar al especialista y goleador. Pero ¿y el pasador, el creador y el resto del equipo? ¡Porque jugar al FB es un proceso, no una sucesión de jugadas!

El proceso necesita HD jugadores «generalistas». Es lo que acaso podremos identificar como «otra clase» de especialistas, pues deben ser capaces de poder participar en la conformación de EDF, en todas y cada una de las zonas y pasillos del EDJ, con la eficiencia y eficacia propias de especialistas, tanto cuando se está jugando en FD como en FR. Así, todas las funciones de jugar al FB podrán estar compartidas; solo en ocasiones se reparten y se adjudican individualmente (la del portero). Aunque este también debe participar en la gestión del balón, aunque se encuentre relativamente alejado de su portería (zona B) y siempre formará parte de los EDF de la zona A. Es característico del FB empezar a jugar desde el portero, muchas-todas las veces, «en corto y al pie»; se busca a un compañero para participar activamente-eficazmente en realizar el «inicio» del proceso, gestionando algún tipo de ventajas, acaso, y a veces está convenida de antemano. De la misma forma, los centrocampistas, defensas y extremos, según el FT, se «transforman» en generalistas (FB) y participan en la conformación de EDF en cualquier EDJ por donde transite el balón, para mantener su disposición hasta obtener-generar una posibilidad de marcar. Pero si en cualquier momento-situación no se logra, todos estos generalistas deberán mostrar esta característica cambiando su funcionalidad en el espacio-tiempo óptimo, para, en cualquier zona-pasillo del EDJ, conformar el EDF con la OH que corresponda y recuperar el balón. De esta manera, todos los jugadores HD están llamados a participar en el proceso de juego en todas sus posibles alternativas espaciales-temporales-situacionales...

No sucede como en el FT, cuando en estas circunstancias de pérdida del balón, los defensores «emigran» y se instalan en las proximidades de su portería ordenados en una o dos «líneas defensivas», apoyados no pocas veces por sus centrocampistas, esperando «bien armados» en un bloque «sólido», hasta que se consuma el ataque de sus enemigos. Se ordenarán según un determinado sistema en el número de jugadores que corresponda-indique ese sistema, entre el balón y su portería, donde los especialistas defensas «marcarán» su ley y la línea defensiva como foso inexpugnable, en defensa de su portería, esperando a sus enemigos «atrincherados» en ella.

Por su parte, en el proceso de jugar al FB se hace uno e indisociable; viene provocado por la utilización de los EDF, en los que cada jugador y todos participan continuamente organizados en OH cuidando y modificando su posición-ubicación-perfil y demás CER, para conectar e intracomunicarse con todos sus compañeros, estén en la CDN que estén, para incluir a todos ellos en sus cálculos. Y mediante «inferencia prospectiva» lograr identificar e intuir su papel en aquel cómo-dónde para que cuando participar en la conformación de «otro» nuevo EDF allí donde vaya «pasado»-impulsado el balón que él infiere como el lugar adecuado-necesario para esta situación, en el ahora jugar de su equipo. De esta forma, el objetivo no será solo la representación de una idea-intuición individual, «la jugada», sino una relación global de todo el equipo que será la realidad dinámica del proceso en ese concreto tiempo del jugar. J. J. Gibson nos señaló que este espacio donde se juega es percibido-entendido por cada cual por medio de un proceso de percepción complejo que él llamó «conformación óptica ambiental», que puede utilizarse inmediatamente para realizar la posterior acción deseada. Se hace de una forma que se conecta directamente con el entorno, con el sujeto HD que está integrado en él y que es el lugar donde juega. Aquí tendrá que interpretar simultáneamente lo que cambia, debido a la intervención de contrarios-propios y él mismo. Para ello tomará la información que él considere específica-significativa-pertinente del entorno en el que está inmerso. Identificada como valores sensorios-motores (kinestésicos), visuales, propioceptivos..., que en este ahora se entiende como relevantes para su actuación inmediata, así como para la consecución de sus objetivos. La consecuencia es que el HD jugador percibe la realidad, durante y a través de sus actuaciones-acciones y de los cambios que estas ocasionan en ese To momento concreto del proceso de juego. Gibson acuñó el término «*affordance*» (AFF) para explicar esta relación entre el sujeto (HD) y su medio-entorno, que para nosotros es el EDJ con todos sus componentes. Gracias a las AFF específicas, el jugador (HD) conoce-identifica su entorno, el EDJ donde está o donde puede circular el balón. Explorándolo gracias a la mencionada conformación óptica ambiental, podrá pasar inmediatamente a la acción mediante unos CER que todos reconocemos, que él utiliza para lograr oportunidades coherentes de actuación generadoras de aconteceres eficaces y eficientes, que sin sus compañeros serían imposibles. Aun así, los conceptos de las tríadas los transforman en FB. Este proceso proporciona lograr, mantener y modificar en el tiempo las OH que el equipo desea. Estos no se pueden conformar mediante una dirección externa (FT) y centralizada de órdenes ajustados a un cerrado sistema propuesto, concretado y de obligado cumplimiento por parte de los HD jugadores, fundamentado en la única información impuesta por el entrenador en el prepartido y que se entrenó de este modo, sino que debe ser para el FB, por la identificación de AFF que en cada momento To del partido aparecen-desaparecen durante y en el transcurso del jugar, modificándose cada vez que el balón cambia de lugar, en tiempos (TN...) imprevistos y en espacios improbables... Ellas son las que proporcionan las vivencias autoconformadoras que son el origen de connotaciones optimizadoras para cada jugador, aunque haya nacido en un tiempo tan efímero como un «toque» al balón. Sin embargo, por eso mismo se vive desde la libertad; sin duda, son un «destello» de cómo se quiere vivir el ahora del jugar, siempre en convivencia con los demás HD, que a la larga les aportará cómo se vive lo vivido por cada cual el «nuestro jugar» en equipo y que pueden o no coincidir completamente con lo que se ha deseado a partir de la información que ha dado su entrenador. Ello nos diferencia del FT cuando las cosas van mal; ese jugar, que fue conformado por las órdenes directivas expuestas por los entrenadores al inicio del partido; no hay opciones de modificarlas, ni tampoco su resultado, hasta que no se cambien tales directivas. Es en este punto en el que el proceso temporal diacrónico del que venimos hablando (FB) debe estar conformado por sucesivas OH donde los jugadores (HD) son los libres e indiscutibles protagonistas. Mostrarán su eficacia cuando, libremente, utilicen las oportunidades (AFF) que su percepción ecológica del entorno les proporcione. Cuando ellos mismos lo modifican voluntariamente, sus intervenciones les harán disfrutar de la liberación del posible sufrimiento, sea consciente o no, producido acaso por la frustración que pueda aparecer por no haber logrado el resultado deseado. Tal vez ahora podrán centrarse en el apego del cómo lo «hemos hecho» y en el haber superado las dificultades que han presentado los contrarios mediante nuestra «forma» y deseos compartidos con los HD por jugar al FB, pues si solo jugamos para ganar, para «meter» goles, el jugar se transforma en un fracaso continuo, pues cada jugada (FT) no termina en gol y la continuada impotencia puede llevarlos a la frustración. Esta muchas veces conduce a prácticas individuales por culparse a uno mismo y a los propios HD de ello, o que ocasiona frecuentemente pérdida de confianza recíproca y no pocas veces llegar a la violencia «repartida» bajo diferentes formas. ¿Qué hemos hecho de satisfactorio durante más de noventa minutos si no hemos logrado ningún gol? Solo la satisfacción de cómo hemos vivido lo vivido en nuestro jugar puede librarnos de la frustración y el desencanto, pues, incluso ganando, si lo vivido no nos ha aportado «algo» personal compartido con el equipo, la satisfacción del gol o de los goles logrados solo son «algo» válido para aquel que los consiguió. El jugar al FB potencia el juego, un jugar distinto que da libertad, creatividad y práctica cooperativa a sus (HD) componentes, lo que es ya en sí mismo altamente satisfactorio. Y no nos confundamos, pues generalmente una práctica así también genera goles que muchas veces la hacen ganadora.

En el FT, esta impotencia marca a los goleadores. «Llevo tres o más partidos sin marcar. ¡No estoy en racha!». Es la angustia personal de sentirse insatisfecho, pues yo, «el especialista», no asumo no lograr aquello por lo que estoy aquí. Juego en «tiempos» diferentes en los que soy competente, y es la ansiedad la que hace ese jugar «discrónico» respecto a sus compañeros. Su ansiedad le hace intervenir cada vez en espacios-tiempos desconocidos para sus compañeros, lo que, unido a su autorresponsabilidad, que lleva implícita su posición-función única de marcar goles en el FT, ocasiona «destrozos» considerables en su autoestima, cosa que hace alargar su «sequía goleadora». ¡Es cuestión de rachas! Es otra vez la visión sistémica del jugar al FB, la que puede cuando todos sus jugadores tienen bien asumido su rol de generalistas, la especialización queda relegada y la responsabilidad del gol, repartida entre todos evitando así este fenómeno. Este proceso es similar al de nuestro vivir, ya que los humanos conformamos nuestra existencia y actuaciones en el fluir de lo impermanente-temporal, como también lo es el jugar. Posiblemente, las semejanzas entre ambos procesos sean el vivir en entornos inciertos, o las diferentes y continuas transformaciones sentidas, a veces de manera inconsciente, que modifican nuestra propia corporeidad, aunque siempre conservando una identidad propia inmodificable. Esta puede estar vivenciada desde el sentir del fluir de los continuos cambios vividos en cierto entorno, donde solo el tiempo marca la transitoriedad inevitable de lo que ahora se está «viviendo». En nuestro caso la hemos llamado experiencia obtenida con el proceso de nuestro vivir, lo que vivimos. Y en el fútbol en el jugar como jugamos, de aquí la grandeza de este juego que también aporta «esencias» para nuestro vivir.

De esta manera, el proceso del jugar integra los haceres-pensares y vivires de todos los participantes de uno y otro equipo, en una sucesión nunca prefijada de entrecruzamientos inacabados, y a veces impensados. Posiblemente, muchos incluidos desde ciertas situaciones similares producidas por el colectivo de aquellos pensares-haceres de ciertos compañeros HD que en un momento To fueran protagonistas cuando participaban en formas de «entrejuegos» con los oponentes. Es todo tan efímero que ahora no las identifican como propias, sino como pertenecientes a un pasado que se transforma en histórico ante la aparición de un nuevo cambio producido por nuevos-distintos pensares-haceres que ahora nos ocupan. Por todo ello, el proceso de juego se conforma en un contexto ecológico de muy diferentes componentes altamente interrelacionados, que son generadores de altos valores emotivo-volitivos… Influyentes y conformadores de la personalidad de cada jugador (HD) y que solo el «sabio» tiempo las logra clasificar en rangos cualitativos que el FB nos propone como «hábitos operativos». El proceso nos proporciona un jugar único-distinto, de todos nuestros jugadores, para el «bien jugar» al FB (ideograma 21) siguiendo el camino marcado por sus tríadas y lograr hacer goles.

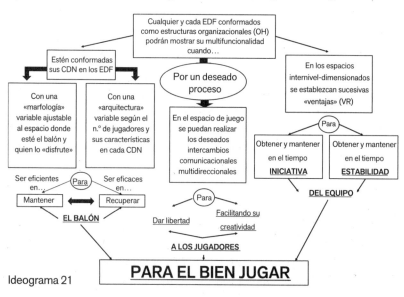

Ideograma 21

Las actuaciones de los jugadores en este proceso del jugar al FB van encaminadas a lograr en los sucesivos T…n+1, otros dos tipos de ventajas que junto a las ya mencionadas numéricas y posicionales constituyen el abanico de oportunidades disponibles para lograr los objetivos de nuestro equipo. Nacen de la utilización de todas las PCE de cada uno de nuestros jugadores y de la mayor eficiencia y eficacia de nuestro equipo. Las llamamos cualitativas y de dinámica ET. Veamos:

- Cualitativas, presentes en cada enfrentamiento individual, cuando en cierta CDN o en su interespacio internivel alguno de nuestros participantes en tales circunstancias se enfrenta a un contrario. Aquí se nos presenta el «difícil» descubrimiento de que alguna PCE de un jugador nuestro puede ser «superior» a la del otro contrario al que se enfrenta en ese determinado To. Entonces decimos de la alta dificultad que existe en apreciar esta «superioridad» cualitativa-interindividual, aunque en el FT parezca la más evidente. ¡No es así!

Utilicemos como ejemplo la velocidad de realización de «esa» cierta acción en el FT. Aparece cuando un jugador disputa el balón en la ejecución de una «jugada», en la que en un lugar del terreno de juego ese HD con balón dispone presuntamente de esa mayor velocidad de ejecución de cierto «regate» que vemos puede superar con facilidad a su oponente. ¿Sucede ello siempre? Sería así, cuando la ejecución de ese regate dependiera solo de un elemento; la velocidad con la que el poseedor del balón ejecuta esa acción. ¡Pero es que no es así! Y es la complejidad sistémica de este juego la que se interpone, pues es la probabilidad y no la simple intermitencia del resultado de ese enfrentamiento (ahora sí lo supera, luego no, otra vez sí...), la que nos confunde, ya que en el FT «analizan» esa acción como jugada aislada del entorno complejo en el que se realiza, considerándolo siempre estable. Es la consecuencia de la observación-comprensión lineal de fútbol. Mientras que el FB acepta la complejidad latente en todos los acontecimientos del jugar y su observación, no analítica, sino sistémica de todos los acontecimientos del juego. Son las «gafas sistémicas» las que nuevamente nos aclaran por qué no siempre un enfrentamiento entre dos HD jugadores en el que supuestamente uno es «mejor» que el otro no siempre esa supuesta superioridad se hace patente. Son las condiciones previas en Tn-1 anteriores a ese momento (To) del enfrentamiento, las generadoras no como causa, sino como componentes necesarios responsables del proceso multicausal del jugar, la consecuencia del To ahora vivido. Y es que esas condiciones anteriores-necesarias nunca son iguales; nos parecen iguales cuando «analizamos» el juego desde la «simplona» causalidad. Pero sabemos desde lo sistémico que esta acción de «regate» tendrá una alta probabilidad de éxito para esa concreta interacción deseada, cuando en el (Tn-1) tiempo inmediato anterior confluyan un mayor-adecuado número de componentes del entorno (AFF) reconocibles-necesarios, a favor de uno de los contendientes. Pues en este T-1 las velocidades, trayectorias, perfiles, voluntades, deseos, lugares, armonías, recuerdos, miedos... y todo un sinfín de otros elementos espacio-relacionales-temporales-emocionales que conforman ese entramado ecológico del fluir del proceso diacrónico del jugar en ese momento, conjugados con los multitiempos de los compañeros próximos instalados ahora en CDN de ayuda mutua y los contrarios también cercanos a veces ordenados y a veces no, son los que proporcionan «sutiles cambios» en las situaciones Tn-1, de todo lo que nos parece ahora estable. Y son estos microcambios posibles los responsables de que la superioridad apreciada en una situación no proporcione unos mismos resultados estables en situaciones posteriores en los enfrentamientos de unos mismos contendientes de uno y otro equipo, con lo que la superioridad cualitativa tan valorada quedaría en entredicho. ¡De aquí la imperiosa necesidad del equipo! En el FB entre todos facilitamos la conformación de unos EDF propios, organizados de tal manera que puedan lograr las AFF de un entorno que permitan aplicar su PCE a «ese» nuestro HD para superar a un adversario un alto porcentaje de ocasiones, pues todos debemos conocer las AFF en las que nuestro compañero es altamente competente, pero además sabemos que esas competencias no son tan evidentes en su oponente directo. Por todo lo expuesto sucede en el jugar de cada partido que no todas las veces ni todos los días son patentes-evidentes esta clase de superioridades, cualitativas individuales (PCE) y que en el FT se soluciona con el ¡hoy no tiene su día! Como hemos mencionado, solo cuando todo el equipo en su FD en T1 se reorganiza manteniendo en los EDF sucesivos, entornos con AFF favorecedores de nuestros talentos individuales, se podrá ofrecer la mayor probabilidad, nunca la seguridad a ese compañero, de mostrar esta clase de superioridad. ¿O es que todo balón que llega a Messi en la proximidad del área acaba en gol? Únicamente en aquellos en los que su equipo logra conformar los EDF donde él identifica las AFF en las que puede mostrar que su evidente superioridad puede dar sus frutos. Así el equipo se siente realizado en su quehacer, en beneficio de aquel compañero que logra demostrar esa superioridad. Aun así, estas superioridades debemos entenderlas desde el plano individual-formativo no como posibilidad cuantitativa, sino desde su «aplicabilidad» por medio de los criterios cualitativos, según sea la posibilidad de aplicarlas en condiciones de variación y de variabilidad.

Entendemos la aplicación variada de una actuación por parte de un jugador cuando este sea capaz de realizarla modificando algún parámetro de ella sin por ello cambiar su funcionalidad, como un «truco» inesperado para el oponente, con el que este se ve confundido-engañado-superado. Es incapaz de identificar cómo pudo suceder, pero ha de disponer de variados «trucos»; unos basados en los elementos temporales de tales ejecuciones, otros en los espaciales, otros en los segmentos ejecutores, otros acaso en la energía utilizada... Pero nunca se ha de insistir repetidamente con ello sobre un mismo oponente, pues el rival aprende.

Por su parte, el criterio variabilidad nos muestra una habilidad personal (cierto PCE) que le permite utilizar esos (sus) diferentes «trucos» sin excesivo gasto energético por lograr ser aplicados con variables combinaciones y recombinaciones entre ellos para anticiparse en el ET a los posibles cambios producidos por su oponente. Así podrá utilizarlos en los momentos decisivos de sus enfrentamientos, los próximos a las porterías en FD o FR. De esta manera, se podrán resolver situaciones diferentes que aparecen en el entorno de los múltiples momentos del partido y ante las variadas propuestas de los contrarios. Será un jugador altamente «disponible» para el equipo. Lograr estos criterios cualitativos deberá ser ocupación de todos los entrenadores en los momentos iniciales de la formación de todos los HD jugadores, así florecerá con posterioridad su talento (PCE) de manera natural y ecológica. ¡No se deben automatizar! Eso conlleva que se pierda la mencionada capacidad de variabilidad ya descrita.

- Las ventajas de dinámica ET responden a la capacidad de «nuestro equipo» en su eficiencia y eficacia para diseñar-conformar los múltiples EDF del jugar en las diferentes situaciones del partido mediante las OH con más alta coherencia operacional que haga fluir al juego por el camino por todos deseado, en cada momento. Aportan el carácter cualitativo al proceso de juego. Nuestro «equipo» dispone de esta ventaja cuando es capaz de conformar en los sucesivos espacios-tiempos del juego aquellos EDF que sean necesarios, válidos y oportunos para lograr mantener la disposición del balón en FD o de recuperarlo en FR, anticipándose a los contrarios en los espacios-tiempos de ese jugar. Por ajustarse a las tríadas, los contrarios tienen que jugar a lo que nosotros queremos. ¡Llevamos la iniciativa! Todo eso con el mínimo gasto energético y en el microtiempo justo (To) para que el equipo contrario no pueda elaborar un «efecto» opuesto, pues no producimos una «sola causa», sino lo multicausal del proceso de nuestro jugar, que proporciona alta eficiencia organizativa global propia de cada OH obtenida en cada momento del partido en ese lugar del EDJ y en un «justo tiempo». Con ello dejamos desordenados-desequilibrados a los contrarios por nuestra superior eficiencia basada en nuestra continua reorganización en FD y por nuestra «singular» eficacia autoorganizativa en FR.

Debemos tener en cuenta que disponer de cierta VR en el ET de juego no supone su exclusividad o la exclusión de cualquier otra, pues puede suceder que en un lugar-momento puedan acontecer simultáneamente más de una igual o diferente VR de aquella que se decida jugar. Serán la libertad operacional de todos los HD jugadores implicados y su comunicabilidad los elementos, junto con el cambio de las condiciones del entorno (AFF) causado por los contrarios, que se conviertan en los inapelables jueces del resultado de tal elección, pues cuando se dan simultáneamente las dos superioridades descritas con cierta frecuencia durante un partido puede acontecer ese fenómeno inesperado y por muchos deseado de que un mismo jugador marque tres goles. En el FT, el responsable es el especialista goleador, porque ese día tiene «olfato» de gol. Otra vez en el FT se explica esto como algo «misterioso», con cierta dosis de suerte, y justificando tal cuestión con el concluyente: ¡Le sale todo! Y el propio jugador impregnado de ese «misterio» hace los honores al balón con el que logró tal hazaña ahora transformado en objeto-fetiche y acaso místico, llevándolo a «su museo» de trofeos. Así acepta complacido la oportunidad que le ha dado la «diosa fortuna». Es otra vez la perspectiva temporal dialógica del proceso la que nos aporta luz al respecto.

Es el proceso del jugar de todo el equipo, al poder acomodar el entorno donde se está jugando y obtener la VR dinámica ET, en el lugar y momento deseados, lo que facilita la probabilidad en porcentaje mayor a «ese» determinado jugador nuestro, para que con su supuesta-posible ahora sí superioridad cualitativa individual puesta al servicio de su equipo pueda acceder en múltiples ocasiones en ese adecuado entorno que le ofrece el disponer en este día de más y más variadas ocasiones de gol. Para ello tendrán que ser EDFD cerca de la portería contraria, conformados con una reorganización que procure una morfología y arquitectura cuya «piedra clave» sea ese jugador con altos niveles de eficacia en esos entornos concretos (AFF). Las veces que lo consigamos equivaldrán a las veces que ese jugador pueda marcar un gol. El porcentaje será mayor si la superioridad individual del jugador se adquirió a partir de los criterios cualitativos antes mencionados de variación y variabilidad, pues sabemos que los EDF nunca son iguales, cosa que obliga al jugador (HD) en sus PCE a disponer de ese rango cualitativo individual específico de alta capacidad de variabilidad para beneficiarse de la actuación de sus compañeros.

Es la conexión misteriosa entre dos superioridades en un To irrepetible, una individual con otra global (el equipo) las que nos lo explican, no por la causal intermitencia, sino por la sistémica probabilidad del portentoso y no poco misterioso efecto que un mismo jugador pueda marcar tres o más goles en un partido. Eso nos corrobora que estamos en el camino de desarrollar un jugar al FB con soluciones para desvelar muchos de los «misteriosos» que el FT solo explica con «¡es fútbol!». La causalidad lineal no alcanza a comprenderlos, pero las ciencias de la complejidad permiten no solo su comprensión, sino también dar con ello soporte a nuestro entrenar diferente, el FB.

Así, el proceso de jugar al FB es donde nunca pasa algo que no pueda pasar, pero esto que pasa es complejo, no sencillo ni complicado.

Solo las ciencias de la complejidad nos darán explicación de todos sus acontecimientos donde el E y el T se conjugan en cada situación, en unas «endiabladas» combinaciones, recombinaciones y retroacciones con todas y cada una de las interacciones motrices específicas entre los jugadores de ambos equipos, a lo largo de todo el partido. Es lo que llamamos jugar. Acaso las teorías de las estructuras dinámicas inestables nos permitan entender como dos situaciones iniciales de cierta similitud, como puedan ser la «salida del balón» propuesta por el portero, suceda que en el tiempo (T...n+1) puedan divergir casi exponencialmente sus consecuencias, tanto como alguien pueda imaginar, según sucede en los acontecimientos del jugar. Llegando acaso a ser gol o todo lo contrario. Por lo tanto, la supuesta previsibilidad expuesta en los estados y momentos convencionales del FT es insostenible, y por mucho que intentemos avanzar en esta dirección nos topamos siempre con el tiempo narrativo (T...n+1) que inexorablemente destruye cualquier pretendida certeza. En el FB, la «conformación» de los EDF (hemos venido diciendo siempre conformación y no construcción o formación, por ser estos términos estáticos) permiten-admiten cierta predictibilidad de nuestro jugar que puede valorarse en ciertos porcentajes de probabilidad de que sucedan acontecimientos del juego próximos a los deseados. Todo ello por estar conformados por OH. Esta, por la biofuncionalidad organizativa que dispone, ocasiona EDF multifuncionales gracias y por medio de poder modificar continua-discontinuamente su arquitectura y morfología tanto cuando se esté en FD como en FR. A partir de ahora podemos denominar a los EDF para disponer del balón (EDFD) y los de recuperarlo (EDFR) como habíamos anticipado debido a la potencialidad bifuncional descrita, que es específica de jugar al FB. De esta forma, el transcurrir del partido (Tn...Tn+1) hace que los jugadores estén continuamente conformando EDFD y EDFR en miles de secuencias diferentes y desconocidas hasta que acontecen. Por lo que los HD jugadores deberán estar dispuestos a reorganizarse cuando mantienen el balón, conformando sucesivos EDFD. En su defecto, tendrán que autoorganizarse inmediatamente para conformar el o los subsiguientes EDFR para volver a disponer de él en ese espacio posible y deseable, y en el mínimo tiempo.

La reorganización

La reorganización es la nueva y siempre distinta organización que deben lograr los HD para conformar los sucesivos EDFD y mantenerlos el mayor tiempo posible-necesario para superar a los contrarios y hacer gol. Cada vez que el balón se mueve impulsado por algún jugador y genera una «vía» en su desplazamiento hacia cualquier lugar del EDJ, todos sus compañeros se deben reorganizar de manera diferente-nueva, se reorganizan en torno a esa nueva posición del balón para así continuar en FD. Decimos reorganizarse, pues este momento depende en gran medida de la anterior organización reconocida por haberla conformado entre todos, en el anterior ET del jugar. En esa nueva posición del balón, tendrán que modificar la morfología del nuevo EDF, ante la necesidad incuestionable de ocultar su intención a los contrarios, y trazar entre todos trayectorias para ellos inesperadas en los espacios internivel de cada CDN, pero previstas por los nuestros que gracias a la intercomunicación lograda por ciertos CER y demás patrones semióticos, por los que todos saben qué hacer en esta nueva coyuntura ET de su jugar. Con esas trayectorias, deberán ubicarse a distancias concretas-nuevas, obteniendo CDN de formas necesariamente diferentes a las heredadas del EDFD inmediato anterior. Pero también modificarán su arquitectura, pues generalmente alguno de los componentes (HD) cambiará de CDN para intentar alguna ventaja que permita continuar en un porcentaje alto de probabilidad en FD. Estos cambios son los entrenados, y es el entrenador quien, en cada partido, puede proponer a sus jugadores (HD) aquellos de utilización preferente, para los distintos espacios-tiempos de interacción, pues cuando, por la acción de los contrarios, no logramos hacer gol, al menos conseguimos una situación-actuación colectiva acaso estética-creativa que guste a los espectadores. Y aunque sea una ocasión desperdiciada de gol, se podrá entender como satisfactoria para el equipo, consciente de haber jugado a «lo nuestro». Y si en el peor de los casos se produce la pérdida del balón, la última reorganización obtenida debe mostrar su carácter de OH para lograr inmediatamente (To) recuperar el balón, si puede ser allí mismo. Sin duda, esta es la causa por la que en cada reorganización que se obtiene teniendo como referencia el balón, con una arquitectura coherente —ofreciendo espacios internivel (morfología) que se adecuan a las características (arquitectura) de sus componentes (HD)—, es mucho mayor la probabilidad porcentual de recuperación en menos tiempo y en ese lugar. Esto sucede no por la simple idea del FT de que el equipo «estaba junto», manifestando una vez más la riqueza que el conocimiento sistémico del proceso de jugar aporta al jugar al FB, y ofrece posibilidades de entrenar propuestas diferentes-variadas-estéticas-eficaces. En algunos casos, es la creatividad de algún jugador basada en su PCE la que permite acaso continuar en FD, satisfaciendo nuestro objetivo, que es el suyo.

Para facilitar la conformación de EDFD eficazmente reorganizados, es deseable que los pases entre nosotros sean «cortos» según la tríada de FD, pues así los desplazamientos de los compañeros en las trayectorias que les corresponden según su pertenencia a cierta CDN serán también cortas, menos costosas para todos, aunque necesariamente serán diferentes, consecuencia de las diferentes interpretaciones que cada cual haga de la complejidad del entorno donde se juega. La equifinalidad y su sincronismo conformarán AFF en el entorno que nosotros queremos en cada momento que nos aportará la iniciativa y el camino hacia el resultado deseado. De cualquier forma, siempre existirá en cada momento una reestructuración del EDFD que estemos viviendo, tanto en su forma-morfología como en el número y valor de los HD componentes de cada CDN; por lo tanto, de su arquitectura. Todo ello para conformar espacios que propongan una homogenización de esfuerzos para superar los desafíos «estratégicos» de los contrarios. Eso hace necesario una implicación de todos los HD ofreciendo un concreto flujo de información semántica como resultado de dimensionar cada cual los riesgos de sus propuestas (CER), evaluando las oportunidades que los componentes ofrecen, consecuencia de nuestro jugar rápido, en corto, que hemos practicado en nuestros entrenamientos y cuya utilidad nuestro entrenador se afana en mostrarnos para resolver los desafíos operativos que este equipo en concreto pueda presentarnos con cierta frecuencia durante el partido. De esta forma, el equipo, en su totalidad, entrará en una específica «resonancia» producto de la coherencia operacional y la siempre presente equifinalidad que las tríadas aportan a nuestro jugar.

Esa resonancia hace aparecer en el equipo una energía operativa que le proporciona superar la oposición que presentan los contrarios, que nos permite llevar la iniciativa del partido gracias a presentar en cada nuevo EDFD elementos conformadores en su mayoría conocidos-creativos que puedan producir situaciones ventajosas para lograr la oportunidad tan deseada de marcar un gol.

Cuando nada de esto sucede y «perdemos» la posesión, la OH muestra su otro valor energético, el de la energía de generación inmediata para la recuperación, y así se puede conformar en el mínimo tiempo el EDFR necesario gracias a la inmediata autoorganización de todos nuestros jugadores (HD).

La autoorganización (FR)

Es la distinta y nueva organización que deben lograr todos los componentes del equipo (HD) para conformar el y los sucesivos EDFR del jugar, en un mínimo tiempo óptimo para que, en el lugar de la pérdida, si es posible, recuperar el balón (ideograma 22). Sin que ello suponga un gran deterioro de nuestra bioenergía operacional que pueda romper nuestra estabilidad o la pérdida de iniciativa de nuestro juego. A diferencia y como antes mencionamos en la reorganización que sabíamos cómo teníamos que conformar los sucesivos deseados EDFD, a pesar de los contrarios, pues podíamos hacerlo por disponer del balón y haberlos entrenado para ajustar unas relaciones al ET que nuestro equipo pretende; ahora el éxito de la reorganización dependerá de la eficiencia con que nuestro equipo imponga sus CER sobre las intenciones y orden de los contrarios.

Entonces, ahora en la autoorganización tenemos que conformar cada EDFR dependiendo en buena parte de las propuestas desconocidas que hagan nuestros contrarios. Solo las superaremos si somos capaces de conformar EDFR anticipatorios a las supuestas intenciones de nuestros oponentes. Ello puede ser posible gracias a la habilidad de nuestro equipo para reorientar-modificar-reformar nuestras características operacionales grupales y distribuirnos de «cierta forma» para resolver las neonecesida-

Ideograma 22

des inicialmente desconocidas y cambiantes que proponen los contrarios, ahora en posesión del balón, evitando aquello que ellos desean, que no es otra cosa que su iniciativa en el juego que se concreta en:

- Continuar en posesión del balón en ese espacio concreto-deseado.
- Vivir en nuestra área (ZA) si fue allí la pérdida o acaso, para generar faltas en su proximidad, o dentro de ella (penalti…).

- Progresar hacia nuestra portería más o menos rápidamente, con la intención de marcarnos gol. Contraataques, transiciones, presiones altas...
- Lograr como bien menor, faltas fueras de banda, saques de esquina... Generadores de incertidumbre y ansiedad en nuestro equipo, que permanecerá en dependencia de estas acciones todo el tiempo que logren tener el balón; mantener ataque (FT). ¡Pero no sabemos cómo lo harán! ¡No podemos entrenarlo!

Sin embargo, es posible regular la capacidad atencional de todos nuestros jugadores (eso sí podemos entrenarlo). Podemos centrar su atención en el lugar y momento de la pérdida, y en la situación personal vivida en aquel Tn-1 del EDFD donde perdimos el balón, sin culpar a nadie, sino como reto global del equipo en recuperar lo que es «nuestro». Debemos generar que cada jugador acepte y comparta cualquier iniciativa que los compañeros propongan al respecto. Así sucederá cuando de forma simultánea todos los próximos CDN de ayuda en el anterior EDFD ofrezcan una «diseminación» libre y oportuna, de información por medio de sus CER, que no constriñan las posibilidades de algún compañero en su libre operar, pues estas situaciones de desconfianza o desacuerdo entre HD compañeros siempre producen-consumen más de la energía de todo tipo, necesaria para la conformación del eficiente EDFR por todos deseado, en «ese» lugar donde se perdió la disposición del balón. Con la base conceptual de obtener actuaciones compartidas por todos, habrá que desarrollar una perspectiva de operaciones que abarquen el evento «completo» de recuperación, como más adelante exponemos. Propuestas de cómo intervenir y mantener en el tiempo la autoorganización, por si acaso el proceso de recuperación se alargara, cuestión no deseable y muchas veces evitable cuando en este EDF se suman los HD compañeros ubicados en CDN de cooperación simultáneamente y o sucesivamente a las tareas «recuperatorias» de todos sus compañeros. De aquí la capacidad atencional que requeríamos, y olvidando el pasado negativo de la perdida, apelamos al compromiso personal para entre todos recuperar la posesión del balón.

Para lograrlo tenemos que idear cómo «atacar» el entorno del balón y a quien lo tiene. Partimos de la reorganización última en la que disponíamos (FD), para y por medio de nuestros canales-patrones de información semántica compartida lograr actuaciones semilibres coordinadas en el ET lo más rápidamente posible, donde cada cual desde su CDN logre acceder a reorientar-modificar sus operaciones para resolver las necesidades desconocidas y cambiantes que vayan proponiendo en cada momento los contrarios. Todo eso se hará posible como resultado de neoprocesos de esta intracomunicación, atendiendo a la información circulante tanto en el propio equipo como la del entorno envolvente del balón, donde compañeros y contrarios con distintos niveles de PCE se afanan a tener que reorientar y reformar sus potencialidades para imponerse a las demandas y capacidades de sus respectivos oponentes. El problema es si debemos esperar o no hasta que los contrarios muestren sus intenciones. Los practicantes del FT, cuando recuperan el balón, atacan casi siempre «hacia delante», hacia nuestra portería, y los no poseedores retroceden hacia ella para defenderla. En el FB no tiene cabida esta disyuntiva, pues nuestro equipo ahora «ataca» el espacio donde hemos perdido el control del balón y al que en este momento (To) lo tiene, sin esperar a nada. Así debemos impedir que el poseedor lo pueda conducir, pasarlo hacia cualquier deseada dirección, o protegerlo esperando ayuda. Todo esto es posible si en nuestra situación anterior teníamos conformado el EDFD por «cierta» reorganización adecuada, pues en esa situación todos los componentes de la CDN en ayuda mutua estarán ubicados cerca del balón por haber estado operando-esperando el «pase corto» del compañero-poseedor como es propuesta de tríada. Esta distancia funcional también les facilitará acudir pronto para «atacar» en secuencias sincrónicas el lugar-entorno del balón. De la misma forma, la ubicación y la distancia de estos ahora recuperadores nuestros utilizarán los CER que impedirán tanto el poder conducir hacia cualquier dirección deseada al oponente poseedor como si el poseedor opta por la opción de protección del balón. Este es el valor de las OH que con su doble funcionalidad logran ser disponibles y rentables tanto en FD como en FR. Por otro lado, debemos reconocer también que la culpabilidad no se centra en el que perdió el balón, pues no fue así, y es cuestión esencial, ya que el proceso de jugar al FB no culpabiliza ni a ese ni a ninguno, pero sí implica a todos, pues todos habían sido participantes en el EDFD donde no se pudo mantener la disposición del balón. De esta manera, todos deben sentirse involucrados en un neoproceso de recuperación, que se basa en la iniciativa de todo el equipo y la habilidad de todos sus componentes que, aún con diferentes niveles de PCE, son capaces de reorientar esas potencialidades para lograr imponerse, no adaptarse (FT), a las demandas y posibilidades de sus oponentes, así como el aprovechar las oportunidades que acaso puedan aparecer inesperadamente en el espacio cambiante del juego de los contrarios, en ese momento difícil de su jugar. Así se logra «atacar» (FT) al poseedor contrario y a su entorno colaborador. Ese ataque no es otra cosa que una grupal autoorganización que es de cierto carácter espontáneo, pues parte de los propios jugadores, y que los induce a intervenir con la fuerza-energía interna del deseo de la tríada de la inmediata recuperación. Deberán generar neocódigos con sus CER para que todos se redistribuyan en espacios «sensibles» para los contrarios, que les impidan ejecutar su juego, y lograr conformar EDFR, aunque a veces serán incompletos por desconocidos, pues están en cierta dependencia de los oponentes. Será la fuerza individual y atencional de cada HD para operar según su personal parecer la que deberá concluir en una común equifinalidad sincronizada para la recuperación. A veces, utilizarán criterios anteriormente exitosos, o acaso experimentados durante sus entrenamientos donde fueron identificados como eficientes para «parecidas» situaciones del juego, ahora por todos reconocidos como válidos para esta situación. Todos estos esfuerzos se verán recompensados siempre que no permitamos que, tras nuestra pérdida, los contrarios puedan acaso dar hasta tres pases, logren una conducción significativa muy a pesar de nuestra intervención, o que puedan realizar un pase de largo que supere varias-todas las CDN del EDFR conformando a tal efecto por nuestro equipo. Ante esta nueva situación de los oponentes ahora poseedores, la autoorganización se logrará como ya vimos, gracias a la libre actividad de sus componentes mediante la energía atencional propuesta por ciertos patrones semánticos. Siguiendo sus criterios, tendrán que lograr recursos para su actuación individual según unos procedimientos operacionales que ahora propondremos, pero que cada cual, según su interés, interpretará. Serán neoprocesos de intercambio de información utilizando los CER más adecuados para operar junto a sus compañeros en los justos niveles de responsabilidad individual apropiada y en el tiempo justo para tratar de evitar riesgos en este entorno dinámico y en parte desconocido, que surge del orden de las actuaciones de los contrarios. Ello representa el tener un reacomodo de energía global en el interior del equipo, gracias a la coherencia operacional que aporta la tríada. Este proceso que ahora proponemos ya fue expuesto con la terminología y conceptos expuestos hasta ese momento. Con los conceptos de nuestro juego ahora conocidos, podemos enriquecer lo allí expresado, que como vamos a ver se complementan y se ajustan a la terminología y conceptos de los que ahora ya disponemos. Nos aporta identificar de forma precisa las posibles actuaciones de todos los componentes del equipo que ha pasado de EDFD a EDFR, para que este «ahora» se conforme con rapidez-eficacia y con el mínimo gasto energético-eficiencia del equipo para volver a nuestro deseado contexto de un nuevo EDFD. Es la única forma de mantener la iniciativa del juego al retomar la disposición del balón compartida con todos los componentes (HD) del equipo. Todo lo propuesto se complementa para ofrecer una visión redundante del proceso de conformación de los EDFR durante el jugar.

La propuesta actual consiste en:

1. Cerrar el espacio «caliente» de salida del balón allí donde se perdió, «atacando» al poseedor con nuestros HD jugadores más próximos a él, ubicados en las CDN intervención y acaso algunos en ayuda del EDFD en el que se «perdió el balón». ¿Cómo?
   - Atendiendo a su lateralidad, pierna dominante.
   - A la ubicación del acontecimiento zona-pasillo y a su mayor o menor proximidad a una banda.
   - En el momento (To) justo en el que el poseedor muestre el mínimo indicio de acción sobre el balón.
   - Mediante una trayectoria de intervención directa.

- No «entrar» de golpe, sino en dos ritmos para que el poseedor muestre en algo su intención y tenga que cambiarla por nuestra intervención y acaso ya podamos recuperar en primera instancia.

Si no es así, al menos de esta manera tendremos tiempo para que el resto de los compañeros en CDN de ayuda puedan conformar el EDFR correspondiente. Así:

2. Tapar todas las posibles salidas del balón, las de pase en corto del poseedor y su alternativa de conducción, para intentar que el balón circule según nuestros intereses y así poder recuperar la iniciativa del juego y la recuperación del balón allí donde se perdió momentáneamente. De esta manera:

   - Nuestros compañeros componentes de la CDN de ayuda mutua del EDFD prepérdida se desplazarán considerando alternativas de acción y mutuo ajuste de actuaciones, para obtener ventajas posicionales respecto a sus oponentes de forma colectiva. En la anterior propuesta decíamos «triángulo». Ubicándose en «los puntos de energía» que encuentren-identifiquen más atractivos. La mayoría de las veces esto lo realizan ajenos a cualquier plan preestablecido, sin ninguna indicación externa. Solo con su energía atencional disponible, y deseo de cada cual, de acuerdo con cierta semántica compartida.

   - Esos «puntos» estarán «sobre» la posible vía que recorrería el balón para ir desde el poseedor hasta cualquier y cada uno de sus compañeros, incluido el portero si el balón se encuentra en posibilidad de hacerlo, por estar en zona y pasillo próximos a él.

   - En todo momento, estas ubicaciones son dinámicas ajustándose a la forma y dimensión a la que se desplacen portador y posibles receptores que están bajo mi atención. Lo haré posible si no pierdo de vista a las dos referencias, balón y oponente que marco. Con esas maniobras, puedo «dejar» en un momento libre la vía del pasador hacia mí marcado, para con ello hacer confundir a su compañero poseedor (trayectoria de engaño) y darle el pase a él. Evidentemente se deja esa vía libre voluntariamente (CER) porque, si eso ocurre y el poseedor fue engañado con mi acción, será cuando pueda interceptar ese pase y recuperar el balón.

- Si nada de eso ocurre y el poseedor conduce alejándose del lugar de recuperación, nuestro compañero en la anterior fase de intervención le obstaculizará haciéndole conducir hacia la banda más próxima, reduciéndole el espacio y obligándole con su acción a proteger el balón colocándose acaso de espaldas al campo, lo que nos favorece. Así dará tiempo a que un segundo compañero pueda lograr aproximarse y hacer un dos contra uno contra él. Eso incrementa porcentualmente la probabilidad de recuperación y posible mantenimiento del balón en esa zona o pasillo, gracias al dos contra uno obtenido, que formará parte ya o totalidad de un EDFR en conformación.

- En cualquier caso, vemos que el recuperador nunca debe dejarse superar en el uno contra uno en primera instancia, lo que dejaría al equipo sin iniciativas. Para ello: «¡No le «entres»! ¡Utiliza trayectorias de balanceo disuasorio a tal efecto!». Como CER eficiente.

3. Cuando, a pesar de todo este proceso de autoorganización, el poseedor contrario inesperadamente, en cualquiera de los espacios-tiempos indicados, intenta y logra realizar un pase largo que supera todas nuestras propuestas indicadas, deben entrar en acción nuestros compañeros que conformaban la CDN de cooperación en el último EDFD en el que «perdimos». Esos jugadores mientras sucedían las actuaciones antes indicadas de sus compañeros en CDN de intervención y ayuda mutua tenían que haber realizado anticipadamente trayectorias espaciales de refuerzo posicional que completen este tipo de actuaciones inesperadas. ¿Cómo?

- En esas trayectorias, acceder a ubicarse en VR posicional equidistante de al menos dos de sus oponentes alejados de la acción de manera que, cuando se produzca el pase largo, ese tiempo de desplazamiento aéreo del balón sea suficiente para que alguno de ellos pueda interceptarlo una vez confirmada su trayectoria aérea, mediante justa trayectoria de «atajar» sobre la vía del balón.

- Estas actuaciones las realizarán todos los jugadores recuperadores «necesarios» del total de los que conformaban las CDN de cooperación del último EDFD.

- Observando estas diferentes alternativas de actuación, los jugadores «sobrantes» de esta CDN de cooperación, si los hay, acudirán voluntaria y libremente a operar en unos u otros niveles de responsabilidad según su experiencia y conocimientos, pues puede ser que acontezca «lo no deseado» y tengamos que redistribuirnos nuevamente, repitiendo el proceso expuesto con otro tipo de acciones planeadas tras la identificación de todos los nuevos componentes específicos del ahora, entorno constituyente del juego por los contrarios poseedores.

Como hemos visto, el recuperar el balón consiste en obtener entre todo el equipo una eficiente autoorganización que nunca será posible de prever anticipadamente, pues desconocemos la intención del oponente poseedor. Ante esta contingencia, debemos proponer que esa autoorganización sea la conclusión de los procesos de cognición global-común que todos nuestros jugadores (HD) realizan por separado, pero gracias a la tríada de recuperación, así como unos eficientes patrones semánticos por todos conocidos, esa individualidad se transforma en perfecta y eficiente gestión grupal para recuperar el balón. Eso no es resultado de los procesos individuales de «percepción-acción», sino que, gracias a la energía socioafectiva generada por la tríada específica, transforma ese acto individual múltiple en una única «ideación-actuación» de alta coherencia operacional global y alto valor emotivo-volitivo, que involucra a todo el equipo en ello. Todos deben saber identificar las señales, signos identificantes de las acciones de los contrarios, tanto como las de los HD compañeros que necesariamente confluyen-conforman el espacio-entorno del balón en el To de pérdida, y, con ayuda de los criterios de autoorganización antes expuestos, asumir cada cual el papel que estime que podrá interpretar de manera más eficiente, que después se transformará en eficaz, si la resolución fue la recuperación, pues aquellos tres momentos expuestos son indicadores de eficiencia para transformar el EDFD destruido en un EDFR regenerador de altos porcentajes de probabilidad de recuperación inmediata y en el lugar de la pérdida, en concierto con la tríada. De esta forma, convenimos que la autoorganización hasta este momento no constituye en desarrollar «algo» predeterminado por el entrenador en forma de órdenes estrictas, sino criterios normativos para una intracomunicación eficiente. Sabemos qué hacer; el cómo y cuándo lo decido yo. Así es algo que produce-emana-dispone-crea cada jugador en «confabulación» con todos sus compañeros, en un ET oportuno en el que deseamos recuperar el balón. De aquí la denominación de autoorganización que aplicamos a esta singularidad que permiten las OH y que hemos usado para explicar la realidad compleja del FB.

Todo lo indicado hasta aquí sobre las posibilidades de conformar los EDFD y EDFR a lo largo del macrotiempo del partido es válido para instalar-ubicar estas actuaciones tanto en el EDJ propio como en el de los contrarios, si bien sabemos que es característica del FB estar un porcentaje elevado en EDJ contrario. En este punto, apelamos «metafóricamente» a las leyes de J. C. Maxwel para entender el valor energético del balón, y por tanto el del EDFD/EDFR que en un entorno se conforma y viene determinado por el factor E. Es decir, por las coordenadas del lugar del EDJ donde se estén conformando esos EDF, sea cuales sean. Es evidente que el EDFR que nuestro equipo ha de lograr en un pasillo central en zona A es de un valor/calificación energética muy distinta si tiene que hacerlo en zona D. Deberán tener arquitectura, morfología y ritmo acorde con ese nivel energético que el espacio impone. Ello es un aspecto más de la necesidad de congeniar E y T en cualquier y en todos los momentos del juego y del entrenamiento. Si bien nosotros hayamos preferido exponerlos por separado en este documento. Para facilitar su comprensión, debemos descubrir, en cualquier caso, la vulnerabilidad de los contrarios en ambos EDJ y para ello es necesario que utilicemos un valor espaciotemporal eficiente. Este, para cada acción de juego, está en dependencia de cuánto tiempo se necesita para ejecutarla, cuánto espacio ocupa y dónde se localiza este dentro del EDJ. En el FB, esto no es otra cosa que el tiempo que nuestros jugadores tardan en conformar los EDF en las dos fases de nuestro jugar. En eso consiste lograr obtener un deseado ritmo de juego del equipo y que además coadyuva a conseguir la estabilidad del grupo. Ambos se constituyen en conceptos y elementos cualitativos del FB, observado desde el T.

El ritmo en el juego del FB

El ED, como hemos visto, se puede conformar, acotar, y se le puede dar cierta forma momentánea por ser este espacio un «objeto» físico visible-mesurable. Nosotros en el FB hemos propuesto los EDF como la alternativa con la que estructurar el EDJ, altamente diferenciada de las líneas del FT. Este toma forma «distinta» según el juego transcurra en un espacio donde nosotros disponemos del balón (EDFD), o donde intentamos y logremos o no quitárselo pronto a los contrarios (EDFR). Pero el macrotiempo de juego del partido fluye continuamente en ello y solo es cuantificable por el árbitro, según indica el reglamento. En ese macro ET del partido acontecen microtiempos como medida de unas determinadas actuaciones-interacciones entre todos los jugadores de uno y otro equipo. Las nuestras (FB), mientras todos se están reorganizando, son para conformar los EDFD, o autoorganizándose, para hacer lo propio en los EDFR, y así crear una ocasión de gol o evitarlo. Como sabemos que el tiempo se percibe de manera diferente según el movimiento que esté realizando su observador, solo nos queda un recurso para identificar el papel temporal que la sucesión y sincronía de esos microtiempos tienen en el jugar: identificar su ritmo. Observar cómo aparecen y acaso coinciden las actuaciones de todas las actividades de los jugadores de los dos equipos contendientes en sus tiempos correspondientes es su origen, aunque sin duda el objetivo sea el ritmo de nuestro equipo, para que de esta forma se transforme en objetivo del entrenamiento, pues lograr un deseado ritmo de juego por nuestro equipo es clara señal de que portamos la iniciativa. Sabemos que el ritmo es un rasgo básico que determina la estructura de los EDF por ser lo que logra unir a cada individuo (HD) en una única conectividad con el resto de sus compañeros, a manera de cierto ritual de movimientos (CER) regidos por ciertas regularidades en un contexto de frecuencias temporales más o menos aparentes y estables, mediante un tipo de energía que un cierto ritmo colectivo propone a lo largo del cómo jugar durante todo el partido. Con estos antecedentes podemos indicar que los griegos ya identificaban, como nosotros ahora, el ritmo con el movimiento. Al contrario, más tarde, se le ha relacionado más directamente con la música.

Ahora, desde el tiempo, entendemos que jugar consiste en modificar las condiciones del EDJ en una justa-determinada forma, por medio del balón, que favorezca las intenciones de nuestro equipo y a la vez sea agreste-desconocido-incómodo y no deseado para los contrarios. Convenimos que ello se puede producir por la manera con que nuestro equipo y cada uno de sus componentes proporcionen un cierto «recorrido» del balón mediante el pase que produzca tales efectos. Los EDF son «esos» espacios sucesivos conformados por todos nuestros jugadores (HD) al participar con sus «movimientos» CER sobre el balón y sus inmediaciones, impregnándolo de matices, acentos y pulsos temporales propios de cada cual, a modo de un flujo de acciones ahora contextos comunes y compartidos durante los tiempos de conformación para cada EDF. Así podemos entender el ritmo propio como los sutiles cambios de tiempos «intangibles» con que los segmentos corporales ejecutores de todas las acciones de juego y en especial las que incluyen al balón en su ejecución, como los instrumentos rítmicos de cada uno. En nuestro juego, el pase es el único y principal motivo del desplazamiento del balón por el EDJ, y el *origen del ritmo*. Su longitud y frecuencia (velocidad) definen el ritmo de jugar al FB. La longitud de los pases en «nuestro jugar» viene determinada por la ubicación de cada jugador en una CDN y por la coherencia operacional que nos ofrece la tríada de disposición del balón. Por ello, cuando se realizan pases entre compañeros a través de los interespacios que definen las CDN de intervención y ayuda mutua, siempre serán pases «cortos». Y cuando nos «saltamos» una contigua CDN, desde intervención a la de cooperación, serán considerados pases «largos». Determinamos así que la relación y la proporcionalidad entre pases cortos y largos constituyen el ritmo para y en cualquier opción de jugar el balón. Sin embargo, como cada EDF se conforma por CDN, la morfología de estas influye en la separación de sus componentes (HD), por lo tanto en las opciones rítmicas de nuestro juego. De esta forma es cómo influyen en mayor o menor medida los contrarios en nuestras posibilidades rítmicas, pues sus intervenciones, a veces inesperadas, hacen conformar EDF con CDN impropias constituyendo morfologías que acaso impidan lograr los espacios entre líneas con la separación adecuada para conseguir pases con la longitud deseada «corta» e interfieren en nuestro ritmo. Así vemos que el ritmo es resultante del juego entre las expectativas que tienen los jugadores de ambos equipos contendientes. Los nuestros, con la común expectativa de conformar los EDFD y EDFR con morfologías que permitan cumplir con nuestras tríadas y obtener el ritmo deseado; los contrarios, por desconocer nuestro juego, solo tendrán las expectativas de cortar-bloquear nuestro ritmo haciendo faltas «tácticas», o retrocediendo en bloque para defender su portería, esperando lograr allí nuestra pérdida de balón. Para que esto no suceda, nuestro equipo debe disponer de diferentes «alternativas rítmicas» para cada zona de EDJ con diferente morfología y separación de sus espacios internivel. Su arquitectura con jugadores (HD) generalistas y especialistas que produzcan alternativas rítmicas diferentes, adecuadas a cada zona pasillo por los que circule el balón. Es cuando aparece el aspecto cualitativo individual del ritmo que denominamos «tempo». Es este tempo la velocidad con que cada cual actúa sobre el balón. El tempo se identifica por las velocidades relativas a las trayectorias que cada HD realiza para concluir en un ritmo único de conformación de cada EDFD-EDFR en torno al balón en cada zona y pasillos del EDJ. Así diferenciamos el tempo como componente indispensable para obtener el ritmo deseado. Por tal motivo, de esta forma defendemos que un pase corto entre jugadores ubicados en CDN contiguas ocasionará la posibilidad de lograr un ritmo alto de juego, más aún si se «repite» pase, lo que lleva a facilitar la conformación del siguiente-sucesivo EDFD en el «tempo» que se ajuste a las velocidades de desplazamiento en las trayectorias deseadas por los nuestros, y a la vez entorpecer, por desconocidas, qué trayectorias o acciones deben realizar los contrarios. La manera en que cada cual logra intervenir en la conformación de cada EDF con la velocidad adecuada a su tempo es libre. Por ello el tempo es la eficiente velocidad con que los jugadores (HD) quieren acudir a la CDN que les corresponda, para conformar el EDFD o EDFR en el que la totalidad de sus compañeros estén implicados en ese To momento y en todos los sucesivos estadios del juego (Tn...+1). Por esto podemos identificar la ventaja dinámica ET. Este tempo es además un factor transmisor de emociones. Lo emotivo-volitivo es la constante que hace a cada cual el aportar o no lo mejor de sí mismo en beneficio de la totalidad de los compañeros de su equipo. Los entrenadores han de estar atentos a este tipo de situaciones, las que en el FT es «estar intensos» y «contundentes» en las acciones de ataque, o «compactos» en las defensivas, todas de marcado carácter intencional de connotaciones físico-cuantitativas que hacen referencia a correr mucho, y estar todos juntos. Esa es la conclusión. Por el contrario, nuestros entrenadores deben considerarlos desde la coherencia operacional que otorga jugar según las tríadas correspondientes, identificando al ritmo como la fuerza dinámica, energía organizacional de las OH para lograr los EDF correspondientes a lo largo de todo el tiempo del partido, que les aportará confianza en uno mismo, en el equipo, y la concentración necesaria para mantener acentos, pulsos y cadencias rítmicas diferentes para cada diferente momento y situación del partido. Estas se determinan con la velocidad del balón, evidentemente a través del pase. Podemos, en los interespacios de todas nuestras CDN, realizar pases independientes-dependientes en relación con las distancias entre el portador del balón y su deseado receptor. Así, entre dos protagonistas de cualquier pase intra-CDN o inter-CDN establecidas a cierta distancia podrán hacer entre ellos, libremente, un pase rápido, muy rápido, lento, muy lento... Y repetir pase lento, rápido-lento, más lento o rapidísimo, lentísimo o... Estas variaciones de velocidad de los pases son acentos (tempos) que ocasionan dificultades cognitivas a los oponentes y facilitan nuestras posibilidades de conformar con el ritmo deseado los sucesivos EDFD. Estos son expresión libre de las «ideaciones» que cada HD realiza en cada momento del partido, para lograr el ritmo de jugar del equipo. Según disponga el equipo de variadas alternativas rítmicas, se logrará mantener o modificar en cualquier momento la estabilidad en el juego del equipo a lo largo del partido. De esta forma, confirmamos el ritmo y la estabilidad del equipo como manifestación de la unidad incuestionable espaciotemporal de todos los acontecimientos del partido, y componentes esenciales para identificar la calidad específica del jugar al FB en equipo.

La estabilidad en el jugar del FB

En esos espacios-tiempos imprevisibles y en algunas situaciones también improbables que son los EDFD-EDFR, entornos espaciotemporales de cómo se conforma el jugar al FB, es donde acaso podamos vislumbrar la continuidad y expresión rítmica de su jugar. Es durante cualquier alteración de ese ritmo, como consecuencia del interactuar incesante entre propios y contrarios, cuando se pueden truncar las intenciones del equipo que ahora porta la iniciativa. Es necesario evitar esa «congelación rítmica» que el equipo dominado desea e intenta lograr por todos los medios. A veces, utilizando recursos como faltas, fueras de banda y otros tipos del «no jugar» para neutralizar el ritmo de juego del equipo ahora dominante, pues con la repetición sistemática de estos «neutros» acontecimientos se generan estados irrelevantes de juego, donde se igualan las probabilidades de éxito y fracaso entre los equipos contendientes, aunque se suponga a uno muy superior al otro. ¡Hemos desequilibrado al contrario!, dicen los autores. Son como estados de «equilibrio inducido» que la termodinámica denomina «de máxima entropía», y que el FT califica como «el juego está equilibrado». Ni uno ni otro equipo es capaz de hilvanar dos jugadas seguidas... Y los entrenadores «nos estamos precipitando», no hay continuidad, hay falta de coordinación entre líneas... Estas continuas pérdidas e interrupciones se achacan no pocas veces a cuestiones de condición física de los jugadores, más aún si esto sucede en las segundas partes. Entendemos que todo ello responde a la interpretación confusa y acaso inadecuada del concepto equilibrio en el FT, pues un juego equilibrado contiene connotaciones «positivas» en el

FT cuando se hace referencia al juego equilibrado, como «parejo» en calidades entre defensas, centrocampistas y delanteros en un mismo equipo. Pero también negativas cuando hay este mismo nivel, al comparar a los mismos componentes (HD) entre los dos equipos, ahora contendientes, y es cuando se identifica el juego equilibrado como insulso, monótono, con muchas «pérdidas» en los dos bandos. Transcurre el tiempo del partido sin que «ocurra nada» atractivo, hay mucho centrocampismo. Se resuelve el partido por «pequeños detalles», una falta, un rebote... (FT). ¡Fantástica solución!

Por tales motivos, en el FB no utilizamos el concepto equilibrio y sí el de estabilidad, y proponemos que nuestros equipos deban huir del equilibrio, pues entendemos que es un estado donde ¡ya pasó todo lo que tenía que pasar! Permanecer algún tiempo en ese estado va en contra de un equipo dominante del juego, que desea portar la iniciativa durante todo el partido, conformando EDF inéditos-improbables, que contengan variados CER nunca cuestionados y con la intención firme de disponer del balón la mayor parte del partido en campo contrario, para hacer gol, y desea recuperarlo «allí mismo» si fuera el caso. Hacer todo ello por producir un incremento significativo de la energía informacional, en ese momento (To) del partido, que acaso no utilizado hasta ahora, para que, replicando lo entrenado, o lo antes jugado exitoso, se logre mantener la conformación de los EDFD el tiempo suficiente para que el juego discurra dentro de unos parámetros de normalidad competitiva que llamamos estabilidad dinámica del jugar al FB. Todo ello estando en consecuencia con un proceso que identifica nuestro jugar bajo la coherencia operacional de las tríadas. Será, por tanto, esta estabilidad la medida o valor «límite» que tiene la organización obtenida en todos los EDF durante el jugar de cada partido, para soportar y superar la gestión (presión FT) del equipo contrario sin perder las condiciones y capacidades de la OH que somos; ahora deseamos conformar otra clase de EDF en todos los lugares-tiempos del partido frente a cualquier tipo de oponentes. Ese valor límite «fluctúa» por las distintas situaciones por las que pasa-vive el equipo a lo largo del partido. El objetivo de las OH es evitar que estas fluctuaciones superen esos valores límites y se mantengan unos valores de intracomunicación a niveles eficientes-eficaces siempre recuperables que permiten a los HD jugadores lograr los objetivos deseados y mantener la disposición del balón o de recuperarlo allí donde se perdió ocasionalmente. Eso conlleva la alta posibilidad de hacer gol y el que no nos lo hagan. Es decir, que durante el proceso de nuestro jugar disminuya significativamente el número de errores-fallos, situándose por debajo de un umbral que permita controlar las fluctuaciones que estos ocasionan, y poder retornar a la estabilidad deseada. Nuestro equipo tiene que comportarse como un buque que navega en el mar de la complejidad, batido por el oleaje de la incertidumbre de las actuaciones de los contrarios y del entorno, que utiliza su estabilidad para retornar y mantenerse en el rumbo deseado del éxito, y disfrute de sus «pasajeros» por estar jugando según el modo-rumbo, tal y como lo llamamos (contextualización). Hay que regresar al juego FB. Posiblemente, en los EDFR, el valor de la OH para la autoorganización de todo el equipo, por ser en parte espontánea-voluntaria, sea acaso el momento de producción de altos niveles de inestabilidad que inmediatamente deben reducirse por medio de los recursos específicos de energía informacional de los jugadores. No son otra cosa que reorientar o reformar significativamente su intercomunicación modificando los contenidos semánticos de los CER utilizados hasta esos momentos, para que por hacerlos más redundantes puedan lograr satisfacer las demandas de cambio que el entorno establecido-conquistado-modificado por los oponentes exige, pues acaso lograron fluctuaciones significativas de nuestra estabilidad en ciertos momentos del partido.

Esta fluctuación es identificable en el forzado cambio de morfología en la conformación de los EDFR, pues son en estos casos incompletas o desconocidas para nuestros jugadores. Es cuando la arquitectura de los EDFR puede solucionar esta problemática, pues las características de algunos HD jugadores que conforman la CDN de ayuda mutua que acaso son más sensibles a la inestabilidad, ya que la pueden detectar anticipadamente, logran generar una energía interna que ocasione una intervención reestabilizadora inducida a uno o más compañeros. Todo ello por generar, alguno de ellos, ciertas nuevas actuaciones que sirven de referencia al resto de los compañeros, ubicados tanto en CDN de ayuda como de cooperación. Aparece entonces la energía socioafectiva que permite contextualizar los elementos generadores de inestabilidad, y todos se sienten colectivamente vinculados a participar con prontitud en su recuperación.

Sin duda es la coherencia operacional generada por unos patrones estables de información de nuestro equipo la que proporciona el control de la estabilidad, a pesar de los avatares del juego, manteniendo su fluctuación dentro de ciertos parámetros por medio de su capacidad de reorganización para conformar los sucesivos EDFD. Así logra pasar de una situación estable a otra, en una sucesión inacabable, mientras se utilicen CER inteligibles para nuestros jugadores y opacos para los oponentes. Es deseable que esas previstas reorganizaciones tengan como consecuencia el gol perseguido, o en su defecto una «ocasión» que se gestionó a la manera de jugar al FB para satisfacción de nuestros seguidores. El éxito de un equipo pasa, además de por otros aspectos, por cómo gestionar su estabilidad mediante una disponibilidad organizativa (OH) que procure-estimule el producir interacciones basadas en la insistencia redundante informacional que más adelante propondremos, y los puntos fuertes (PCE) que cada jugador logre poner a disposición de sus compañeros. Esta intradependencia fortalecida por la independencia individual para poder proponer los CER convenidos hace minimizar las dificultades que propongan los contrarios. Todo es consecuencia de que nuestros jugadores comprendan que su actividad en el EDJ es una consecuencia y gestión del proceso único que todo el equipo logrará cuando cada cual tome las decisiones necesarias, planificadas-sentidas-anticipadas que no serán reactivas ni como respuesta a las propuestas del equipo contrario, sino libres y creativas para lograr y mantener su estabilidad dinámica dentro de unos límites de fluctuación siempre restituibles.

Los entrenadores que construyen sus equipos desde el orden y el equilibrio en el campo (FT) entienden esta propuesta como tal vez insolvencia del técnico, que no ha sido capaz de imponer un orden defensivo y ofensivo a su equipo sobre el campo, según los sistemas de juego de ataque y defensa ajustados a las características de sus jugadores, que han sido entrenados por él. No aceptan a la estabilidad como consecuencia de la potencia (PCE) que dispone cada componente (HD) y de la equifinalidad de su equipo para enfrentarse a lo desconocido e incierto que los contrarios proponen con su juego, y pueden elegir el tipo de OH que deseen para conformar EDFD-EDFR durante su jugar. Esta clase de entrenadores dan responsabilidad a sus jugadores, pues confía en su capacidad para conformar los EDFD-EDFR a un ritmo adecuado haciendo circular el balón por espacios inaccesibles y tiempos inesperados para sus contrarios, que les proporcionarán tener la iniciativa del juego la mayor parte del partido. La gestión previsora de inestabilidad se centra en la sensibilidad del equipo, en especial de algunos jugadores, para identificar los acontecimientos «desestabilizadores» que aparecen en el seno del propio conjunto. Estos acontecimientos son:

- Tener que estar más tiempo del deseado en EDFR que EDFD, obteniendo por tanto un ritmo inadecuado.
- No lograr conformar las VR pretendidas, en cada zona-pasillo del EDJ.
- El número de «encuentros» negativos aumenta paulatinamente.
- Ver cómo se deterioran las alianzas comunicativas (CER) entre nuestros jugadores en «ciertos» espacios-tiempos del juego.
- Ir apareciendo la «monotonía rítmica» en nuestro jugar.
- No lograr gestionar el juego según las tríadas.

Cualquiera de estos presupuestos son indicadores de que nuestro equipo está en proceso desestabilizador. La aparición de cualquier indicio de estas dimensiones debe ser la señal de alarma, e inmediatamente nuestro equipo tiene que abordarlas para impedir fluctuar fuera de límites de nuestra estabilidad. Es una cuestión que se puede evitar con una pronta actividad de nuestros jugadores utilizando sus «puntos fuertes» estabilizadores, que se manifiestan en:

- Creatividad en las alianzas, interacciones (CER) redundantes de nuestros jugadores, para su intracomunicación.
- Diferenciar los espacios donde nuestros EDFD-EDFR son más «fáciles» de instaurar-conformar y qué morfología y arquitectura refieren en cada situación.

- Identificar los «caminos de poder» de los contrarios para interceptarlos en su origen con arquitecturas eficaces en la conformación de nuestros EDFR, en autoorganizaciones de alta propuesta emotivo-volitiva y participación global.
- Utilizar el «precioso» contenido de nuestros patrones semánticos para estar en FD y en campo contrario la mayor cantidad del tiempo del partido.
- Buscar lograr puntos de coincidencia cognitivo-emocional para una toma de decisiones rápidas en cada acontecimiento del juego al conformar las CDN (resonancia).
- Aclarar si los conflictos organizacionales en conformar los EDF, si los hubiera, han sido causados por el enfrentamiento no deseado entre creatividad y eficacia de nuestros jugadores. Para, en este caso, aceptar la propuesta a veces normativa de nuestro entrenador.
- Apreciar el nivel de satisfacción del equipo tanto ante la eficacia mostrada como por la eficiencia del no acomodarse a los cambios y propuestas inesperadas de los contrarios. Acaso a su ritmo de juego.
- Comprender si la pérdida de autoidentidad (FB), si la hubiera, viene motivada por las propuestas del equipo contrario o por el deterioro de la intracomunicación semiótica de nuestro equipo, para poder actuar algún compañero HD o el entrenador en consecuencia y lo más rápidamente posible.
- Identificar cada cual el nivel de fatiga que aprecia en su autonomía operacional y los recursos que aún puede aportar, para jugar en campo contrario con una disposición del balón (EDFD) eficiente y eficaz de cara al gol. Para comunicárselo a su entrenador en diálogo franco.
- Entender que la estabilidad está en alta dependencia con las posibilidades que tiene el equipo para mantener y/o generar ritmos variados en cada zona y pasillo en los que se está produciendo el jugar de cada momento del partido y en todas las situaciones.

Todos estos conceptos son suficientes para lograr gestionar un juego de alta actividad cualitativa-organizacional diferenciada durante todo el tiempo del partido, para que el equipo pueda mantener la estabilidad en sus actividades dentro de los límites de fluctuación que no la ponga en peligro en ningún momento-situación del encuentro en curso. Si bien los niveles de estabilidad pueden reconocerse gracias a estos «indicadores» expuestos, se manifiestan con matices varios y tiempos diferentes en cada partido. Ello se debe, evidentemente, a enfrentarnos a equipos nunca iguales e incluso ante un mismo equipo al que nos oponemos en diferentes condiciones a lo largo del tiempo del partido, cuestión que el entrenador debe apreciar al observar la presencia de aquellos criterios desestabilizadores anteriormente expuestos, para contrarrestarlos con sus jugadores durante el descanso del partido en cuestión. Así se puede dar información eficaz que retorne o fortalezca la seguridad-confianza, acaso perdidas por la actuación de los contrarios. En esto, Johan Cruyff era, como en otros campos, genial. En un partido en el que en la primera parte había sido casi imposible romper la estabilidad del equipo contrario, 0-0, en el descanso quitó a un delantero e hizo entrar a un centrocampista. Preguntado por el porqué de tal decisión, contestó que nuestros delanteros se habían estado «molestando» durante el primer tiempo sin hacer daño y dando confianza a los defensas contrarios. Así pues, después del cambio, al no tener a quien marcar, se desestabilizarían ellos solos y nuestros centrocampistas podrían llegar con ventaja numérica. ¡Y así fue! Cualquier otro entrenador hubiera hecho lo contrario.

Johan Cruyff lo hizo desde la experiencia de su jugar, posiblemente por medio de una metodología observacional y experiencial autogestionada, que le permitió comparar y conocer cómo se resolvieron a lo largo de su experiencia esas y otras muchas distintas situaciones. Sin embargo, otros muchos también las han tenido y no han aprendido-entendido aquello que vivían. No han sabido aprovechar la extraordinaria energía de la propia experiencia, que les puede aportar un conocimiento que no se encuentra en los libros. Nosotros ahora, con este legado de Cruyff, podemos añadir la visión sistémica, lograr un conocimiento que, mediante la comparación entre aquello intuitivo y todo lo que nos ofrecen las ciencias de la complejidad, conecte lo aparentemente inconexo. Apreciar unas distancias que el movimiento acorta, tiempos que un gesto los modifica, y todo ello matizado por las interacciones en los distintos mundos situacionales vividos por ambos equipos. Solo la conceptualización conjunta del espacio-tiempo logrará identificar la colosal fuerza creativa de los EDF como generadores de un «nuevo» jugar. Esto es todo lo que hemos propuesto y hemos expuesto hasta ahora en estos textos que no son otra cosa que una búsqueda de la convivencia entre los HD y la naturaleza de un juego en el que voluntariamente se inscribe el FB, pues todo ello carece de significado si no puede inferirse tal propósito. Y este es, en un último término, que el balón, en su discurrir por el EDJ, nos organiza (OH) a todos los HD para la conformación de unos EDF convenientes en esta y en las demás situaciones que todos deseamos. Mientras que el tiempo las ordena en secuencias de acontecimientos dentro del macrotiempo del partido donde aparecen según un ritmo obtenido por el personal «tempo» individual con su forma de jugar, para conformar los EENFD-FR en cada To de sus actuaciones, y en los sucesivos momentos, a lo largo de los partidos. Hasta que el árbitro decida terminarlo.

6

El pase

Nuestro jugar al FB se ha venido llamando juego de posición, tiqui-ta-ca... Creemos que podría llamarse al «pase», pues se ajusta más a lo que hacen nuestros equipos cuando juegan al estilo (que no filosofía) del FB. Esta forma de jugar al fútbol tiene antecedentes históricos. Fue el esco-cés John Cameron en el año 1867 quien comenzó a jugar con su equipo el Queens Park al «pase corto» en oposición/independencia del «pase largo» que en esos años practicaban los ingleses, «inventores» del juego. Arthur Rowe cierto tiempo después, en 1949, lo introdujo en Inglaterra, entrenando así a su equipo, el Tottenham, con quien obtuvo no pocos éxitos. En esa misma época, se introdujo el «pase corto» en el continen-te; fue el húngaro Jimmy Hogan en los años cincuenta, con sus «Magia-res Mágicos». A nosotros nos llegó por la vía holandesa de Jack Rey-nolds, VanDer Veen, Rinus Michels y Johan Cruyff, que fue nuestro entrenador y con el que logramos nuestra primera Copa de Europa. Su continuador fue Pep Guardiola, quien jugando a la manera que nos «enseñó» Hogan, con el «juego» de pases cortos, obtuvo uno de los momentos de mayor éxito de nuestro club. Ni siquiera un alumno direc-to de Hogan como Ladislao Kubala pudo lograrlos antes en su corta etapa como entrenador del Barça. Tal vez este proceso de ida y vuelta se deba a la idea filosófica del eterno retorno de Nietzsche. Y acaso sea el motivo por el que algunos tildan a Pep Guardiola de filósofo... Esta pequeña pero necesaria introducción histórica no pretende otra cosa que aclarar la procedencia de nuestro jugar, demostrar que no es una invención, sino el resultado de la propuesta de unos «sabios» precurso-res y de un proceso posterior que, explicado y comprendido ahora desde un nuevo paradigma, ha logrado «retornar», para así vivir en otro momento de la presente historia del fútbol. Nosotros hemos sido testigos de su entrenamiento, práctica y resultados excepcionales. Ahora, con estos textos, intentamos desarrollarlo para el conocimiento y disfrute de todos aquellos que lo amen y quieran practicarlo con sus equipos. Para ello solo tendrán que aceptar una premisa: el pase es su principio y su fin, la esencia de un jugar único, altamente democrático, pues todos tienen alto nivel de participación en él, que no puede ser violado por ningún otro principio o idea. Esto es lo que vamos a mostrar en los siguientes textos, donde a partir de ahora el pase será el único protagonista. Igual que Tales de Mileto, siglo VI a. C., primer filósofo que utilizó la metodología científica para proponer sus dos teoremas sobre los triángulos rectángulos, consideraba el agua como principio de todo lo que vive, nosotros consideramos el pase como principio y fundamento del fútbol. ¡Todo el jugar es pase! Solo se juega si entre todos se logra disponer del balón, que es nuestra fuente de energía para poder hacerlo. Solo así, en FD, todo nuestro equipo juega, disfruta, crea, comparte, gana, que sin duda son argumentos del FB.

Cuando estamos en FR sin el balón, solo corremos, no jugamos, por ello en nuestro juego lo queremos recuperar cuanto antes, para poder jugar, que es lo que desea nuestro equipo, pues jugar a uno (FT) o a otro (FB) solo depende del valor que en uno u otro fútbol se le dé al pase, para disponer del balón. Con ello concluimos que jugar al FB es en esencia pasarnos el balón, compartirlo entre todos, de aquí su valor democrático; lo hemos de llevar a la portería contraria y hemos de finalizar ese jugar con un «pase certero a la red» de la portería. Y esto lo hemos de lograr al menos una vez más que los contrarios. Cuanto más tiempo del partido estemos practicando nuestro juego, mayor porcentaje de probabilidades podremos disponer de alcanzar «pase a la red». Es como termina este «acto» del partido jugado; luego empieza otro que tendrá el mismo objetivo, pero que será siempre diferente. Así debemos afrontar los partidos. El cómo hacer un pase «especial», como final esperado de una secuencia mayor o menor siempre de otra clase de pases compartidos/repartidos entre todos, como algo normal que podemos repetir más veces si hemos sido capaces de organizarnos para pasarnos continuamente el balón, sin la angustia de lo excepcional del gol. Este llegará con la normalidad y la alegría que da el jugar, y no por la angustia de tener que luchar y trabajar para lograrlo. Así cuando vienen los contrarios para «quitarme» el balón, ya no está, se lo he pasado a mi HD compañero (eliminamos cualquier comentario sobre el autogol...). Este es el juego, el juego de pases del FB, que demuestra cómo nuestro jugar no es adaptativo, pues no contempla el hecho de adaptarse al entorno espacial que intentan proponer, forzar, los contrarios con sus sistemas ofensivos o defensivos rígidos, compactos, sin «fisuras», pues precisamente y gracias a nuestro continuo pasar, pasar y pasar no tienen tiempo para construir esos-sus sistemas deseados. Y con la energía que nos otorga el balón, que hacemos circular incesantemente con tal intención, logramos colocar a los contrarios en un orden que nosotros deseamos, que ellos desconocen, pues no es el de ninguno de sus sistemas. Por estos motivos, nosotros no nos adaptamos a su juego, sino que el pase nos hace «proyectivos». Conformando nuevos y diferentes EDF según nuestros proyectados deseos colectivos, mientras dispongamos del balón para jugarlo dónde, cómo y para lo que nosotros queramos. Y si nos lo «quitan» será esporádicamente, pues por medio de nuestra inmediata autoorganización (OH) en ese mismo tiempo y lugar del robo solemos recuperar su posesión. Pero, si no fuera así, nuestro proyecto ahora será que no logren hacer tres pases, pues ello supondría tener que adaptarnos temporalmente a su juego. Y es la alta energía de querer disponer del balón para pasárnoslo la que nos llevará a la autoorganización específica para, o bien recuperarlo, o bien entorpecer sus deseos de alguna otra manera; o, como mal menor, lograr un fuera de banda que nos daría nuevas y buenas probabilidades de recuperarlo. ¡Siempre tanto con balón o «sin balón» portamos la iniciativa del jugar, somos proyectivos! Conformamos el EDJ según nuestros deseos, no nos «adaptamos» a lo que proponen los contrarios, pues no aceptamos ese sin balón.

Todo gracias a pasar, pasar y pasar... Compartimos con todos los nuestros el balón, así se transforma el FB en el jugar más democrático y cooperativo jamás logrado en un juego, pues todos aceptamos como nuestra legislación básica las «leyes» de nuestras tríadas, por las que compartimos y repartimos por igual el poder disponer del balón a lo largo de «toda la vida» que compartimos mientras dura el partido, en el que estamos altamente comprometidos. Volvamos a poner como ejemplo, no único, a Xavi Hernández, «maestro» nuestro de este jugar. Cuando salía al campo para entrenar, siempre era uno de los primeros, si no el primero, y se hacía con un balón; según iban saliendo sus compañeros, se lo pasaba inesperadamente para que repitieran el pase cuando habían respondido bien al primero, o gastarles alguna broma si no había sido así. Si, por suerte, el compañero era Andrés Iniesta, empezaba un recital de pases entre ambos. Para ellos era como un juego de niños con el que se entretenían mientras esperaban a que empezara el entrenamiento. Para mí, como espectador era el ensayo de un gran concierto, o como ver a un pintor que pone en su paleta los colores con los que luego realiza su obra. Al terminar tal «actuación» le preguntaba si tenía idea de cuántos pases habría dado en su vida: «Millones, Paco, millones», respondía mientras continuaba tocando la pelota con ese compañero que había aceptado «su invitación».

Y es que en el pase se «toca» el balón, no se golpea, no se le pega. Se toca con la delicadeza e intención del jugador de billar que maneja su «taco» para hacer una carambola a «tres bandas». El contacto tiene que ser en un lugar exacto, limpio, en la esfericidad de la bola, cosa que logra con la mano de delante, apoyada con sutileza y precisión exquisita, sobre el «verde» tapete de la mesa. La direccionalidad la logra tocándola con su taco mediante una energía y una dirección deseadas que se comunican con la mano de atrás que lo sujeta. Basta cambiar algunas de estas palabras y tendremos una perfecta definición de la ejecución técnica del pase. El balón se toca. El contacto será en lugar de la esfericidad del balón, que se localiza con el pie de apoyo en un lugar exacto del verde EDJ, como esa mano adelantada del jugador de billar. La energía la proporciona la pierna libre, que viene de atrás, que ya tiene prefijada toda la energía, dirección e intencionalidad. Valga la metáfora para explicar que, como la bola rueda por el verde tapete de la mesa de billar con intención y precisión milimétrica, así debe rodar-deslizarse el balón por la verde hierba del EDJ. Nos falta añadir a esta escrita-perfecta ejecución que, en el FB, las «tres bandas» que el billar tiene como una de sus especialidades, puede constituirse también en la metáfora de cómo tiene que ser la intención del HD, cuando pretenda realizar su pase al compañero elegido, pues deberá pasarle el balón de tal manera que ese tenga el tiempo y el espacio para pasárselo a un tercero y así asegurar la FD del equipo. Eso sucede continuamente en cada lugar, tiempo y situación de juego. Somos especialistas en «tres bandas», como en el billar, para dar la continuidad al proceso de jugar al FB. Sin embargo, también podemos utilizar esta metáfora sucesivamente para las tres formas primordiales con las que se manifiesta el pase cuando jugamos al FB. Pues en el jugar *todo es pase*.

1. **El pase entre compañeros** se emplea para gestionar el bien jugar al FB, conformando los EDF que corresponda en todos los EDJ durante el proceso deseado de nuestro jugar, según las tríadas hasta lograr el gol siempre buscado. Incluimos aquí también aquellas acciones a «balón parado», que nosotros resolvemos preferentemente con un pase, no con un centro (FT), y los saques de banda, pase con las manos.

2. **Los pases-micro sobre uno mismo** es la «sutil» ejecución que un HD realiza por medio de pequeños toques precisos del balón de forma continuada y en la mayoría de las ocasiones utilizando ambos pies, bien para conducir el balón de un lugar a otro del EDJ con alguna intención, o bien intentar «driblar» a contrarios para generar diferentes tipos de ventajas (VR) para él o sus compañeros, así como obtener la definitiva para él, de una opción de pase a la red. ¿Habías reparado que conducir y driblar son pases?

3. **El especial pase a la red** contraria para hacer gol puede ser realizado estando el balón en juego en la forma antes indicada, o en cualquiera de las innumerables formas que el FB ofrece. Pero también al balón parado en saques que el árbitro marca como libre directo, con un pase a la red.

Solo describimos aquellos aspectos que entendemos relevantes y específicos de nuestro jugar. El resto, que pueden verse en el esquema 6, y son de sobra conocidos y utilizados, no los mencionamos.

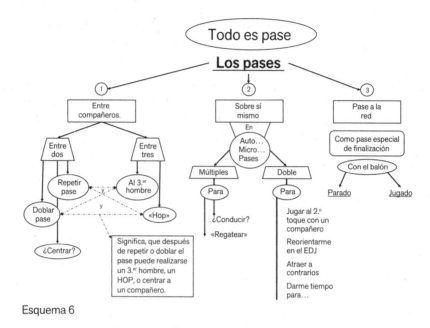

Esquema 6

1. Pase entre dos compañeros

Cada pase, por tanto, es un momento único que a la vez pertenece y conforma el proceso del jugar de nuestro equipo en un determinado partido. Y, en todos los entrenamientos, la forma, el medio específico de optimizar nuestro jugar al FB.

Y es que en este juego no se trata solo de ir «eliminando» contrarios por uno mismo, mediante mi calidad de «gambeteo», «regate», para así progresar hacia la portería contraria (FT). También es cuestión de contar, compartir, cooperar con los compañeros mediante pasarnos el balón, respetando en cada momento del jugar, y las tríadas que identifican al FB. Así el jugar «al pase» consiste en trasladar el balón de un lugar a otro del EDJ por medio de un gesto/toque entre jugadores HD de nuestro equipo. Se hace de manera voluntaria para continuar disfrutando y compartiendo su disposición FD, evitando que los contrarios nos lo «quiten», hasta lograr marcar gol. Pasarse es abrir una «vía» de comunicación entre nuestros jugadores en lugares distintos del EDJ como lo hace el tren entre dos «estaciones». Van Gaal llamaba «pasar a la primera estación» a cuando un pase se hacía entre dos próximos; hacerlo a una «segunda estación» es superar la opción de ese próximo, haciéndolo sobre otro más alejado. Esto lo practicaba diariamente en sus entrenamientos. Para nosotros, la primera estación es hacerlo entre jugadores en CDN de intervención y ayuda mutua. La segunda estación será entre las CDN de intervención y cooperación. O entre jugadores ubicados en la misma CDN próximos, primera estación, a más alejados, segunda estación, en cualquier EDF conformado durante nuestro proceso de juego. Así se va viviendo todo lo que se desea vivir entre dos, sin que ello atente contra la libertad de cada cual, o vaya en contra de los intereses del equipo en ese momento. Esto será posible cuando ambos disfruten con la presencia e intenciones de los demás. O sea, ser generosos, pues el dar genera fuerza para cooperar y lograr aquellos comunes objetivos entrenados/deseados por el equipo.

Sucede que en los partidos, cuando apenas comienza a insinuarse un pase, algunos espectadores y, lo que es peor, a veces algunos entrenadores anticipan y otorgan etiquetas que confunden no pocas veces a la riqueza y sutilezas de que dispone. Hacen juicios muy simples sobre lo fuerte que se dio, cuál fue el pie ejecutor, la validez o no, que, según su personal entender, pueda lograr, o cuántas líneas de contrarios superó, ¡pase filtrado!, analizando solo su presente, aunque cada pase tenga un antecedente inamovible ya vivido, que condiciona el presente como paso necesario de un proceso con el que se va tejiendo un futuro de aconteceres que, aun deseados por los nuestros, serán también en parte modificados por los oponentes. Quizás ahora su verdadero valor es el de aportar siempre una nueva intención, como promesa de un futuro hacia un juego mejor que logre ser en este ahora menos interferido por los contrarios, para que nuestro equipo logre cumplirse sus deseos.

Será así siempre que podamos mantener la disposición del balón y lograr conformar los entornos de compromiso relacional-operacional que hemos llamado EDF, donde se pueda alcanzar todo lo deseado. Y si hasta ahora no fue así, podremos desencadenar, en otro distinto EDFD, otra clase de pases que logren nuevos EDF, generadores de autoconfianza en el grupo, para continuar en el empeño y el deseo colectivo de éxito que disponer del balón siempre puede ofrecernos. Entendemos que por medio de diferentes tipos de entrecruzamientos continuados de pases cortos como fórmula «secreta» de intracomunicación propia, o muy esporádicamente en conducciones también cortas, mediante las vías trazadas por aquellos, y las trayectorias sinuosas de estas, podremos alcanzar algún tipo de ventajas relacionales (VR) que nos abran las nuevas opciones por todos deseadas, que no necesiten constantemente de nuestra improvisación. Así es la artesanía de nuestra victoria, poder provocar en los oponentes estados de un «equilibrio inducido», o de cierto «orden» no deseado ni reconocido por ellos, al no permitirles obtener algún sistema de juego que ellos desean, haciéndolos de esta forma altamente vulnerables ante nuestro jugar para ellos irreconocible. Este pasar, pasar y pasar..., que estará sustentado tanto por los elementos espaciales de ejecución, antes descritos, como por cambios del tempo individual, o por modificación de sus velocidades de ejecución. Estos son los causantes de altos niveles de indefinición y ambigüedad para los contrarios, que facilitará nuestra acción definitiva de «pase a la red», de gol deseado. La inteligencia del HD jugador se evidencia ahora si es capaz de gestionar sus propias emociones durante el tiempo justo de esta clase de espacios interactivos, principalmente en ZD, donde, a pesar del constante pasar y la evaluación de cada uno de ellos, sea capaz de centrarse en alcanzar ese «el pase a la red» definitivo, como culminación de una eficiente FD mantenida por su equipo en el tiempo. Esa será la nota final de una sinfonía de pases por todos interpretada, que así concluye mostrando su belleza. Pero no solo tendrá que controlar sus emociones, sino poner a prueba todas las estructuras de su «yo» en alto grado de participación, para actuar en ese momento y espacio en que se está jugando, donde todas serán necesarias, pues en todas las actuaciones de pase mostradas (esquema 6) se pone en evidencia su estructura coordinativa, pudiendo «incluir» al balón en su deseado desplazamiento, tanto en carrera significativa como en los variados otros gestos para reubicarse con él controlado, en cualquier otro lugar del EDJ. El número de apoyos, su separación y orientación resultan determinantes para lograr el equilibrio corporal que le facilitará el «toque» necesario del balón, y así poder obtener su objetivo. La frecuencia «contrastada» de tales apoyos, entendida como el número de contactos en el suelo que puede realizar entre dos toques sucesivos del balón, es la que le va a proporcionar el poder cambiar de dirección esa conducción. La «amplitud», separación entre dos sucesivos apoyos, le permite ajustar el pie de apoyo en el lugar del EDJ para que el pie de golpeo pueda tocar el balón con la energía y en el lugar precisos para conducirlo, pasarlo a otro compañero o hacer un pase a la red, así como poder realizar un *stop* o cualquier cambio de velocidad para sorpresa de los cercanos oponentes, sin perder la disposición del balón. Son todos estos aspectos por entrenar, para optimizar su estructura coordinativa, junto con otros referidos a los movimientos específicos de los brazos, tronco y cabeza, que participan en cada desplazamiento, obteniendo así el dominio de su reequilibrio.

El balón en juego está continuamente en movimiento, pero hay acciones del juego que son a «balón parado» y en las que la alta complejidad coordinativa comentada disminuye; sin embargo, aparecen muy incrementadas las exigencias emotivo-volitivas, cosa que influye significativamente en su ejecución. Más aún cuando es un «libre directo» sobre la portería contraria, donde el «talonamiento» de los tres últimos apoyos antes del toque y el equilibrio corporal definen las exigencias coordinativas del gesto, y en gran medida su éxito. Recordemos la emotividad del libe directo/penalti/pase libre a la red que puede valer un gran trofeo al lograr el gol del triunfo. También en las finalizaciones de pase a la red con la cabeza, los aspectos coordinativos son muy variados cuando se toca el balón en el salto o se hace en apoyo. En los primeros, su «talonamiento», número de apoyos y su frecuencia pueden tener altas exigencias coordinativas para realizar el último apoyo para realizar la batida del salto a uno o dos apoyos y las posibles trayectorias de la carrera previa para sortear/anticiparse a los contrarios y simultáneamente ajustarse a la altura y velocidad de la vía por la que circula el balón aéreo. Todo ello de alta necesidad de participación coordinativa que el pase de cabeza semiparado hace más llevaderas. En cambio, el pase para comunicarse entre compañeros, además de los aspectos coordinativos acaso no tan exigentes, añade nuevas necesarias participaciones de capacidades hasta ahora no mencionadas, aunque también en los pases que anteriormente hemos descrito serían necesarias.

Son capacidades socioafectivas que soportan y proporcionan valores (patrones) comunicativos entre compañeros del mismo equipo, su intra-comunicación semiótica, que ha de entenderse como la comunicación necesaria, por todos conocida, con la que proponen todo lo deseado, por medio de los CER. Sin duda, jugar al FB tiene al pase como instrumento, soporte comunicacional, dada su alta eficiencia y eficacia como transmisor de deseos, complicidades y contextos por compartir entre todos los compañeros. Así como la ocultación o el engaño a los contrarios para sorprender y emocionar a los espectadores. La relación empática y asertiva entre compañeros proporciona armonía, seguridad y belleza al jugar de nuestro equipo. La eficacia la logra cada HD cuando por su postura, posición y actitud puede localizar/controlar el balón, en el seguro lugar próximo a sus apoyos, que son la base de sustentación que le aporta cierto equilibrio si está parado, o su reequilibrio si está desplazando, y poder atender a su entorno para decidir qué hacer, en ese EDFD que ahora vive con todos sus compañeros con quienes los unirá la energía socioafectiva y los deseos comunes de intracomunicación. Con ello, el poseedor y su compañero se hacen «señas» sobre sus intenciones, interacciones diferentes para lograr por medio del pase que queden confirmadas. El balón genera una vía de acceso en el EDF en el que ambos participan, tanto intra-CDN o inter-CDN con cierto nivel de incertidumbre causado por la presencia de los oponentes. Este nivel será bajo cuando, en la primera estación o en la segunda estación, el compañero reciba «al pie» como indica la tríada de la FD, se haga «de cara», y a «un toque», que genere una velocidad de translación del balón adecuada a la distancia entre ambos, y también a lo que acaso hagan los oponentes próximos, si los hubiera. Pero si alguno de estos criterios no se cumple, como sucede en un pase «al espacio», esta será una opción generadora de incertidumbre e inestabilidad para el equipo, pues tendrá que anticipar una autoorganización preventiva a la muy posible pérdida que se derive de tal acción, pues el pase al espacio ocasiona que el receptor tenga que ajustar su trayectoria a la vía del balón en profundidad, vía que también percibe con la misma claridad espaciotemporal él o los oponentes cercanos, lo que conlleva a la necesidad de conquista de ese espacio por ambos identificada, proporcionando igualdad y no la pretendida ventaja (VR) al receptor. Así pues, convenimos que pasar de cara y al pie del receptor no ofrece información significativa al oponente cercano acerca del futuro próximo de ese pase y ninguna obligación al receptor a que la exprese antes de lo necesario. Este pase al espacio no es asertivo, pues constituye un acto que coarta los deseos del compañero, le obliga a tener que acudir a ese determinado espacio «impuesto» por el pasador y genera sentimientos de cierta hostilidad entre compañeros. El pasador no ha empatizado con su compañero, aceptado como base de comunicación intergrupal eficiente. El pase como intracomunicación empática y asertivo-motriz deberá cumplir con:

- Haber sido elegido libremente por el pasador, según los criterios de ejecución que emanan de la tríada de la FD deseados y aceptados por todos como leyes de nuestra democracia FB.
- Transportar-mostrar al receptor sentimientos positivos de ayuda-admiración y respeto por parte del pasador para que le haga sentir satisfacción y seguridad por haber identificado con claridad el mensaje que el pase transmite, sin crearle dudas. Claridad semántica.
- Estar ajustado a las limitaciones y capacidades del receptor; en caso de no poder cumplir con ellas, pedir disculpas por las propias limitaciones que le han impedido poder hacerlo así.
- Las exigencias del entorno próximo al receptor no solo dándole espacio para que se encuentre cómodo, adoptando la postura deseada, sino también el tiempo que necesite para su actuación posterior, sin agobios ni precipitación, para que en esa situación nos permita continuar en FD con un alto porcentaje de probabilidad. Toque a tres bandas, la metáfora comentada.
- Que pueda identificar que todos en ese momento estamos con él, a su servicio, dándole derecho y posibilidades de autoexpresarse como él estime oportuno. Y que sepa que, sean cuales sean las consecuencias de su actuación, continuaremos con él, pues ha sido, sin duda, un intento para obtener objetivos por todos deseados.

Del pase entre dos compañeros nace el jugar; es su forma de comunicarnos de manera empática y asertiva, pero además también tendrá que ser recursivo; es con lo que al equipo más fuerte se le hace débil, pues el balón cuando se toca recursivamente fatiga e intimida a los contrarios. La recursividad del pase se manifiesta cuando la señal, la intención mostrada con él, se oculta una o dos veces en momentos sucesivos, en localizaciones del poseedor y del receptor muy parecidas, pero esos pequeños cambios están llenos de significantes solo identificados desde el principio por todos nuestros compañeros, que así recibirán ese recursivo pase con ventaja.

La recursividad del pase es a la vez generador y objetivo. Genera una manera específica de jugar al FB y tiene como objetivo afianzar el valor comunicativo que el pase tiene en sí mismo y en ese momento-situación del jugar. Yo te he pasado el balón ahora que me lo pides, pues entiendo que estás en una situación mejor, en algo, que la mía. Sin embargo, en el tiempo del pase, he logrado una situación superior a la que ahora tienes después de recibir mi pase; para hacértelo notar, te pido nuevamente que me pases, devolviéndome lo que antes te di, el balón. Me has ayudado a lograr una nueva situación que con la pelota no habría podido obtener; tú, con mi pase anterior, tampoco habrías conseguido lo que yo logro ahora, con tu *repetirme pase*. Ambos nos hemos beneficiado y, por tanto, lo ha hecho el equipo. El pase que se repite es del mismo tipo que el primero; pueden coincidir en muchos elementos, pero el receptor que fue generador del primer pase ha cambiado su posición respecto a su primera ejecución. De tal forma que ahora está ubicado eficazmente para lograr nuevos y diferentes objetivos, que antes ninguno de los dos habríamos tenido. Puede que la eficiencia de este repetir pase se aproxime al sentido de Pareto, pues se han logrado mejorar las condiciones del primer pasador sin perjudicar al resto de sus compañeros. No sé si Johan Cruyff conocía al economista italiano Pareto, pero él, con su intuición, aplicaba esa idea a cualquier pase ¡que por lo menos no haga daño a los demás! Decía, cuando comentaba la eficacia de un pase comprometido o dado precipitadamente, que los efectos del repetir pase son extraordinarios y demoledores para los contrarios, pues durante el primer pase el receptor es atractor de sus oponentes próximos, más aún si está ubicado en zona D o límites de ZC, en una CDN de cooperación. Con su «repetir pase», aquellos oponentes que han sido atraídos no pueden quitárnoslo con su presión sobre el primer balón. ¡Trabajo inútil! Acaso podamos conformar un nuevo EDFD en los pasillos centrales de ZD con probabilidades de lograr un pase a la red… El repetir pase en cualquier zona del EDJ es también extremadamente eficiente para atraer adversarios y desordenar cualquiera de sus líneas defensivas, más aún si después de ejecutar ese «repetir pase» entre jugadores HD ubicados en CDN de ayuda mutua se logra pasar a un tercer HD ubicado en una CDN más alejada, de cooperación en EDF que estemos conformando.

Existe otra ventaja que nace de otra opción de ejecutar pases en recursividad. Es la de «doblar el pase». Cuando nos pasamos el balón dos veces, lo «doblamos» entre los mismos dos jugadores. Haremos ello bajo el concepto de redundancia. Realizamos hasta cuatro pases de manera consecutiva. Se utiliza preferentemente cuando terminamos de recuperar el balón, entre el recuperador (primer pasador) y un segundo compañero que participaba en la autoorganización del EDFR en cualquier lugar del EDJ. Yo, recuperador, te doy un pase que no será corto; no te acerques, pues, de ser así, el anterior poseedor podría intervenir con cierto porcentaje de eficacia para volver a recuperarlo. Inmediatamente realizo una trayectoria de simulación para «pedirte» de nuevo un pase, alejándome de ese lugar, hacia un EDJ relativamente libre de oponentes en el que facilite también recibir de nuevo tu pase, repitiendo pase. Tú, segundo compañero (primer receptor), harás lo mismo que yo, me lo devuelves y te desplazas en simulación, pero no tan lejos, para que el tiempo de la vía del balón ahora sea más corta, de manera que pueda recibir tu pase para así haber asegurado nuestra posesión con este tercer pase. En el tiempo en que sucede todo esto, el resto de los compañeros ya habrán podido (OH) organizarse para conformar EDFD en ese EDJ, para que así el cuarto pase se realice estando ya el recuperador bien ubicado en una de las CDN de ese EDFD que todos nuestros compañeros han conformado con prontitud y eficacia para consolidar esta posesión. Todo ello tiene alto valor socioafectivo. Recordaremos que el segundo compañero receptor del primer pase será uno de los componentes del triángulo de recuperación mencionado que indicábamos como de gran eficacia para la recuperación.

Ahora podemos acceder a la consecución de *pases entre tres compañeros* HD (esquema 6). Al pase del tercer hombre se llega bien después de un repetir pase, como el antes descrito, que conecta a HD ubicados en las tres CDN del EDFD en el que se está jugando, y también sin ese previo repetir pase, comunicando a los HD ubicados en las tres CDN, o también en solo dos de ellas. Estos son de alta eficiencia para conformar EDFD en los sucesivos EDJ deseados, especialmente en las ZC y ZD, donde la «presión» de los contrarios se acentúa. Esta clase de pases son específicamente aptos para superar esas presiones. Existe otra clase de pases entre tres y es el pase «HOP». Se pueden ejecutar cuando tres protagonistas están cada uno de ellos ubicado en una distinta CDN del EDFD en juego. El HD en posesión da el pase que su compañero en CDN de ayuda le solicita, y este, en vez de recibirlo, lo deja pasar sin tocarlo, pero haciendo toda la intención de hacerlo. HOP casi saltando por encima de la vía del balón, que así llegará al tercer compañero que estaba alejado en CDN de cooperación sin haberlo tocado. La gestualidad de segundo HD es fundamental para el engaño de los oponentes cercanos que «saltarán» hacia él, dejando así el tercer HD en cada CDN de cooperación libre de marca. Este pase «HOP» es sumamente eficaz en el jugar en ZD, pues puede proporcionar al tercer HD una situación de centro a la red, o el poder repetir pase con el segundo HD que, por haber podido realizar una trayectoria de apoyo al tercero, ahora se encuentra en una situación con mayor porcentaje de centro a la red que él. Con estos pases de tercer hombre, los recorridos de los oponentes se alargan, pierden su marca, aumentando su fatiga física y desorden también psicológico, por sentirse engañados por nuestras «maniobras», terminando no pocas veces por desistir de su «presión» al balón, al no obtener ningún fruto, cuestión que facilita nuestras intenciones y confirma el desequilibrio posicional en sus líneas, cosa nada deseable para ellos.

2. Pases sobre sí mismo

Todas estas clases de pases redundantes logran un nivel de comunicación interpersonal eficiente y eficaz entre nuestros jugadores, pero, además de todos aquellos que expusimos entre compañeros (HD), existe otra manera peculiar de doblar pase, que es el «autopase de control». Si bien es propio de la tríada de nuestro jugar en FD hacerlo al primer toque como forma específica-identificativa del juego FB, a veces no es posible, y es cuando un primer toque de control cobra protagonismo. El autopase de control es en esencia poder lograr con un «primer toque correcto» con el balón, modificar la energía que trae, cambiando en algo su trayectoria para ponerlo en disposición de poder yo así realizar un segundo contacto de pase, según mis propios deseos. Así se confirma el jugar a «dos toques» entre compañeros. En ese primer «toque-control» el contacto es sutil e intencionado para colocar el balón en una minivía altamente eficiente para que el segundo «toque-pase» sea todo lo eficaz que el ejecutor necesita, obteniendo todo aquello que desea y que permite a su equipo mantener la FD. Este jugar a dos toques se puede realizar para varias finalidades, así:

- Cuando con el primer contacto de control reorientamos la vía del balón con el objetivo de «alejarlo» de un contrario próximo que nos dificulta nuestra acción deseada de pase. Se «orientará» hacia el espacio menos esperado por nuestro oponente y lo suficientemente larga como para que este no acceda a bloquear nuestro inmediato posterior pase. Hay que valorar el doble aspecto, el espacial de orientación respecto al oponente y el temporal que se ajuste a mi propio tempo de realización del segundo pase, única forma de lograr eficacia en este tipo de controles.
- Otra opción es cuando el/los contrario/s están alejados y queremos atraerlos hacia una ubicación que favorezca mi acción posterior de pase. Este primer contacto será para producir una vía del balón que atraiga a oponentes, que tendrá que ser corta pero lenta, incluso que parezca dubitativa, titubeante, para provocar el engaño, y en dirección contraria a la de la salida que quiero que

tenga ese balón con mi segundo toque, que deberá ahora ser toque rápido y preciso, para que los contrarios por él «fijados» no puedan interceptarlo ni acudir a presionar a nuestro compañero receptor de este pase propuesto; no les he dado tiempo. Con mi segundo pase rápido le doy tiempo y espacio a mi compañero receptor, y continuamos en FD.

- Una tercera posibilidad es la de procurarme el tiempo para reorientarme gracias al primer toque, aun sin la presencia próxima de oponentes, o con su presencia cercana para alejarme de él, pero con la necesidad en ambos casos de obtener un nuevo perfil que me permita ejecutar con eficacia un segundo toque hacia un compañero que me está «pidiendo» el balón con cierta premura, por lograr él ahora una ubicación privilegiada a la que yo no podría optar, bien para repetir pase. También desde una CDN de cooperación que deberá suponer gran ventaja para nuestro jugar. De este modo, ambos la evaluamos, pues, por tener acaso que «saltarme» compañeros ubicados en CDN de ayuda más próximos, estos podrían sentirse mal por mi decisión, pues va en contra de la prioridad del «pase corto» de nuestro juego. No es así cuando ese primer toque de control fuera repetir pase con una primera estación, CDN de ayuda y con cualquier compañero en ella ubicado, para después realizar el pase largo.

- Otra nueva opción es si tenemos con ese primer toque-control la posibilidad de dar tiempo a que todos mis compañeros conformen el EDFD en ese lugar de EDJ, posiblemente si terminamos de recuperar el balón, asegurando su disposición, con mi segundo toque-pase para alguno de ellos. O también para, con la primera acción, encontrar-lograr la trayectoria de alto control tempo-espacial para con mi segundo toque lograr hacer «un pase a la red» de los contrarios. Es el objetivo por todos deseado y que, yo por estar en ZD, he podido alcanzar con este control, para la finalización.

Nos queda proponer la forma específica de pases para superar al contrario o a los contrarios, ejecutando unos «automicropases», que se denominan *dribling* o gambeteo; lo identificaremos como el *regatear*. Deben hacerse poco, solo cuando la situación de juego exige y, a la vez, ese jugador HD cuenta entre sus PCE con este específico talento, contrastado en suficientes situaciones similares. Como estas situaciones son coyunturales, poco frecuentes y de difícil conformación, por parte del equipo solo se aceptarán bien cuando el jugar de mis compañeros las favorezcan, pues han conformado EDF en ZD para que ello ocurra en condiciones asequibles para la actuación del HD talentoso. Y siempre con la ventaja relativa de nuestro ejecutor, frente a un solo oponente o en enfrentamientos sucesivos con varios contrarios, más o menos secuenciados en un tiempo adecuado a las PCE reconocidas por sus compañeros. Siempre en espacios donde la consecuencia sea una finalización en pase a la red contraria, pues no se trata de coordinar un golpeo de balón hacia delante y correr posteriormente hacia su nueva ubicación donde repetir la acción para modificar en algo la vía del balón, como son las producidas en acciones de entrenamiento al «driblar» conos, o palos instalados sobre el EDJ a determinada equidistancia, instalada a tal efecto por los entrenadores. Se trata de que el balón debe tocarse con precisión y suavidad, como algo delicado y querido. La superficie de contacto puede ser cualquier zona del pie sobre cualquier punto de la esfericidad de la pelota, tan preciso como la energía y direccionalidad que el autor decida y sea necesaria para esta irrepetible situación ahora vivida. El número de posibilidades es enorme, pues depende de la cantidad de zonas de contacto del pie que se puedan realizar en los «infinitos» puntos-zonas de la esfera del balón; además, en combinación con el momento que esos contactos microtoques se realicen, antes del apoyo del pie ejecutor de la carrera o después de ese apoyo. Toda esa complicación coordinativa se duplica cuando, como el ejecutor está desplazándose en carrera, el toque al balón debe hacerse con cierta alternancia de ambos pies, al ser sucesivamente pie de apoyo de carrera y pie de contacto preciso con el balón. Así, cuanto mayor sea la frecuencia de los apoyos de carrera, más se aumentará la posibilidad de tocar el balón con ambos pies alternativamente o con el mismo pie, en diabólicas sucesiones, para poder cambiar su trayectoria tanto en su dirección como en su longitud o su velocidad de traslación, hasta el nuevo-sucesivo contacto que puede ser un *stop* violento y reinicio del gesto. Esta necesidad de alta coordinación intersegmentaria del ejecutor ya comentada estará mediatizada espaciotemporalmente por la actuación de los contrarios que desean impedir tal actuación. Como vemos, estas realizaciones pueden ser tantas como ejecutores las realizan. Por ello en nuestro FB solo se realizarán en la zona definición y por «aquel» jugador que tenga tales talentos coordinativos y creativos que aporten al equipo algo nuevo, diferente y fundamental para el éxito del equipo. ¡Su talento al servicio del grupo! Y no su lucimiento personal, que no pocas veces conduce a la pérdida del balón.

• Debemos ahora afrontar el pase desde la perspectiva cognitiva como cuestión necesaria para acceder al conocimiento del entorno donde tenemos que realizar nuestros pases, y detenernos en cómo cada HD logra identificar las señales de información de todo tipo que continuamente aparecen-desaparecen-reaparecen en cualquier contexto que, por dinámico, compromete todos los espacios y momentos de convivencia deseada entre compañeros, y no deseados con los contrarios. Para ello nos ponemos en «las manos» del dios romano Jano, pues nos vale como nueva metáfora de las necesidades perceptivas del HD, que desea jugar al FB. Este dios se representaba con dos rostros opuestos que le permitía ver delante y detrás. El futuro está detrás, es lo que no veo y puedo llegar a ver, y el pasado está delante, presente que ya he visto. Todos son conceptos que nos unen a Jano, pues todos los jugadores (HD) antes de recibir el balón de un pase deben mirar adelante, al pase que viene de cara, y muy rápidamente, en ese momento (To) preciso y entorno concreto, mirar atrás para identificar su situación de manera global; un paso previo a contactar con el balón. De esta forma, el pase que me llega es el pasado conocido, que necesariamente condiciona nuestro jugar presente, lo que podemos o pretendemos hacer, y es el momento de tomar la decisión de cómo jugar en el próximo futuro, casi inmediato por vivir. Entre uno y otro «rostro» del antes y el después está el «tercer rostro», el que nos parece presenciar el efímero presente que da sentido a nuestro jugar «al toque» que nunca más ha de volver. En el juego, el pase es tránsito entre el pasado, cuando pedíamos ese pase a nuestro compañero poseedor, y el futuro que intuyo que se va a conformar según mi presente pase. Solo tras haber mirado hacia atrás para ver más de lo que no veo delante de mí en el antes podré anticipar en un cierto porcentaje lo que puede suceder cuando pasé la pelota. De este modo, Jano se aseguraba buenos futuros finales. Gracias a su doble rostro, predecía un futuro exitoso. Jano tiene que estar presente en nuestros entrenamientos y partidos para asegurarnos el buen final de nuestro pase. Otra vez tenemos que recurrir a Xavi e Iniesta, «jugadores Jano» por excelencia, cuando se desplazaban pidiendo un pase. En todos sus desplazamientos giraban repetidamente la cabeza «haciendo de Jano» para ver qué acontecía en su entorno y poder predecir cognitivamente el efecto de su posterior pase que por ello podían ejecutarlo al primer toque, con la eficacia y seguridad que los caracterizaba.

Antes debemos cumplir con otros «prefectos», muchos de ellos en contra de la genética y la lógica socioafectiva, que nos inducen de manera casi correctiva para «acercarnos» al poseedor por nuestro deseo de ayudarlo. ¡Que nos vea! Es el cerebro y no el deseo ya mencionado el que debe guiarnos; tanto Andrés como Xavi nos lo mostraban en todas sus actuaciones. En vez de acercarme, debo, en casi todas las situaciones, alejarme, pero sin perder el «estar de cara» con el poseedor, bien sea separándome, bien sea manteniendo la distancia, pero en ambos casos hasta o desde una nueva orientación que permita al poseedor apreciar no solo mi ubicación (si estoy semiparado) o la velocidad, dirección y orientación de mi trayectoria (CER) (si me estoy desplazando), sino también mi gestualidad. Son esos pequeños gestos (microgestos, MG) de alto potencial informacional que serán comprensibles para mi compañero (HD) poseedor si estoy de cara a él, y de difícil percepción para los oponentes cercanos. Son MG que acompañan o ilustran a los CER en todas nuestras actuaciones, facilitando la comunicación entre compañeros, y que el pasador y el solícito receptor conocen y comparten. De tan corta duración como lo que se tarda en hacer una diminuta pero significativa inclinación de cabeza mirando al pasador para indicarle hacia qué costado (lateralidad) quiero el pase que le estoy pidiendo, aunque acaso mi perfil no diga lo mismo. O también, entre otras muchas, el detener bruscamente mi trayectoria de solicitud del balón, y realizar con el movimiento de un dedo extendido la nueva dirección que retomaré y donde quiero recibir el pase que tú estás «ocultando» hasta ese momento. Así multitud de MG para que, una vez entrenados, los apliquemos variadamente durante nuestros partidos. Gracias a que nuestras capacidades cognitivas tienen estas posibilidades perceptivas de reconocimiento, podemos elaborar un metalenguaje psicomotriz de alto y oculto potencial comunicativo entre nosotros, que los contrarios desconocen y por sus posibilidades de variación nunca podrán ser identificados por los oponentes. Ello proporciona a nuestros HD altos niveles de intracomunicación no estandarizada y de exaltación de valores socioafectivos interpersonales. Todos estos MG acompañan a todos los pases, aportándoles una información complementaria-suplementaria a la que ya aporta el pase y que conforman lo que J. M. Fuster (2013) llama «cógnito». Para él es una unidad de conocimiento o de memoria con todos los atributos asociados, que tiene un significado específico, constituidos por una red de neuronas repartidas por la corteza cerebral «red cortical», que se han formado por las exigencias vividas. Es decir, que el pase es para nuestro cerebro un cógnito formado por nuestras experiencias al pasarnos el balón en modo FB, vivido este como una experiencia específica que las tríadas nos proponen y nuestro cerebro transforma en conocimiento pasado, presente y futuro sobre el cual tomar la decisión de qué tipo de pase hacer en cada situación. Cada pase con sus atributos asociados, que hemos venido exponiendo como los componentes comunicacionales y que continuaremos proponiendo para la identificación de la inmensa energía que el pase dispone y justifica sobradamente, será lo que consideraremos como paradigma fundamento de nuestro jugar. Toda la gestualidad y los atributos de cada pase confirman que nos entendemos, que queremos jugar juntos. Ellos otorgan a cada pase una intención, pero ocultan un deseo, sobre todo esos MG microindicadores ocultan nuestros deseos para los contrarios y clarifican para el HDR y todos los demás compañeros HD que conforman el EDFD que estemos jugando. Ese deseo debe permanecer en vigor durante un número nunca determinado de sucesivos EDFD. Así, la sucesión de pases muestra intenciones intermedias que el pasarnos y pasarnos abundantemente parecen obviar, pues solo parecen útiles a otros ojos, como el atraer oponentes hacia un lugar del EDJ, o el dar tiempo a unos compañeros para estar ordenados de otra forma (FT). Para nosotros, todos ellos son logros intermedios que se pueden alargar mucho en el tiempo, pero que siempre ocultan de esa forma la consecución del deseo de que cada FD finalice en una buena ocasión o con la realización de un «pase a la red». ¡Estamos engañándolos! Todo ello porque entendemos que en el juego los enemigos no nos proponen «problemas», sino que son dinámicas de interacciones que configuran las situaciones del jugar nuevas o no, y acaso algunas inesperadas-imprevistas. Pero no son problemas que nos puedan obligar a realizar lo que ellos quieren, generadores de peligro o miedo. Por ello, el pasarnos y pasarnos libremente el balón que nadie nos impone, solo el deseo de cooperar con todos mis compañeros libremente, sin miedo alguno, hace que el jugar al FB sea un fútbol único en el que el pase constituye su medio preferente. Y todo lo ahora expuesto no son «justificaciones» de la conveniencia de cómo utilizar el pase para jugar al fútbol, sino la implicación razonada y corroborada por otros campos del conocimiento que dan apoyo a nuestra forma de jugar al fútbol.

Jano es la gran metáfora del pasarnos el balón al modo Barça, utilizando nuestras capacidades cognitivas de percepción espaciotemporal que nos proporcionan jugar «al pase» de manera inteligente, capacitándonos para poder anticipar y conformar el futuro inmediato de nuestro jugar en cualquier lugar del EDJ cuando estamos conformando voluntariamente los EDFD. Si bien este hábito de «Jano» debe emplearse en todo momento, tanto en FD como en FR para poder percibir la información circulante en nuestro entorno de juego. Vemos nuestro entorno con las capacidades de nuestros ojos, el número de compañeros y el de oponentes, dónde están ubicados, qué distancias hay entre ellos, se están desplazando o están parados, cuáles son sus trayectorias en el primer caso y sus perfiles en el segundo, así como las velocidades de esas trayectorias. ¿Y todo ello para qué? Para poder ver consciente, deliberada y voluntariamente, ahora con los «ojos del cerebro», que procesan toda aquella información. Es cuando nuestra experiencia valorará cualitativamente, desde la referencia de nuestro jugar, para llegar a comprender, ver todo aquello «a nuestra manera», es decir, emitir juicios perceptuales que concretan la forma como cada cual logra jugar al FB.

Sin embargo, en el EDJ también circulan multitud de señales más o menos armónicas que constituyen mensajes y establecen conversaciones conocidas, que sostienen nuestro juego, y otras veces menos conocidas, que identifican las demás formas de jugar. En ocasiones, tanto unas como otras pueden fallar o no se perciben adecuadamente, su sintonía es imprecisa y solo se percibe ruido también provocado por los contrarios. Es cuando la solidaridad entendida entre el altruismo y el amor genera optimismo que persiste en el logro de los objetivos a pesar de los contratiempos. Sin duda y en cualquier situación puede aparecer el «natural» egoísmo generador de emociones que la mayoría no desea, aunque a veces también la satisfacción personal. Algunos piensan que pueden crecer solos en el seno del equipo, pero ello no es posible, pues el grupo deja de ser tal cuando tan solo uno de sus componentes prescinde de los demás, sin percatarse de que, cuando el equipo «muere», todos mueren. Todo eso es generador de grandes emociones y deseos, a veces entrenados, que expondremos desde la perspectiva emotivo-volitiva que nos da la posibilidad de observarnos a nosotros como HD «pasadores-receptores». Identificar las emociones que nos genera cada pase, ver si se han cumplido o no nuestros deseos de éxito para la intracomunicación con mis compañeros durante todo y en cada momento del partido. Son todos los sentimientos que nacen de mi propia observación, validando todo lo que he deseado hacer en mi jugar durante el tiempo de cada partido en el que participo con mis pases y asociados complementos semánticos, que hacen «crecer» mi presencia en el seno del equipo al jugar al FB. Desear algo no es conseguirlo, pues existen múltiples posibles interferencias nacidas en los distintos ámbitos que hemos mencionado, coordinativos, cognitivos, socioafectivos... que los oponentes fomentan con sus actuaciones siempre insidiosas e inesperadas. Por ello hay que evitar que todos los deseos y aspiraciones de nuestras actuaciones en el jugar se concentren en un solo propósito concreto, pues deberán siempre permitir al compañero receptor aportar también sus deseos. Ya lo hemos expuesto como la necesaria coherencia operacional imprescindible para jugar como equipo, siendo máximo exponente de un deseo común compartido por todos, que solo será posible cuando cada cual aporte y no imponga. El juego de pases se constituye así como dinámica interactiva a tres niveles de juicios emotivo-volitivos:

- Nivel intrapersonal constituido por los deseos personales cargados de emotividad que impregnan todas las actuaciones que cada cual realiza. Siempre interpretadas desde las tríadas, tanto generales como las de cada fase del jugar en la que ahora se genere el juego.
- Nivel interpersonal, que exige congeniar lo propio deseado con lo de todos los demás compañeros, tanto si somos poseedores como si somos posibles receptores, y para cooperar en la conformación de los EDF, que en cada momento sean necesarios, en FD o en FR.
- Nivel intergrupal es la conjunción de los deseos y emociones del propio equipo ante cada uno y todos los comportamientos de los contrarios. Esta conjunción será en parte exploratoria, para captar e interpretar los deseos-intenciones de los compañeros, pero a su vez tendrá, en escalas temporales simultáneas, que contrastarlas con las de los contrarios, para lograr anticipar e identificar esas intenciones en cada una y todas las situaciones de juego que los contrarios quieren imponernos para ganarnos ese partido.

De esta forma, lo coordinativo-cognitivo y lo socioafectivo del pasarnos el balón nos ofrecen un «mapa» de cómo realizar cada pase. Mientras lo emotivo-volitivo apunta a cómo gestionarlos-vivirlos y aceptar sus consecuencias en cada momento, sin que nos hagan daño, pues existe para eso la inteligencia emocional, que se manifiesta en todos los HD independientemente de la cultura en la que hayan sido educados. Esta les proporcionará actitudes favorables o desfavorables para convivir con ellos mismos, en convivencia con su equipo, y saber cómo enfrentarse a sus contrarios. No hay ninguna actuación sin intención y

sin sentir cierta emoción que nos incite a tener que proponer una determinada forma de hacer, pero que también puede paralizarnos, o rehuir
tal o cual realidad del juego. Sin embargo, es posible y también en parte
inevitable lograr incentivar o moderar las emociones, pues no son
«algo» ya preestablecido en y por nuestra dotación genética, sino que
disponemos de inteligencia y razón como la vía para su modificación y
para llegar a comprender por qué hemos actuado como lo hemos hecho,
en ese especial momento del juego. Una emoción no es algo que me
ocurre porque sí, sino algo que aparece mientras estoy «haciendo algo»,
un pase o cualquier acción que necesariamente me emociona. Y es por
los juicios de mis compañeros, de los espectadores, de mi entrenador, en
cada actuación, por lo que sentimos que estamos ante lo que acaece
inevitablemente o ante aquello que depende de nosotros. Solo así podemos evitar el temor que puede distorsionar la realidad, que entorpece
enormemente cualquier nueva propuesta, lo que nos impide actuar en el
futuro próximo como quisiéramos. En muchos casos se transforma en
cierta manera de eludir o activarnos ante dificultades que, sin duda,
siempre nos presentan los contrarios. Es la actitud que lleva al HD en
ocasiones a encerrarse en su frustración, dejando de intervenir en el
juego, a veces como venganza por lo que los demás le han hecho o él
siente que le han hecho. Esta degradación individual y espontánea de su
actividad es acaso la que contagia al equipo, y su resultado puede desembocar en la explicación de las grandes remontadas o las actuaciones
insólitas, que se interpretan como la modificación fortuita de la suerte y
con aquello de «¡Es fútbol!». Pero sabemos que la emoción, lo emotivo,
no es lo accidental de un ahora que explica la vulnerabilidad de los HD
nacida en aquellos juicios de los demás, sobre las cosas que nos impor-
tan de nuestras acciones, sino que es el «juicio íntimo» que cada HD
realiza de cada una de sus actuaciones. El pase, como la ejecución pre-
ferencial de nuestro jugar, es el principal generador de emociones. Las
fácticas (Gordon...), que son las rememoradoras de un pasado que nos
hizo sentir «algo» como deseo frustrado o satisfecho, sobre lo ya consu-
mado. De estas se derivan las emociones epistémicas (Gordon...) basadas en la incertidumbre de lo positivo o negativo que nos deparará el
futuro que con nuestra actuación deseamos que se cumpla. De todo

aquello que sospechamos que nos pueda suceder, beneficiándonos o todo lo contrario, pues cada una de las situaciones que «miran» al futuro son inciertas, son epistémicas, generadoras de incertidumbre. Por ello no podemos caer en el querer solucionarlo por uno mismo, para tenerlo resuelto a nuestra manera, cosa que pocas veces se logra. Siempre tenemos que recurrir al equipo, pues cuando aparezca lo fáctico negativo tenemos el recurso del pasar, pasar…, pasarnos el balón como solución inteligente, hasta que entre todos nos liberemos del miedo. Accederemos así por conformar EDFD eficientes a retomar la situación como un futuro liberado de juicios negativos, recomponiendo nuestra tensión emocional, que transforma lo inevitable en factible, y una posible derrota estrepitosa, no solo mía, sino del equipo, en un éxito de todos. Y es que las emociones compartidas dan alegría y confianza al grupo y ganas de continuar actuando conjuntamente, compartiendo responsabilidades y cooperando en todo momento en el jugar del equipo.

Como hemos venido exponiendo, el pase es el gen del jugar al FB, lo conforma, pues facilita exhibir todas las capacidades de que los seres HD disponen y que cada cual muestra a cierto nivel según su propio talento, en cada momento del jugar, como una epigenética personal y autoconformadora, pues en cada pase va, como hemos visto, toda una carga coordinativa, cognitiva, socioafectiva…, generadoras de una energía que ningún otro gesto del juego logra alcanzar y que el FB ha descubierto como la «panacea energética» de su jugar. El FT trata a otras acciones a su misma altura que el pase, o muy superior, como los remates, los «tiros» por la escuadra o los inacabados regates, sin darse cuenta de que todos ellos son pases de una u otra categoría, como hemos visto y justificado en lo que hasta aquí hemos expuesto.

3. El pase especial, «el pase a la red»

Nuestro jugar consiste en esencia el ir conformando EDFD sucesivamente hasta llegar a los límites entre las zonas C y D del EDJ, pues en sus carriles centrales es donde disponemos en porcentaje mayor de poder ejecutar un pase a la red. Al enfrentarnos a contrarios que juegan al

FT, su equipo estará ordenado según unas «líneas» defensivas de acuerdo con el sistema elegido por su entrenador. Estos sistemas están formados por una o dos líneas, incluso en ocasiones existen variantes de tres líneas, compuestas cada una por entre 1-4 jugadores; además, comúnmente, hay en la línea más próxima a su portería tres, cuatro y hasta cinco componentes. Esta es la última de sus líneas y es la que determina el «fuera de juego» de nuestro jugar. Los movimientos de todos los componentes de estas líneas, según la teoría de la defensa en línea, realizan trayectorias llamadas «basculaciones» en amplitudes de alta simetría y con referencia aproximada a la de su área, acompañando así los movimientos en amplitud del balón que manejan sus enemigos, pero manteniendo una equidistancia acordada entre los componentes de esa línea. Cuando el balón se mueve y lo movemos FD en profundidad, la respuesta es reducir el espacio entre las líneas y uno de sus componentes; se ejecuta una trayectoria «presionante» en salida para impedir el progreso de nuestro jugador que dispone en ese momento del balón. Eso sí, acompañado de la basculación lateral que corresponde de sus compañeros próximos si fuera necesario. De esta forma, entendemos que el número de líneas, su relativa separación entre ellas, el número de jugadores que las componen y la distancia entre ellos son el total de componentes que marcan el «carácter» defensivo de su equipo. Sus movimientos simétricos en amplitud y profundidad, respetando las distancias relativas entre líneas y entre sus componentes, determinan su «equilibrio», que se sustenta y se ajusta gracias a los jugadores que ocupan las posiciones centrales de cada línea del sistema que se esté utilizando. Las características de estos aportan la «contundencia» del juego. Carácter, equilibrio y contundencia son las tres palabras clave, a veces sin un contenido reconocido, pero son las más empleadas para definir una buena defensa en el FT. Tales conceptos son lo que entrenan los técnicos en sus rutinas de entrenamiento defensivo. Queda un último aspecto para una defensa «compacta»: determinar a qué «altura» y separación se implantan estas líneas defensivas. ¿En un cuarto del campo propio, o directamente en la frontal del área? Para nosotros, esto supondría localizarlas sobre el EDJ en el tránsito de la ZC a la ZD. Justo en sus carriles centrales es el lugar desde donde y a partir del cual podemos tener un alto porcentaje de probabilidad de hacer pases a la red, de lograr el gol, que es el objetivo de nuestro juego. Para ello, debemos entender que todas esas distancias descritas con las que nuestros contrarios componen sus líneas defensivas en cualquier lugar del EDJ forman cierta «simetría» que tenemos que romper con nuestros pases, para así acceder al definitivo pase a la red. Basándonos en la idea de que lo que localmente sea repetitivo, logrado por simetrías de orden entre sus componentes; globalmente puede transformarse en aleatorio en un determinado tiempo, por lo que el objetivo de nuestro jugar en esas zonas y pasillos debe centrarse en romper/impedir su orden repetitivo. Es decir, romper localmente sus ¡simetrías! Son simetrías muy estables que localmente se instalan por repetición en lo particular de las distancias simétricas que los HD defensores repiten muchas veces en sus respectivas líneas durante sus desplazamientos/basculaciones en amplitud y profundidad, y que su entrenador aplaude y fomenta. ¡Tira la línea! ¡Mantén el orden! Se entrenan repetidamente. Uno sale al balón y sus compañeros más próximos basculan con precisión; uno sale «agresivamente» con contundencia al balón, otro ocupa su lugar. ¡Cierra! ¡Cierra!, dice su entrenador. Repeticiones de movimientos simétricos defensivos «locales» allí donde nosotros, sus enemigos, hacemos circular el balón, para conformar EDFD con nuestros pases. Estas simetrías se repiten de tal manera entre los componentes de sus líneas defensivas que continuamente están recomponiendo las simetrías deseadas entre sus compañeros componentes de la línea y las distancias entre ellas, ya convenidas en sus entrenamientos. ¡Juntas, juntas! En su máxima expresión simétrica, esas líneas guardan además un orden y proporción simétrica respecto la imaginaria línea que nace en el balón y termina en el centro de la propia portería, cosa que hace una defensa inexpugnable sobre la que montar en muchos casos el fundamento de su juego, el contraataque. Debemos ser capaces, para romper ese orden simétrico, de intercalar a un número de nuestros HD que conforman la CDN de cooperación en cada uno de los EDFD que allí jugamos, en los espacios entre oponentes que forman su línea de fuera de juego, sin caer en él. Según ciertos momentos, incluimos a dos de los nuestros, entre dos suyos, para romper el monótono orden simétrico de sus basculaciones, o también los intercalamos uno a uno entre los suyos, para romper la simetría repetitiva de «uno sale a presionar, otro cierra». Asimismo, sobre una misma línea defensiva, podemos hacer las dos, o en distintas líneas hacer una de ellas con la misma intención en cada caso. Mientras tanto, el resto de nuestros jugadores organizan los EDFD haciendo pases cortos repetitivos y de diferentes ritmos ya conocidos por entrenados, para favorecer las actuaciones de sus compañeros que por ello lograrán la ruptura simétrica local en un determinado lugar de esa línea defensiva contraria. Roto ese orden repetitivo local, se propagarán actuaciones aleatorias globales en su sistema defensivo. Todo ello nos lleva a obtener una eficaz «ventaja dinámica» (ET) en otro lugar donde pasarnos y pasarnos el balón para conformar los EDFD correspondientes; así logramos un nuevo estado global inesperado para ellos, que nos proporcionará espacio y tiempo para poder encontrar ese deseado pase a la red por alguno de nuestros HD jugadores ubicados para tal efecto, allí donde hemos visto que lo aleatorio e inesperado ha hecho mella en su construido, compacto e inexpugnable sistema defensivo. ¡Para defenderse de nuestros ataques (FT)!

Ello no quiere decir que con cada rotura de simetrías que hemos logrado con nuestros pases hayamos marcado un tanto, pero es sin duda esta propuesta la que tenemos que utilizar en esas circunstancias del juego, pues con romper una de sus simetrías locales de esta forma sembramos el desorden e inestabilidad global y provocamos que los contrarios tengan ahora que actuar en lo aleatorio, que nos beneficia para, en el peor de los casos, tener una ocasión. Además, logramos el tocar y tocar que algunos critican, pero que es lo que nos identifica y nos da la clave del éxito de nuestro jugar al FB. Como hemos expuesto, es la exaltación del equipo frente a la posibilidad de la acción individual cualitativa que no desestimamos, pero que contemplamos como otra posibilidad más, cuando esté allí nuestro HD capaz de realizarla con un alto porcentaje de eficacia. Así podemos concluir que la eficiencia de nuestros pases a la red se fundamenta en la dialéctica entre el orden y la inquietud de lo aleatorio que provocamos en nuestros oponentes con nuestro pasar y pasar... Y pasarnos el balón entre todos nosotros y que llamamos FB.

Este pasarnos, pasarnos… lo hacemos de cierta manera, que en el FB identificamos como «el círculo virtuoso» del pase» (CVDP). Lo utilizamos como explicación de toda intracomunicación entre los jugadores de nuestro equipo, pues al pasarnos el balón y con su mediación se transmite toda información sustancial, cual «gen» capaz de conformar todos y cada EDFD identificativos del bien jugar en cada momento-lugar y situación del partido. Cada uno de sus protagonistas, el poseedor del balón (HDP) y el receptor que le «pide» el pase (HDR), lo utilizan siempre como fundamento de su actuar inteligente, durante su ciclo de percepción-acción. Este virtuoso ritual es portador y guía de los deseos compartidos por todos del jugar al FB, pues en el CVDP se contempla la compleja funcionalidad que ofrece alternativas a los HD de cómo jugar «al pase» en cada momento, de manera inteligente, es decir, consciente, deseada, compartida y creativa. Este círculo CVDP «funciona» ininterrumpidamente como un circuito neuronal cógnito específico, mientras los HD están jugando al FB ante la necesidad ineludible de intracomunicarse con otro compañero ubicado en el EDFD y que comparte con todos en cada una de las CDN, y que también se ha de postular como posible futuro receptor. Con el deseo de que los acepten para cooperar, ofrecerán sus PCE al poseedor. ¡Quiero ser siempre el elegido por el poseedor (HDP) como receptor (HDR) del pase! Y si no lo soy, estaré ejecutando alguno de mis CER para lograr una VR que dé a otros HD compañeros, o a mí mismo, otra oportunidad de ofrecernos como futuros-próximos HDR en el siguiente EDFD. De esta forma, todo nuestro jugar está en el entorno del energético balón, y todos podremos disfrutar de él mediante el pasarlo…, que es el jugar al FB. Ello nos diferencia del FT donde a veces no pocos jugadores están alejados por delante o detrás del balón sin participar ni disfrutar de su energía. Son los FT «descolgados», que esperan pasivos que «llueva» un balón despejado por alguno de sus compañeros, acaso con esa intención, al campo contrario, para «en solitario», generalmente, hacer su jugada de contrataque (FT). Y otros, los que están por detrás del balón como «vigilancia» de los avanzados descolgados del equipo contrario, cuya misión es recuperar el balón «llovido» antes que el descolgado oponente. Nada de todo esto es posible ni necesario con nuestro jugar al FB, pues por medio de sucesivos EDFD y

EDFR logramos proteger-renovar toda la energía del balón, ya que todos vivimos-jugamos gracias a él, disfrutando de su energía. Además, sabiendo que aquellos descolgados contrarios nos ofrecen gratuitamente disponer de una (VR) numérica sin ningún esfuerzo allí donde está el balón, indiscutible espacio de nuestro jugar. En el ideograma 23 exponemos los distintos constructos cognitivos por realizar en el antes y en el después de la acción-ejecución del pasarnos el balón. Todo ello es uno, que se transforma con el tiempo en hábito, como responsabilidad colectiva que se manifiesta en un determinado quehacer individual y se corresponde con una «moralidad» institucional, forjada en cincuenta años de practicar un jugar identificado como FB.

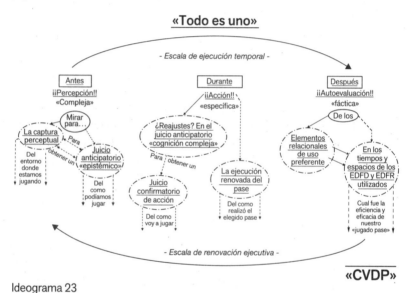

Ideograma 23

A continuación, pasamos a describir el CVDP mediante la exposición sucesiva de las funciones y actos cognitivos que deben y tienen que realizar todos los HD en el transcurso del tiempo en que nuestro equipo esté jugando en FD para mantener la disposición del balón y conformar los sucesivos EDFD gracias a la reorganización de todos los HD componentes de nuestro equipo. En el ideograma 23 exponemos que cada CVDP se inicia con:

- Mirar es la primera acción. Es lo primero de todo, tanto en FD como en FR, aunque ahora lo exponemos como necesario en la FD (por estar hablando del pase). Su objetivo será «prever», que es ver anticipadamente las condiciones físicas del entorno, que someteremos a un meticuloso escaneo visual Jano, como fundamento para lograr jugar con la coherencia operacional que las tríadas proponen del cómo jugar al FB. Este mirar tiene dos momentos simultáneos:

  – Un primer momento crítico de 1/1.000 es el que llamamos instante de «captura perceptual», que nos aporta la posibilidad de obtener una información perceptual abundante, específica y suficiente de las condiciones y factores actuales del entorno, para aproximarnos a identificar la realidad que vivo ahora en esta situación entre los míos. Utilizamos la empatía a tal efecto; la realidad de mis demás compañeros, en especial los posibles HDR si soy poseedor, o al poseedor y al resto de los receptores si soy HDR, así como la dinámica distribución de los contrarios próximos; para ello, empleo mi exoempatía. Para la realidad de nuestro equipo y la del equipo contrario utilizo mi socioempatía. Sin duda necesito mirar a mi alrededor continuamente, cerca, lejos, repetidamente. ¡Hacer de Jano! Para ello tenemos que centrar nuestra mirada en:

- Si tenemos ya totalmente conformado el EDFD que queremos, o si aún estamos conformándolo, como situación predominante de nuestro jugar en ese momento.
- Dónde estamos jugando, qué lugar del EDJ ocupamos. Así como localizar las zonas y pasillos que el EDF ocupa en este momento.
- Cuál es su arquitectura-morfología, y el dónde estoy yo.
- Cuántos oponentes y cómo están distribuidos cuando se defienden teniendo como referencia sus respectivos sistemas de defensa que ahora reconocemos y acaso esperábamos.
- Quién dispone ahora del balón HD y en qué situación se encuentra.

- ¿Ocurre algo especial, desconocido, inédito, que nos afecta a todos?

  – Con toda esa información capturada, extraigo lo que creo que es más significativo en el ahora, momento del jugar de ambos equipos, y paso a otro pero simultáneo momento que llamamos «juicio anticipatorio». Por lo tanto, la captura perceptual y el juicio anticipatorio son simultáneos y complementarios; son acciones del cerebro especializado del HD entrenado para el FB. Es la fase de percepción compleja de esa situación. Nosotros los describimos por separado para que, con la identificación de sus contenidos, los entrenadores puedan tener material formativo-informativo para el entrenamiento de cada día. Mediante este juicio cognitivo, lograremos «prevenir», estar preparados para anticipar todas las posibles actuaciones que, en ese entorno capturado, puedan suceder. Acciones claramente distintas estando FD si yo soy HDP o si, por el contrario, soy HDR. Me tengo que preguntar al menos:

- ¿A cuántos compañeros de este EDFD podría pasar el balón si fuera poseedor, y en qué CDN están ubicados? ¿Qué alternativas de pase tengo?
- ¿Quiénes de ellos anticipo que puedan tener espacio-tiempo suficiente de acuerdo con sus PCE, para mantener en porcentaje alto la FD?
- ¿Hay algunos de los nuestros en este EDFD que están en situación de realizar un pase a la red?
- ¿Estamos ayudando suficientemente al árbitro?
- ¿Estamos utilizando convenientemente nuestros CER? ¿Alguno no?
- ¿Cuántos contrarios nos amenazan de forma inmediata, ahora, o están en vías de hacerlo próximamente? ¿Conozco sus PCE?
- ¿Cuáles son los espacios amenazados y cuáles están libres de amenaza? ¿Dónde están unos y otros?
- ¿Qué tipo de ventaja (VR) podemos alcanzar de manera más efi-

ciente según estemos en ZA/ZB y más eficaz si estamos en ZC y ZD?

- ¿Cuáles de mis PCE son ahora válidos para el bien del jugar del equipo en FD? ¿Estoy en disposición de utilizarlos?
- ¿Qué cambios posicionales puedo anticipar y cuáles pueden ser sus posibles trayectorias referidas a mis propios compañeros? ¿Y las de los oponentes próximos dispuestos a intervenir?

Esto es lo que en el FT llaman «táctica individual». Todas estas preguntas se resumen en una simple: ¿qué sabes de este momento del juego?

Con toda esta información ya puedo elaborar un «semidefinido» juicio anticipatorio sobre cómo podíamos jugar en este momento y lugar el balón mediante un pase. Sin embargo, y como situación epistémica en el instante siguiente, algo puede cambiar. Por ello, siguiendo la escala de ejecución temporal del CVDP (ideograma 23), en el siguiente momento tendremos que prepararnos para la acción, lograr ejecutar el pase con la intención que deseo como HDP.

En un primer momento, debo lograr congeniar la idea, el deseo actual con la situación del entorno del jugar que había anticipado como posible en el juicio anticipatorio. En este instante reaparecen los resultados de anteriores situaciones vividas y los recuerdos fácticos de ciertas experiencias similares. Pero nunca un pase es igual a otro; por tanto, debo elaborar el juicio confirmatorio donde se recojan todas esas anteriores experiencias similares y se «mezclen» con el ahora complejo inmediato del que el anterior juicio anticipatorio ya me propuso soluciones, y sobre las cuales tendré que hacer algún pequeño-gran «retoque» para acomodarlo al actual ET y la situación del momento. Este es el primer instante, en el que se incorporan todas las referencias necesarias para poder obtener la información del entorno para actuar a la manera FB y terminar la acción del «toque» deseado del balón. Tendré que ajustar:

- En qué zonas y pasillos estamos siendo eficaces y quiénes de entre mis compañeros lograban serlo.

- En nuestra anterior acción sucedió lo esperado y fuimos eficientes a la hora de lograrlo.
- Ha habido la misma eficacia y eficiencia en nuestra OH anterior que nos ha proporcionado esta situación que ahora vivimos.
- Los espacios inter-CDN actuales los he vivido con anterioridad en este partido.
- Con qué condiciones de pase estimo que puedan facilitar la actuación posterior al receptor... Puedo lograrlas...
- Estoy proporcionando al receptor todas las opciones de pase de las que disponemos (repetir-dobles...) con este pase que pretendo.
- En qué posición, desplazamiento, situación o velocidad me encuentro para poder ejecutar el pase que deseo (propiocepción).

Con esta nueva información presente, tomo la decisión de la ejecución renovada de la acción específica de ese determinado pase. Y será la forma de ejecutarlo, el reflejo de todos estos juicios llevados a la práctica en los entrenamientos específicos que expondremos, que solo podremos continuar optimizando en los partidos. Es el tiempo el que en última y en primera instancia fijará su resultado, pues todo lo que hasta aquí hemos escrito se tiene que ejecutar en lo que he tardado en escribir una «sola» letra de lo que hemos llamado CVDP.

Para ejecutar el pase tendré que ajustar toda mi motricidad a la situación de juego que mi juicio confirmatorio me propone. Lo describimos así, pero el juicio confirmatorio y la acción de ejecución son simultáneas e interactivas. Ejecuto esto, pues el juicio confirmatorio me indica unas claras condiciones del entorno donde estoy jugando, en el que «ese» tipo de pase provocará «eso» que yo deseo. Y es entonces cuando mis capacidades coordinativas se activan simultánea-sucesivamente con el juicio confirmatorio, para producir un tipo de «pasar» que satisfaga las exigencias mostradas en ese juicio confirmatorio. Y es tal la interacción entre ambos que ya en el inicio del gesto, si han cambiado en algo las condiciones del entorno antes confirmadas, esta nueva información hace modificar la parte de ejecución que se pueda ver afectada por el «diminuto» cambio del entorno captado, y hace disponer nuevos elementos motrices que ahora son necesarios para confirmar una ejecución exitosa, a pesar de lo imprevisto, que de alguna forma nos afectó. Las condiciones creadas por una práctica variada durante los entrenamientos del FB generan en los HD que los realizan una capacidad de ejecución de esta categoría. Así adapto:

- El equilibrio del cuerpo a la situación que el pase necesite, controlando la amplitud de los apoyos si estoy en desplazamiento para ajustarlos al momento y lugar del contacto, toque al balón. O al diseño de una base de sustentación ajustada a la distancia de la vía del balón para contactarlo-tocarlo en el punto deseado de su esfera para producir la vía deseada de mi pase.
- El segundo punto de atención es el de la triple gestión simultánea de:

  - La velocidad de la pierna libre de golpeo, para lograr ajustar la velocidad del pase.
  - La distancia respecto al balón del apoyo del pie de la pierna libre, para facilitar ese preciso golpeo y aportar la direccionalidad de la posterior vía libre del balón, después del impacto-toque.
  - Y la superficie, punto de contacto del pie dominante o no dominante con el balón, que determinará la eficiencia-calidad y eficacia-resultado del pase realizado.

El pase de cabeza o con cualquier otra parte «reglamentaria» se realiza bajo los mismos criterios indicados, pero con las modificaciones coordinativas necesarias. Ejecutado el pase en ese microtiempo descrito del «durante», pasamos ahora a jugar el tiempo «fantasma» del después, ya que, en el instante posterior del toque, pasamos irremediablemente a una renovada tarea, bien sea el ejecutar otro pase diferente al precedente, pues he recibido un pase (repetido, doblado...) del HD compañero a quien pasé, o acceder a otro diferente antes, cuyo tiempo y situación por ahora es una gran desconocida, pues está en dependencia de las intenciones de mi ahora nuevo HDP, compañero a quien pasé y no tomó la mencionada decisión de repetir, doblar... el pase, sobre mí, o ejecutar autopases (conducción) para cambiar los espacios-tiempos del jugar.

Las tareas perceptuales de este antes son igualmente válidas tanto si el equipo continúa en FD, pues la ejecución anterior fue correcta, como si pasó a FR por el fallido pase anterior. En una y otra situación durante este después-antes tenemos que realizar de inmediato la autoevaluación imprescindible para identificar y valorar el nivel de eficiencia y eficacia de los elementos que he utilizado de forma preferente en la ejecución de todos los pases en mi «jugando» en equipo. Así, me pregunto:

- ¿Mi comunicación se ajustó a nuestra semántica?
- ¿Qué ubicación he tenido preferentemente respecto a mi HDP?
- ¿He acertado con asiduidad en ofrecerme al pase corto como propone la tríada?
- ¿He logrado trayectorias eficaces previas a recibir el pase, o he perdido la posesión por no haberlas conseguido?
- ¿He utilizado mis CER sin variación y por ello hemos tenido numerosas pérdidas? ¿O todo lo contrario...?
- ¿He tocado preferentemente con mi pie dominante el balón, aunque podría haberlo hecho en alguna ocasión mejor con el otro?
- ¿Ello ha ocasionado pérdidas?
- ¿He jugado con microautopases cuando podía haber jugado a uno o dos toques, comprometiendo sobremanera el mantener la FD de mi equipo o perdiendo esa posesión?
- ¿Con qué CER me he sentido más seguro y eficaz?
- ¿Estoy jugando libremente o me siento condicionado? ¿Por qué?
- ¿He cumplido con todos los criterios de equifinalidad?

Todas estas preguntas y muchas más aparecen con la experiencia de los HD del equipo, sobre cómo utilizar durante los partidos ciertos elementos informacionales de uso preferente, que proporcionen el autoconocimiento de cada HD y el camino que debe seguir para su continua y necesaria optimización. Se busca poder jugar cada vez con mayor frecuencia al modo FB. El entrenador también debe observar a cada uno de sus jugadores HD desde estas dimensiones, para proponer tareas eficaces en sus prácticas de entrenamiento. Esta es la importancia de esta fase «fantasma» del después, como una fase componente del CVDP.

Este proceso del CVDP tiene la virtud de obtener una alta estabilidad en el «jugar al pase», pues logra que todos los HD jugadores de nuestro equipo conformen el juego desde el cómo, dónde, por qué, a quién y cuándo pasar el balón, lo que asegura una equifinalidad, una misma finalidad entre HDP-HDR que conforta y refuerza la coherencia operacional identificativa del cómo jugamos todos al FB. Sobre todo en cómo se afronta la nueva inicial fase del antes para el pasar ahora. Mientras que, en el durante, es la multifuncionalidad la que debe guiar esos juicios confirmatorios para proponer y descubrir situaciones que induzcan a ejecuciones con una funcionalidad variada, que, ante unas mismas situaciones, siempre puedan aparecer ejecuciones distintas, pases variados y alguno de ellos «impensados». Esta equifinalidad y multifunción son y tienen que ser siempre características de todos los elementos relacionales de uso preferente en cada HD que juega al FB.

Todas estas cuestiones propuestas en la explicación del CVDP en cada uno de sus momentos, antes-durante-después, son una recopilación que cada entrenador puede aumentar y cambiar si es capaz de encontrar cómo explicarlas y entrenarlas. Este es su reto continuo para obtener la optimización eficiente de sus jugadores HD. Eso sí, sin desviarse y desestimar nuestras tríadas, e intentando por todos los medios obviar en lo posible el resultado del partido al realizar sus distintas propuestas, pues el ganar o perder debe entenderse como una consecuencia no categórica del jugar. Todo lo demás conduce a cometer errores en la composición y emisión de los distintos juicios perceptuales que los HD deben realizar en libertad, durante cada uno de los tres simultáneos-momentos del CVDP que hemos expuesto y permiten apreciar el alto valor que el pase aporta al jugar al FB.

Los pases como conformadores de los EDFD durante nuestro jugar

Ya hemos expuesto que la conformación de los EDFD es la manera identificativa del jugar al FB, y los pases son el medio que lo proporcionan. De esta manera, decimos «reorganizarnos» para conformar todos los EDFD y «autoorganizarnos» para hacer otras funciones en los EDFR, siendo ambas consecuencias y muestra inequívoca de ese carácter bifuncional de los valores organizativos de nuestros equipos. La reorganización desde la perspectiva del pase tiene a este como sustento para lograr conformar todos los EDFD, consiguiendo que nuestro equipo pueda disponer del balón el mayor tiempo posible del total del partido, lo cual es factible si cada uno de los HD compañeros conocen, identifican y ejecutan formas de relacionarse por medio del balón en el EDJ ya asumidas y practicadas durante el tiempo de sus entrenamientos, consistentes en:

- Entender y aceptar que el balón y el HDP del equipo que lo dispone son el centro físico de ese EDFD, el de máxima energía operacional que nos permite conformar todos los sucesivos EDFD durante el máximo tiempo del partido. A la vez, debemos ocupar los sucesivos espacios deseados en el EDJ, que nos proporcionen llegar hasta la ZD o sus proximidades, para disfrutar de una ocasión de «pase a la red», o marcar el gol deseado, y así finalizar por ahora su disposesión, señal inequívoca de que no lo hemos perdido, que es la identidad de nuestro jugar.
- Acordar que nuestro HDP que lo dispone es quien decide y marca el centro físico de cada EDFD, pero entre todos los demás tenemos que conformarlo, darle una forma aún desconocida, en torno al lugar en el que esté ubicado nuestro HDP, y en el menor-óptimo tiempo conformar las dos CDN que en cada situación del juego sean necesarias.
- La forma-diseño físico de cada EDFD es su geomorfología. La logran aquellas CDN de ayuda y cooperación sobre ciertos lugares sucesivos del EDJ. Tienen que recomponerse cada vez que haya un nuevo pase entre jugadores HD de nuestro equipo ubica-

dos en alguna de ellas, lo que nos demuestra la alta energía que el pase dispone, solo controlable mediante la reorganización de todo el equipo, por medio de la intracomunicación semántica específica por todos conocida.

- La CDN de ayuda mutua (CDNAYU) la conformarán un número de nuestros HDR próximos al HDP; se ofrecen en varias-todas las direcciones que estén libres de oponentes, como posibles HDR del pase deseado. De esta forma, por estar próximos a la fuente de energía del balón en esa indicada disposición, podrán ofrecerla al HDP elegir entre las variadas opciones a quien pasar mediante pase en corto, según las tríadas. Y así perpetuar la disposición en FD de nuestro equipo gracias a nuestro pasar…, pasar…

- El número de componentes de la CDN de cooperación, los más alejados, son el resto de los HD de nuestro equipo, que también ofrecerán líneas de pase, vías para el balón que por estar libres de oponentes constituyen alternativas de pase acaso al tercer hombre, muy eficaces para cambiar de zona o pasillo nuestro jugar. ¡Todos participamos en cada EDF conformándolo de esta manera, la del FB!

Esto exige un continuo «reorganizarnos» para poder conformar los sucesivos EDFD pasándonos y pasándonos el balón en las varias formas de pase que ahora ya conocemos (esquema 6); cuando exponíamos el concepto de EDF, no disponíamos de estos conceptos. ¿Y por qué a esto lo llamábamos «reorganización»? Pues porque en nuestros entrenamientos hemos practicado en profusión alternativas tanto del número de jugadores que pueden-deben participar en cada CDN como cuáles y cuántos quieran establecerse-ubicarse en cada cuadrante relacional (QR) del EDJ. Esta es una partición «imaginaria» propuesta que por el pase se transforma en QR y también toma al balón y su poseedor como su centro y referencia. La QR «cuartea» el espacio del EDFD en que estamos en cuatro subespacios que facilitan sobremanera a sus componentes, la percepción de su entorno y, por tanto, dónde puede o debe ubicarse en cada momento de su jugar como componente del equipo. Y a nosotros nos indica la posibilidad de aportar luz a otros nuevos aspectos identificativos de cómo jugar al FB, pues, según sea el número de jugadores que conformen en cada momento del jugar cada CDN del EDF que jugamos, podemos considerarlo como una «aproximación a nuestros sistemas de juego». Así, y obviando en algunas zonas del EDJ a nuestro portero, podemos indicar numéricamente (1-3-6)...(1-6-3) el montante de componentes HD, hasta «diez», que puedan estar ubicados en las CDN conformadoras en cada ocasión de los distintos EDFD que deseamos «utilizar» en este partido. Así los entrenadores pueden proponer en los partidos la QR que haya sido entrenada, practicada en sus entrenamientos, y acaso ya reconocida su eficacia en anteriores ocasiones. Por ello el concepto «reorganización» consiste en estar continuamente, y por efecto del pase, organizándose a la manera de 1-3-6, que hoy fue la elegida y que todos aceptaron bien. Volver al 1-3-6 cada vez que por cualquier situación del jugar, pases, trayectorias, y sobre todo en las situaciones posteriores a FR, debemos retomar, el contexto de la fórmula 1-3-6 o a cualquier otra que hubiéramos acordado de antemano. Cada cual, atendiendo a dónde está el balón, quién lo maneja, dónde está HDP y cuántos compañeros están ya conformando cada CDN, acudirá por el camino más eficiente de su ubicación a completar la fórmula QR convenida y que todos conocemos. ¡Así siempre sé lo que tengo que hacer! Reorganizarme en el nuevo EDFD a la manera 1-3-6, utilizando las trayectorias y velocidades de mis desplazamientos sin interrumpir las de otros compañeros, eludiendo o complicando a la vez las de los oponentes más próximos al balón, facilitando así la continuidad en FD de nuestro equipo.

Pero ¿qué son los cuadrantes relacionales (QR)? Son los cuatro teóricos (irreales) espacios del EDJ, en torno al balón, por los que se indica cuántos HD y dónde se ubican en cada CDN conformadoras del EDFD durante todos los momentos que disfrutamos de la disposición del balón. En su «formulación» aparecen siempre los diez componentes HD que conforman el equipo, pues solo en la ZA son once, ya que el portero también participa en la conformación del EDFD que en esa zona ahora se esté jugando. Hay que tener en cuenta que en el «saque de puerta» propio, y en situaciones similares, él es para todos el HDP, y sobre él recae la identificación de la QR ahora con 11 HDR, en la distribución 1-4-6 o cualquier otra convenida de antemano, para realizar la mal llamada por el FT «salida de balón». Pues ¿dónde estaba encerrado? Para nosotros es reinicio del juego cada vez que el balón no está en juego por algún concepto reglamentario. ¡Lo nuestro es jugar! No «sacar» el balón. Tirarlo fuera… ¡Es tan querido que siempre queremos tenerlo para jugar! Lo mismo sucede en los saques de banda, golpes francos…, donde el ejecutor será el centro del EDFD, y así la QR será de 10 HD jugadores.

De este modo, cuando jugamos un EDFD con una QR en 1-3-6, significa que:

- El_(1): es nuestro HDP del balón y origen de los «cuadrantes relacionales» (QR) para la localización de todos los demás HDR que van a conformar el EDFD en ese momento y lugar del EDJ.
- El_(3): es el número de nuestros HDR que tienen-deben conformar la CDN de ayuda mutua (CDNAYU). *El cuadrante por ocupar lo deciden siempre los jugadores.*
- El_(6): el número de los nuestros que deben ubicarse en CDN de cooperación (CDNCOO). Y ahora gracias a la QR que el entrenador indicará, y que todos sabemos cómo lograr, aparecerá la alternativa QR para este partido. En el esquema 7 se muestran cómo se «trazan» los cuadrantes QR y cómo se denominan. De arriba abajo y de derecha a izquierda, respecto al balón, aparecen cuatro subespacios α, β, δ, ω.

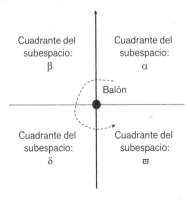

Esquema 7

- De esta forma, en el centro estará el balón, en poder de un HDP compañero. Y la alternativa QR acordada puede ser, como ejemplo, para su comprensión, la del 3-6 deseado... Significa:

  - La CDN intervención se omite pues siempre es 1 HDP.
  - La CDN de CDNAYU - $\alpha 1$, $\beta 1$, $\delta 1$, $\omega 0$ = 3 HDR.
  - La CDN de CDNCOO - $\alpha 2$, $\beta 1$, $\delta 2$, $\omega 1$ = 6 HDR.
  - Es nuestra fórmula secreta de cómo jugar una QR3.6, el entrenador la propone y los jugadores disponen del cuadrante que estiman que deben ocupar en el momento y espacio del juego.

Así la representamos en la siguiente (esquema 8) QR (1-3-6) como ejemplo entre todos los muchos posibles «repartos» de cada cuadrante. En su desarrollo es así:

- Donde (--) une a los 6 HDR que conforman la CNNCOO. Formando «triángulos» con los ubicados en la CDNAYU.
- Y (----) marca la unión de los 3 HDR que conforman la CDNAYU.
- Ubicados todos respecto al perfil del poseedor, viendo la «luz» del balón.
- Este se perfilará de espaldas al cuadrante con menos HD, para ver el mayor número de compañeros candidatos a recibir su pase, favoreciendo la multidireccionalidad en el EENFD que estamos jugando. ¡Haciendo siempre de Jano!

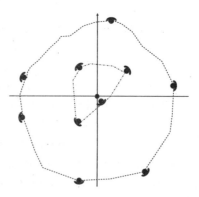

Esquema 8

Con este «instrumento» (QR) indicamos con brevedad (QR 3-6) un sistema casi «oculto» para que el entrenador proponga y entrene las diferentes alternativas de cómo conformar todos nuestros EDFD en determinado partido, o bien para variarlo según estemos conformando EDFD en zonas A/B o en zonas C/D de ese partido. Así yo (HD) en todo momento sabré cómo reorganizarme o dónde ubicarme mejor para mantener la FD de nuestro jugar.

Como vemos, no es un sistema al uso (FT) donde sus jugadores se distribuyen en líneas paralelas a la línea de gol, en un establecido y fijo número de ellos, para siempre tener que colocarse para defenderse-atacar un determinado «orden» simétrico, y en un lugar del EDJ (línea de). A nosotros, por el contrario, la QR nos indica en número, pero no la secuencia, orden, ni el lugar del EDJ donde ubicarnos, pues para nosotros la determina el balón. Cada cual estima su proximidad o lejanía libremente, pero postulándose siempre como candidato a ser HDR y facilitar al HD nuestra comunicación, mediante un pase, pues la vía está libre de contrarios. Así conformamos cada EDFD, puesto que la QR solo nos marcará el número de HD nuestros en cada uno de sus CDN, mientras que los cuadrantes α, β, δ, ω son subespacios en los que yo (HDR) decidiré mi ubicación atendiendo a:

- La zona del EDJ donde esté el EDFD en juego y cómo lo hayamos entrenado, en cada caso.
- El número de contrarios que estén en cada subespacio QR identificando la situación numérica (VR) en que nos encontramos. Haciendo de «Jano».
- La distancia que debo tomar respecto al balón para que todos podamos jugar libremente al pase corto, el tercer hombre.
- En el caso de estar conformando un EDFD en zona D, adecuar cuando sea posible mi perfil, ocultado hasta el último momento, y mi orientación, para ser candidato al «pase de gol». Si no hay otro HD compañero.
- En qué lugar del EDJ están instalando preferentemente su línea de fuera de juego los contrarios, para identificar los espacios que puedan romper su simetría local. ¿Con qué actuaciones?

- La necesidad de la CDNAYU ha de tener siempre como mínimo dos HDR, fundamento necesario para conformar, inmediatamente, allí donde se perdió (tríada) la autoorganización del EDFR y con ello confirmar el valor híbrido del EDFD antes jugado (OH).

La QR no solo facilita el jugar al FB en la conformación de los EDFD, como hemos visto gracias a la reorganización del equipo, sino también aporta aspectos fundamentales para conformar los EDFR cuando es necesaria nuestra autoorganización, ya que, cuando el balón lo disfrutan los contrarios, no podemos reorganizarnos, pues desconocemos el futuro «enclave» del balón. Por eso dependemos de ellos, cuestión que nunca aceptamos, y lo resolveremos en cuanto cada uno de nosotros sea capaz de anticipar inmediatamente e impedir las probables intenciones del HD contrario poseedor. Aquí aparece, con toda su fuerza, el valor de nuestra QR previa a esa pérdida del balón. Con el diseño de QR «se obliga» a que en todos nuestros EDFD y en su CDNAYU haya por lo menos dos jugadores nuestros. Esa es la clave. Es el origen de nuestra FR mediante la rápida autoorganización muy facilitada por la anterior QR.

La primera pauta de autoorganización es que tanto el compañero HD, último poseedor, y al menos dos de los posibles HD ubicados en CDNAYU por «mandato» de la QR previa a la pérdida contacten para actuar al unísono y sincronizados sobre el oponente «ladrón» del balón. Además, teniendo en cuenta su perfil y dominancia lateral, «tapar» sus posibles actuaciones, tanto en salida en conducción como en algún tipo de pase corto o más largo sobre alguno de sus compañeros. Haber jugado en nuestro último EDFD con pase corto, como propone su tríada, favorece sobremanera estas actuaciones de lo que habíamos llamado antes tríada de recuperación, que constituye del «primer acto» recuperatorio y autoorganizativo de nuestro equipo, necesario para hacernos de nuevo, inmediatamente y allí donde se perdió, con el balón, según su tríada. Esto marca el inicio de una secuencia concatenada de actuaciones individuales del resto de nuestros jugadores (HD), nunca prevista, por depender sobremanera del resultado y como consecuencia de esta primera acción, y del lugar del EDJ donde se realice, ya que estas dos situaciones determinan las posibilidades de conformar el y los sucesivos EDFR mediante nuestra autoorganización. Así, el EDFR se conformará con una CDNINT con los tres mencionados compañeros, mientras que la CDNAYU estará formada por un número de nuestros compañeros nunca predeterminado, pues dependerá de la cantidad de contrarios próximos a su compañero poseedor del balón «robado», y ahora posibles receptores del pase continuador de su posesión. Con este pase llega nuestro segundo momento simultáneo con el primero y con el que ya deberíamos recuperar cualquier primer pase deseado por nuestros contrarios. Para ello, todos nuestros HD componentes de la CDNAYU tendrán que distribuirse evitando todas las líneas de pase entre el contrario poseedor y todos sus compañeros próximos que se muevan ofreciéndole líneas de pase. De aquí que tengamos cada uno de los nuestros en CDNAYU que autoorganizarnos, anticipando el posible resultado obtenido por la actuación del primer momento de recuperación, a la vez que cumplir con el segundo efecto de «tapar» ese determinado número de líneas de pase de sus próximos. Así nos distribuimos autoorganizándonos a tal efecto. Estas actuaciones se completan con el resto de nuestros compañeros no participantes en estas dos actuaciones. Ahora tendrán que alcanzar unos lugares del EDJ, de manera que su ubicación en ellas sea de posicionarse en espacios intermedios entre los oponentes alejados del poseedor, y con opciones de poder interceptar un pase largo, o al espacio detrás de nuestra «ubicación». Si ello sucediera, desde ese posicionamiento intermedio, podrían interceptarlo. Todo ello según nuestra específica semántica comunicacional.

Como vemos, estas son las indicaciones para la conformación de los EDFR para todos los componentes de nuestro equipo; luego, cada cual de manera autónoma y según su propia decisión, acudirá a realizar aquella propuesta, que, de entre todas, estime que esté en disposición de realizar, fijándose en que ninguno de sus compañeros esté intentando lo mismo. No doblar funciones es un concepto fundamental en toda la FR, que posiblemente sea la única forma de no proporcionar algún tipo de superioridades (FT) a los contrarios en estos momentos. Por todos estos aspectos decimos autoorganización de la FR, pues tiene su fundamento en la iniciativa de cada HD que se autocompromete libremente a realizar alguna función entre las muchas que hemos expuesto, que sin duda tiene y exigen de él un alto grado de compromiso cognitivo-atencional; solo «Jano» y la propia experiencia de cada cual podrán lograrlo. Es una cuestión que la competición y el partido optimizan sobremanera, y que hacen transformar el EDJ en un lugar para la optimización personal y no de lucha y sufrimiento. Sin embargo, sus simulaciones durante los entrenamientos por medio de ofrecer y practicar QR variados proporcionarán a cada participante HD poder identificar diferentes opciones de conformar EDFR variados y eficientes para la recuperación inmediata del balón.

Como veremos más adelante, los juegos de situación son el medio específico del que disponemos para la práctica de estas cuestiones. Tanto en esas prácticas, pero sobre todo durante los partidos, cada HD deberá autogestionar sus recursos, aquellos CER de uso preferente que le proporcionen junto con el pase, cuando él sea HDP, una identidad propia que el equipo reconoce y acepta, para lo cual deberá:

- Identificar los hábitos operativos (HO) «comunes», fundamento para la intracomunicación y la organización colectiva.
- Valorar personalmente todas sus actuaciones y la gestión temporal de ellas durante el juego.
- Plantearse criterios para la autoobservación y la emisión de juicios, autorreferenciales para cada autoconocimiento de su propio jugar.
- Proponer preferentemente aquellas realizaciones individuales que hayan sido contrastadas en el jugar y sean reconocidas por sus compañeros tanto en las FR como FD.
- Determinar la forma de aceptar o enfrentarse a los cambios siempre presentes y a veces inesperados del transcurrir del juego, muchos de ellos provocados por los contrarios.
- Unificar criterios semánticos para la sincronización colectiva y así lograr cada cual asumir sus responsabilidades durante el juego.

Existen unas autoorganizaciones «esporádicas» válidas en las FR para las acciones en que los contrarios disponen del balón en los saques de banda, golpes francos directos o indirectos, saques largos o cortos del portero contrario... Todo ello indicado como «balón parado». En todas ellas, cada entrenador indicará en la QR específica de cada una de estas opciones no solo el número de componentes por cuadrante /α/β/ δ/ω/ sino también en qué CDN deberán ubicarse; es una cuestión que antes era patrimonio de cada cual y que ahora es el entrenador quien lo propone y entrena previamente. Y si hemos tenido éxito, inmediatamente podremos pasar a los criterios QR de la FD, conformando el EDF correspondiente.

Pase-saque de esquina y saques de portería contraria

Nos sirve este pase-saque para exponer los criterios generales-comunes a todos los pase-saque de golpes francos indirectos que sean a nuestro favor (FD) y que haya que realizarlos en los pasillos laterales y zonas D/C. Una primera opción es sacarlos-jugados sobre un compañero que sea el «origen-faro» del EDFD que hayan formado a tal efecto mis compañeros. Ese faro, con su luz, ilumina el EDFD para jugar al modo FB conformando ese EDFD y los siguientes en las condiciones por todos deseadas, manteniendo la FD en las proximidades de la portería de los contrarios, zona D. La otra opción es sacarlo en largo para que alguno de mis compañeros tenga opciones de pase a la red contraria. Para ello, y es cuestión general para cualquier otra situación en esas zonas C/D en golpes libres indirectos, pasillos laterales o en aquellos en pasillos centrales que no queramos realizar un directo pase a la red, sacamos a la izquierda de la portería.

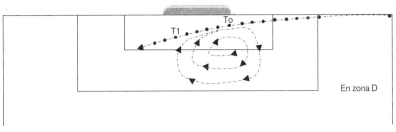

En zona D

Esquema 9

Ha de haber un compañero diestro que logre dar con la trayectoria del balón que se indica, cerca del primer palo y alejándose hacia el segundo palo, pero en su trayectoria «entre palos» debe lograr una altura media de posible «alcance» para nuestros compañeros, que en número no menor de «cinco» realizan desde 2, antes del saque, una trayectoria conjunta-giratoria en dirección contraria a la del saque de esquina. Todo ello sincronizado al tiempo intervalo (To) y (T1) en el que el balón pasa por el espacio óptimo para ejecutar un pase a la red por cualquiera de los cinco compañeros HD que tienen muchas posibilidades porcentuales de llegar libres de marca-ventaja de los contrarios, gracias al movimiento giratorio «en tornado» de los al menos cinco HD finalizadores que la han ejecutado con tal intención. Los cinco ejecutores tendrán que correr en curva y parejas para, en el giro hacia el balón, lograr una posición ventajosa de finalización respecto a sus respectivos «marcadores» que no verán manera de impedirlo, si la acción en «tornado» se ha ejecutado correctamente como hemos indicado. ¡No tiene defensa! Si nos persiguen en marca individual, con el giro-tornado colectivo, pierden la marca. Y si nos esperan parados en su área, nosotros con la trayectoria en curva en carrera tenemos posibilidades de salto más alto que el de ellos desde parados. O de lograr anticiparnos por el mayor dinamismo que nos otorga el giro-tornado, que hemos realizado a tal efecto. Esto ya nos lo propuso Fosbury hace cincuenta años, y no hemos sabido utilizarlo para el fútbol. Con ello logramos VR en todas las acciones de 1v1, tanto en FD, según hemos expuesto, como en FR, en las trayectorias de «acción directa» sobre el poseedor oponente, así como en todas las que deben terminar en salto. Todas estas acciones se realizan de igual manera del lado contrario. Ni que decir tiene que estas acciones deben ser entrenadas para sincronizar las actuaciones de todo HD participante, así como su elección y colocación en la sucesión de compañeros HD participantes que ya entendemos más eficaz para cada partido y situación. El lanzador de estas acciones tiene que ser fiable y eficaz para lograr con su acción-toque del balón esa trayectoria espacial y necesaria para que la acción-tornado logre su objetivo. ¡Gracias, Fosbury!

Para recuperar los balones largos en saque de puerta que realizan tanto nuestro portero, en contadas y no deseadas ocasiones, como los porteros contrarios, en más ocasiones, disponemos también de este tipo de organizaciones-esporádicas en otra condición. Esta es la de doble círculo alrededor del supuesto punto en el que predecimos que pueda caer el balón, en altura y ángulo que pueda disputarse. Generalmente en el FT en los saques largos del portero sus compañeros se «agrupan» en una zona del EDJ en la que suponen que llegará el balón. Esta agrupación se ejecuta libremente por sus compañeros mientras que nuestra propuesta para estas situaciones es una organización en «doble círculo» dinámico. Consiste en correr un determinado número de compañeros HD, no más de tres en cada uno de los círculos concéntricos sobre el supuesto lugar que calculamos que pueda llegar el balón que ha golpeado en saque de puerta el portero contrario. En ese lugar del EDJ nos organizamos de la forma que indicamos (esquema 10) en un «doble círculo». Corriendo en direcciones contrarias en cada círculo y uno detrás de otro, en una separación que depende del número de HD que acordemos deben participar en la acción, siendo (a) y (b) las posibles trayectorias del balón y (1) y (2) las dos trayectorias de desplazamiento, en «doble círculo», de nuestro equipo, cuyo centro se irá modificando según se vaya definiendo el vuelo del balón al ir aproximándose a la zona prevista.

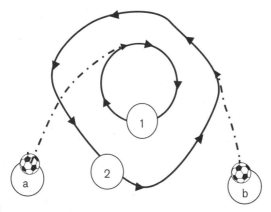

Esquema 10

Si la trayectoria del balón es de izquierda a derecha, (a), uno de los jugadores componente del círculo (1) tendrá VR respecto a cualquier oponente que salte o intente ocupar el espacio donde caerá el balón.

Otra vez, Fosbury nos da la ventaja dinámica para ejecutar la trayectoria de «encuentro» con el balón aéreo que disputamos a los contrarios. Y si la trayectoria es la (b), serán los HD del círculo (2) los que se encuentren en VR respecto a cualquier oponente. Además, este doble círculo tiene una organización semejante a la de un EDFD y posiblemente facilitará a nuestro equipo la conformación del EDFD posterior a la acción de primer contacto con el balón aéreo en disputa y poder mantener su disposición en FD. Todas estas actuaciones deberán hacerse «disimuladamente» y no en todas las situaciones, para que los contrarios no sepan cómo y cuándo vamos a realizarlas, pues los rivales aprenden y aunque siempre tendremos VR en su ejecución podrían entorpecernos su aplicación, más de lo esperado en algunas situaciones. Esta organización de «doble círculo» se ejecuta en dos fases-momentos del jugar. En la primera, los HD compañeros se aproximarán a sus posiciones, de antemano acordadas, sin formar aún círculos, para evitar las acciones de bloqueo de los contrarios. En la segunda comenzarán a formar sus respectivos círculos. Esta segunda acción empezará cuando el portero contrario esté ya iniciando los gestos previos preparatorios para el golpeo del balón, y una vez realizado este, comenzarán a rotar. El ajuste temporal de estas fases es fundamental para confundir a los contrarios y para que nuestra actuación tenga el éxito deseado de recuperar el balón y conformar el EDFD siguiente, afianzando la consecución de la FD. Sin duda, todo ello tendrá que ser suficientemente explicado y practicado en nuestros entrenamientos, determinando el número y el nombre de los jugadores que conformarán cada uno de los círculos. El resto permanecerá en una «antesala» de CDN de cooperación, relativamente alejados de las actuaciones descritas, pero posiblemente dentro de los límites de la zona protagonista del acontecimiento. Y todo debe suceder dentro del EDJ propio, ejecutando la-una línea de fuera de juego que se ajuste al resultado de la acción, teniendo en cuenta cómo se deba conformar el EDF del próximo-sucesivo jugar de nuestro equipo. Hemos trazado las trayectorias del balón (a) y (b) en esas condiciones, pues suponemos que el saque de puerta se concretará en alguna de estas opciones, según el portero HD sea diestro o zurdo y cómo realice la trayectoria de orientación-aproximación antes del golpeo definitivo. A eso tenemos que estar atentos todos los componentes de los dos círculos, para ajustar los tiempos de sus actuaciones. ¡Todo se entrena!

Nos damos cuenta de que los grandes filósofos griegos como Tales de Mileto y Heráclito de Éfeso están presentes en nuestra forma de jugar. El primero nos proporciona identificar el balón como centro de la energía del jugar, mientras que Heráclito nos aporta el continuo dinamismo del jugar, «todo fluye». Todo el juego está en perpetuo cambio y los contrarios son los que nos hacen estar en ese continuo cambio lógico. El «logos» que es la razón del cambio perpetuo, en el que se manifiesta el fútbol, muy a pesar de quienes lo quieren transformar en rutina, defensiva y contraataque.

¿Ahora podremos decir «epistemología del pase»?

Creemos que sí, pues nos la propuso Johan Cruyff. Y no es lo mismo estar acostumbrado a hacer pases para jugar al fútbol que comprender el pase, conocer como lo conocía Johan Cruyff en su filosofía del cómo jugar, que nosotros hemos indicado como tríada de la fase de disposición del balón. Él conocía con claridad «científica» cómo debía hacerse un pase. Desde su pragmatismo llegó al verdadero conocimiento del pase. Sin duda, podemos decir que él fue el primer epistemólogo del pase. Conocía los fundamentos de su ejecución, su validez para jugar de esa determinada forma, de la que somos seguidores en el FB. Si queremos conocer cómo se juega al FB, tenemos que saber cuál es su fundamento, que no es otro que conocer la forma en que nos pasamos el balón para conformar cada fase de nuestro jugar. Pero él solo nos dio tres conceptos: de cara, al pie, al primer toque. Si hubiera faltado alguna de ellas, no podríamos haber jugado a este juego diferente (FB). Todos a los que hemos llamado CER son movimientos-vivencias-situacionales más o menos dinámicas que los jugadores (HD) pueden hacer para poder pasarse el balón desde un lugar a otro del EDFD que están llevando a cabo en ese momento. Por lo tanto, lograremos adquirir-disponer de una epistemología del pase a partir de las palabras que Johan Cruyff nos dijo sobre cómo tenía que darse un pase. Solo a través de un proceso conceptual de los elementos de interacción que aporta a nuestro jugar estaremos encaminados a obtener una verdadera epistemología del pase. Ya hemos introducido en el ideograma 23, que, en el momento antes de realizar un pase, el HD ejecutor debe realizar un juicio anticipatorio del EDJ, identificar su entorno, y así podrá ejecutar el pase en las condiciones que el jugar requiere. Lo que vamos a proponer a continuación es hacer un desarrollo epistémico de las «palabras» de Johan Cruyff, ver la coherencia interna-pragmática-racional que nos proporciona las bases para crear una verdadera epistemología generadora de un conocimiento válido-sólido del pase para jugar al FB.

Él nos dijo que hay que jugar *de cara*; desde su pragmatismo, sabía todo lo que implicaban esas dos palabras. Nosotros, después de la observación epistémica, podemos exponer que pasarnos «de cara» el balón supone poder tener que ubicarnos en un lugar desde donde ambos jugadores (HD), poseedor y receptor, se vean de frente, cara a cara. Sin obstáculos, durante un tiempo suficiente como para que podamos mostrar la mejor «fachada» de nuestro cuerpo, de la cara, de los ojos, del equilibrio y la actitud global, facilitándonos una intracomunicación recíproca que proporciona entenderla como el acceso a:

- Apreciar el interespacio entre los dos, que denominamos distancia (CER), entendida como lugar del EDJ que separa al HDP ejecutor del pase y al HDR receptor. ¿Está libre de oponentes? ¿Durante cuánto tiempo? Lo que al HDP le proporciona programar-ejecutar el golpeo justo al balón que le dé velocidad y orientación adecuada para que acceda al lugar donde estará su compañero, dándole el tiempo que necesita, en el que ningún oponente cercano puede acceder a «cortarlo». Y al HDR ejecutar la trayectoria CER desplazamiento justa de «pedir» el pase sin constreñir al HDP en nada de lo descrito, por lo que será ajustada a la situación ET.
- Reafirmar la comunicación por medio de microgestos y PS preacordados y conocidos por ambos, incluidos los de cara, poco visibles para los adversarios, y durante todo el tiempo que dure la realización descrita, por si en algún momento ocurre algo inespe-

rado y tenemos que modificar en algo nuestra actividad. Acaso abortar el pase...

- Lograr que todo ello suceda con la seguridad que nos da el que cada uno puede ver lo que ocurre detrás, a la espalda del HD compañero en el justo momento del intercambio del balón, y por tanto poder anticipar-predecir en buena parte las posibilidades de continuar en FD. Eso ayuda a los dos a saber qué hacer en el siguiente momento (Tn+1) según indicación de los PS de FD que conocemos para la conformación del próximo EDFD entre todos.

- Poder alcanzar ambos el control postural para contactar con el balón según la lateralidad de cada cual, que nos dé la facilidad de poder localizar los apoyos de los pies para esta y también para la posterior actuación deseada, bien sea de protección del balón para el HDR, o de tener que ejecutar cualquier otra función de interacción necesaria en ese momento y situación del juego. Repetir pase, doblar...

- Con todo lo descrito, no «enseñar» el pase, facilitando a los oponentes identificar anticipadamente nuestras intenciones. Ejecutar todo simultáneamente y en el mínimo tiempo que sorprenda a los contrarios próximos. Así el resultado del pase será el deseado por nosotros y siempre en beneficio del equipo. ¡El balón se enseña, pero la intención se esconde! O se muestra otra intención, cambiándola en el último momento. Es una cuestión que el compañero (HDR), por estar «de cara», aprecia y en la que colabora para que se consuma la realización del pase inesperado para los contrarios.

¡Hay que jugar al pie! Podríamos decir que es hablar de una epistemología de la *seguridad y eficiencia* del cómo pasarnos el balón para jugar al FB, pues hacerlo de este modo supone:

- Que el HDR pueda controlar con total *seguridad* el pase así realizado por su compañero HDP conocedor de su lateralidad, y ese es el pie que busca con una clara vía a ras de hierba. Si el HDR está desplazándose y es ese pie dominante el que ahora está en fase aérea, el pase será adelantado al espacio-próximo donde se estima que ese pie «tocará» tierra, para no perturbar la carrera del receptor. Mientras que, si este estuviera semiparado, el HDP tendrá que dirigirlo directamente al dominante con la velocidad matizada al gusto de su compañero (HD) que bien conoce. Así él puede tener libertad para poder realizar la acción inmediata de juego seguro, gracias a la eficacia de su pie-pierna dominante, bien un control para alejarse de un contrario cercano, o bien hacerlo para atraerlo y repetir pase... ¡Hay juego!

- El criterio de *eficiencia* de este pase se logra cuando se realiza raso, a ras de hierba, y muy pocas-ninguna vez al espacio; solo si con él logramos una gran VR, para que no nos haga correr muchas veces inútilmente. Así somos eficientes, ahorramos energía, y el ritmo de jugar puede ser más alto si fuera necesario. Y es que cuando el balón sale del pie del HDP, el HDR ya puede anticipar su invariante vía sobre la hierba, que le ofrece la posibilidad de «mirar» a su entorno para recibir información reciente, así podrá acortar o alargar el contacto con el balón, perfilarse para jugar al primer toque y muchas opciones más, imposibles si el balón viene botando o claramente por vía aérea. Y siempre ver el nivel de conformación del EDFD que se está jugando para decidir dónde ubicarse, o con quién jugar, y así facilitar su siguiente actuación en los términos deseados, CDN que tendrá que ocupar, y los criterios de los PS por cumplir.

La seguridad y eficiencia logradas por jugar «al pie» otorgan al HD y al equipo un nivel de fiabilidad para poder hacer el juego deseado, a pesar de las actuaciones de los contrarios, por muy variadas e inesperadas que sean.

Hacerlo a «un toque» es uno de los signos que marca la calidad de un HD que logre jugar así, y la del equipo que asume esta forma de comunicarse con preferencia a cualquier otra, por ser la identificativa de nuestro jugar. Para ello, los HD participantes tendrán que:

- Estar comprometidos en cumplir con los PS de FD que proporcionan la intracomunicación entre el HDP con los HDR en todos los momentos y situaciones del juego, pues cada HDR deberá tener clara y anticipadamente decidida la intención de su jugar. Esta anticipada y reconocida intención será la que le va a permitir jugar a «un toque» cuando acaso el HDP lo elija como el mejor candidato, de entre los demás HD, para cumplir con la intención colectiva de jugar en ese momento.

- Ahora el HDP que dio el pase tendrá también que ejecutar las funciones antes descritas, pues pasa inmediatamente a jugar en «modo» HDR, postulándose como candidato a recibir el pase repetido de su HDP, si así lo deseara. Y solo a partir de la negativa confirmada ocupará una nueva ubicación y función en el EENFD que se esté jugando.

- Para solicitar esta segunda petición tendrá que realizar alguna nueva trayectoria de desplazamiento de acuerdo con todos los PS de FD que ofrezcan el nuevo HDP, una opción de pase segura libre de oponentes cercanos, siendo el PS de contramovimiento el más adecuado para ello.

- Jugar a un toque exige a todos los HD tener la capacidad de controlar la velocidad de sus pases para poder obtener el ritmo del juego deseado en las sucesivas posesiones. Por lo tanto, siempre tendrán que disponer de un alto control de su reequilibrio dinámico para modificar en sus constantes desplazamientos su deseado perfil para tocar el balón con el pie «bueno», sin perder la orientación necesaria que a veces podrá ser «engañosa» para los contrarios, pero valiosa para su HDP al que se desea ayudar. ¡El tocar el balón de primeras nunca puede ocasionarme una «catástrofe» postural por haberlo hecho con el pie no dominante! Este es el beneficio de un ambidiestrismo que se obtiene durante los entrenamientos.

Nuestros equipos quieren jugar preferentemente a un toque, pues es la tríada de FD, por lo que todos tendrán que ofrecerse al HDP como potenciales receptores, ya que cumplen con todos los PS de FD, entendiendo que una posesión de seis pases consecutivos a un toque puede considerarse como de buen equipo, pero los grandes equipos no tienen límites.

Todo lo expuesto lo facilitará el equipo si se propone además jugar sus pases en corto de manera preferente. Esta condición de pases nos aporta otra seña de identidad a nuestro jugar. El juego en corto repetido nos ofrece la vertiente cuantitativa del pase, pero hacerlo de manera variada y con una clara intencionalidad nos da la carga cualitativa del ejecutor, pues lo califica como HD libre y cooperativo, y con ello aporta sus talentos individuales al equipo en la manera que todos reconocen. Así el pasarnos «en corto», como también nos enseñó Johan Cruyff, aporta diferentes cosas:

- Durante nuestro jugar, todos los HD del equipo estaremos ubicados cerca unos de otros, facilitando nuestra intracomunicación para conformar los sucesivos EENFD, de manera eficiente, pues nuestros desplazamientos serán cortos, consumidores de una menor energía, para tal efecto.

- También facilita cumplir con los PS de FD; por lo tanto, conlleva gran eficacia en el jugar, pues el mirar un espacio reducido hace la tarea más corta y sencilla, y el HDP dispone de mayor número de vías libres de pase en menos tiempo, lo que complica sobremanera las acciones defensivas a nuestros contrarios (FT).

- Obtiene un jugar participativo, todos tocamos, nadie queda excluido, cada cual se sentirá así más útil para el equipo; por estar absorbido por una ocupación se siente feliz.

- Por estar unos cerca de otros esperando o haciendo este pase en corto, en caso de ser interceptado por algún contrario tendremos gran facilidad de actuación sincrónica sobre el contrario. Esa facilitación la dan tanto esa proximidad como el PS de triangulación y la organización de la QR de la CDN de ayuda que proponíamos como mínimo de tres HD en cualquiera de entre todas las opciones posibles. Cumpliendo también con la tríada de recuperación allí, todos, y en el menor tiempo posible.

- Se puede variar con frecuencia el ritmo de juego que en cada caso permite conformar EENFD en distintos tiempos, según se hagan un mayor o menor número de pases, y así ampliar o reducir los tiempos de conformación de los sucesivos EENFD durante los distintos momentos del partido. Esto hace que adquiramos calidad en el jugar del equipo por permitirnos intervenir en variados ritmos sin el miedo que puede aparecer al realizar un pase largo.

El jugar en corto no debe ocasionar que «estemos parados», como se podría esperar, sino que el HD deberá estar siempre en una actitud dinámica en desplazamiento sobre el EDJ, de forma continuada antes del contacto-toque del balón, durante el propio toque y después de este. El pase tiene que estar siempre «incluido» en su desplazamiento, insertado entre dos apoyos sucesivos de su desplazamiento, sea este cual sea. De manera que:

- Se facilite que el ejecutor pueda ocultar el momento del toque hasta el último instante de su ejecución.
- La trayectoria anterior al toque puede no ser en la misma dirección que la de después. Ni tampoco sus velocidades.
- El tipo de desplazamiento que el HD esté realizando, sea correr, trotar, marcha o caminar, no se «desnaturalice» con el toque, sobre todo antes del contacto, pues estará dando información relevante a los contrarios próximos que me estarán presionando (FT). Muy al contrario, se podrá modificar algún parámetro del desplazamiento anterior al contacto para, de este modo, confundirlos. Suele ser muy eficaz modificar el parámetro amplitud en el apoyo anterior al contacto, haciéndolo más largo, simulando que se va a ejecutar ya el pase, y también lo contrario...
- Los desplazamientos de después del toque han de tener dinámicas muy variadas según sean para ofrecerse, para poder repetir pase, o sea, para acudir a ubicarse en una deseada CDN del EENFD que tengamos que conformar en ese lugar del EDJ, donde posiblemente haya que modificar su dirección, velocidad y forma de esa trayectoria, para cumplir con los PS de FD, o de FR si el pase lo interceptó el rival.

Esta actitud «dinámica» de todos estos pases es consecuencia de los HD que juegan al FB; siempre deberán estar «haciendo algo» allí, e inmediatamente cambiar de espacio hacia el lugar que los oponentes dejan libre en su «trabajar», para así cumplir con el PS de contramovimiento, que le procurará un espacio donde poder hacer ese algo que el equipo ahora necesita. Pero es que cuando cumplimos todo lo expuesto podemos, sin duda, jugar pases al pie-de cara-primer toque... Cada pase cumplido es hacer una cesión de liderato al HDR, le entregamos la iniciativa, que él gestionará de forma empática-creativa para optimizar la anterior situación que vivía el equipo cuando estábamos conformando EENFD. En todas sus modalidades, el pase es creador del juego; conocerlo es el objetivo de esta epistemología que aquí proponemos y por la que podemos acceder a su práctica inteligente, que nos identifica como HD de esta categoría.

Es evidente que esta epistemología es la materia que da apoyo teórico y aporta valor a la tríada de la fase de disposición, pues tienen al pase como objeto de estudio validando su potencialidad creadora y comunicativa. Argumentando la validez de los EDF como espacio del jugar un fútbol especial, distinto, que Johan Cruyff intuyó y sus «seguidores» en el Fútbol Club Barcelona hemos logrado implementar aplicando estos elementos a la fase de recuperación, para de esta manera concluir en el que llamamos fútbol Barça (FB), que desarrollamos en el siguiente capítulo.

7

Hablamos del jugar fútbol Barça

No «mires» al resultado sino al jugar,
pues solo este podrá modificar aquel.

Todo lo que vamos a proponer en este capítulo es consecuencia y compendio de los contenidos ya expuestos en los capítulos precedentes, pero necesitamos reeditarlos completándolos con conceptos que en aquellos momentos no conocíamos y de los que ahora ya disponemos; si los hubiéramos utilizado antes, podrían haber ocasionado confusión no solo terminológica, sino conceptual, pues cada comunicación crea significados-pensamientos que promueven contextos de valores y creencias compartidas, siendo las que nos sirven para aunar esfuerzos e identificar lo que es nuestro y lo que no. Ahora nos vamos a enfrentar a identificar «cómo es». Sus maneras y formas de entrenar para que así sea. Valga como ejemplo la descripción de las dos fases organizativas, la FD y FR, ya tratadas en varios momentos, que volvemos ahora a completar con los nuevos elementos conceptuales de los que disponemos, para su renovado conocimiento y aplicación práctica.

Habíamos expuesto algo inamovible, que el jugar al FB es un proceso continuo-imprevisible de pasarnos el balón de «cierta» manera entre nosotros (FD), para lograr alcanzar una situación-ocasión de hacer un «pase a la red» o en su defecto disponer de un porcentaje alto para poder continuar en su disposición para intentarlo nuevamente por otros conductos, pero siempre atendiendo a «la forma» de cómo se han obtenido estos logros, que nuestros seguidores valoran y respetan, y que nuestra historia nos exige. También sabemos ya que este proceso es posible porque todos nuestros HD deben conocer cómo conformar los EDF sucesivos, que les proporcionan portar la iniciativa del juego en cada momento y todas las situaciones que se presenten en los partidos provocadas por nuestros oponentes. Todo ello gracias a practicar en sus entrenamientos, el pasar y pasarnos continuamente el balón según las tríadas; verdaderas leyes-mandamientos de nuestro jugar. Sabemos todas las formas de pasarnos el balón para conformar continuamente EDF, que son las células madre de nuestro jugar, pero que desde ahora se «mutarán» en cómo se organizan nuestros HD mediante ellas en el EDJ. Mutando su (d) por (en) transformándose en los nuevos espacios (en) fase de disposición (EENFD), o en los diferentes espacios de fase de recuperación (EENFR). Así manifiestan como la conformación de sus espacios deberá ser distinta para cada fase de nuestro jugar, en un determinado lugar del EDJ durante los partidos. ¿Cómo son? ¿Qué componentes los transforman casi en microespacios temporales (EENFD y EENFR)? ¿En qué se diferencian y cómo los podemos practicar? Son los contenidos que vamos a desarrollar en este capítulo.

Partimos desde la base ya expuesta de que estos dos tipos de espacios diferentes están conformados por actuaciones compartidas y que nuestros HD conocen. Confirmamos así el concepto de que la OH tiene la potestad de transformación en bifuncional, por pasar de EENFD a EENFR allí y rápidamente, en cumplimiento con nuestras trilogías. Pero para conformar todos los EDF no solo tendrán que atender al número de HD componentes, pues ya fueron fijados por la específica QR reconocida de antemano por todos, sino que, para ello, además deberán disponer del conocimiento y práctica de unos «patrones semióticos» (PS) que ya habíamos mencionado frecuentemente, como masas críticas informacionales de «carga semiótica» que nuestros HD deberán intercambiar para poder conformar todos los EDF, tanto en FD como en FR, durante nuestro jugar al FB. Estos PS dan la unidad funcional a nuestro jugar, haciendo valer el carácter bifuncional del último EENFD vivido para transformarlo en EENFR si fuera necesario.

Estos son para la FD los de:

1. Triangulación.
2. Multidireccionalidad.
3. Contramovimiento.

Con ellos sabemos cómo desplazarnos-reorganizarnos continuamente para la conformación de todos los EENFD a lo largo de los diferentes tiempos de los partidos, para «jugar bien» al modo FB, queriendo siempre, de esta forma, ganar.

1. El de *triangulación* es un patrón de intracomunicación que significa (semiótica) que todos nos vamos a mover sobre el EDJ formando triángulos, de manera que cada uno de sus vértices sea un compañero (HD), y estarán ubicados como componentes de ese EENFD en al menos dos CDN distintas, cuidando de que ningún lado de ese triángulo sea igual y paralelo respecto a alguna de las líneas que delimitan reglamentariamente el terreno de juego. En las zonas comprometidas ZA y ZD es factible que los HD componentes de los triángulos estén ubicados como participante en cada una en las tres CDN del EENFD que allí se esté jugando, pero siempre manteniendo el criterio de «paralaje» descrito. Este patrón nos hace estar a todos los HD «ultracomunicados», cosa que significa que el balón pueda pasar por el menor número de jugadores deseados para llegar a cualquiera de nuestros HD ubicado en cualquiera de las CDN del EENFD en juego. O, entendido al modo Louis van Gaal, que el balón, con solo «parar en dos estaciones», pueda llegar a cualquiera de nuestros HD ubicados en cualquiera de las CDN del EENFD que se está jugando. ¡Esto es jugar bien al modo FB! Por lo tanto, nuestro jugar no depende o es significativo de la cantidad de pases logrados en cada una de nuestras FD, como se malinterpreta, sino del «cómo» nos pasamos el balón de esta otra diferente forma, que solo nosotros conocemos por haberla practicado en nuestros entrenamientos.

Todo el fútbol juega el pase entre dos o en conducción, como el «jugando» individual común en el FT. Mientras que nosotros lo jugamos entre tres HD y siempre tenemos la opción ventajosa del

tercer HD y en unos especiales EENFD en los que todos cooperamos. Además, el criterio de paralaje descrito añade un nuevo factor significante, y es el que en el caso de un pase fallido estamos
en la mejor ubicación-disposición para inmediatamente y allí mismo poder conformar (darle forma) a la primera CDN de intervención para dar tiempo al resto de nuestros HD compañeros a conformar el primer EENFR sin transiciones ni retrasos. Todo ello da
significado al concepto de organización híbrida (OH) que tiene la
organización de nuestros HD en torno al balón, cuando conformamos todos los EENFD en nuestro jugar. Ahora sabemos cómo
aparece esta «misteriosa» cualidad para la recuperación de nuestros EENFD que no solo es el «estar juntos» como entiende el FT
desde la simplicidad lineal, de causa-efecto.

2. La *multidireccionalidad* es el patrón que nos proporciona la forma
espacial múltiple de intracomunicación de todo el equipo. El juego
del FT está polarizado mayoritariamente para la «profundidad»,
pues sus pases buscan ser verticales respecto al terreno de juego,
para llegar cuanto antes a la portería contraria. «¡Para atrás nunca!», decían los primeros entrenadores de este maravilloso juego.
Más tarde fue que desde la «amplitud» se lograba la profundidad,
todo esto es válido porque las dos porterías son la referencia del
juego (FT). Nosotros, por el contrario, tenemos como referencia el
balón y como tal nos proporciona jugar en otra dimensión espaciotemporal. El balón es para nosotros como el faro para los na-
vegantes: girando trescientos sesenta grados emite un claro rayo
de luz, que orientará a todos los barcos, los cuales, a diferentes
«distancias» y desde distintas procedencias, quieren llegar salvos
al ansiado puerto. Gran metáfora para nosotros, que navegamos
en el mar de la complejidad, pero viendo la luz del balón que nos
guiará al puerto del gol. ¿Cómo «damos luz» al balón? Cuando
nuestro faro, el HD en CDN de disposición, con su perfil al actuar
sobre el balón, mire adelante o en cualquier dirección pueda tener
suficientes líneas de pase (más de tres), en variadas direcciones,
vías de acceso del balón, y así poder elegir con libertad a quién

pasarlo. Para que esto sea posible deberá cada cual, y con el resto de los HD compañeros, conformar el EENFD en ese momento, ni mucho antes ni después. El número de componentes de cada CDN vendrá propuesto, más o menos obligado y siempre acordado, en los entrenamientos por la QR, pero el cómo lo determina este patrón. Y es que cada uno de los demás HD no portadores se deberá mostrar al HD en CDN de intervención, como «candidatos» a recibir el pase. Cada cual en su CDN se ofrecerá en una vía libre de oponentes y sin que ningún otro compañero allí doble su opción. Cada HD receptor verá la luz del balón desde su posición o en tránsito por una de las CDN sin que nadie le oscurezca o haga sombra a su luz, por estar circulando o ubicado a distancias y lugares del EDJ diferentes respecto a la luz que emite el balón, manejado por el HD compañero poseedor. Este siempre tendrá la libertad de pasarme a mí o a cualquier otro de entre todos los HD que también vieron la luz, acaso en el mismo momento que yo, en cualquier otra dirección y ubicación. De aquí el concepto de multidireccionalidad que nos hace mover siempre de manera muy diferente, trastocando las líneas defensivas de nuestros oponentes. Hace a nuestro jugar un juego libre, democrático y creativo, pues el HD en posesión tiene libre elección a quien pasar, y todos tienen las mismas posibilidades de recibirlo. Así se abre el paso a la creatividad desde la altísima cooperación necesaria, para una y otra vez dar luz al pase. Toda esta semiótica se pone al servicio del poseedor para poder crear algo bonito o inesperado que sorprenda a los contrarios y haga disfrutar a los espectadores. Todo ello en cualquier lugar del EDJ y no solo en el glorioso «último» pase que deja a nuestro HD compañero con alto porcentaje de pase a la red, que para nosotros sí es el último con el que se culmina ese momento del proceso de nuestro jugar. Con ello jugamos en un espacio mayor y multidireccional respecto al equipo contrario; allí, para nosotros, es todo más fácil.

3. Con el *contramovimiento*, cerramos el «terceto» de los patrones semióticos de la FD para jugar al FB. Por este, sabemos utilizar los

espacios que quedarán libres por el movimiento de los contrarios y que pueden ser así más fácilmente ocupados, por ir contra el movimiento de ellos. Lo que tú dejas, yo lo ocupo. El espacio que los contrarios descartan por inútiles para su jugar (FT) en líneas los ocupamos como lugares ideales para congeniar con los efectos de los dos anteriores patrones. ¡Qué mejor lugar del EDJ que el que fue abandonado por inútil por nuestros oponentes, para allí completar nuestro EENFD! Los contrarios ocupados por formar sus líneas defensivas haciendo basculaciones y coberturas simétricas, que nosotros provocamos, dejan espacios que utilizaran nuestros HD para conformar, en los espacios-tiempos eficientes, las eficaces CDN que correspondan para mantener en ellos la disposición del balón y continuar en FD. En muchas ocasiones, ello es tan sencillo como hacer un «repetir pase» para regresar al espacio que el primer pase propició, contra el movimiento en cobertura, que los contrarios hicieron para «tapar» el primer pase. En otras, será para que el HDP pueda optar por ejecutar microautopases para obtener nuevas VR, o una ocasión de pase a la red, por todos deseada. Estos contramovimientos serán eficaces cuando se ejecuten en el momento justo y la velocidad apropiada, no solo de los ejecutores, sino también de sus otros HD que tendrán gran cuidado de no acudir dos al mismo espacio liberado por los contrarios, sino mantener la triangulación. Con ello afirmamos que este patrón es también el primer paso para, en caso de pérdida, poder cumplir con la tríada de recuperación. Y es que hemos estado al menos cuatro HD conformando las CDN de intervención y de ayuda mutua, próximas al balón perdido; como luego veremos, estos serán los componentes de la primera acción para la FR inmediatamente conformada.

Con estos tres PS nos comunicamos-entendemos de manera oculta entre nosotros HD en esta FD, y gracias a ellos nos reorganizamos continuamente, pues todos sabemos qué y cómo tenemos que conformar cada EENFD durante todo el ET del jugar. Ellos (PS) dan «seguridad» y «concierto» a nuestras acciones. La seguridad de actuar en un contexto donde todos sabemos lo que está haciendo cada cual, siendo así eficientes durante nuestras actuaciones. Y el «concierto» es la conciencia-juicio de cada cual, sobre lo común deseado que estamos viviendo. Esto es su significado y su porqué; haciéndonos a todos los HD partícipes del jugar, apreciamos con gran claridad la necesidad del equipo para su logro. Con todo ello posiblemente tengamos un porcentaje mayor de éxito, que siempre será compartido, ya que todos hemos hecho algo para que este se hiciera una realidad. Así los PS nos aportan la información semántica-oculta de cómo jugaremos FB. Son una constante como objetivo en nuestros entrenamientos, pues no basta con decir ¡en nuestro jugar tenemos como referencia el balón! Pero ¿cómo hacemos que lo sea? Son los PS los que nos dicen cómo hacerlo. Mediante su aporte, rendimos pleitesía al balón, reconociéndolo como objetivo primordial del jugar al FB que en su tríada de FD nos propone jugar «de cara», siendo el PS de triangulación el que lo hace posible. Mientras que se podrá jugar «al pie» si el HD que tiene el balón dispone de vías de pase multidireccionales a multidistancias libres de contrarios, que le permitan hacer un pase seguro por el pasto hacia alguno de esos múltiples candidatos, que este específico PS proporciona. Y se completa la tríada con el PS de contramovimiento, pues el pase «al primer toque» es la manera más eficiente de coger en contramovimiento a los contrarios que basculan para presionar y quitarnos el balón. Lo evitamos con un toque, bien para repetir pase o para «saltarnos» al próximo, que son dos entre otras formas más de coger en contramovimiento a los oponentes, deseosos con su presión de quitarnos lo que es nuestro, el balón.

Tenemos otros PS que nos proporcionan también el cómo jugar cuando la intención es lograr su inmediata recuperación entre todos nosotros, y allí mismo según tríada del jugar FR. Los PS de y para jugar en FR también son tres, y cada uno de ellos nos proporciona la semántica específica para lograr conformar los EENFR en las condiciones deseadas de recuperación del balón. Estos son:

1. Sincronización.
2. Distribución (re...).
3. Contextualización.

Como en esta FR del juego no disponemos del balón, estos PS tienen un carácter informativo-conceptual no tan pragmático, porque no nos proponen hechos. Por eso hemos hablado de autoorganización que debe obtenerse durante nuestro jugar en esta FR. Y se logra a través de una semántica descriptiva que integra los intereses particulares en una intención común de todos los componentes (HD) del equipo. Y esa intención común no es otra que la que nos indica la tríada de recuperación, que todos conocen y desean cumplir para jugar bien al FB.

1. El PS de *sincronización* aporta cómo realizar los ajustes temporales de los acontecimientos que sean necesarios para evitar que el contrario «ladrón» pueda progresar en su jugar en el EDJ, tanto para realizar un primer pase o ejecutar alguna conducción lo suficientemente larga para acceder a nuestro EDJ y poder dar continuidad a su momento de ataque (FT) incluso con un pase largo... Este PS nos plantea la necesidad de que la totalidad (según tríada) de los HD compañeros que conformaban las CDN de intervención y de ayuda mutua del último EENFD deberán «sincronizarse» entre sí, junto con los de la CDN de cooperación para actuar al «unísono» y lo más rápidamente posible sobre el contrario poseedor y sus compañeros próximos. Los primeros para evitar la salida del HD contrario poseedor en pase o conducción en cualquier dirección, bloqueándole su lado fuerte-dominante, y cerrando su progreso hacia espacios abiertos. Y los segundos deberán, en ese mismo momento, «sincronizados» con los primeros, tapar las posibles líneas de pase tanto a sus compañeros próximos como a los más alejados, con especial atención a su portero, si el «robo» fue en zona C-D. Y si fue en nuestras zonas A-B, su atención será sobre los oponentes alejados que estén por detrás del balón y en su campo ejerciendo el fuera de juego. Distribuyéndose sincrónicamente, así, con sus compañeros (HD) tanto por delante como por detrás del balón. Este momento de sincronización no tendrá el efecto deseado, con que tan solo uno de nuestros HD se atrase o adelante al resto de sus compañeros (HD) en distribuirse en el

EDJ en las condiciones temporales indicadas. «Todos somos uno» en unidad temporal.

2. La *distribución* es el PS que nos hace intervenir en una continua «redistribución» que en la teoría general de los EDF habíamos nominado «autoorganización» de cada uno de nuestros HD y de todos a la vez, mientras los contrarios logran mantener el balón en ataque (FT). Este PS nos indica que la autoorganización consiste en cómo redistribuirnos según criterio por nosotros conocido en torno al balón, hasta su recuperación, que deberá producirse antes de que los contrarios hayan logrado mantenerlo durante «tres acciones» de progreso en el EDJ, y sea esto en su propio campo. Pues si en cualquier segunda acción (pase, conducción...) logran entrar en nuestro EDJ, zona B, esta redistribución deberá conducir nuestro jugar a la contextualización. Así la redistribución dura hasta que entre todos recuperamos el balón en algún lugar del EDJ contrario, por haber logrado con una nueva sincronización que los oponentes no hayan podido enlazar más de dos acciones en posesión, sin lograr salir de su campo. ¿El balón ya es nuestro?

3. El PS *contextualización* aporta la información necesaria para hacer que todos nuestros HD actúen al modo y manera del jugar en FR, para que nos lleve a lograr el objetivo común que todos deseamos ahora; poder «yo» obtener la disposición del balón (FD). Así como identificar ciertos elementos informacionales en el EDJ para poder regresar a nuestro contexto de juego en FD, pues mientras el balón lo han tenido (FT) los «enemigos» hemos estado en un contexto de autoorganización donde cada uno realizaba unas funciones, en «cierta» dependencia de las actuaciones de nuestros oponentes. Y decimos «cierta» pues, por seguir los PS, nos permite, si no el mantener el balón, sí mantener la iniciativa del juego. Así nuestros PS nos ofrecen información para que hagamos que nuestros contrarios, aun con balón, no puedan hacer lo que ellos quieren y tengan que doblegarse a solo ejecutar acciones que nosotros les permitimos. Les controlamos los espacios que ellos hubieran ocupado para lograr sus intenciones de juego y

los hacemos jugar en los tiempos que nos son favorables. Este PS tiene que aportarnos los elementos concretos del contexto en FR que nos proporcionen si lo que hacemos tiene el efecto deseado, la retroinformación, en los momentos de cada pase finalizado, o no, por los contrarios. Así, según hayan conseguido solo un pase, o hayan logrado, en el peor de los casos, que con ese primer pase o en otro segundo acceder a jugar en nuestra ZB, tendremos que contextualizar nuestras situaciones individuales para redistribuirnos en sincronía de nuevo, en un contexto conformado de manera bien distinta, para recuperar el balón en nuestro EDJ, según veremos más adelante conformando un EENFR «especial» para terminar así con sus planes de marcarnos un gol. Por otro lado, si nada de esto ocurre y recuperamos el balón durante su primer intento de pase, o como máximo entre el primero y el segundo, tendremos que identificar y, aún mejor, anticipar, el nuevo contexto para adquirir nuestra ahora reorganización de todos, en el nuevo EENFD, de manera y en un EDJ que no comprometa nuestra continuidad de jugar-jugando en FD. Triangulando..., según nuestro contexto del FB.

Como resumen de todos estos PS podremos añadir que estos patrones nos hacen *sentir* (S) todo lo que estamos viviendo como «algo nuestro», común y necesario para continuar jugando al FB, pese a las trabas que interpongan los contrarios. Estamos viviendo lo que hacemos con una *intención* (I) común por todos conocida y que es compatible con nuestro jugar al FB por mantener el balón todo el tiempo posible, y, por no aceptar su pérdida, pasamos rápidamente a recuperarlo para así mantener la iniciativa en el juego. Y, por último, el *relacionarnos* (R) de una manera que los PS nos proponen, para cada momento del jugar. De esta forma, somos, gracias a los PS, unos señores del fútbol Barça (SIR) (FB)... Y como señores debemos «llevar la cabeza alta», que para nosotros es metáfora del «mirar» como Jano para poder «ver», anticipar los aconteceres de nuestro entorno. Mirar en nuestro jugar supone mirar de forma diferente según estemos en FD o en la FR.

Mirar en FD es tener que focalizar nuestra mirada de forma distinta si somos el HD poseedor, o si somos componentes del EENFD en una de sus CDN, y debemos ofrecernos desde allí, como posibles candidatos, a la recepción de un pase del HD en CDN de intervención. Cuando soy yo el faro (poseedor), mi primera mirada será para ver las distancias, trayectorias y velocidades de los contrarios próximos que puedan amenazar de alguna manera mi disposición, para hacer el movimiento necesario y así eludir esa amenaza y poder actuar. Simultáneamente, debo mirar cuántos HD compañeros están ofreciéndome una vía de pase y discriminar quién de ellos pueda, según sus potencialidades (empatizo con él), continuar con alto porcentaje de éxito mantener la disposición, pues está en la triangulación y espacio necesario para ello. Y, en una misma mirada, ver para anticipar qué tengo-debo hacer después de haber dado el pase al compañero (HD) elegido. Cuanto más talento tenga, producto de haber entrenado en esas condiciones, más podré hacer todo ello en el tiempo justo que logre confundir-descorazonar a los oponentes próximos y ofrecer tiempo al HD receptor mediante ajustado pase, que he diseñado y ejecutado para ello.

Si, por el contrario, en el caso de ser HD que está ubicado en CDN de ayuda o de cooperación, fue J. Cruyff quien nos indicó qué teníamos que hacer: ¡antes de recibir la pelota ya tienes que tener pensado en qué harás con ella! ¿Para decidir (pensar) qué haré? Tendré que observar mi entorno próximo y alejado, tanto a mis compañeros (HD) como a mis contrarios. Si soy componente de CDNAYU, y en el caso de los míos, veré si tenemos conformadas las CDN del EENFD con los triángulos que el PS de FD nos indica. Y de los contrarios miraré si con sus ubicaciones impiden nuestra triangulación, y los espacios que dejan libres aquellos, los que se estén desplazando. Todos los HD componentes de las CDN de ayuda como cooperación tendrán que, en tiempos sucesivos-simultáneos y cada cual, según la QR en juego, buscar lugar en el EENFD desde el cual pueda cumplir con: conformar sus triángulos, ver la luz del balón, ajustar mi distancia con él e identificar los contramovimientos, espacios liberados por los contrarios. En el caso de ser elegido como receptor, tener anticipado mi quehacer, para facilitar a mis compañeros (HD) la conformación del nuevo EENFD que nos permita continuar en FD. Así sigue este proceso interrumpidamente, mientras esté el balón «en juego»... Lo que continuamente tenemos que mirar de los contrarios es su ubicación entre nuestras CDN, su número y la actividad que realizan con sus desplazamientos, pues posiblemente estén en actitud de espera en su ZD formando sus líneas defensivas con desplazamientos de «presión» sobre nuestros HD en disposición. Formarán dos o tres líneas defensivas, y nuestra mirada debe centrarse en los movimientos «simétricos» que realizan sus líneas utilizadas ahora para presionar a nuestros sucesivos poseedores. La capacidad ultracomunicativa que nos proporcionan nuestros PS es suficiente como para hacernos llevar el balón en los sucesivos EENFD hasta las zonas C-D, según las formas que propondremos más adelante.

Mirar en FR se transforma en un mirar más individual que permita a cada cual su autoorganización hasta y para la pronta recuperación. Nuestro mirar lo dirige la funcionalidad individual, que los PS de esta FR iluminan. ¿Qué tenemos que mirar para «sincronizarnos»? Cuanto antes, la ubicación del HD contrario-ladrón y la situación de nuestros HD más próximos a él. Si soy de estos, como ubicado en nuestras CD-NINT y CDNAYU, pues el pase entre nosotros fue el acaso robado, tendré que mirar quién de nosotros está más cerca del ladrón y su ubicación-situación en el EDJ y su proximidad o no a una de las líneas de banda, limitadoras del EDJ. Eso facilitaría sobremanera nuestra recuperación. Si conozco sus potencialidades, he de rememorar para actuar en consecuencia, y simultáneamente miraré a todos mis HD para ver-anticipar la «distribución» más eficaz de funciones para completar las necesidades que conozco-propone la primera fase de conformación del EEN-FR. Todo lo allí descrito debo ahora realizarlo antes de que el contrario-ladrón haya iniciado alguna acción, primer pase, o iniciar una conducción..., pues este es el objetivo de esta primera fase de la recuperación que estamos buscando. Tendré que aplicarme en realizar las tareas que me autoimpongo, para no «doblar» las actuaciones de ningún otro de los demás HD con quienes comparto este momento. Si, por el contrario, en el momento de la «pérdida» soy componente de la CDN de cooperación, tendré que mirar otras cosas, como dónde están los HD contrarios que puedan ser potenciales receptores del balón robado, a la vez que dónde están el resto de mis HD compañeros. Pues tenemos que «sincronizarnos» todos para simultáneamente «redistribuirnos» en el EDJ y lograr así algunos interponernos entre el poseedor-ladrón y sus compañeros cercanos ya localizados en nuestro mirar como posibles receptores del primer pase. Y otros tendremos que desplazarnos en trayectorias eficientes para colocarnos entre dos oponentes (intermedias) de los alejados y posibles receptores de un pase largo del HD poseedor, según propuesta de la fase primera de recuperación. Así es de necesario mirar para ver las posibilidades individuales (contextualización) más eficientes para, entre todos, recuperar el balón. Todo este mirar es continuo y necesario para jugar al FB según la tríada de recuperación, continuar haciéndolo en la segunda y las sucesivas, es decir, intentamos, animados por el PS de contextualización, regresar al jugar de nuevo en «el contexto» que nos es propio, el que nos identifica como HD jugadores del FB, conformando EDF en los espacios-tiempos deseados.

En la propuesta de estos PS hemos utilizado las aportaciones de Gibson (1979) en su idea sobre «la conformación óptica ambiental» que proporciona a los HD integrarse en el entorno específico que está viviendo. Atendiendo a esa idea, solo hemos indicado en cada PS lo que tenemos que hacer para que nuestros HD vivencien el jugar al FB, que consiste en conformar EDF en FD y en FR diferenciados. Y el cómo los PS les otorgan unas u otras posibilidades según el momento y situación de nuestro jugar. Este proceso complejo lo exponemos muy simplificado en el ideograma 24. Consecuentemente, entendemos que las teorías de cómo perciben los HD este complejo entorno en el que se juega al FB no pueden ser aquellas que las explican desde la concepción lineal aún vigente de estímulo-respuesta (ER), puro conductismo de J. Watson, ni desde la más actual idea-teoría gestaltista de W. Köhler: percepción-acción (PA).

La primera queda invalidada por su propuesta del entorno como un simple estímulo para el observador, cuando en el fútbol cada momento del juego aporta «miles» de estímulos de muy distintas fuentes y contenidos energéticos. Y la segunda, por ser el proceso perceptivo demasiado lento, queda invalidada para dar soluciones a las rápidas situaciones en las que los HD se ven envueltos en su jugar. Por ello nos afiliamos a

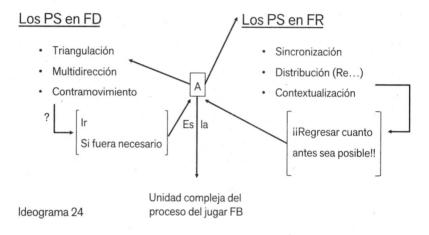

Ideograma 24

Unidad compleja del proceso del jugar FB

la teoría «ecológica» de J. J. Gibson y entendemos, como él, que los HD jugadores mediante su actividad exploratoria óptica ambiental del mirar de cierta forma les permite reconocer del entorno a todos los HD en él incluidos y simultáneamente al propio entorno.

- Su morfología (forma-diseño-número). Elementos espaciales.
- Su estructura temporal y secuencial. Dónde inician-terminan lo que allí sucede.
- El orden de transformación y origen del cambio observado.

Se ha de incluir en todo ello la motivación y las emociones que impregnan ese entorno que se ha observado. Y todo lo identificamos como la física-ecológica específica del jugar al FB.

Nosotros, mediante los PS, que hemos expuesto tanto en FR como en FD, hemos indicado qué cosa mirar del espacio en el que están integrados. Ellos también son componentes de ese determinado marco ecológico, y gracias a su mirar de «experto» pueden actuar siempre en la dimensión que desean y que continuamente modifican con su jugar. Y lo que J. J. Gibson llamó *affordances* son para nosotros posibilidades de actuar dentro de ese marco ecológico. Cuando nuestros HD actúan según unos PS definidos y conocidos que todos conocemos, conforman espacios de posibilidades de actuación global en la dimensión FB que los contrarios no identifican en su totalidad, y que además son diferentes según juguemos en EENFD o EENFR, por lo que su mirar es ahora y en cada momento el buscar aquello que en cada situación sea de su interés, aquello que puede transformarse gracias a la intracomunicación que los PS proponen, para unas siempre nuevas y diferentes oportunidades de interacción. A todo ello debemos añadir que en el FB nuestros jugadores HD están inmersos en un ambiente complejo, ya que en el EDJ circula ingente cantidad de información, de la que emergen propiedades siempre impredecibles, pues basta con modificar levemente sus condiciones iniciales para que el tiempo haga modificar sustancialmente su resultado, siendo por ello siempre nuevas e irreproducibles. Ante este panorama podemos proponer un nuevo-distinto modelo-proceso cognitivo que proporcione a nuestros HD así entrenados actuar en el complejo entorno del fútbol y lograr jugar al modo FB. Lo llamamos el de las «tres íes», que son información-intención-interacción.

Logramos una óptima información de lo que acontece en el entorno donde se desarrolla nuestro jugar gracias «a mirar» para ver-explorar lo que ocurre en cada momento según actuaciones de mis compañeros y también de los contrarios, para identificar sobre todo las posibilidades que tengo de actuación en función de cómo mis compañeros y yo compartimos gracias a los PS, tanto si estamos jugando en FD como si lo hacemos FR, superando las actuaciones de los contrarios. Con todos estos datos, creo-elaboro una *intención* compatible con el entorno; aun siendo individual, siempre será autovalorada, en relación con que, si logro jugar así, estaré haciendo algo por el equipo. Es la intención de para qué hago lo que hago, que lo reconozco como mío, pero como partícipe de la intención colectiva que los PS nos involucra a todos para jugar de esa determinada forma, confiando completamente al estar haciéndolo al modo Barça. De esta forma, nos enfrentamos al momento de ponerlo a prueba en la actuación, que no es tal, sino que es comprometerme en una *interacción*, pues los compañeros y los contrarios «actúan» sobre mí y yo sobre ellos: interactuamos. No es una acción como respuesta a la situación del juego-jugando, sino, como hemos visto, es interacción colectiva con el claro deseo de modificar el entorno del juego para transformarlo, conformarlo en un EENFD o en un EENFR, siempre en modo FB, que las PS nos indican y nuestros entrenadores nos proponen en sus entrenamientos, para lograr el objetivo de cada interacción en la que nos comprometemos.

El proceso del jugar al FB que venimos exponiendo desde el inicio de estas páginas y que ahora podemos explicar en su complejidad gracias a estos PS, como prescriptores de nuestro juego, es a la vez sencillo y complejo. Podríamos entender los PS como patrones semánticos portadores de una semiología integradora que facilita una representación cognitiva de cada HD sobre las funciones diferentes que se deben realizar en cada fase de nuestro jugar en equipo. Un especial modo de *Characteristica universalis* (Leibniz) que identifica una forma única de jugar al fútbol, que todos compartimos en cada partido y en todos nuestros entrenamientos, lo cual genera unos hábitos, una forma de entender y amar el jugar al FB.

El proceso del jugar al FB desde la perspectiva de la fase de disponer del balón (FD)

Hablamos de fase y no de componentes o partes, pues ya hemos aceptado que el juego FB es uno, que está conformado en dos fases que necesitan para ser uno de ciertas provisiones energéticas-informacionales-socioafectivas..., las cuales han de ser transformadas para cada fase del proceso del jugar al FB, pero bajo una misma equifinalidad para preservar el carácter y las finalidades que nuestras trilogías proponen. El objetivo es lograr esta equifinalidad partiendo de distintas y personales condiciones de cada HD, con los PS que hemos propuesto, pues actúan como estructuras de recompensa interindividual que inducen a los HD a mantener unas acciones conjuntas cuando seleccionan aquello que todos consideran aceptable para cada momento y situación del juego, diferenciando las funciones que los PS proponen y que esta fase del jugar al FB aporta:

- Una alta estabilidad emotiva en el equipo, pues cada cual conoce lo que pueden hacer todos en cada momento de su jugar, a pesar de las actuaciones de los contrarios.

- Fluencia y continuidad en el jugar por conectar los PS de FD con los de FR sin sobresaltos ni esfuerzos, pues cada PS logra alta redundancia comunicativa interindividual, incrementando las interacciones identitarias del jugar al FB.

- Una distribución homogénea reconocida de los «talentos» del equipo, por todos aceptada, al ir conformando los diferentes EENFD según los PS de la fase, que hacen «explotar» a estos talentos.

- El conocimiento de la eficiencia y eficacia de aquellos CER que ahora obtienen las ventajas deseadas, y los que no las logran; así nos llevará a dinámicas ganadoras, tras su autoevaluación subjetiva inmediata de cada balón que jugamos, incrementando la propia experiencia para jugar al FB a todos los HD, y a sus entrenadores amantes de nuestro jugar.

Durante los años de convivencia-competitiva me he preguntado muchas veces: ¿cómo unos días los mismos jugadores son capaces, como equipo, de golear a grandes adversarios, y otras, por el contrario, sentirse incapaces de marcar un solo gol a equipos teóricamente muy «inferiores»? Hay muchas explicaciones: hoy no han aparecido los goleadores, ha faltado motivación-concentración, el equipo está cansado, o, la muy socorrida, si te defienden con nueve jugadores es muy difícil. Todas son opiniones que vienen de la mano de «columnistas» que ven las soluciones que el «otro» fútbol ofrece y ellos entienden. Un día se lo pregunté a uno de los HD nuestros y me dijo: «Mira, Paco, hay días que parece que el campo se "hace grande" y hay espacios para jugar, y ese día disfrutamos todos, mientras que hay otros... Y no sé por qué será». Estas palabras me hacen pensar en que ese «raro fenómeno» puede tener una respuesta desde la perspectiva de todo lo expuesto hasta ahora, sobre jugar bien al FB, y que los PS ponen en evidencia. Estos tres PS que facilitan la FD de nuestro jugar son sin duda los que proporcionan a nuestros HD la sensación, no falsa, de jugar en un EDJ grande, donde los contrarios no llegan a molestarnos y nosotros encontramos un gran EDJ donde hacer nuestro mejor juego. Sin duda, ello se ocasiona porque cada uno de nosotros nos movemos en torno al balón cumpliendo siempre según los tres PS; recordemos la metáfora del billar «a tres bandas». Las triangulaciones-multidireccionales explican esa sensación de tener un mayor EDJ. El contramovimiento nos hace encontrar-disfrutar de los espacios que los contrarios nos dejan libres sin darse cuenta. La sensación de que uno de nuestros «sensibles» HD es capaz de describir como algo especial que en ningún libro de fútbol queda expuesta, pero que nosotros podemos disfrutar gracias a la semántica comunicacional que los PS nos proporcionan. Como la bola de billar que, para el espectador con un «mayor» e inesperado recorrido por el verde tapete, llega de forma precisa a lograr la carambola después de haber tocado tres insólitas bandas antes de alcanzar su objetivo.

En las siguientes páginas vamos a exponer la conformación de los EEN-FD más «críticos» de nuestro jugar, en zonas A-B, inicio, y zonas C-D, para mostrar el enorme valor que los PS aportan a la identidad de nuestra forma de jugar al FB.

El pase es esencia y el fundamento de nuestro juego, por lo que es el protagonista necesario; por tal motivo, la totalidad de las opciones de inicio del jugar (ZA-ZB) lo hacemos con un pase. De esta forma también lo hacemos en el saque de puerta de nuestro HD portero, para poner el balón en juego. Sabemos que todos los procesos tienen una alta dependencia para su continuidad, respecto a las condiciones que puedan establecerse en sus momentos iniciales.

Por tal motivo, nuestro «inicio» el jugar es un pase del portero, pues ya desde ese momento se generan las condiciones propias para continuar pasándonos el balón al modo FB en cualesquiera que sean las sucesivas opciones de nuestro jugar. En ese momento, las condiciones no son otras que las que proporcione el EDFD que la «totalidad» de nuestros HD jugadores conforman, para lograr la iniciativa sobre la posible «presión» que suelen realizar nuestros contrarios en ese espacio de nuestra zona A, que ellos llaman de «salida del balón». «¡Presionad su salida!», anima su entrenador. En el esquema 11 hacemos la morfología y arquitectura que proponemos para estos EENFD para nuestro «inicio de jugar» en el saque de portería. Este EENFD estará conformado por QR donde solo existen dos cuadrantes marcados (--------) (α y β) y la QR (1.5.5), al ser nuestro portero el que dispone del balón sin ningún oponente a su espalda. Este EENFD es especial, pues ocupa la totalidad de nuestro EDJ, las dos zonas y los cuatro pasillos para superar la «presión alta» (FT) de los contrarios, por muchos jugadores HD oponentes que acudan a ejecutarla. Lo normal sería que la ubicación de nuestros 9 y 11 atrajera a tres contrarios, con lo que se obtendría frecuentemente una ventaja numérica en este lugar facilitando nuestras actuaciones en zonas A-B.

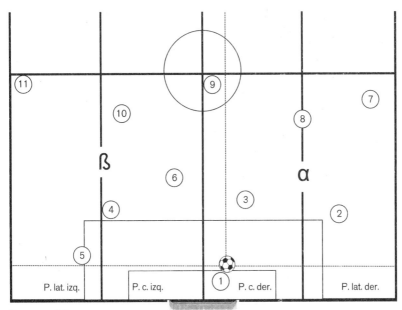

Esquema 11

En este y en cualquier otro ejemplo, pues los HD eligen el cuadrante donde instalarse en este EENFD muy específico para el inicio del juego, han de aparecer las consecuencias de los PS del bien jugar al FB. Así el primero será que todos los HD ven «la luz» del balón; si los contrarios lo quieren evitar, tendrán que hacernos una férrea «marca al hombre» utilizando para ello a todos sus componentes y hacerlo simultáneamente en trayectorias precisas y obviar a nuestro portero (1) poseedor. Si la orden de su entrenador fuera mantener la marca individual, contamos con la opción del 1 que propondremos más adelante. El segundo de nuestros PS, que también cumple, es el de que con dos pases cualquier jugador HD puede recibir el balón, esté donde esté, gracias a la triangulación. Así como el tercer PS, según los desplazamientos contrarios y que exponemos más abajo. En la CDNAYU están los números 2, 3, 4, 5, 6, y en la CNNCOO, los 7, 8, 9, 10, 11; como vemos, la QR marcada (esquema 11) nos propone CDNAYU α2, β3 y en la CNNCOO α2, β3. Eso significa que en QRβ tenemos mayor número de HD, cosa que podría presuponer que por los pasillos izquierdos podríamos acaso tener cierta mejor predisposición para jugar el balón. Ahora dependerá del número, sea cual sea, y la distribución de los oponentes, para que el portero decida con quién jugar. Acaso con el 5 que repita pase con el 4 para lograr un pase seguro con el 10 al tercer hombre. Acaso con el 4 que repite pase con el 1 para cambiar al QRα y conectar con el 7, que se aproxima por el carril lateral derecho libre de su marcador. O acaso... Hay un sinfín de opciones de contramovimiento que cada HD, esté donde esté ubicado, debe proponer tras «zafarse» en los sucesivos tiempos del jugar de su marcador oponente por cualquiera de las trayectorias de simulación-engaño que hemos propuesto, y todos los HD deben practicar y conocer. A partir de este nuestro primer pase se desencadena la reorganización de los sucesivos EENFD en la ZB y luego ZC, desde la que gestionar EENFD que nos proporcione opciones en ZD a base de pasar y pasarnos el balón gracias a QR variadas que propondremos más tarde.

Nos queda exponer la «opción del 1». Esta es la de nuestro portero (1) cuando nuestros HD no pueden «librarse» de sus marcas personales, cuestión poco probable no utilizada, pero posible. Consiste en que todos nuestros HD «arrastrarán» a todos sus marcadores hacia los dos pasillos laterales, cinco jugadores en el lateral derecho y otros tantos en el izquierdo, para ubicarse tres de ellos en nuestra ZB, y los otros dos, en la ZC, logrando en ambos pasillos laterales la misma organización, de manera que, como los contrarios mantienen la marca al hombre, estos cuatro HD nuestros en ZC podrán no caer en fuera de juego. ¿De esta

forma quedarán los dos pasillos centrales libres para que nuestro portero conduzca balón por ellos hasta casi el centro del EDJ? Posiblemente,
antes de eso, alguno de los contrarios que «marcan» en los pasillos laterales en ZB a los nuestros perderá su marca, atraído por la «pieza fácil»
del 1 intentando su presión. El HD, liberado así de marca, podrá jugar
con ventaja 2v1 ofreciendo línea de pase a nuestro 1, momento en el que
los 6 HD nuestros que ya están en ZB conformarán el EENFD en esa
zona y en el que, simultáneamente, nuestro portero regresará a ZA mirando el juego por si tiene que participar en la conformación del EENFD
en formación, como posible componente de la CNNCOO. Lo mismo
harán los 4 HD que estaban en ZC. Así todos nuestros HD conformarán
el correspondiente EENFD que generalmente estará instalado entre ZB
y C principalmente en el EDJ del pasillo central o el lateral del lado del
HD que saltó sobre nuestro portero. Así se completa la primera opción
de nuestro 1. Pero si nadie le «salta» y todos los oponentes mantienen
su marca sin atender a la opción de nuestro 1, este llegará próximo al
círculo central, que será la señal para que entren en acción los 4 HD
nuestros, que estaban en ZC con «férrea marca» de sus oponentes. Estos, según el esquema 12 y en función de dónde estén sus marcadores,
realizarán, todos y de manera simultánea, unas trayectorias de desmar-
que curvas, sin caer en fuera de juego, moviéndose en rápidas trayectorias, cruzándose como se expone, para confundir a sus marcadores; por
haberlas iniciado lo más alejados de su portería, posiblemente alguno no
seguirá la marca. Aquel que quede libre después de esta «cuádruple maniobra» podrá recibir el pase de nuestro 1. Este regresará como en la
anterior opción hacia su portería mientras sus compañeros conformarán
EENFD en ZC, de manera que puedan cooperar todos los demás HD
compañeros que logren estar libres de marca, pues alguno o varios de
sus marcadores-delanteros-contrarios acaso no continuarán la marca en
su propio campo, o lo harán con menos presión, por tener que acudir a
formar sus líneas defensivas.

Aunque este planteamiento del 1 parezca utópico, en el FT ya hemos
visto algunos casos de porteros que en la fase de salida de balón han
llegado conduciendo fuera de su área aproximándose casi al círculo
central, pues el equipo contrario se ha replegado defendiendo su área.

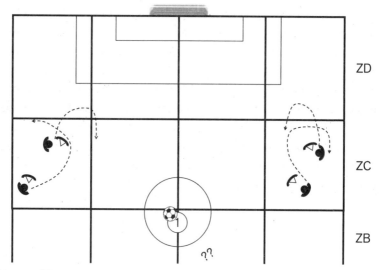

Esquema 12

Llegado ese punto, el portero se ve obligado a tener que golpear en largo acaso buscando al punta más alejado, «rifando el balón» por falta de apoyos de unos compañeros que den continuidad al juego a la posesión. No es nuestro caso, pues con esta intención del 1 hemos conformado un EDF específico para continuar en posesión del balón gracias a las acciones conocidas por nuestros compañeros y que aquí hemos indicado.

Lo expuesto no son propuestas cerradas, cosa que nunca sucede en el fútbol; solo es una de muchas que los entrenadores del FB pueden exponer en sus entrenamientos como alternativas de cómo utilizan sus PS los HD, de forma variada para conformar los sucesivos EENFD que en cada situación de juego sean posibles de realizar siempre de acuerdo con las tríadas del bien jugar al FB, en los que la eficacia de sus PS les darán posibilidades para estar ubicados en la CDNAYU o en la CNNCOO en un EENFD, lugar del EDJ desde donde ver la luz del balón. Así si fuera el poseedor podría orientarme hacia el juego para tomar la decisión de a quién pasar el balón. Todos han de estar a distancias relativas de todos, para que predomine el poder pasar en corto y al pie según alguna QR practicada en el entrenamiento. Por ser dinámico se exige realizar unas trayectorias que procuren conformar el nuevo EENFD allí donde el pase haya llevado al balón. Jugando siempre FB que supone a cada uno y a todos los HD el poder estar hiperconectados en todos los momentos de jugar gracias a su continua-interminada reorganización, para que, además de ver la luz del balón, mi relación con él sea que me pueda llegar en dos pases, o como máximo, excepcionalmente, en tres. Es una cuestión que tengo que facilitar al relacionarme con al menos dos de mis compañeros HD ubicados en distintas CDN y que entre los tres formemos un triángulo, de manera que ninguno de sus lados sea paralelo con las líneas que dividen reglamentariamente el EDJ. Estos triángulos estarán continuamente en distinta neoformación o acaso ya formados, según el balón haya llegado a alguno de sus componentes o esté alejado de ellos. Todo eso atendiendo al espacio que los oponentes dejan libres; por donde ellos corren, nosotros jugamos. ¿Verdad que en el EDJ hay más espacio libre que ocupado? Ese es el objeto de nuestro jugar: mover a nuestros oponentes hacia los espacios que nosotros no queremos, para que nos dejen aquellos por los que deseamos que transite el balón para concluir en un pase «especial» a la red, entre los tres palos y el portero contrario. ¡Este es el espacio que deseamos! Así aplicamos todos los PS de FD. Todos estos «criterios» utilizarán nuestros HD sus CER durante su jugar, que darán opciones igualitarias a todo HD que participa en FD para conformar los sucesivos EENFD, pues el HD poseedor tiene-puede disponer de nueve líneas de pase (vías) de comunicación, y en ZA10, pues nuestro portero también participa en la conformación del EENFD que corresponda. Todos deberán utilizar morfologías de sus EENFD que ocupen no más de dos zonas del EDJ y un máximo de tres pasillos según las QR referidas y para que sus pases sean preferentemente cortos y al pie, siempre con arquitecturas variables, según el lugar del EDJ donde se estén instalando cada uno y todos los HD que los conformen (QR). Si es en campo contrario (ZC-ZD) y por la acción del lugar de implantación de la línea de fuera de juego de los contrarios, nuestros EENFD, en esas zonas del EDJ, deberán ajustar su morfología a una sola zona, pero entonces sus componentes podrán (HD) utilizar los cuatro pasillos para complementarlo y facilitar nuestro juego.

En estas situaciones, jugamos con los HD ubicados en pasillos laterales, para que ellos realicen conducciones «controladas» que provoquen el desplazamiento hacia su portería a los HD componentes de su línea de fuera de juego. Ello no solo es para «centrar» como habrían supuesto los contrarios, sino para ampliar el EDJ de nuestro equipo. Así podrán conformar EENFD en ZC y en ZD. En este caso, los HD que acaso estén conformando la arquitectura en uno de los EENFD en carriles centrales del EDJ en esa ZD deberán ser capaces (PER) de encontrar el camino para hacer el deseado pase a la red, crear una ocasión de gol o una oportunidad de dar un pase a otro HD componente de otra CDN en mejor situación que él. La frecuencia de los pases realizados en estas situaciones, tanto como el ritmo de conformación de los EENFD en las zonas C y D, y la utilización preferente en pasillos centrales, son fundamentales para la conformación de sus CDN, sobre todo la de CDNA-YU; es imprescindible que los HD allí presentes utilicen trayectorias de simulación, de atracción o de engaño... para provocar confusión en los oponentes. Así se favorece nuestra intracomunicación, por mostrar a todos los HD compañeros la identificación del significado de los movimientos de los demás y producir nuevas-otras comunicaciones con esos tipos de trayectorias. Todas ellas propias del PS contramovimiento para ocupar aquellos lugares-espacios que los contrarios, engañados con estas nuestras trayectorias, dejan libres para nuestro jugar.

Otra de las situaciones críticas de nuestro jugar en FD es la que se produce en las ZC y ZD cuando los contrarios juegan sistemas (FT) defensivos tipo 1-5-3-2, 1-4-4-2 o similares, donde en sus «líneas» de atrás hay gran número de jugadores y están muy juntas. Esto deriva en defensas «muy pobladas» donde «no hay espacios»; la contundencia de sus defensores experimentados conoce bien cómo marcar a nuestros puntas (FT). En todas las situaciones en las que en FD nos encontramos que los contrarios HD construyen estos tipos de defensas, el PS de contramovimiento de nuestros HD que conforman la CNNCOO de los sucesivos EENFD tienen la solución, pero siempre ayudados por el resto de los HD componentes de las demás CDN, que, utilizando los PS de triangulación y multidirección, conforman EENFD a ritmos variados, sobre la base de los HD ubicados en CNNCOO que utilizando el PS de contramovimiento y otras «artimañas» intentarán y deberán en un determinado momento-situación romper los movimientos simétricos defensivos de los HD defensores contrarios, para lograr una ocasión de golear. ¿En qué consiste romper la simetría de esos desplazamientos defensivos? Los criterios que vamos a exponer son válidos para todos los sistemas defensivos «robustos» (1-5-4-1/1-5-3-2...) de los contrarios; eso sí, con diferencias puntuales significativas para estos y cada uno de los sistemas defensivos similares del FT. Vamos a indicar los argumentos que hay que utilizar para obtener la rotura de simetría que antes señalábamos en todos ellos, con el ejemplo del sistema defensivo 1-5-4-1, que puede ser el ultradefensivo por excelencia, y que mostramos en el esquema 13. Entendemos por «simetría» movimientos de basculación simétricos que ejecutan los defensores HD contrarios para realizar una defensa perfecta que rompa nuestras alternativas de hacerles gol. La simetría axial es la que se refiere a los desplazamientos lateralizados derecha-izquierda paralelos a la línea frontal del área, última línea defensiva que marca el fuera de juego y que en este caso forman 5 HD defensores (Ⓧ). Los ejecutan teniendo como referencia el eje (de aquí la denominación de axial) virtual que une el centro de la portería y que, pasando sobre el punto de penalti, llega al punto del centro del campo (𝖬𝖬).

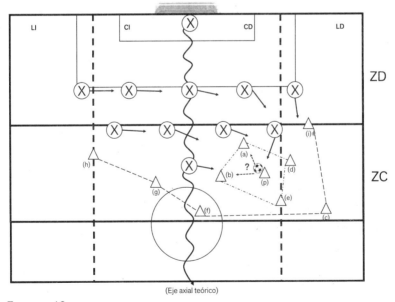

(Eje axial teórico)

Esquema 13

Divide el EDJ en dos pasillos laterales izquierdos y dos derechos (LI-CI/LD-CD), según nuestra propuesta de cuatro de pasillos. De manera que cuando nosotros movemos el balón, conformando un EENFD que ocupa los pasillos laterales derechos, ellos basculan (➡) axialmente y según su sistema defensivo en dirección-zona del balón, en paralelo a la línea frontal del área de portería.

Se construyen dos «compactas» líneas de 5 y 4 HD al acumular al menos cinco de ellos en el pasillo del balón según esquema 13 central derecho. En dos líneas muy juntas, manteniendo los otros cinco a la expectativa de qué pueda suceder, pero siempre aproximándose al pasillo central derecho, el más peligroso, dejando casi libres los laterales de ambos lados. Las acciones de los nuestros irán ahora dirigidas a «confirmar» si son estables. Para ello deberán repetir pases «paralelos» a la frontal de su área y en ambas direcciones, para comprobar la estabilidad de su simetría en los desplazamientos de basculación-defensiva axial. Mantendrán todas las CDN de cada EENFD conformado a tal efecto, en ZC y límites de ZD. Nuestra CDNAYU durante esas acciones deberá mantenerse en 4 HD, es decir, un QR 4-5. Los 4 en CDNAYU (a, b, c, d) han de estar cercanos al poseedor (P), haciendo que los pases entre ellos sean rápidos unas veces, y otras más lentos, para observar la «eficacia» de las basculaciones de los HD contrarios en ambas situaciones. Los 5 HD que conforman CNNCOO (e, f, g, h, i) estarán alejados del balón, y al menos dos de ellos (i, h) por delante del balón para atraer a los defensores laterales. Tres por detrás del balón para, en caso de pérdida (f, e, g), sincronizarse para una rápida recuperación allí mismo. Estas actuaciones se repetirán conformando los EENFD en ambos pasillos centrales D-I alternativamente, pero también habrá que comprobar la basculación en «profundidad» de los oponentes, quién «sale» al poseedor y quiénes cierran el espacio que deja libre su HD compañero que salió a la presión. A esta simetría la llamamos «paridad», pues son dos los HD contrarios próximos, cada uno con su par, los que la ejecutan (FT). Esta simetría tendrá como foco la zona del balón. En ocasiones, retrasaremos el juego, también con un pase sobre alguno de nuestros tres HD ubicados en CN-NCOO por detrás del balón, para ver si los contrarios en bloque («profundo») avanzan todos la línea hacia nuestro balón atrasado. Todas estas acciones son necesarias para identificar todo lo simétrico de los movimientos defensivos en «bloque» de nuestros contrarios, y de aquellos acaso movimientos fallidos de alguno de sus ejecutores.

En todas estas funciones, es necesario realizar «muchos» pases para conformar los numerosos EENFD que nos proporcionen identificar sin errores las simetrías que los contrarios hoy ejecutan con su compacta y férrea defensa (FT). Es cuando nuestros detractores critican nuestro jugar. ¡Es jugar al balonmano! ¡Es un tiki-taka sin sentido! Cuando conocemos su utilidad, todo cambia, y así lo aceptan y comprenden nuestros HD. Una vez identificadas sus simetrías defensivas para este partido, el número de pases se podrá reducir, aunque siempre habrá que realizarlos de esta forma, hasta «confirmar» que su defensa ahora actúa en los términos que nosotros hemos reconocido. Ya es el momento de romper su simetría, de manera «local» en el lugar concreto del EDJ donde hemos observado sus regularidades, en unos valores causales más estables. Cuando «mejor» hacen sus movimientos defensivos y si lo hacen con una mayor regularidad, nos están ofreciendo más posibilidades de que nuestros PS aporten valores covariacionales para conformar los EENFD necesarios y logren romper las simetrías que sus «compactos» sistemas defensivos definen. Esta covariación está implícita en el PS de contramovimiento. Este patrón continúa haciendo valer su semántica de ocupación del espacio que ocupaba el contrario, pero ahora no covaría con referencia al PS de multidireccionalidad, sino que este valor semántico covaría también en «unidireccionalidad» para lograr romper la paridad de los movimientos defensivos de nuestros contrarios, en ese lugar y momento del jugar que hemos identificado en su defensa ultraorganizada (FT). Y es que la multidireccionalidad que ofrecían nuestros 4 HD para conformar el EENFD como constituyentes de la CDNAYU se transforman ahora en unidireccionales, pues cada uno de los 4 HD implicados realizarán trayectorias únicas-directas, con las que cada cual tendrá que llegar a ocupar espacios distintos con funciones distintas en «tiempos» diferentes utilizando el PS de contramovimiento de los contrarios, «destrozando» la paridad y la densidad de sus líneas defensivas (◄---¦). Es una sincronización ET especial para obtener una situación única para marcar gol, donde todos asumimos el riesgo por el gran beneficio que ello conlleva. Exponemos en el esquema 13 las acciones que pueden empezar con un pase corto del poseedor ($\triangle_{(p)}^{\oplus}$) en esquema 13 hacia alguno de sus compañeros en CDNAYU situados a su izquierda a-b ($\mathcal{W}$). Este será corto y lento para fijar a unos o los tres HD contrarios próximos situados en los espacios de los pasillos derechos según su basculación antes observada. El que reciba el pase (a o b) ejecutará, al primer toque, un pase largo y rápido sobre su compañero (c) tercer hombre. Este conduce temporizando (‗ ‗ ‗ ‗ ‗) (esquema 14) para dar tiempo a sus cinco compañeros HD de que realicen trayectorias-directas-rápidas-sincronizadas para desplazarse según vemos en el esquema 14. Nuestros HD solo utilizarán para ubicarse como se indica en las PS de triangulación ($\overset{\wedge}{\underset{.'.\,}{}}$) y contramovimiento, mientras que la multidireccionalidad respecto al poseedor se ha transformado en unidireccionalidad para los 5 HD nuestros que formaban las CDN de intervención y ayuda. Solo los que estaban en CNNCOO se repartirán en multidireccionalidad o unidireccionalidad según vayan estando por delante o por

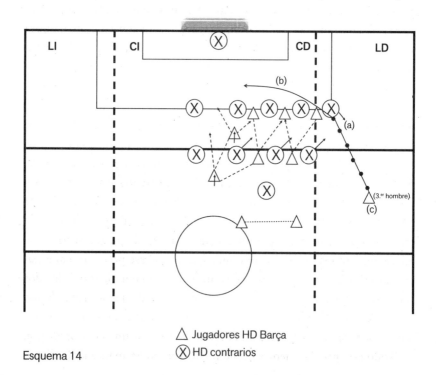

△ Jugadores HD Barça
Ⓧ HD contrarios

Esquema 14

detrás del poseedor en conducción del balón. Como vemos, todos nuestros HD están en triangulación (_ _ _ _ _ _), pero no respecto al balón, sino respecto a sí mismos, producto de trayectorias rápidas-directas para que, cuando nuestro compañero poseedor con su conducción «atraiga» a alguno de los dos contrarios (⊗—) o acaso a los dos, se pueda «desencadenar» con una alta circulación del balón en pases cortos y rápidos, producto de la ubicación-dinámica en triangulación de todos nuestros HD en cuyos vértices de los triángulos están en espacios «intermedios» de su «férrea» defensa, utilizando el PS de contramovimiento. Hay tantas opciones que con un esquema estático no se pueden indicar. Pero en todas existen las ventajas numéricas y o posicionales provocadas por la acción fijadora de nuestros dos alejados (◬). Hasta que en alguna de esas múltiples opciones pueda ser la de finalización con probabilidad de pase a la red (PR). Y si no es así podríamos realizar un pase atrás hacia alguno de los dos HD compañeros que se mantienen durante todo el acontecimiento por detrás del balón. En el esquema 14, marcados (.....). Para lograr mantener la disposición y poder temporizar con el objetivo de que todos retomen nuevas posiciones en otro, ahora sí, nuevo EENFD que nos proporcione mantener la disposición para disponer de una nueva posibilidad en otro lugar del EDJ, nuevos pasillos sin alejarnos de la ZC, y así mantener la iniciativa del juego. Debemos indicar también que, si la acción colectiva inicial no tiene éxito, podemos recurrir al pase largo del (C) tercer hombre. Y es que cuando este no provoca la atracción deseada, podría hacerlo mirando en profundidad para ver a su izquierda como entre los dos pasillos centrales, dos de sus compañeros (◬), después de haber fijado instantes antes a los cuatro defensores próximos a ellos, hacen sendas trayectorias de reorientación entre los dos últimos defensores (Ⓧ). Tendrá que hacerlo en el tiempo justo para que no caigan en fuera de juego. Si todos lo hacen en tiempos precisos, podremos lograr que ese pase largo al espacio detrás de las líneas defensivas, si fue alcanzado por alguno de los dos (◬)HD compañeros, puedan controlarlo antes de que lo haga alguno de los dos contrarios presentes en el espacio de la acción. En ese momento, tendremos una alta probabilidad de generar una ocasión de gol.

Todo este proceso tiene su fundamento en poder mantener la disposición del balón gracias a identificar el momento de ruptura de simetría del sistema defensivo de nuestros contrarios utilizando una PS de multidireccionalidad modificada en unidireccionalidad en el momento preciso en el que nuestros HD tengan ubicaciones-dinámicas ventajosas por elegir correctamente triangulaciones en espacios intermedios ganadas por la PS de contramovimiento gracias a la continua conformación de EENFD muy dinámicos, variando su implantación en referencia a los pasillos derechos-izquierdos, pero manteniéndolos constantemente en ZC y límites con ZD. ¡Lo que tanto nos critican! Posiblemente, continuamos en FD, y así lo intentaremos nuevamente en los otros dos pasillos, o acaso en los mismos, cambiando algún elemento del proceso. La variación de las trayectorias directas sobre los espacios logrados contra el movimiento simétrico de los contrarios descubierto con anterioridad hace que la situación vivida sea siempre distinta, aun utilizando los mismos criterios en todos los intentos. *Rompiendo la simetría local se obtiene un desorden global* que «destruye» las defensas «compactas».

Todo lo que hemos expuesto es válido-orientativo para emplearse contra esta clase de sistemas ultradefensivos, que son los presentados mayoritariamente por nuestros contrarios. Sin embargo, lo descrito es válido para cualquier sistema defensivo (FT), pues en todos ellos aparecen esas simetrías en sus desplazamientos, y son estas sobre las que nos basamos para lograr nuestras expectativas de actuación, basadas en nuestros PS de FD que con las modificaciones expuestas de covariación los hacen válidos para superar cualquier sistema defensivo «bien» ejecutado. Ello no quiere decir que en cada posesión prolongada de nuestro equipo en zonas D-C logremos un pase a la red, pues sabemos que el fútbol como fenómeno complejo no responde a la lógica de factores estables; sin embargo, esto no significa que lo que proponemos no tenga sentido o vaya a resultar infructuoso. Bien al contrario, pues con ello obtendremos una alta probabilidad de lograr ocasiones de gol, siempre distintas a pesar de ser gestadas por unos mismos procedimientos estructurales, pero ejecutados desde y por expectativas personales diferentes en tiempos y situaciones siempre impredecibles que nuestros HD deseosos de jugar al modo Barça ejecutan, y son reconocidas-aplaudidas por nuestros seguidores de todo el mundo. Así tenemos que entrenarlas.

Nuestro juego en espacios de tránsito (zonas B-C), no transición (FT), no tiene nada de especial, pues se trata en ellos de conformar los EENFD que correspondan, en los ritmos deseados por todos, que serán los que nos ofrezcan seguridad en la disposición y ocultación de intenciones a los contrarios. Así pues, el balón no transitará solo por un pasillo, sino al menos por tres de ellos, evitando su secuencia y direccionalidad lineales, para generar incertidumbre a los contrarios, además de variados espacios entre sus líneas facilitadoras de nuestra actividad de contramovimiento, que resulta fundamental como sabemos para controlar el ritmo del jugar que nos otorga esa iniciativa que siempre deseamos. Tenemos que aceptar que el juego, como fenómeno social que es, no responde a una lógica de factores estables, sino que en él existe una alta dependencia de elementos estructurales imprevistos, amalgamados con expectativas personales y aspectos socioafectivos interpersonales-grupales que emergen inesperadamente en tiempos insólitos que a todos impregnan. Por tanto, cualquier solución no puede ser predeterminada, sino que han de ser propuestas como un árbol poblado del fruto de posibilidades, por lo cual casi cualquier propuesta de actuación personal o grupal es plausible, pues lo propuesto es algo de lo que podría pasar si somos capaces de provocar en los contrarios unas determinadas circunstancias que reduzcan su árbol de posibilidades de actuar en ese entorno que hemos conformado entre todos HD por medio de comunicarnos con los PS que solo nosotros conocemos. Con ellos conformamos entornos «atractivos» para los contrarios en los que se apresuran a intervenir facilitando el logro de nuestras intenciones. ¡Los engañamos!

En todo lo expuesto en este capítulo, hemos utilizado el concepto *affordances* aportado por J. J. Gibson (1977), que nos proporciona la idea básica necesaria para comprender el sustrato de lo propuesto. Los PS conforman entornos que serán «amables» para nuestros contrarios, donde estiman que se encuentran con altas posibilidades de actuar; el balón está cerca, los contrarios (nosotros) no corren con él, no juegan rápidos hacia delante, no logran hacer centros al área… ¡Están engañados!

Hacemos todo aquello en lo que nosotros somos mucho más eficaces, pues conocemos, gracias a los PS, cómo tenemos-podemos-deseamos comunicarnos; somos altamente eficientes, pues así es el jugar FB en su FD.

El proceso del jugar al FB desde la perspectiva de la fase de recuperar el balón (FR)

La forma en que nos organizamos-reorganizamos por medio del carácter híbrido (OH) los sucesivos EENFD que conforman nuestro jugar al FB nos proporciona, en caso de perder el balón en uno de nuestros pases, el poder autoorganizarnos para pasar a FR con el objetivo de su inmediata recuperación. Esta alta eficiencia se transformará en eficaz recuperación cuando hayamos practicado suficientemente las siguientes cuestiones, que se ejecutan al menos en cuatro momentos. De ellos, los dos primeros ya han sido expuestos como criterios para cumplir con la tríada de recuperación. En resumen, consiste en que debemos evitar que «el ladrón» oponente pase o conduzca el balón. Para evitarlo, los cuatro HD nuestros más cercanos, componentes de CDN de intervención y ayuda (serán cuatro si la QR de FD fue bien conformada), se distribuyen todos sincronizadamente (PS) en el espacio en torno al balón, atendiendo a ¡la ubicación del «ladrón» con nuestro balón! Su ubicación es la postura personal y respecto al esférico, así como si está perfilado hacia el juego, sus compañeros o hacia la banda. Y también la situación temporal que disponga. En todas las infinitas posibilidades existentes, debemos interferir rápidamente en aquellas que nos son más «dañinas». Evitar el que mejore su perfil para comunicarse con mayor número de sus compañeros, su «lado fuerte», que pueda progresar con el balón donde él desea.

Para ello, nuestro compañero HD más próximo a él realizará la trayectoria de recuperación conveniente, tapando esta opción. Es evitar un primer pase a uno de sus compañeros, mejor ubicado que él. Es necesario que alguno de los tres HD nuestros, componentes de CDNAYU en el momento de la pérdida, nunca aceptada, tendrán que, en el mínimo tiempo, tapar su pierna, acaso la dominante, que pueda ejecutar el pase. Esta trayectoria será directa-rápida. Mientras al menos dos HD próximos le taparán una posible salida en conducción hacia su derecha o su izquierda, y todo ello practicado en los juegos de posición y rondos de nuestros entrenamientos. Con especial atención a que no logre comunicarse con su portero, en conducción o pase, pues este, desde su posición retrasada y libre, puede dar un pase largo de contrataque (FT) que desbarataría nuestros planes. Estas mismas «estrategias», opciones para la recuperación, se repiten mientras tengamos posibilidades de recuperación en ZD o en sus proximidades con la ZC. En esto consiste nuestra autoorganización: cada HD, según su criterio, realizará unas u otras opciones de las que nuestros HD conocen PS. Todo esto es resumen de lo propuesto antes, cuando lo expusimos bajo la perspectiva del proceso de nuestro jugar, mediante los conceptos que hasta entonces ya habíamos identificado. Con todo ello nos encontrábamos, en el peor de los casos, con el balón en poder de los contrarios que habían superado hasta dos intentos autoorganizacionales de nuestros HD logrando realizar dos pases entre sí, a pesar de nuestras propuestas en FR promovidas por los PS de sincronización y de distribución (ahora conocemos sus valores). Podemos plantearnos que nos encontramos con la necesidad de lograr una y nueva necesaria redistribución (PS) para obtener unos EENFR «específicos» que nos servirán para estas situaciones vividas como consecuencia del incierto proceso del jugar. También en todas las demás situaciones en las que nuestros oponentes tengan el balón en su poder en la zona C, tras haber superado con dos pases las dos primeras propuestas (fases) de nuestra FR, estando en vías de realizar una tercera acción de su ataque (FT), y que nosotros ahora con nuestra nueva redistribución (PS) deseamos evitar con esta alternativa que desde ahora vamos a exponer.

Es lo que llamamos tercera fase del proceso de nuestra FR del jugar, conformando unos «especiales» EENFR en los que nuestros PS de sincronización y ahora redistribución nos proporcionan soluciones siempre respetuosas con la tríada de recuperación y que, por ello, nos permiten llevar la iniciativa del jugar y tener la estabilidad del equipo en unos índices bajos de fluctuación. Decimos EENFR especiales, pues sus CDN son semicirculares, conformadas por un número de jugadores prefijados, al modo de una QR también especial con referencia en el EDJ según el esquema 15. A este deberán ajustarse todos nuestros HD bajo la PS de sincronización temporal y redistribuirse en una forma de ordenación «muy dinámica», de aquí su denominación. La redistribución que exponemos en el esquema 15 es elección hecha entre muchas situaciones que pueden darse durante el jugar en FB y cuando fueron ya agotadas las dos primeras fases de intentar recuperar el balón en los sucesivos EENFR fallidos, o en cualquier otra situación del juego, en las que los contrarios disfrutan del balón en «ataque» (FT) en zonas B-C debido a un saque largo de puerta en su inicio de juego o después de un «ganado» saque de banda en esa zona. Describimos el caso cuando los HD oponentes optan por llevar el balón sobre uno de los que son para nosotros pasillos laterales derechos o izquierdos, debido a como «dividimos» el EDJ.

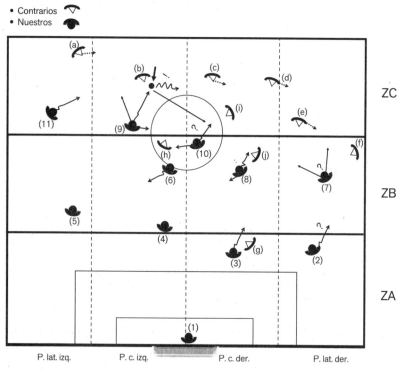

Esquema 15

En la situación que proponemos, se da por los lados derechos, con la mayoría de sus HD aún en ZC, con algunos en nuestro EDJ en ZB, y el «punta» (g) en zona A rozando el fuera de juego. En esta propuesta habrá tres-cuatro, según la dinámica de su sistema de ataque por líneas (FT). Nuestra reorganización en todos los casos se ajustará para conformar este EENFR especial, en el que la CDN de intervención estará compuesta por tres HD nuestros, que posiblemente serán los mismos tres que habían estado intentando recuperar en los dos anteriores EENFR fallidos, y tendrían que haber logrado retrasar en lo posible cualquier progreso del balón, aunque los contrarios hayan podido completar ya su segunda acción. Suponemos que el balón estará en posesión ⌄⌐ (♩) sobre (b). En un principio, este duda en jugar mediante conducción (∿⟶) hacia los pasillos donde su equipo dispone de superioridades numéricas, o con un pase (⟶) directo sobre (i) compañero en profundidad; finalmente, este decide hacerlo (i) en uno de los pasillos centrales.

Hablamos ahora del cómo y del porqué de la redistribución que proponemos. Nuestra CDN de cooperación es la más alejada de la posición del balón, en morfología de semicírculo y arquitectura constituida por nuestros HD (2-3-4-5); están ubicados cada cual en su pasillo específico. Habrán llegado allí en sincronía (PS) ajustada con el tiempo en el que sus compañeros (11-9-10, o los que fueren) han debido retrasar-controlar el progreso del poseedor contrario hacia nuestro EDJ ZB, manteniéndolo el mayor tiempo posible en ZC. Normalmente, estos HD serán los mismos que en el primer y segundo intento no pudieron recuperar, pues conformaron las CDN que fueron próximas al balón, pero solo es una posibilidad, y los nombramos como (11-9-10), pero también pueden ser cualquiera de los otros HD nuestros. Lo que sí tendrán que hacer, sean los que sean, es conformar las CDN de intervención del especial EENFR, ubicándose en esos tres pasillos que proponemos. Mientras otros tres HD compañeros conformarán la CDN de ayuda mutua en los espacios que se indican con morfología de media luna y arquitectura (6-8-7), así regresamos a nuestro contexto PS de un EENFR que identifica nuestro eficiente jugar. Para entre todos conformar este EENFR específico donde en los dos pasillos laterales de ambos lados haya dos HD jugadores, y en los dos pasillos centrales tres HD de nuestro equipo, sin depender en ningún momento del número de HD contrarios que estén en nuestro EDJ en ZA o en ZB. Eso sí, como componentes de CDN deberán marcar (∿⟶) contrarios si los hubiera en su pasillo, o en intermedias si hubiera dos en aquel pasillo. Es una cosa poco probable, pues a nosotros, al estar ubicados en cada pasillo de la forma indicada, conformando este muy especial EENFR respecto al balón, posiblemente nos proporcione algún tipo de ventajas, que siempre sabremos utilizar. Habíamos indicado que esta clase de EENFR eran muy dinámicos, pues los componentes de cada CDN deberán estar redistribuyéndose constantemente para hacer las siguientes funciones. De una parte, los (11-9-10) componentes de CDN intervención mediante trayectorias de intervención directa de uno de ellos sobre el HD oponente poseedor, hacerle conducir o pasar a uno de sus compañeros ubicado en pasillos centrales, también ayudado en esa función por los otros dos compañeros de CDN, que harán trayectorias de balanceo disuasorio sobre los restantes oponentes próximos, para tratar que el HD poseedor «vea fácil» la trayectoria suya en conducción por encontrar a la mayoría de los compañeros en estos pasillos, marcada con un ($\bigwedge\!\!\longrightarrow$) en el esquema 15, o acaso en un pase sobre la vía que nosotros hemos «liberado» ($\longrightarrow$), en la misma dirección sobre (i). Con ello habrán logrado un «progreso» hacia delante atacándonos sobre nuestros pasillos centrales y directamente hacia los carriles derechos. Es una cuestión que hay que facilitar con las actuaciones sincronizadas entre los tres (11-9-10) en CDN intervención y los otros tres (6-8-7) en ayuda. Los primeros con las trayectorias antes indicadas y los segundos «retrocediendo» y en trayectorias de simulación, con el objeto de que el juego se traslade a esta ZB y a pasillos derechos. ¡Esta era nuestra intención! Posiblemente, no la de los contrarios, con lo que, a pesar de disponer del balón, no tienen la iniciativa del jugar. En este momento empieza una nueva redistribución necesariamente sincronizada y que nos podrá hacer recuperar el balón. En el esquema 16 ponemos cómo se conforma este EENFR constituyendo un «nuevo» momento de nuestro jugar, en FR, que puede ser el último de esta FR.

Este esquema es ilustrativo de la idea que promueven las PS de sincronización y redistribución en nuestros HD, para su actuación en el momento que el contrario HD con balón entra en nuestra ZB. Esta es la señal, para que todos nosotros, en alta sincronización, hagamos modificar la conformación del último-anterior EENFR para que:

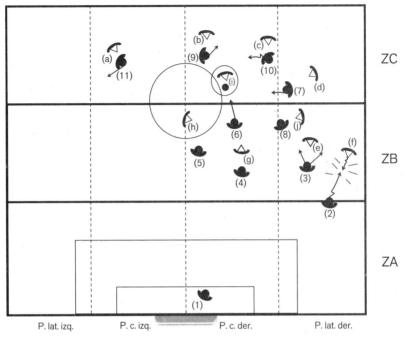

Esquema 16

- Los HD que antes estaban en CDN de intervención (11-9-10) ahora se redistribuyan para impedir un pase atrás del poseedor que pudiera «dar salida» a su juego, y lograr mantener la posesión (FT) cambiando la orientación de su ataque. Así en semicírculo nuestra CDN (11-9-10) deberá impedirlo tapando los posibles pases que tengan esa intención, acompañando a los HD contrarios, que, según el número que acuda como acompañantes del ataque, tendrán que actuar de manera más restrictiva y con la atención de no caer en fuera de juego según lo indicado en el esquema 16, en el que hemos supuesto que eran tres. En este caso queda claro que la ubicación de los HD nuestros cumple con la intención. Y si ellos fueran más, por estar nosotros en inferioridad numérica, tendrían que ubicarse en posiciones intermedias, modificar su perfil, para «controlar» a dos HD contrarios próximos y a su compañero poseedor. ¡Qué maravilla! Estamos «defendiéndonos» ubicados entre el balón y la portería contraria... Hemos supuesto que los contrarios jugaban el sistema 1-4-3-3, pero lo que exponemos es la idea de utilizar, en las redistribuciones de FR, la CDN de intervención con al menos tres HD, para realizar esta función de «cortafuegos». Mientras...

- Los HD antes eran CDN de ayuda (6-8-7); ahora tendrán que acosar al (i) oponente poseedor, según sabemos ($\curvearrowright$) para recuperar el balón en sincronización con sus HD compañeros (2-3-4) para que las posibles ayudas al poseedor sean imposibles. Aumentamos así la probabilidad de recuperación, pues también el HD nuestro que era responsable del pasillo lateral-derecho (2) se sincronizará con todos sus compañeros HD para impedir, si lo hubiera, un pase largo hacia un nuevo HD contrario (f), que acaso se «incorporaría» al ataque (FT) por un carril alejado de la acción, en el esquema se marca ($\rightsquigarrow$). Con todo ello aumentamos porcentualmente la probabilidad de recuperar el balón y pasar a FD con facilidad, pues estamos contextualizados según la forma del jugar al FB. Y es que nuestros HD han estado distribuidos en CDN de «específica» morfología y arquitectura, pero contextualizada en los términos de EENFR, facilitando a sus componentes identificar las funciones propias de cada CDN sin exigirle nada nuevo para lo que no haya sido entrenado y se haya practicado en la competición.

- Cuando después de estas «actuaciones» no hayamos recuperado el balón, tendremos que regresar a la propuesta del esquema 15 para intentarlo nuevamente. Y es evidente que, si los oponentes ahora lo intentan por alguno de los pasillos izquierdos, eran nuestros HD nominados (11-9-10) los que se ubicarán en esos pasillos, para iniciar otro nuevo proceso de recuperación en los mismos términos. Idéntico proceso es válido para instalarlo entre las zonas D-C cuando la pérdida del balón se haya localizado en ellas, siempre teniendo presente que los tres HD que deban realizar la función que hacían (11-9-10) están en peligro de fuera de juego que los contrarios puedan provocar. Solo con lograr ubicarse junto y por delante de los «defensores» para evitar el pase atrás de sus compañeros, para en caso necesario lograr un cambio de juego a otros pasillos, habrán cumplido con la redistribución que ahora necesitábamos para recuperar la disposición.

Esta es una propuesta, no un modelo de rígidos criterios por cumplir; solo proponemos ciertos conceptos para lograr conformar EENFR de acuerdo con los PS de esta fase, lo que nos asegura que estamos jugando según la tríada de recuperación, por lo tanto, al FB. Con ello hemos completado cuatro-cinco momentos de nuestra deseada recuperación del balón, dos de los momentos en EDJ contrario, zonas C-D, y dos-tres en el nuestro en zonas A-B. Es evidente que todo ello es un proceso continuo que nace cada vez que hayamos perdido momentáneamente el balón y que terminará con el éxito en alguno de estos momentos-fases que hemos expuesto. En ese punto, los PS de FD facilitan a nuestros HD el comunicarse para conformar inmediatamente, en solo dos pases, el primer EENFD que nos dará el control del balón para iniciar una nueva FD de conformación de los sucesivos-necesarios EENFD.

Todo lo expuesto es cómo jugar nuestras FR después de una momentánea pérdida del balón en juego, pero hay otros momentos del jugar en que el balón está en posesión de los contrarios, como en un saque de puerta, de banda, en golpes de castigo a su favor, o en el saque inicial del centro del campo. En todos estos casos se utilizarán las organizaciones indicadas en los esquemas 15-16, pero, por disponer del tiempo para nuestra reorganización, los HD nuestros que en esos esquemas aparecen identificados con los números 8-9-10... de libre elección se habrán transformado en aquellos números que designan a los HD nuestros con esta numeración teórica, no del dorsal de la camiseta que tiene criterio económico o cualquier otro... La numeración funcional básica para el relato de cualquier momento de nuestro juego, como ya lo hicimos en los esquemas anteriores, deberá partir del expuesto ahora (esquema 17). Para nosotros no constituye una ubicación en el EDJ en función única de defensa lateral, mediocentro defensivo o interiores, sino de una ubicación preferente para la adjudicación de multifunciones relativas a las necesidades que tendrán que realizar en diferentes lugares y situaciones del EDJ para conformar los distintos EDF que esté jugando nuestro equipo. Así, según el esquema 17 el entrenador podrá pro-

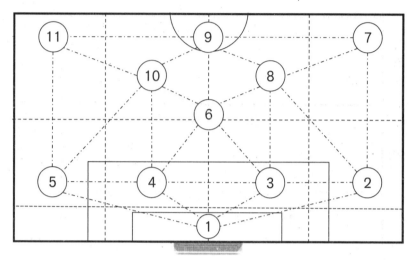

Esquema 17

poner funciones para cada QR entrenada y las posibles situaciones que puedan darse en ese partido. Pero también podrá entrenar otras opciones en función de las características funcionales de cada cual, que el entrenador bien debe conocer.

Es imposible describir las infinitas situaciones del juego en FR, sus lugares de pérdida-recuperación, las ubicaciones impredecibles de los jugadores HD de uno u otro equipo que están cerca o alejados del evento y sus características, las trayectorias que cada HD realizará para modificar su situación en el EDJ... Además de las acciones de ataque (FT) que tienen los contrarios, pero sí disponemos para impedírselas de nuestros PS de FR que nos aportan la información semántica que proporciona estar siempre con opciones de intervenir con eficiencia sobre ellos, conformando redistribuciones eficaces para lograr situaciones con un alto porcentaje de probabilidad de gestionar espacio-tiempo-situación de recuperación. Y vamos a proponer una de esas.

Tomamos como opción, de entre otras muchas, a las que acaso se le puedan aplicar los mismos criterios que a la recuperación de un «saque de banda» de los contrarios HD en la ZB de nuestro EDJ. Sabiendo que será válida para todos los saques de banda que se ejecutan en cualquier otro lugar de nuestro EDJ, siempre adecuando los criterios que propo-

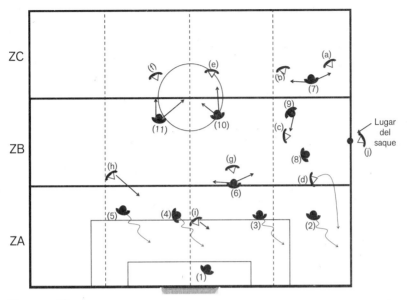

Esquema 18

nemos en nuestro ejemplo (esquema 18) de los pasillos derechos a los de los izquierdos.

La primera situación por solventar es que en el saque de banda no hay fuera de juego en la primera jugada (reglamento) posterior a la ejecución del saque, por lo que en ese momento estamos en dependencia de la eficacia del lanzador de la falta y del número y ubicación de contrarios HD en nuestras ZA-ZB. Para ello intentaremos reducir su número, ya que en su ubicación no podemos intervenir. En ese sentido, según vemos en el esquema 18, colocaremos a nuestros HD (9-7) en el límite del EDJ que permitan los contrarios, que acaso «pidan» el pase del sacador de banda hacia su campo para asegurar su posesión; en el ejemplo hemos propuesto tres letras, a-b-c, en función de los HD contrarios; junto con el que ejecuta la falta son cuatro. ¡Cuántas veces hemos visto al ejecutor «amagar» con un pase hacia su campo para luego ejecutar el saque hacia su extremo en carrera por nuestra banda derecha para acceder al espacio por banda que le permita hacer un centro a nuestra área! A ese contrario HD lo anotamos como (d). Nuestra primera distribución será para, por un lado, con un número menor al suyo, interrumpir una y otra opción, la de los contrarios atrasados (a-b-c) con solo los números 9 y 7. De esta forma, ya disponemos en ese lugar del EDJ de ventaja posicional, incitando al sacador a que tome la opción de hacerlo en profundidad y así nosotros disponer de ventaja numérica en otro lugar. El resto de nuestros HD se ubicarán en la opción de 1 contra 1 (1v1) en los lugares donde estén ubicados cada uno de los contrarios restantes. Posiblemente, por desear a toda costa mantener su orden de líneas en defensa, habrá otros dos defensores más en línea con sus (a-b) compañeros de línea defensiva, que indicamos en el esquema 18 con (e-f), y tenemos a los (g-h-i) a la expectativa de cómo se ejecuta el saque de banda. Si lo hace sobre (d), rápido extremo, estos tres (g-h-i) correrán hacia nuestra área para rematar el pase «seguro» que con nuestra maniobra de engaño en el saque de banda habremos inducido. Mientras nosotros tomaremos las «marcas» indicadas sincronizadamente cuando el contrario sacador de banda haya optado por la opción más directa de ataque por banda, que es del gusto de su entrenador. Esa es la señal para nuestro To de sincronización que hemos acordado. Cada uno con su oponente cercano, quedando libre nuestro número 3 para solventar cualquier contingencia que en T1 pueda «aparecer». Este es el momento para una nueva redistribución en función de que el centro que haga (d) el contrario receptor del saque de banda vaya a poder de nuestro (3) libre o sea rechazado por alguno de nuestros HD (2-3-4-5). O, por el contrario, «rebote» hacia alguno de los contrarios (g-h-i) y continúe en posesión de los rivales. Si fuera así, en nuestra redistribución debemos de «facilitar» a nuestros oponentes que el balón circule hacia su campo. Para obtener tal efecto, partimos de la distribución anterior de estar en 1v1 con nuestros oponentes, manteniendo a nuestro (3) libre, pero haremos un cambio de marca en la banda por la que ellos ejecutaron el saque. Consiste en que nuestros HD jugadores (7-9) actúan sobre el (c) contrario y el (8) sobre el sacador de banda, que nombraremos como (j). De esta forma, quedarán libres los contrarios (a-b) que, seguramente por ver el poseedor del balón, que posiblemente estará en alguno de nuestros pasillos laterales derechos, verá fácil-seguro el pase sobre alguno de ellos, pues son los únicos libres de marca en esa zona del EDJ. Con ello vemos que, sin disponer aún del balón, llevamos la iniciativa, que confirmaremos en el T3 cuando gracias al PS de contextualización podremos obtener el EENFR bajo los criterios expuestos en el esquema 16 para obtener altos porcentajes de recuperación del balón, siempre que con nuestras acaso sucesivas redistribuciones podamos acceder al (4-3-3) indicado en el esquema 15, o bien algún otro siempre diferente, pero conformado con los mismos criterios organizacionales que expusimos en aquella situación, aunque nunca tendrá la misma conformación, ya que el fútbol es un proceso estocástico irrepetible e irreproducible.

Conocedores de esta situación, no podemos continuar con más relatos de recuperación, pues harían este escrito imposible. Asumimos que con las alternativas expuestas como desarrollo de los PS específicos de FR podemos practicar en nuestro «partidillo» final del entrenamiento tales cuestiones; los entrenadores podrán apreciar la capacidad de autonomía decisional y su heurística organizacional que otorgan a los HD en el jugar de esta FR conocer qué es lo que habíamos expuesto como autoorganización para la especial organización de la FR gracias a los PS. Consiste en:

- Unos primeros momentos de sincronización de todos los HD, para que nos distribuyamos al unísono inmediatamente, para evitar que el HD contrario «ladrón» pueda progresar en conducción donde él desea, sino que lo haga, en la mejor de sus opciones, hacia donde nosotros le «dejamos»: hacia atrás y cerrado en banda. Esto se logra con la intervención de todos los HD de nuestro equipo.
- Si no hemos tenido éxito, recurrimos al segundo intento, ahora de redistribución en otro momento y espacio (EDJ), pero con la misma intención, debemos lograr que el HD nuevo poseedor no consiga realizar un segundo pase o conducir hacia donde él desea. Para ello renovamos nuestra autoorganización (OH) redistribuyéndonos de manera sincrónica según PS, para recuperar el balón con energías renovadas, en ese nuevo intento y situación.
- Si con este nuevo intento no impedimos que los contrarios hagan un «tercer» pase o acción en conducción sobre nuestro EDJ en la zona B, nuestra autoorganización es lograr la inmediata contextualización según criterios expuestos en el esquema 15 y desarro-

llados según el esquema 16 con el que continuaremos hasta la deseada recuperación, en los distintos espacios del EDJ.

¿Por qué llamamos a esta última situación de FR contextualización? Pues es porque regresamos a nuestra situación contextual de conformar un EENFR organizándonos nuevamente alrededor del balón, según vemos en el esquema 16, aunque el balón lo tengan los contrarios. En este contexto nos mantendremos en nuestro EDJ zonas A-B hasta que lo recuperemos, más o menos cerca de nuestra portería. Y, en ese momento, por haber estado hasta en la última situación en el contexto EDF, en nuestra primera acción después de la recuperación, ya podemos conformar de manera inmediata y «natural» el correspondiente EENFD según los PS de la fase. Todo ello es muestra clara de la coherencia operacional de nuestro jugar al FB. El reto ahora es que los siguientes EENFD tras la recuperación sean lo suficientemente eficientes para que, haciendo valer el PS de triangulación, obtengamos con menos de tres pases jugar EENFD en EDJ contrario. Esta es la dinámica del jugar al FB. Estamos conformando unas condiciones iniciales del jugar, en un contexto facilitador para la conformación del primer EENFD que nos dé la posibilidad de continuidad en FD, que es nuestra intención. De esta forma, hacemos un tránsito natural de jugar en FR a FD, gracias a que disponemos de los PS que todos conocemos.

Lo que hemos expuesto en este capítulo son ejemplos de la validez del proceso del jugar al FB que hemos venido proponiendo. Es un proceso válido para cualquier otra de las infinitas situaciones que se viven en el jugar al fútbol. Somos conscientes de que algunos de ellos se llevan al límite, como es el del portero (1), que solo es posible en el absurdo caso de que los contrarios hagan una radical defensa uno contra uno en todo el terreno de juego, muy poco probable en una situación real. Pero llevando las situaciones a un límite absurdo es cuando se puede apreciar la validez de los procesos que se proponen, y así asumir su eficacia en cualquier situación posible que pueda acontecer por debajo de ese límite. Estas contextualizaciones planteadas en esquemas fijos hacen necesaria la participación de la imaginación de los lectores para su disfrute y comprensión, cuestión que agradecemos.

8

Hablamos del entrenamiento

No vamos a olvidar lo que expone H. Maturana solo porque sus palabras se han tergiversado con cierta frecuencia. Pocas veces el mundo del fútbol lo ha aceptado: «El competir implica la negación de todo lo que uno es capaz de hacer, pues la calidad y la cantidad de recursos que cada cual expone está en función y dependencia de la capacidad del otro con quien compites. Y el resto de tus capacidades dónde quedan». ¡Gran verdad! Al aceptarla, nos proporciona que podamos utilizarla como paradigma de nuestra forma de entrenar. Nosotros la compartimos plenamente.

Solemos ver que los entrenadores del FT dedican buena parte, si no la totalidad del entrenamiento semanal, a preparar a su equipo con prácticas y tácticas que buscan paliar las exigencias que tal vez les vaya a presentar el equipo con el que tendrá que enfrentarse en el próximo partido. ¡Dónde quedan el resto de las demás opciones, que para jugar al fútbol los jugadores de tu equipo deben-tienen que disponer-disfrutar...! Como vemos, tales planteamientos del entrenamiento en el FT no nos valen; debemos implementar otras formas de entrenamiento donde el objetivo sean los propios HD que desean jugar al FB y optimizar las infinitas capacidades de los HD que como *Homo sapiens-socialis-sentis...* disponen y que en el FB podrán mostrar en cada momento del jugar siguiendo las propuestas de nuestro entenderlo y entrenarlo. De este modo, estarán capacitados para proponer el juego que queremos y no estar supeditados a solo controlar-reaccionar ante lo que haga el equipo adversario.

Como ya sabemos, nuestro juego FB es un jugar de interacciones y cambio; para jugarlo es necesario disponer de un entrenamiento que proponga vivenciar situaciones complejas, variadas, para obtener «algo nuevo» y eficaz, que simulen las condiciones que nuestros HD habrán de «proponer» para superar las acciones de sus contrarios, sean estas cuales sean, en toda clase de partidos y a lo largo de su vida deportiva como jugador de FB.

En el ideograma 24 proponemos la secuencia ideológica del proceso que seguir para entrenar al modo FB.

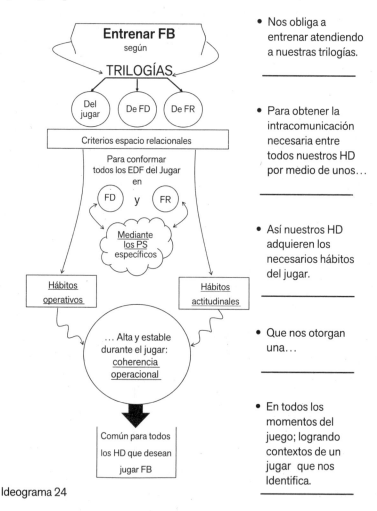

Ideograma 24

Su entrenamiento

> Nunca vi que corriendo por la playa o haciendo pesas se
> aprenda a jugar al fútbol.
>
> CÉSAR LUIS MENOTTI

En el lugar y tiempo del entrenamiento concurren entrenador y jugador (HD) en continua interacción para intercambiar los conocimientos de los que cada cual dispone sobre la forma de comprender y cómo se deberá manifestar el jugar al FB durante los venideros partidos de las distintas competiciones, en las que participen cada uno de ellos en sus respectivos roles en el equipo, pues el entrenador también se está entrenando allí. Pero es él quien debe disponer de la información (I) significativa referida al cómo jugar al FB, y la va intercambiando con la que tienen (i) sus HD jugadores a través de cada entrenamiento, utilizando para ello SSP mostradas mediante ciertas técnicas de comunicación y demás medios de los que disponga. De tal forma que, suplementados con la práctica «real» de los partidos, de la competición donde participen, podrá proponer a cada uno y todos los HD cómo jugar al FB. Sin embargo, debemos ser conscientes de que en el jugar de cada partido de

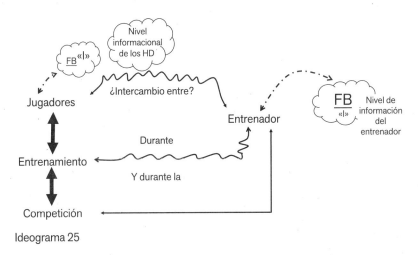

Ideograma 25

315

competición es donde realmente se fijan-estabilizan o se diluyen esos conocimientos, pues en cada partido aparecen multitud de otros «lenguajes» diferentes, procedentes de otras culturas, y fuentes de información ofrecidas por los contrarios, los espectadores; incluso los árbitros y los periodistas que pueden interferir en lo propuesto por su entrenador, y, en muchos casos, contradecirlo. Cada uno de esos «centros de emisión» interpreta el juego a su «manera». El entrenador debe tratar todas estas otras conversaciones de manera exquisita para reinterpretarlas de forma que esos mensajes fluyan en armonía con los suyos. Todo esto sucederá en sus entrenamientos, donde acaso pueda utilizar como ejemplo alguna de esas cosas que puedan practicar sus HD para enriquecer la práctica que él propone, pues aportan «algo» de utilidad, o incluso información para conocer a sus contrarios. Llegamos así a una conclusión fundamental: la complejidad específica de nuestro jugar, que deberá ser incomprensible para nuestros contrarios, se logrará también mediante la regulación por parte del entrenador de aquella información disponible en cada momento del juego. Su transcripción en la terminología FB nos dota de medios y «talentos» adicionales muy diversos, inalcanzables por irreproducibles durante los entrenamientos, por muy «complicados» que estos sean. Debemos utilizar contenidos para nuestro jugar libres de «contaminantes» de cualquier otra clase de informaciones procedentes de otros lenguajes que, por ya tan vulgarizados, carecen de contenidos válidos para nuestro jugar.

En el FT, la lógica del jugar es el progresar-avanzar rápidamente-linealmente de cada jugador en especial por su «pasillo» demarcación propia hacia la portería contraria. En su camino se enfrentará al menos con un enemigo que estará defendiendo ese pasillo, produciéndose el duelo entre ellos por tener el balón, todo ello según el sistema de juego, unos atacando, otros defendiendo. Por tal motivo, la conducción del balón en el FT es de utilización preferente al pase, y fomenta en gran medida la ejecución individual, al dar valor a la «jugada» que ese futbolista ejecuta, como espectacular acto del jugar al FT. Mientras que, en el FB, su lógica es aproximarse a la portería contraria mediante el pasarnos el balón entre todos nosotros (HD), cosa que fomenta el juego colectivo y el disponernos para ello en organizaciones cuasi-curvas (CDN) en torno al balón. Para los nuestros, eso supone realizar trayectorias de desplazamiento para conformar las CDN alrededor del balón, obteniendo así los sucesivos EDF deseados. Por ello es necesario utilizar elementos y conceptos diferentes a los utilizados en el FT durante nuestros partidos y entrenamientos. En eso estamos comprometidos cada día, pues se trata de optimizar a nuestros jugadores HD intentando lograr unos espacios nuevos de convivencia, en nuestros entrenamientos, donde se facilite la iniciativa individual, pero siempre vivida en espacios compartidos. Y en los partidos se quiere llegar a la portería contraria a veces como un «torbellino» en torno al balón, en el que, en cada uno de sus giros, destruye cualquier intento de los contrarios de quitárnoslo, reforzando así nuestros deseos de victoria.

Por lo tanto, no se trata de entrenar más, sino mejor, al modo Barça, haciéndolo atractivo, variado, creativo; solo así se proporciona una práctica cualitativa y siempre en grupo, donde los HD participantes se concentren en sus necesidades específicas sintiéndose como en su casa y queridos; eso aumentará la lealtad al club. Nuestro compromiso como entrenadores debe centrarse en hacer del entrenamiento que proponemos el «agente» que logre optimizar a cada HD en la medida de sus capacidades. Siempre atendiendo a su pasado, pues fue dónde y cómo las adquirió. Proponerle tareas y responsabilidades individuales, generosas, creativas y valiosas, dentro del equipo, pues eso le va a procurar su optimización al ritmo del entorno donde está inmerso, pero siempre respetando sus «talentos». Los HD que entrenen en estas condiciones de libertad individual, pero en alto compromiso con su equipo, podrán lograr la optimización de todas sus capacidades, siendo por ello «productivos» para su equipo; son HD generosos en el esfuerzo y comprometidos con sus HD compañeros. Esta unión y tal compromiso colectivo le harán liberarse del miedo y el dolor que por momentos aparecen, así como del «mutismo» que estos fenómenos provocan. Tales efectos se manifiestan en cada cual, con la disminución de su actividad, desconfianza, descontento y ansiedad, que son sin duda los «ladrones» de su libertad, participación generosa, durante los momentos decisivos de los partidos.

En este entrenamiento, las trilogías del jugar al FB marcan el «currículum» básico sobre qué practicar; sin embargo, el cómo hacerlo lo propone el método y los conocimientos del entrenador, para alcanzar lo que cada HD necesita durante sus intervenciones en los partidos, pues allí es donde se verá comprometido por los contrarios. Aquellos que disponen de algún talento especial es porque son capaces de, aun recibiendo una misma información (FB), «conversar» con el medio de manera más dinámica; es decir, en el mismo tiempo, logran identificar los distintos lenguajes circulantes, regulando de manera «plástica» sus resultados, exponiéndolos sin miedos ni reparos, desafiando la entropía, lo que los dota de ventajas relacionales que los demás no alcanzan a disfrutar. Nosotros pensamos que todos los HD tienen algún talento que hay que descubrir por nosotros mismos, haciendo una clase de prácticas que proporcionen todo un mundo de experiencias individuales-grupales para que cada HD participante pueda descubrir sus talentos y los disfrute en el seno de un equipo, donde cada uno de todos sus HD compañeros hagan lo mismo, y, en ese ambiente de intercambio libre de prejuicios, los talentos emanan en cada cual según la autodisciplina y perseverancia que cada uno ponga en ello. Así esta práctica deberá ser:

Toda deberá estar presidida por *ne quid nimis* (nada en exceso). Es una frase grabada en el frontispicio del templo de Apolo en Delfos, como Pausanias; son cosas que deben hacer los hombres de bien. Estos preceptos ahora son válidos para nuestro entrenamiento, pues nos hablan de equidad en lo cuantitativo. Interpretado desde la moderna complejidad nos asegura que más y más, incluso de lo bueno, no tiene necesariamente que ser mejor. La equidad en la práctica es virtud del entrenador, pues «mucha agua mata a la planta», y el entrenamiento debe tener una medida cuantitativa «oscilante» y nunca en constante progresividad. Y es así como los criterios que vamos a exponer deben emplearse para conformar todas las propuestas del entrenar FB.

- Esta práctica ha de ser *masiva*. Tal criterio cuantitativo propone que todos los contenidos del entrenamiento que se utilicen serán necesaria e irremediablemente sobre conceptos, sensaciones, funciones y elementos propios del FB, sin contaminantes extraídos de otras alternativas. También durante *todos* los días de entrenamiento se irán alternando sus contenidos para que nada se practique en exceso. Solo en las fases iniciales, en etapas formativas, se utilizarán con medida ciertos elementos coordinativos-motrices de otras especialidades deportivas. Nuestra práctica se repartirá «cuasi» igualitariamente entre la FD como en la FR con todos sus contenidos y conceptos, repartidos entre todos los HD participantes, según sus necesidades; será una práctica realizada en espacio reducido para su ejecución masiva y en tiempos variados, atendiendo al «muchos pocos», y no al «pocos muchos».
- La práctica debe ser *específica*. Para ello hemos de repartir con cierta prioridad, a cada HD o grupo de «especialistas», aquellos contenidos, elementos de la funcionalidad propia del «puesto», espacio de influencia preferente que prioritariamente ocuparán y desarrollarán en el equipo. La práctica de cada día se hará en el EDJ específico de nuestro jugar. Con el atuendo y los materiales propios del fútbol y siempre respetando el reglamento de juego. El sigan, sigan... cuando el balón sale fuera del EDJ durante un juego o un partido de entrenamiento es tan malo como pasar por alto una mano o infringir el reglamento, por «involuntariamente» que sea. Con ello evitaremos desencantos e interpretaciones, que a veces no se aceptan bien, en determinadas decisiones arbitrales en los partidos de competición. Toda la práctica estará de acuerdo con las tríadas del FB. ¡Solo practicamos específicamente cómo jugar al FB! De esta forma nos aseguramos la continuidad del jugar según la naturaleza específica identificativa de nuestro juego, en función de lo que venimos mostrando en este documento y como se ha practicado tantos años en nuestro club.

- La práctica será siempre *variada*. Al ser, como expusimos, masiva y específica, tendrá necesariamente que ser variada para no convertirse en monótona e ineficaz. El medio para afrontar el cambio en la ejecución de las prácticas de entrenamiento es aceptar las SSP como tareas especiales de práctica. Las situaciones simuladoras preferenciales son los elementos conformadores de las tareas del entrenar al FB. Son eventos simuladores de todas las situaciones del juego y se repiten en condiciones de ejecución variada con preferencia en algún aspecto o concepto específico de nuestro juego. Ello es posible cuando acaso en una tercera repetición se proponga modificar «cierto» elemento presente en las dos propuestas anteriores; así, por la modificación introducida, se significa el contenido «preferente» de esa práctica. Esto se logra dando a los participantes la información necesaria y significativa que se incluya en ese algo constituyente de la realización precedente. De este modo, en un rondo se puede proponer «constreñimiento», el tener que tocar el balón cuando yo tenga que hacerlo, con el pie contrario al que lo hizo el compañero que me dio el pase a mí. Llamamos a esta propuesta «edición renovada», pues con ella renovamos las condiciones de ejecución cuando hacemos una determinada práctica, sea cual sea, que fue conocida de antemano y ahora volvemos a editar, con este u otro «renovador» criterio. Podemos hacer también la práctica en variación cuando proponemos «modificar su secuencia» espaciotemporal en alguno de sus componentes según se ejecutó en momentos anteriores. Todo esto siempre que sea una tarea que lo permita realizar. Y una tercera opción es proponer una «reprogramación asimétrica». Esta propuesta consiste en variar asimétricamente alguna parte de la SSP tratada con anterioridad en ese entrenamiento. Así la asimetría se localiza en modificar la energía, el espacio-tiempo de cierta parte de la tarea sin que desaparezca ninguna otra parte constituyente. Con estas tres opciones podemos hacer práctica masiva sin perder especificidad y sin la monotonía que supone la repetición el repetir-trabajar hasta dominar ese gesto, pues sabemos que en el fútbol no puntúan las condiciones de ejecución, solo se indican los segmentos corporales que pueden contactar con el balón en cada acción, pero no el cómo deberán ajustarse a cierta forma concreta de ejecución que el reglamento del juego define, y así se valida. De este modo, las ejecuciones en el fútbol se ajustan a formas de ejecución personales, que se reajustan en relación con los intereses del jugar durante los partidos, y a los del entrenador durante el entrenamiento. Esta variación admite grados de creatividad-libertad que solo el reglamento coarta, en ciertos términos, y que algunos aficionados aplauden en el jugar. Otra vez la mitología griega nos aporta una enseñanza sobre la repetición; Sísifo hizo enfadar a los dioses por su sagacidad y astucia, que consideraron excesivas, y fue castigado a no morir; ciego, tendría que pasar su «eterna vida» empujando una pesada piedra montaña arriba; al llegar a la cima, la piedra volvería a caer al valle. Sísifo «repite» su trabajo eternamente. Tiziano, el gran pintor del Renacimiento, lo pintó como un anciano, «fuertísimo», empujando la piedra. ¡Eternamente repitiendo lo mismo! Repetir-repetir-repetir... ¡Ni los dioses pudieron pensar un peor castigo!

- Nuestra práctica será realizada *en grupo*, pues el fútbol se juega en equipo. Todo conjunto, para actuar como tal, deberá hacer hincapié en adquirir y compartir estrategias grupales semánticas-lingüístico-motrices que vertebran una coherencia operacional que dé sentido y forma a toda la actividad comunicacional del equipo durante el juego, pero debemos saber que no es lo mismo practicar «en grupo» que hacerlo «como grupo». Lo primero se refiere a hacerlo esporádicamente; basta para ello con una colaboración puntual en un momento-situación del juego cuando el balón está cerca y me toca forzosamente hacer algo que en esta ocasión el grupo pueda aceptar, con lo que se refuerza mi «posición» en él, o algo que creo que le gustará al entrenador, o, si estamos en un partido, a los espectadores. Mientras que como grupo supone cooperar en todos los momentos y espacios del jugar del equipo. Me implico utilizando sin reservas todas mis competencias (HD) como *Homo-sapiens-habilis-socialis* que soy, mediante mi:

- Solidaridad: compartiendo intenciones y resolviendo necesidades colectivas.
- Comunicación: mediante nuestros códigos semánticos ocultos.
- Atención: para interpretar al momento los intereses de los HD compañeros.
- Interacción: compartiendo mismas emociones y deseos.

De esta manera, se crean vínculos indestructibles respecto a cómo respetar a los compañeros HD tanto como a uno mismo, con lo que se acrecienta sobremanera el orgullo de pertenencia al grupo, entendiendo que siempre tengo que *hacer algo por el grupo*, para conformar el bien jugar al FB. Identifico y confirmo lo que dice la ciencia, que la práctica aislada genera egoísmo y agresividad, pero aún es más destructiva, pues se ha dicho que bloquea la atención ejecutiva y el razonamiento inductivo-deductivo, lo que comporta tomar decisiones lentas y generalmente complicándolas. Por el contrario, la práctica cooperativa en sí misma y, sea cual sea, genera inmediata «recompensa» a sus participantes, pues está comprobado que se activan todas las llamadas «regiones cerebrales anteriores», que son las responsables para el conocimiento del entorno y de la compleja funcionalidad que nos eleva a la categoría de humanos inteligentes, con todo lo que ello conlleva. Y, además, si esta práctica se realiza en «espacio reducido», estos valores se optimizan exponencialmente.

• Nuestra práctica será *compleja*, no complicada; ello supone interpretarla como una simulación del juego. Este es para nosotros un sistema dinámico, que los «sistemas de juego» ordenados por líneas 1-4-4-2... desnaturalizan, privándolo de su natural esencia. Por tal motivo, al FB, entendido como hemos expuesto, lo describimos como complejo y natural, es decir, como sistema dinámico complejo, por lo que su entrenamiento debe ser de esta misma condición. Por ello debemos enfatizar en sus rasgos y propiedades cualitativas proponiendo irregularidades, emergencias y fenómenos imprevisibles, en vez de sus rasgos cuantitativos. Pasar del interés en el control y en el análisis a dar paso al jugar, simulando su naturaleza variable y creativa que se presenta en acciones no deterministas, pues ninguna de ellas es como ninguna otra ni anterior ni posterior, y por ello no puede observarse y anotarse aditivamente, sino en relación con el entorno donde se presentó. Así nuestro entrenar supone ofrecer entornos (SSP) como algo único causado por interacciones entre los elementos (HD) concurrentes, desterrando el concepto de causalidad, pero aceptando la multicausalidad y acausalidad, donde de poco surge lo inesperado y el resultado no se reduce a los elementos que entran en cualquier causa. Es decir, nuestra práctica debe proponerse desde su natural complejidad, así descrita para entenderla como algo esencialmente variable y en continua evolución.

En consecuencia, cada entrenador deberá afanarse siempre en conformar sus tareas de entrenamiento respetando los cinco criterios expuestos, si desea ofrecer a todos los HD de nuestros equipos situaciones que los capaciten para lograr los objetivos deseados. Así, estas formas se practicarán en contextos del entrenamiento específicos del jugar al FB. Estos estarán conformados por vivencias, socializadoras por ser practicadas como equipo, donde florecerá aquel HD jugador que pueda compartir estas-todas las situaciones vivenciales de su entrenamiento, en ambiente de continua interacción, con disciplina y perseverancia para obtener las potencialidades que les proporcionen jugar al fútbol a la manera-estilo del FB.

Las presentamos como intenciones optimizadoras de nuestros HD para lograr:

→ *Su autonomía y disponibilidad operativa*, que se obtiene al alcanzar variados y altos niveles en la ejecución de las llamadas «técnicas» y demás «asuntos» de su jugar que les otorguen la operatividad ejecutiva deseada, necesaria para jugar al FB. Se logran mediante práctica prolongada, en las condiciones antes indicadas, de un vasto número de secuencias-combinadas y recombinadas de los movimientos nacidos desde y por la coacción impuesta por el reglamento del fútbol a la «excelsa» motricidad que disponemos como HD sin parangón con ningu-

Ideograma 26

na otra especie, y que cada jugador va mostrando en su jugar de cada partido y en todos sus entrenamientos. Toda esta práctica va necesariamente asociada a los conceptos, tríadas, del cómo, cuándo, por qué y para qué se utilizan durante nuestro jugar al FB y que requieren en su aplicación altos niveles de atención específica y juicios identificativos del entorno ecológico en el que estarán siempre inmersos todos los componentes del jugar. Ambos elementos, las técnicas y los conceptos conforman una unidad cognitiva indisoluble que nos lleva a «encontrarnos» con nosotros mismos, nuestra autonomía, que no es otra cosa que el autoconocimiento y la autoaceptación no compasiva sobre nosotros mismos de lo que realmente somos, sentimos y pensamos acerca de nuestra propia identidad evitando que los demás la distorsionen. Esto crea la necesidad de la continua autoconformación para incrementar nuestra disponibilidad ejecutiva-operativa, que seguramente nos valdrá cuando seamos conscientes de ello para rebajar el ego que nos hace individualistas, y a ganar autoconsciencia para vivir entre los demás, sin miedos a las consecuencias. Así logramos nuestra completa identidad a la hora de jugar al FB. Este autoconcepto sobre el cómo evolucionar desde uno mismo gracias al grupo es determinante para el rendimiento de cada cual. Necesitamos jugadores HD que propongan espacios intencionales de jugar, no convencionales, que respondan a las necesidades de cada contexto del juego, pero que a la vez puedan conformarlo como FB, pues no pocas veces aquello que yo he experimentado acaso cegado por una determinada práctica engañosa muy prolongada, y lo que yo recuerdo de ella, no guardan los mismos intereses. Es la autonomía la que las hace coincidir-reinventar, al incrementar nuestra autoconciencia, apreciando que todo lo que hacemos en nuestro jugar es FB. Aceptamos así todo lo que hacemos como propio o no del FB, lo que implica perseverar en lograr una operatividad propia y altamente disponible, para afrontar todas las situaciones en nuestro jugar. Identificamos la intención, el reto del jugar colectivo, para involucrarnos en aquellos que entendemos que son propios-alcanzables con nuestras actuales capacidades autoconocidas gracias a nuestra autonomía, evitando lo que muchas veces nos preocupa, el resultado; centrándonos solo en lo que podemos hacer para influir en él. Se acepta el resultado sea cual sea como el origen de un nuevo-distinto reto, como retroalimentación de nuestro autoconocimiento y acerca de la aceptación de nosotros mismos, que se prolongará a lo largo de nuestra «vida deportiva». En ocasiones, la llamada experiencia es frecuentemente mal entendida como una autolimitación ocasionada por la edad. Mientras, nuestra autonomía, por el contrario, insistentemente se está optimizando en nuestros HD con la utilización exquisita de los CER y demás habilidades operativo-relacionales específicas del jugar al FB que aparecen en nuestro jugar gracias a los PS antes descritos, en comparación inteligente con las de los demás componentes del equipo durante los entrenamientos y partidos, junto con lo que nos muestran los contrarios en cada uno de los partidos que jugamos y a lo largo de nuestra vida deportiva, tengamos la edad que tengamos.

→ *Su capacidad de liderazgo cooperativo,* que adquiere todo HD cuando está dispuesto a cultivar sin excusas el sentido «del todo» para optimizar la coherencia y bienestar del equipo. Es decir, la capacidad de ciertos HD del equipo para procurar con sus intervenciones y relaciones que todos los componentes del equipo logren ser uno, e indisociables del contexto, existiendo una relación estrecha e intensa con el entorno y los intereses comunes del jugar. El orden en el juego (FT) exige de un líder externo, el entrenador que no juega, pero este concede algo de liderazgo a uno que sí lo hace. Este elegido, a veces secundando por algún «veterano», se dedica durante el juego a hacer indicaciones a los demás, respecto a acciones concretas para asegurarse de que se ponen en práctica de forma fiel todas aquellas actuaciones que el entrenador informó al líder en el campo de cómo debe actuar quien esté en ese lugar del terreno de juego. En el FB no existe ese líder que el entrenador eligió, pues «todos» sus jugadores HD deberán estar capacitados para serlo y poder tomar las decisiones siempre, en cualquier momento o instancia del juego. Pero ¿por qué o cómo esa libertad de decisión se transforma en liderazgo cooperativo? Cuando el entrenador, en vez de aportar información sobre cómo solucionar las situaciones del juego, se propone lograr que en cada momento del jugar aparezca un HD capaz de, con su aptitud, influir en sus compañeros HD para lograr coordinar en el tiempo y en un determinado espacio de juego sus recursos personales, para «servir» a todos los demás y lograr un propósito más allá de su interés personal. Esto supone cooperar con el que dispone momentáneamente del balón aprovechando todas las competencias de cada cual, para ponerlas a prueba en esa cooperación, que se mantendrá hasta que la deseada siguiente situación de juego las haya modificado en cualquier dirección, tanto a favor como en contra de nuestro equipo. En cada uno de estos sucesivos momentos del proceso de juego «aparecerá» otro líder que nuevamente generará-liderará la nueva situación para satisfacer las necesidades que el contexto actual requiera. Deberá ser el entrenador en sus prácticas quien proponga situaciones del juego donde se evidencian situaciones del entorno competitivo «irresolubles», pues es aquí cuando el servir a los demás estará al mismo nivel del deseado para mí mismo. Este «espíritu» de servicio recíproco abre posibilidades de optimización personal homogéneas y de distribución equitativa de responsabilidades entre todos los componentes del equipo; de esta forma, todos nos sentimos importantes-necesarios en algún momento del jugar del equipo. Esta capacidad nos libera de la arrogancia del ego, transformándola en oportunidades para todos en algún momento del juego, y hace que el grupo se transforme en equipo. Hay que fomentar este tipo de liderazgo para que cada cual, en cada momento del partido, pueda ejercer como líder, cuando se «dé cuenta» antes que los demás de que:

- Las acciones-actuaciones-decisiones de sus compañeros durante el juego tienen o no...
  - La calidad esperada y reconocida por todos de ese y los demás HD para el actual momento-situación del partido.
  - Aquella reconocida fiabilidad en los pases, que ahora se están proponiendo-necesitando para el bien jugar al FB.
- Ahora aparecen o no las situaciones de juego preacordadas en nuestros entrenamientos para este partido...
  - Son válidas y recurrentes.
  - Con qué frecuencia y nivel de eficacia lo hacen.
- Las acciones-actuaciones de los contrarios en el transcurrir del juego están mostrando o no...
  - Los puntos fuertes de cada cual, según lo esperado y reconocido.
  - La calidad de sus decisiones y organización colectiva, de otras ocasiones.
  - Lo esperado, o generándonos incertidumbre...
- La influencia que está ejerciendo el árbitro en nuestro jugar, para...
  - Informar-calmar a sus compañeros en caso negativo.
  - Mantener o modificar la continuidad prevista de nuestras acciones.

Cada cual deberá darse cuenta para «anticipar» todo aquello que ahora nos beneficia o nos puede hacer daño, para así evitar el miedo destructor del grupo, y fomentar el liderazgo en el equipo que será a la vez tanto cooperativo como distribuido entre todos, pues está en función de la situación que vive cada HD respecto a jugar y que este criterio se encarga de distribuir entre la totalidad de los componentes del equipo. De esta forma, esa responsabilidad compartida hace de cada partido un proyecto siempre inacabado, abierto a la intemperie de la complejidad del jugar, donde la capacidad de liderazgo cooperativodistribuido haga de aglutinante de los sentimientos de cada cual, para que las emociones vividas en todo momento y las necesidades de realización personales «cristalicen» en convivencia con todas las de los demás, y así mantener el nivel de interacciones de nuestro equipo por todos deseadas, en una consciente unidad inquebrantable durante el tiempo de cada partido.

Este liderazgo deberá practicarse durante los partidos de los entrenamientos de cada día, y los HD jugadores serán los protagonistas liderando a su equipo con alternancia y continuidad.

→*Su autonomía decisional,* que deberá otorgar a cada HD poder tomar decisiones con la coherencia-operacional propia y común a todos sus compañeros, en libertad y en todos los momentos de sus intervenciones en el jugar al FB, así como interpretar lo ocurrido-ocurriendo, en el ahora del juego que producimos entre todos. Pero este ahora vivido en el juego nos hace tener la ilusión de que podemos entender lo que pasa, por medio de observaciones causales, diciendo: «¡Esta es la causa del efecto vivido ahora!». Por ser ese ahora algo ya pasado, se habrá transformado en experiencia. De esta forma, en otro «jugando» nos hace suponer que ahora podremos anticipar-conocer el futuro del juego gracias a esa experiencia acumulada. A veces, esto se refuerza cuando en cualquier situación vivida en el pasado hicimos una «premonición» y tenemos la certeza de que se cumplió. Por todo ello, construimos la ilusión de que una nueva premonición «siempre» tal vez podrá predecirnos el futuro, sin tener en cuenta la evidencia latente en el juego de que nuestro conocimiento de las situaciones complejas del juego es escaso y sesgado por la tan llamativa «llamarada» de éxito. Aquí aparece la «equidad de juicio» para liberarnos de estos efectos, pues ella nos permitirá ser más ecuánimes en nuestros juicios-evaluativos que continuamente y casi instantáneamente hacemos de cada acción-actuación de nuestro jugar.

El entrenador tiene que procurar en sus entrenamientos que los HD concurrentes puedan expresarse de forma libre-autónoma, que tomen las decisiones que estimen oportunas según su conocer e interpretar los «sucediendo» de manera independiente de las coacciones del entorno, antes indicadas, que son a veces dañinas. Su autonomía tiene como base las múltiples formas de combinaciones y recombinaciones de sus CER que todos conocen, comparten, aplican. Tienen que ser vividos por todos los HD durante sus entrenamientos para lograr optimizar su autonomía. Así, después, en los partidos, se pondrá a prueba en cada situación de juego, donde los oponentes ofrecerán situaciones confusas y engañosas, por lo tanto, no confiables. Allí es donde-cuando cada HD deberá interpretarlas para tomar libremente las decisiones oportunas enjuiciando con ecuanimidad cada situación, con el respeto debido a sus compañeros, único obstáculo a su libertad, ya que cualquier decisión que tome nunca deberá perjudicar a ninguno de los HD de su equipo, sino todo lo contrario.

→*Su estabilidad ante el cambio y la sorpresa* deberá ser objetivo y foco de atención durante sus entrenamientos, ya que el jugar es un proceso continuo de cambio de las condiciones del entorno, donde aparecen con alta frecuencia situaciones sorpresivas por desconocidas e inesperadas, que tanto los compañeros HD como los contrarios proporcionan. Esto implica reforzar la experiencia en cómo saber reconocer entre todo aquello sorpresivo y cambiante algunos-aquellos elementos reconocibles-familiares para nosotros, con los que poder incidir ya en esa situación. Esta nunca es un problema, pues el problema es algo definido claramente, y es estable; algo que puede resolverse simplificándolo. Para ello se divide en partes más sencillas y se va resolviendo una y luego otra, hasta la resolución completa del problema. Pero en el fútbol no hay problemas, sino interacciones complejas, por ser imprevistas-dinámicas y multicausales, como la consecuencia de causas de muy distinta naturaleza y a veces *acausales*. Ante esta tesitura, los HD han de mantener su estabilidad emocional para sobrevivir-jugar en congruencia con los deseos compartidos con el equipo. La funcionalidad requerida ante esta situación debe centrarse en evitar la propensión que existe en sobreestimar lo que ya entendemos del entorno y subestimar el papel que el azar tiene en los acontecimientos del juego. Ambas cuestiones nos crean exceso de confianza, siempre alimentada por unas ilusorias potencialidades individuales entendidas como innatas (el talento) capaces de dar a esos sujetos respuestas a los acontecimientos inesperados-sorpresivos siempre presentes en el juego. Pero sabemos que la estabilidad no se logra dando respuestas individuales, sino haciendo propuestas colectivas, siendo un equipo proactivo. Para eso, desde un primer momento, debemos proponernos una intención clara para el equipo, a modo de intervención selectiva para cada situación, no como respuesta, sino como propuesta irrenunciable resiliente que impondremos a todas las «intentonas» de los contrarios. Aquella intención se transformará en nuestro jugar, en interacciones colectivas con posibilidades de perpetuar en el tiempo y cualquier situación que se pueda presentar en este partido. Ello implica reforzar en nuestros entrenamientos las experiencias colectivas de las que disponemos, tanto como el necesario diálogo interior de rememorar continuamente nuestra intención, como deseo inquebrantable nacido del cómo jugar al modo Barça durante y en todos los momentos del partido.

Los jugadores HD deben comprender que en el jugar de un partido no existen límites claros-rígidos que definan realmente ese jugar como propone el FT, por lo que hay que romper con ello, pues así se «encorsetan» las intervenciones de nuestros HD con soluciones rígidas-únicas cuando en el jugar no existe el «nunca» o el «siempre». Nada se repite, y para enfrentarnos a esa incertidumbre variada nos puede valer esa clara, perseverante y resiliente intención, la que en cada momento se proponga y que debe estar continuamente reafirmándose, prestando atención a cómo evoluciona cada momento vivido y mantenerla en el próximo futuro, entonces presente, donde siempre acontecen variados cambios y donde solo con «esa» intención clara ya compartida, y el fuerte propósito adquirido en nuestros entrenamientos, nos valdrán para mantener nuestra estabilidad. Esa cuestión será posible cuando hemos podido reconocer elementos «familiares» como componentes de esa nueva y sorpresiva situación, y logramos identificar cómo están variando ahora en el espacio-tiempo del juego. Estos elementos familiares son los PS conocidos por nuestra «familia», el equipo, para así entre todos mantener la estabilidad deseada durante nuestro disponer del balón o en su caso recuperarlo lo más rápidamente, y allí mismo, según las tríadas.

→*Su heurística organizacional.* Es la capacidad que deben tener los HD para poder reconocer las innovaciones necesarias de sus tareas habituales en su jugar, que les permitan identificar y obtener la opción organizativa óptima para el entorno específico donde discurre su actividad. Todo ello en el tiempo razonable y ajustado a las necesidades en las que está comprometido. Nuestro jugar se identifica por su continua organización, que ya habíamos nombrado como híbrida (OH), cuyas necesidades son la cooperación, que implica que cada HD supere su individualismo que en ciertos casos hace creer a algunos que son imprescindibles y los mejores. Por otro lado, la complicidad, como aquella comunicación privada entre compañeros HD durante su convivir jugando, que fortalece sobremanera el sentimiento de pertenencia y cohesión intragrupal. Son los PS que todos conocemos, aquellos códigos «secretos» de esta comunicación privada variada e intragrupal, la que nos vale para organizarnos de acuerdo con las necesidades de cada momento, en cada partido. Pero ¿por qué apelamos a la heurística? Lo hacemos como ciencia del conocimiento, y su objetivo es el conocimiento de la coherencia operacional de nuestro jugar. La manera en que nuestro equipo juega al FB, qué «habilidades» cognitivo-motrices debe optimizar el HD jugador del FB para poder vivir en contextos confusos, en los que el cambio es la constante comportamental, y el desorden es el caldo de cultivo para que nuestra organización (OH) triunfe sin paliativos. Y es que la heurística nos da a conocer los «detalles» que compartir en los diferentes niveles organizacionales (FD y FR) de nuestro juego, que nos proporcionan los PS de cada fase. En el FB, «los tiempos» son más cortos, debido a que se juega según las tríadas de FD y FR, y la dinámica del jugar irrepetible, pues deseamos que la incertidumbre inunde el EDJ para poder tener siempre la iniciativa del juego. Ahí es cuando la heurística organizativa se hace imprescindible, impactando directamente en las competencias necesarias para los HD de nuestro equipo. En ellos (HD) tenemos que activar las áreas de planificar-organizar el entorno en los dos momentos-fases (FD y FR) de nuestro jugar para resolver las inesperadas y siempre distintas situaciones, por el diferente jugar en ambas fases. Es la «flexibilidad cognitiva», la capacidad de nuestro cerebro que nos capacita para realizar con eficacia el cambiar de contexto desde una actividad a otra, de pasar de FR a FD en el momento necesario, y a reconocer qué «cosas» diferentes tengo que hacer para continuar haciendo FB. Ante situaciones inesperadas, buscar las alternativas de las que disponemos y elegir la mejor dentro de nuestro repertorio para solventar esa situación, pero también si, al aplicarla, sucedió o no lo esperado. Tan extraordinario «instrumento» tiene que ser «afinado» al modo-tono Barça haciéndolo sonar en las melodías y ritmos que todos conocemos y compartimos. Estos no son otros que los criterios organizacionales específicos que aportan los patrones semióticos (PS) unos para la FD y otros para la FR, que deberán practicarse con profusión y variedad, para ponerlos en conocimiento de nuestros HD durante nuestros entrenamientos, así como identificar el valor organizativo de las diferentes QR que deberán practicarse durante los partidos de entrenamiento, donde el entrenador pondrá a prueba el conocimiento que cada HD dispone sobre cómo y cuándo distribuirse en una CDN nunca determinada, pero sí dentro de un concreto «cuadrante» que deberá compartir con sus compañeros sin «doblar» funciones; todo ello de un alto valor organizacional optimizador de la flexibilidad cognitiva de nuestro cerebro. Todo ello constituye la heurística organizacional que les facilita el conocer cómo se relacionan los espacios-tiempos del cambio y qué condiciones-situaciones viven los HD allí implicados. Así nace ahora la heurística-afectiva, donde las propuestas están también regidas por los sentimientos de agrado-desagrado de escasa deliberación razonada, pudiendo acaso desembocar en una «rigidez» cognitiva que bloquea el cambio que es necesario para que se fluya de una FD a otra. Y de cualquier atacar-defender las transiciones de los contrarios. Esta clase de situaciones deben ser una constante de alta frecuencia practicada en nuestros entrenamientos para evitar caer en esa «rigidez» comentada.

La propuesta FB de solo contemplar en nuestro jugarlo en dos fases (FD-FR) facilita la optimización de nuestra flexibilidad cognitiva, pues quedan claramente definidas por el balón las dos fases y el tipo de interacciones que resulten necesarias para ser eficaces en cada una de ellas, por muy rápido que sucedan. Tenemos el compromiso-obligación de proponer una práctica masiva, pero a largo plazo, pues esta impresionante capacidad es de «maduración» tardía, y solo se completa hacia los dieciocho años. Por tanto, tranquilidad en su exigencia prematura. Aun así, debemos mostrar continuamente información relevante al respecto, además de vivenciar su práctica, para lograr transitar con eficiencia y eficacia interfases. Por practicarlo variadamente, viviremos sin traumas las posibles alternativas en su ejecución, altamente diferenciada para cada lugar del EDJ donde se presenten; debemos practicar para pasar de una a otra, sin transiciones. La práctica hecha sin excesos de información, pero muy concreta gracias a los PS, libera a los HD de la asunción de demasiadas responsabilidades y evita su ocasional falta de atención durante su práctica, tiñéndola de errores no deseados. Así deberá ser su práctica para darla a conocer, ampliando su heurística; el conocimiento que todos nuestros HD tienen que disponer para reorganizarse en la FD y autoorganizarse en la FR logrando un éxito sostenible en todas las fases y momentos del jugar al FB. Los juegos de situación son el medio específico para su entrenamiento.

Optimizar las cinco capacidades expuestas, como objetivo de nuestros entrenamientos, constituye el cuerpo de conocimientos que son imprescindibles para conformar a los HD que tienen como objetivo jugar al FB. Por lo tanto, la optimización de cualquiera de estas cinco capacidades será objetivo constante a lo largo de toda la vida deportiva de nuestros jugadores HD. Durante la práctica de nuestros entrenamientos en cualquier sesión, deberá ser una constante la actuación para incrementar la autonomía y la disponibilidad operativa de nuestros HD, pero simultáneamente con alguna de las otras cuatro que hemos indicado, para obtener así un verdadero *proceso* continuo de «optimización» de nuestros HD. Si no fuera así, solo estaremos «mejorando» elementos aislados, objetivos particulares que muchas veces son inconexos respecto a nuestro jugar y a las necesidades de los HD concurrentes en ese entrenamiento. Ese es el gran valor de las SSP, pues en su conformación proporcionan establecer una secuencia de situaciones de altísima eficacia para integrar estos conocimientos que tanto los patrones (PS) como los QR nos ofrecen y que, practicados durante nuestros entrenamientos junto con los demás elementos que hemos venido exponiendo, constituyen el contenido de las sesiones de nuestro entrenar.

La sesión

La sesión de entrenamiento es donde se realiza el intercambio de información entre nuestros HD y sus entrenadores. Es una unidad en contenidos específicos de nuestro jugar que toman formas diferentes de intercomunicación verbal, gestual, audiovisual, escrita o por demostración y otras más sofisticadas como la realidad-virtual, o el WhatsApp en la intercomunicación entre iguales; sin duda, nuestros entrenadores deben-pueden utilizar todas ellas para que la información necesaria pueda fluir sin obstáculos en ambas direcciones, y para que ambos puedan verse beneficiados por ello.

Hay muchos tipos de sesión, casi tantas como entrenadores; por eso proponemos que nuestras sesiones tengan una morfología común y los contenidos que se propongan se hagan en tres momentos sucesivos. Y en cada uno de esos momentos recomendamos un tipo de tareas que nuestros entrenadores deben conocer para lograr entrenar al modo Barça. Así tenemos:

Primer momento: información (intercambio).
Segundo momento: mi amigo el balón.
Tercer momento: el equipo y yo.

El primer momento tiene como objetivo proporcionar la información suficiente a los HD participantes para que reconozcan el contenido prioritario de la práctica que se va a tratar y el porqué de ello. Puede realizarse en el espacio de entrenamiento o en alguna sala preparada a tal efecto. Es ahora cuando se utilizan las tecnologías de intercomunicación antes descritas, que el club dispone para su buen uso. Nunca debe ser demasiado largo ni su contenido ha de ser muy denso; al contrario, será corto, preciso, utilizando la terminología de nuestro juego para que exista esa unidad terminológica necesaria generadora de «cultura» de club. En resumen, es llamar a cada cosa por su nombre, pues así se evitarán errores conceptuales que complicarían sobremanera la intracomunicación del equipo. En este momento no hay práctica física, por ello el compromiso de los entrenadores será mantener la atención del equipo en el objeto de la sesión, que no consiste en «cómo hacer» lo que vamos a ejecutar posteriormente en las tareas de entrenamiento, pues cada una será descrita en su momento de práctica si fuera necesario, sino el «para qué» las vamos a practicar, qué cosas vamos a «añadir» a nuestro jugar colectivo y por qué entendemos que ahora son necesarios para todos (HD). Después, durante la práctica, en los sucesivos momentos de la sesión, se podrá informar individualmente del aporte que se espera de cada cual para obtener eso que hoy todos deseamos. La formación del entrenador y sus colaboradores debe permitirles realizar de forma eficaz este inicial momento de la sesión, pues son ellos quienes mejor conocen las carencias de su equipo, siempre pensando que cada HD ha tenido una diferente «vida deportiva» que marca su forma de entender-interpretar el juego; solo aquellos HD que ya llevan tiempo jugando FB dispondrán de una homogeneidad de conocimientos que facilitará el intercambio de información necesaria para este inicial momento de la sesión. El desarrollo de los contenidos de este primer momento no es objetivo de estos textos, pero sí lo serán de las sesiones de información permanente a nuestros entrenadores durante su estancia en nuestro club.

En el segundo mostramos la preferencia que damos a la relación constante del HD con el balón, tanto de manera individual, la menor, por parejas o tríos, en mayor medida, o en grupo más o menos numeroso en la mayoría de las propuestas. Es ahora cuando empieza la práctica en la sesión, y su duración está en función del nivel de los componentes HD del equipo. En el fútbol de iniciación (7) puede llegar a superar la mitad del tiempo de la sesión, y se realiza todos los días de entrenamiento, mientras que en el fútbol semi o profesional (11) su práctica es más reducida, pero nunca desaparece, pues en todos los deportes en los que se «golpea» el balón es necesario desarrollar constantemente el «buen trato» entre HD-balón; en nuestro caso, especialmente, pues el pase es fundamento del FB.

El tercer momento es cuando aparecen las prácticas más diferenciadoras y específicas de nuestros entrenamientos. Es cuando se logra encontrar las identidades de nuestro jugar; se intenta capacitar a nuestros HD para lograr los objetivos que antes se han descrito. Se ha de pensar que siempre se puede hacer mejor, ser más «puros» en el jugar al FB, y que ganar será objetivo y consecuencia de nuestro grado de afiliación al jugar que nos identifica y nos hace diferentes.

El tiempo de práctica de la sesión es el consumido por los momentos segundo y tercero; estimamos que puede ser de unos cuarenta y cinco minutos en las primeras edades y de hasta noventa en el resto de los niveles, teniendo como referencia la duración de los partidos. Toda esta información estamos simplificándola, pues no es el objeto de estos textos, por lo que su propuesta es meramente orientativa. Lo que sí es nuestro objetivo es la exposición de los medios-tareas de práctica en cada uno de estos dos momentos, que se ejecutarán según las sucesivas propuestas en cada sesión de nuestros entrenamientos, siempre indicada por nuestros entrenadores.

- Las prácticas utilizadas en el segundo momento:

  - *Mi amigo el balón:*
    Todas las tareas de este momento tienen como objetivo la relación HD-balón. Tiene que lograrse que el esférico esté integrado de tal forma en la motricidad de nuestros HD que no les impida realizar todo aquello que desean y cómo lo quieran ejecutar. Siempre será para establecer cualquier tipo de interacción con sus HD compañeros, en práctica compartida y en alto grado de cooperación, para así poder centrarse en la intención de cualquier situación del juego. Para ello se requiere una práctica cotidiana durante la vida deportiva de cada cual. ¡Por eso el balón tiene que ser mi amigo! Y mantenemos esa amistad siempre renovada gracias a nuestra práctica diaria-relacional HD-balón. Hemos de ofrecer a nuestros jugadores HD la experimentación

continua de todas las formas de pase propuestas. Tenemos que inventarnos unos juegos del pase como práctica cotidiana de nuestros entrenamientos, entendiendo que la creatividad personal también tiene cabida, así como el aprendizaje enactivo (J. Bruner), pues ambas cuestiones enriquecen nuestras propuestas.

Así, en nuestras sesiones de entrenamiento, disponemos de las siguientes opciones (esquema 19) para este segundo momento: proponemos los ejemplos más significativos-identificativos de cada tipo de juegos del pase, que constituyen las prácticas fundamentales de nuestros entrenamientos, exponiendo sus características, componentes para su práctica y objetivos preferenciales de cada uno de ellos. Son bases suficientes para que nuestros entrenadores dispongan del conocimiento válido para proponer entrenamientos identitarios de nuestro jugar,

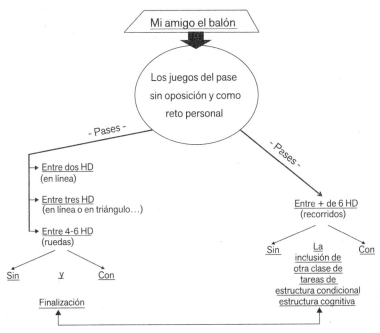

Esquema 19

pues de otra forma estos textos serían una propuesta inacabada e inacabable.

- *Los pases entre dos HD:*
  Esta interacción es base y fundamento de nuestro jugar. Hay que practicarla en todos nuestros entrenamientos y en sus infinitas alternativas a lo largo de la vida deportiva de nuestros HD jugadores. Desde su forma más elemental. Así, pasarse el balón entre dos participantes enfrentados a cierta distancia.

Poseedor HDP frente al HDR receptor del pase: después de que este reciba el pase será al revés.

El balón va y viene interrumpidamente tocado con «delicadeza» y precisión, cumpliendo con los preceptos de la tríada de la fase de disposición. De cara-al pie-al primer toque, como nos dijo Johan Cruyff. Además, que con todos los demás criterios que ya vimos según nos ofrecieron los grandes jugadores de los que hemos disfrutado a lo largo de los años en nuestro club.

La necesaria práctica variada de este gesto fundamental nos hace proponer en cada día de entrenamiento la atención selectiva sobre algún nuevo elemento-componente del pase que el entrenador debe conocer. Esta situación elemental-sencilla de pasar el balón entre dos compañeros HD de manera alternativa, en un espacio estable y en un tiempo «dulce», facilita la necesaria atención de cada cual, en uno mismo, en cómo me relaciono con el balón sin elementos estresantes y con clara identificación del resultado de cada ejecución. En este entorno amable, el entrenador, cada día-sesión, propone-señala un elemento del pase para su atención preferente dentro de su ejecución global como (proponemos algunos de esos elementos, a modo de ejemplo): objetivo, que es identificar la distancia de mi pie de «apoyo» respecto a momento-punto de contacto de mi pie ejecutor con el balón, y observar su resultado en sucesivos pases a mi compañero HD, que realizará pequeños desplazamientos para reubicarse luego de cada «toque».

- Cuando lo separo, ¿qué pasa?
- Cuando lo junto, ¿qué sucede?

En qué momento lo apoyo:

- El balón está lejos, ¿qué siento en el toque?
- Cuando está muy cerca, ¿es diferente?

Y un sinfín más de posibilidades como:

- Y si vengo corriendo hacia el balón, ¿es el apoyo igual?
- ¿Miro el balón hasta el final para ajustar el apoyo?
- ¿O al final miro a la trayectoria del compañero a quien paso?
- ¿Qué ocurre en ambos casos?
- ¿Me sale todo igual si lo hago con el pie derecho o izquierdo?
- Y si el balón viene al pie de apoyo, ¿qué me pasa?
- ¿La colocación del pie influye en mi equilibrio después del toque?
- Y si hago un pequeño salto antes del apoyo, o cualquier otro gesto o movimiento, ¿qué pasa?

En cualquiera de estas situaciones podemos añadir su relación con la pierna-pies de contacto:

- Para tocar de interior en corto o en largo, ¿cambia la colocación del pie de apoyo?
- Y si toco con el exterior, ¿el apoyo es más próximo o más alejado que cuando toco con el interior?
- Si viene el balón por la derecha, ¿cómo apoyo el pie izquierdo si quiero repetir pase con el interior del pie derecho? ¡Autopropuestas sin fin!

- En cualquiera de estas situaciones, ¿añadimos el movimiento de los brazos como reequilibradores? ¿O el movimiento de la cabeza para mirar atrás y a los lados por seguridad, o al lado contrario a donde voy a pasar? ¿Como forma de engañar a los oponentes?

Todas estas propuestas también son válidas para jugar a dos toques, que también es jugar al FB. Hasta ahora hemos supuesto que el balón viene raso, pero ¿y si viene votando y hay que tocar de bolea? ¿El pie de apoyo qué hace? En todas estas alternativas hay que tener presente el resultado de las actuaciones, una y varias veces para contrastarlo con lo deseado, pues es la forma de optimizar la autonomía y disponibilidad operativa antes indicada, como objetivo de nuestro entrenamiento. También en las sesiones los entrenadores tendrán que proponer el practicar con compañeros HD distintos con diferente nivel de ejecución, y repartiendo la práctica entre ambos lados, pues estas cuestiones a la larga irán en beneficio del juego variado y creativo de nuestros HD, y, por supuesto, de su equipo. También se deberá insistir en pasar al pie y de cara al compañero HD para asegurarnos de la puntería de estos ensayos que se hará aún más evidente cuando se cambia la distancia entre los HD pasadores, pues el control de la energía que se comunica al balón es esencial para identificar la calidad del pase. Repasando el tema del pase, el entrenador dispondrá de alternativas suficientes para proponer una práctica entre dos y/o entre tres, en triángulo según PS, y en cientos de sesiones, cosa que creará un hábito de entrenamiento en el que todos los HD participarán gustosos, al observar cómo aumentará su precisión en pasar el balón donde y a quien ellos quieran en cada situación particular vivida, en sus intervenciones durante entrenamientos y partidos. Como sucede en un pase para que el HD compañero receptor disponga de una ocasión de pase a la red en la que la vía del balón es aérea, cosa que obliga a los HD receptores a realizar una trayectoria de desplazamiento previa al contacto con el balón que ciertamente es complicada, pues tendrán que realizarla con tareas motrices naturales, que todos los HD disponemos, como son correr, saltar y golpear un balón; sin embargo, la dificultad radica en que el pie, la cabeza o cualquier otro segmento corporal que pueda contactar con ese balón aéreo (según el reglamento) en un «punto» de su vía aérea en el momento justo, ni antes ni después, que produzca la modificación de su-aquella vía aérea, que, por nueva y diferente, logre sorprender al HD portero contrario. ¡El deseado remate en el FT! Es una tarea en nuestro FB que inicialmente puede simularse en estos pases entre dos que estamos proponiendo y que tienen su continuidad, al practicarlos durante los partidos grandes que más adelante expondremos. La vía aérea del balón llegará al receptor a cierta altura de acuerdo con la vía parabólica del esférico, por la que el HD receptor tendrá que anticiparla adaptándose a ella según con qué segmento corporal quiera contactar con el balón. También lo puede querer tocar estando apoyado en el suelo, o estando suspendido en el aire gracias a un salto hecho a tal efecto. Como en los pases «rasos» entre dos HD que ya hemos expuesto, disponemos de varias alternativas de práctica, de las que proponemos algunos modelos, con ciertas variantes para que los entrenadores se hagan una idea sobre la que hacer sus propuestas de práctica durante este primer momento de la sesión de entrenamiento.

El HD poseedor inicia la práctica con el balón parado en el suelo que deberá tocar con precisión para que haga una vía aérea dirigida al cuerpo de un HD receptor situado frente a él, separado 10,15 metros según su nivel de práctica, con una parábola y potencia adecuada a esta distancia que sea un buen pase para que el HD receptor pueda tocarlo de cabeza dirigiéndolo de nuevo hacia el HD que le dio el pase. Este lo controlará para repetir la acción del pase desde el suelo, como en el primer intento. Así hasta tres o cuatro veces, momento en el que le dará un pase bajo para cambiar de funciones, e intentar así jugar intercambiando funciones durante el tiempo determinado por el entrenador o por ellos mismos. Como podemos suponer, el segundo pase que haga con el pie será diferente del primero, cosa que hará al receptor reequilibrarse rápidamente tras su salto y toque de cabeza, para poder iniciar una nueva trayectoria ajustada al nuevo pase que reciba, y así tres o cuatro veces diferentes en su primera «tanda» de acciones. Se repite de forma variada, tal y como indica nuestra propuesta. Unas veces se desplazarán en trayectorias más o menos rectas, haciendo el último apoyo de «batida» para el salto con pierna derecha y otras con pierna izquierda. Unas más rápidas, otras lentas, a veces más verticales, otras más «tensas» horizontales... Así practicamos el pase de cabeza inicialmente entre dos HD compañeros, que en una manifestación «adelantada» puede transformarse en un toque de cabeza para controlar el pase del HD compañero, de manera que, tras el control y sin que caiga el balón al suelo, pueda hacerle el pase a mi HD compañero, que hará la misma doble función. Así hasta que el balón caiga al suelo... Esta dinámica la podemos proponer ejecutándola inversamente, logrando hacer el control con el pie a modo de autopase vertical para saltar a tocar el balón de cabeza en pase al HD compañero que repetirá la acción. O que el control de autopase vertical se haga con la rodilla. O que al toque en salto y de cabeza se haga sobre un tercer HD que me lo pide desplazándose en trayectoria variada y que le da continuidad pasándolo al HD que me dio el pase en un triángulo de práctica continua, pero siempre distinta. La misma dinámica de pase entre dos la utilizamos para practicar el pase de bolea. El HD pasador tal como hemos dicho antes, y el HD receptor controla el balón en toque suave y preciso dejándolo en corta vía aérea para que, sin que caiga al suelo, pueda ser tocado de bolea hacia su pasador, ahora receptor que tendrá que hacer las mismas tareas. En este caso, los HD ejecutores estarán más alejados para que el toque de bolea sea más «potente» como simulador de un pase a la red, que es la intención de la tarea. Como vemos, existen diversas opciones y los entrenadores, vista esta dinámica del pase entre dos-tres, podrán plantear variadas-nuevas opciones en sus entrenamientos.

Nos falta proponer el pase entre tres en línea, situación útil para identificar el repetir pase con el próximo y jugar pase largo con el alejado. O bien «saltarse» al próximo jugando directo con el alejado. Todo ello válido para conformar los EENFD.

Acción primera (esquema 20):

1. Hace dos toques para buscar línea de pase con el 3, mientras 2 se desplaza al lado contrario despejando esa nueva vía del pase hacia 3, que también se desplaza pidiendo el balón. Los pases ahora continúan; 3 pasa en corto a 2, que repite, a un toque, pase con 3, y este pasa a 1 en largo saltándose a 2, que facilita la acción. 1

ahora pasa a 2 en corto, que le repite pase para que 1 pase en largo a 3, que nuevamente se desplaza lateralmente. En un todo continuo.

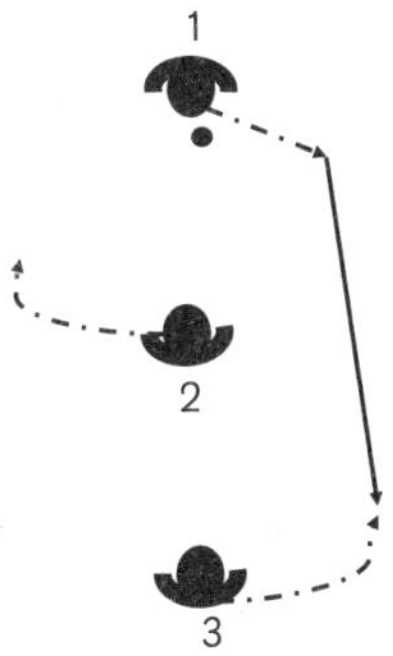

- Y se repite el ciclo al menos tres veces manteniéndose 2 siempre como repetidor del pase corto con 1 y 3 alternativamente.
- Al término de ese ciclo de tres o cuatro repeticiones, manteniéndose 2 como HD repetidor de pase, él decide en un momento cambiar de posición con quien termina de repetir pase, teniendo este que ponerse en la posición intermedia que ocupaba 2 sustituyéndole en las funciones de repetidor que él ejercía, y continúa el mismo proceso de pase repetido corto, seguido de pase de largo.
- Cuando los tres jugadores HD han pasado por la posición de central-repetidor una o dos veces, se termina la práctica. Siempre a propuesta e indicaciones del entrenador.

Esquema 20

En esta tarea se pueden practicar selectivamente elementos que vimos en los pases entre dos, pero ahora especialmente se tratarán desde el punto de vista «energético». El pie-pierna de «toque» experimentará en variación la consecuencia de tocar suave para repetir pase, o tocar fuerte para pasar el largo. O también el cambiar continuamente:

- Pie-pierna derecha para tocar en corto izquierda en largo, a...
- Pie-pierna izquierda para tocar en corto y derecha en largo.

Esto conduce a tener que perfilarse en constante variación cada vez que se ocupa la posición central. Además, en el momento de cambio a la posición central, se vivirá también el «tempo» individual de tocar-salir, para llegar a la posición central en el tiempo justo de repetir pase; hay que llegar al lugar deseado para hacerlo, a la distancia justa, con el perfil preciso para tocar con el pie-pierna deseada y continuar el juego con el tercer HD.

De este juego de pases, Louis van Gaal hacía un ejercicio competitivo de tres en línea contra dos en un espacio rectangular limitado por conos, según se muestra en el esquema 21 (▲).

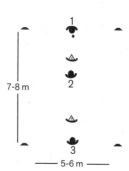

Esquema 21

- HD 1, 2, 3 contra a, b, que intentan recuperar en los interespacios que se muestran.
  - Cuando a o b recuperan, entran los dos que perdieron el pase entre ellos. En su interespacio 1-2.
  - Los poseedores del balón guardan siempre la organización en línea que se indica, con los movimientos necesarios para jugar FD laterales sin reducir las distancias.
  - Y durante el juego se puede hacer la permuta del central-repetidor en la forma que hemos indicado. ¡Elegir el momento!

En nuestra propuesta, esta opción sería posterior a la práctica que hemos dibujado; sería cuando nuestros HD ya disponen de recursos energéticos, cognitivos y lateralidad instaurada, para experimentarlos con oposición. Solo aportaría a nuestro juego lo emotivo de una práctica competitiva. No hay que repetirlo mucho, pues no aporta elementos organizacionales de nuestro juego.

La alternativa del pase entre tres en triángulo aporta a nuestros HD el reorientarse en el espacio de juego al tercer jugador HD mientras los otros dos se están repitiendo o acaso doblando el pase entre sí. Así en el esquema 22:

Momento inicial

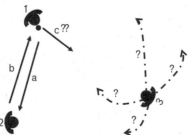

Esquema 22

344

Acción primera: los HD 1 y 2.

Se están pasando a un toque y...

- 1 hace dos toques perfilándose para pasar a 2, que no se desplaza, pues repite pase con 1.

- 3 en el momento de repetir pase entre compañeros. Se desplaza significativamente por el EDJ, que no está delimitado, en cualquier dirección, pero perfilado para «pedir» el balón a 1, que está repitiendo pase con 2. De esta manera, 1 deberá estar mirando a la vez el balón que le llega repetido de 2 y la trayectoria de 3, a quien tendrá que pasar cuando reciba el pase repetido. Tendrá que ver la vía y velocidad del balón que le llega, así como la orientación y la velocidad de la trayectoria realizada por su tercer compañero (3), simultáneamente. Ello le permitirá perfilarse, atacar o retrasar el contacto del balón que le va a llegar, elegir el pie-pierna de contacto, lugar del pie de apoyo mientras le está llegando el balón, para producir la vía (c) adecuada a la situación en la que esté 3. Sucesivamente, todo esto lo realizará el HD jugador que no intervenga en el repetir pase, lo que proporcionará su variabilidad y continuidad. Este juego se practicará a uno o dos toques, y los desplazamientos del libre siempre serán manteniendo la figura de triángulo. Es un juego como variante compleja del anterior propuesto tres en línea, pero con valores formativos de otra naturaleza, como hemos visto en su descripción. Es evidente que el entrenador anotará el nombre de los componentes del triángulo para cambiarlos en el siguiente día de práctica, y también indicará los límites de separación para ajustarlos a los espacios internivel de las CDN habituales en la conformación de nuestros EDF para los que esta triangulación es su inicial práctica conceptual. De aquí su necesaria práctica ya en la iniciación a nuestro jugar.

Estos juegos de pase entre tres podemos proponerlos, como ya hemos dicho, a lo largo de toda la vida deportiva de nuestros HD. La creatividad de los entrenadores lo hará posible, y en ciertos momentos también hacer partícipes a los HD de la libre aportación de estas tareas, tras la experiencia ya contrastada de las propuestas de sus entrenadores.

Estas van desde las antes expuestas hasta otras de alta experimentación de las que ahora exponemos como muestra-camino, para la inventiva de entrenadores y HD.

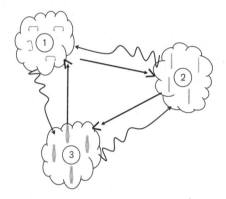

Esquema 23

En esta alternativa (esquema 23), se colocan los tres HD en triángulo de lados distintos (escaleno) para practicar pases a diferentes distancias y lograr experimentar la energía, direccionalidad, control motriz..., distinto en cada uno de los pases, pero también, perfil, orientación y postura corporal en cada realización. Algo que diferencia este tipo de pases entre tres de los ya expuestos es el autocontrol dinámico postural, en relación con el tiempo de ejecución de la/s tarea/s de mis otros dos HD con los que comparto la tarea, por lo que transforman en un medio de alto valor cualitativo, para experimentar mi motricidad específica necesaria para ser «amigos» del balón, mediador de la colaboración, en contraste con la motricidad de los HD con quien comparto la práctica. Por ello, de esta manera, se transforma en un reto personal gracias a la cooperación entre los tres, y a veces con un añadido de creatividad. ¿No os suena esto al fútbol Barça? Veamos: se trata de pasarnos el balón entre los tres, si puede ser a un toque, en su defecto a dos, ininterrumpidamente, mientras que cada cual ejecuta movimientos en relación con «objetos» que están colocados en su espacio propio (◯) con los que tiene que interactuar luego y antes de tocar el balón. Y mientras este circula sucesivamente de un modo indistinto en una (⟶) o en otra (⤳) dirección, se pretende lograr mantener entre los tres un determinado ritmo de pase que nunca hay que perder. Incluso lo puede marcar el entrenador, aunque inicialmente debe dejar vivir a los tres el ritmo que necesitan o son capaces de mantener. ¿No os suena esto al FB? Cada HD, después de tocar el balón en el punto (V) fijado en su espacio próximo por dos conos o cualquier señal en el suelo, tendrá que ejecutar una tarea en ese su espacio, utilizando todos los aparatos instalados en su entorno, vallas, picas, monigotes, otros distintos... De una manera predeterminada, o por ellos propuesta, libremente, que tendrá que ejecutarla, ajustada al tiempo en que el balón pasa (⟶) por sus otros dos HD con los que comparte en cooperación este mágico triángulo. Así la cooperación será máxima, pues cuando se haya completado una vuelta en la inicial dirección (⟶) y gracias ahora por repetir pase, la direccionalidad del pase cambia a (⤳) en contradirección, y continúa el mismo proceso en esa nueva direccionalidad. Imagina que es el entrenador quien indica una vez establecida «la rutina» inicial el cómo y el cuándo ha de cambiar de dirección. ¡En 2 vueltas + 1! Y luego en tres vueltas -1... Se necesitará una concentración máxima, eficacia en la ejecución y control del ritmo de ejecución de las tareas intermedias; pero es que también en estas se pueden haber «negociado» el cambio en su ejecución, cómo hacerlas en cada cambio de dirección (⇆), modificar su secuencia, su organización, su separación... Estamos así entre unas posibilidades inmensas de práctica masiva, variada, específica, grupal y de una realización compleja, que se ajusta a todos los criterios de nuestra práctica. Bien es verdad que para plantear estas tareas a todo el equipo habrá que construir seis o siete grupos, y acaso para «ajustar» el número de HD habrá un grupo de cuatro. No hay problema si existe una previsión tanto de espacio como de «instrumentos» por utilizar. Todo ello son problemas de fácil solución, comparado con la calidad y eficacia de esta práctica para la conformación selectiva de objetivos-intereses para la optimización de nuestros HD que desean jugar al FB.

- A los juegos de pases entre 4-6 jugadores/as HD los denominamos «ruedas de pases», que se podrán practicar con una finalización de «pase a la red» o sin ello, haciendo solamente pases en rueda entre los participantes HD de manera continua. Los HD estarán situados en un lugar predeterminado del EDJ, pero en las ruedas con finalización estará necesariamente en las proximidades de la portería. Vamos a exponer una rueda de cinco «estaciones» como modelo y alternativa de posibilidades para finalización, o de relación con el logro de aspectos condicionales (estructura condicional; esquema 24).

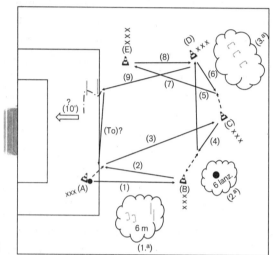

Esquema 24

- Los 🔺 siempre colocados a diferentes distancias, y de manera que el inicio y el final en la rueda sea el mismo. Proponemos diez pases para completar esta opción de rueda.
- Se utilizan entre 3-4... (x) jugadores HD en cada estación. Aquí 3 (x) HD.
- Se juegan uno o dos balones simultáneamente. El segundo balón entrará en juego durante el quinto pase de la segunda rueda.
- Cada HD juega inicialmente como se indica y corre a la siguiente «estación», en el caso de que la rueda sea solo «técnica» de pase. O ejecutando las acciones que se indican por el exterior del espacio ocupado por su ejecución, cuando en la rueda se incluyan componentes de estructura condicional. Como ya hemos indicado aquí: 1) Dos saltos sucesivos sobre vallas a pies juntos + una «salida» en velocidad máxima de 6-8 metros. 2) Lanzamiento en «saque de banda» de balón medicinal (BM 2 kg) contra el suelo, 6-8

veces de manera sucesiva. 3) Hacer tres saltos en profundidad, dos de triple, con un parada de pasos de carrera previa. Cuando esta rueda se hace con finalización en chut-pase a la red, el jugador HD (E) después de hacer el pase (8) a su compañero HD (D) se desplaza entre las picas y «conecta» con el HD (D) para, después de recibir el pase (9), realizar entre los dos una acción de finalización, coordinada, posible; teniendo en cuenta que las dos picas son últimos defensores contrarios, será el pase (10) a la red, ejecutado, o bien por HD (E), o bien por HD (D) según la propuesta «inventada» por ellos. En cualquier caso, al finalizar la acción (⇐)(E) marchará al ▲ (A) y el HD (D) se quedará en ▲ (E) para continuar la rueda. En este caso de finalización, el entrenador puede aportar dos o tres opciones que los HD podrán utilizar, o bien ellos podrán ejecutar lo que «inventen», pero nunca deberán hacer una que sus predecesores acaben de realizar. Todo ello para que los componentes de las estaciones próximas a la portería estén atentos a lo que ocurra en esos espacios para que su comunicación sea fluida-eficaz en esta y en posteriores intervenciones. Para cumplir con el criterio de práctica variada en las ruedas-simples, el entrenador podrá poner en juego, como hemos visto, dos balones, variar una de las secuencias de pase inicialmente propuestas, alterar el orden de intervención de los HD, para que nunca jueguen los mismos con los mismos. Además, para la opción condicional, como es evidente las acciones entre estaciones, se emplean los mismos elementos de otra manera, con el objetivo de no parar la actividad del grupo o añadir una nueva no utilizada en las primeras prácticas. En estas condiciones, las ruedas aportan opciones de optimización de la capacidad de liderazgo cooperativo y de autonomía decisional cuando haya finalización. Solo los conocimientos y la pericia del entrenador podrán lograr la heurística organizacional en la ruedas-condicionales, manipulando las parejas de finalización, observando quién de esos dos HD liderará una determinada finalización prescrita, o quiénes sean capaces de proponer y ejecutar ciertas nuevas formas de finalización, o de realizar distintas tareas-condicionales con los mismos elementos disponibles. De la misma manera podrá proponer que en la comunicación del pase entre E y D fuera tocando el balón solo con el pie-pierna no dominante, o que en la estación E se tenga que jugar a dos toques, para lograr autonomía y disponibilidad operativa. O que, sorpresivamente, en las ruedas con finalización, aparezca un «defensor» no esperado, para observar la estabilidad en las siguientes acciones de la pareja afectada por este cambio. Todas estas propuestas son ahora el laboratorio para ir «inoculando» a nuestros HD experiencias de un modo de práctica específica centrada en las necesidades individuales, que se van a completar con tareas de todo el grupo en:

Entre + de 6 HD; los recorridos: como alternativa a las ruedas, con los mismos o similares objetivos, pero con organizaciones espaciales-relacionales distintas que aportan nuevos matices perceptuales a nuestros HD. Los recorridos son ruedas «abiertas», por tener un inicio y final distintos. Se hacen para identificar la ayuda mutua dinámica por la participación alternada sobre el balón, con tiempos de intervención similares. Y siempre terminan con alguna forma de pase a la red, tras haber transitado al menos por dos zonas y dos pasillos. Según vemos en el esquema 25, se propone un recorrido en dos zonas y los dos pasillos centrales. Proponemos ocho jugadores por parejas; y por cada pareja, un balón.

Momento 1: los dos HD A-B inician el recorrido manteniendo el balón con dos toques de cabeza, uno vertical y otro hacia el compañero, recorriendo así la separación y distanciamiento que marcan los ▲ cuatro conos en el círculo central del EDJ, para la relación sociafectiva de cooperación entre ellos.

Momento 2: vamos a suponer que HD A recibe el balón ya fuera del límite de los conos. Controla orientado con el pecho o con el pie-pierna alejada para salir en conducción «irregular» y voluntaria de las picas así instaladas, ajustando su tarea a la carrera de B, a quien irá observando para darle el pase (1) ajustado a su carrera, que B habrá realizado separándose para fijar al oponente mo-

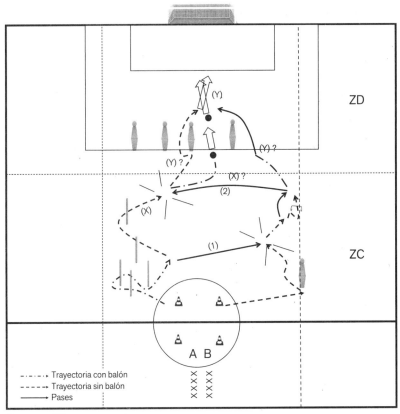

Esquema 25

nigote y cambiando de dirección y velocidad y pide el pase ($\xrightarrow{(1)}$)
a su compañero HD A. Control orientado de B para salir en conducción en dirección a la valla; en sus proximidades, se hará un
autopase mientras salta la valla a pies juntos, calculando E y T
para, nada más caer del salto, hacer con precisión el último pase
a su compañero HD A, que debe haber corrido a dos velocidades
para rodear las picas de finalización como se indica. Para la opción (x), el jugador HD A tendrá que calcular la velocidad de su
trayectoria por las picas, en función de la velocidad de conducción hacia la valla de B. Y en el momento en que este haga el
autopase y el salto a pies juntos trazará con cambio de orientación
y de velocidad, en su trayectoria para hacer la opción (X) bien la

(Y). En la opción (X) pedirá un pase corto-rápido y al pie (2), para sorprender a los centrales (‖) y poder ejecutar un pase a la red (⟹) desde el borde del área, entre ambos, con una corta conducción. Mientras que, si opta por la acción (Y), B tendrá que demorar el pase con un toque o dos más, fingiendo que será él el ejecutor, para crear la basculación de los centrales hacia él. Este será el momento para que A cambie su trayectoria de dirección y velocidad, penetrando entre los defensores contrarios. Cuando B termine de «fingir», dará un pase al espacio detrás de la defensa por la que está penetrando su compañero A, que hará un control si fuera necesario y finalizará con un pase a la red. Fomentamos así la autonomía decisional.

Todo ello no es para aprender esta jugada, sino para practicar un proceso de actuaciones-intracomunicación entre dos-tres (HD) que se basa en identificar trayectorias con y sin balón, cambios de dirección-velocidad-orientación de la carrera, así como ajustes temporales de todos estos conceptos en función de las actuaciones de los contrarios. Para ello el entrenador deberá cambiar continuamente de lado a los compañeros HD, que no repitan más de dos veces la misma pareja su actuación, y que las distancias de los «aparatos», valla, picas, monigotes también se cambian con la frecuencia necesaria, para facilitar la experiencia variada. Deben hacerse al menos dos de estos recorridos diferentes en el mismo día-sesión, pero sin cambiar las intenciones de intracomunicación. Se podrá dividir al equipo en dos grupos, y cada uno practicar en una distinta portería, para después cambiar. De este modo, aún quedará más clara la intención común de esta práctica. De la misma forma, se deben hacer recorridos con tres-cuatro jugadores HD actuando simultáneamente, dejando a veces la actuación de uno-alguno de ellos, semidefinida para ver cómo se puede optimizar la heurística organizacional del implicado. ¡Estamos logrando algo diferente que con los circuitos! Y es que estamos haciendo pases con muy diferentes intenciones, ya no solo centrados en nosotros mismos, como hacíamos en los circuitos. Tenemos que mezclar con eficacia varias opciones de juegos del pase en nuestras sesiones, para hacernos «amigos del balón», practicarlos durante toda nuestra vida de HD, para no perder esta verdadera amistad, y hacerlos en la parte inicial de la sesión para mostrarle nuestra amistad incondicional-preferente. ¡O es que pensáis que al balón no le gusta que se le trate bien!

Así empieza ahora nuestro tercer momento de la sesión

Si hasta ahora hemos propuesto prácticas para la optimización de la relación HD-balón como continuo reto personal, ahora vamos a tratar las tareas que disponemos para optimizar las interacciones entre el HD y su equipo para solventar las situaciones complejas que se presenten en la competición ocasionadas por la aparición de contrarios que tienen la misma finalidad que nosotros. Evidentemente, nosotros la queremos alcanzar por otros medios, que exponemos en el esquema 26.

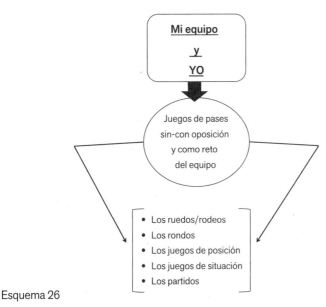

Mi equipo

y

YO

Juegos de pases
sin-con oposición
y como reto
del equipo

- Los ruedos/rodeos
- Los rondos
- Los juegos de posición
- Los juegos de situación
- Los partidos

Esquema 26

- **Los ruedos:** son juegos de pase en los que no hay oposición-contrarios; su intención es practicar el pase y la cooperación entre todos los participantes en círculo; por ello los proponemos en este mo-

mento de la sesión, donde la intención omnipresente es mi equipo y
yo. El yo dispone de un balón y
está centrado-equidistante de un
círculo formado entre tres y seis
HD. La práctica consiste en (esquema 27) que A, el poseedor del balón, da un pase al HD que él desea
y se desplaza en la dirección que le
parezca, intentará mantener siem-

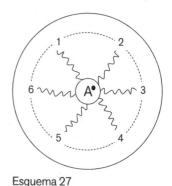

Esquema 27

pre la distancia funcional (〰) que le separan de cada uno y de
todos sus HD compañeros. Estos intentarán mantener todo el
tiempo de práctica la equidistancia entre todos ellos HD (1---2---
3...) y también la (〰) distancia con su compañero A poseedor.
De este modo, cuando A poseedor da el pase a cualquiera de los
HD componentes que le circundan, ese elegido deberá repetir pase
con el A instalado ya en otra ubicación mediante el desplazamiento en trayectoria libre por el espacio interior del círculo exterior
que él desea. Eso hará que en el tiempo de «repetir pase» todos los
HD exteriores tendrán que desplazarse al unísono diseñando cada
cual, y todos, las trayectorias de desplazamientos necesarias y justas para lograr mantener las dos equidistancias descritas respecto
a la nueva ubicación de A después de haber realizado su deseada
trayectoria de desplazamiento. El juego continúa haciendo un nuevo pase a otro distinto HD y realizando una nueva trayectoria de
reubicación para recibir su pase, y... así en sucesión inacabada. Al
menos durante 2-3 pases sobre diferentes HD del ruedo. Hasta el
momento en el que A decide hacerle un segundo pase a un mismo
HD, lo que el receptor interpretará como que no tendrá que do-
blar-pase sobre él, sino que deberá conducir hacia el centro del
ruedo para convertirse él en el nuevo A, y hacer las mismas funciones que su predecesor en el cargo. Este correrá en rápida trayectoria a reubicarse como HD componente del «exterior» del ruedo
(1---2---3...). Lo hará en el interespacio entre dos de los HD componentes que él quiera, con lo que todos ellos tendrán que despla-

zarse en las trayectorias que les den acceso a reubicarse en relación con las dos equidistancias, de acuerdo con el nuevo HD, que ahora dispone del balón. Por lo tanto, los HD componentes del círculo exterior del ruedo estarán continuamente reubicándose respecto al HD que disponga en cada momento del balón. Esta es la intención principal de los ruedos. Podrán practicarse en variación con la anterior forma que hemos descrito. Una de ellas es que A, cada vez que dispone del balón, tendrá que hacer una trayectoria en conducción significativa antes de dar cada pase, para que los HD exteriores como posibles receptores se desplacen con él, manteniendo las dos equidistancias (ᴧᴧᴧ) la interior y (---) la exterior. Eso proporcionará un desplazamiento global del ruedo (esquema 28) hasta que A decide hacer el pase (⟶) a un HD compañero del exterior (B). Así, este B nuevo elegido hace lo propio antes de ejecutar su pase a otro HD diferente al que se lo dio a él, mientras que A se reintegrará como componente del círculo externo como antes hemos descrito. Es decir, que cada HD que esté en el centro no pasará hasta que haya realizado una trayectoria libre por el EDJ o acaso propuesta de antemano por el entrenador con unas picas (| |) y vea que todos sus HD compañeros le han acompañado, y en cooperación logran mantener el ruedo para que él pueda ejecutar el pase que desea. Esta forma de conducción antes del pase facilita en algo más la conformación del ruedo, pues da un mayor tiempo para la conformación del círculo del ruedo. En los ruedos podemos disminuir hasta tres por fuera, si queremos simular la cooperación necesaria para conformar las CDN en ayuda mutua de los EENFD durante los partidos. Interiorizar el PS de triangulación es otro de los

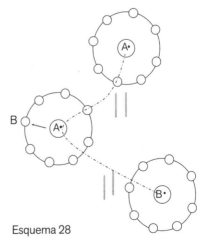

Esquema 28

valores de los ruedos, que justo con las antes expuestas nos muestran su valor para la conformación de todos los EENFD de nuestro juego.

- **Los rondos:**

  Laureano Ruiz, que fue técnico de nuestro fútbol base a mediados de los setenta, introdujo estos juegos. Desde entonces se han venido utilizando y han sido reconocidos como identificativos de nuestro «entrenar». Se han practicado con variados matices y de diversas formas en los entrenamientos de los equipos de distintas categorías, desde las iniciales hasta el primer equipo, y muchas veces con objetivos diferentes a los que Laureano buscaba. Pero quien nos los propuso como los practicamos ahora fue Johan Cruyff, que aportó esas nuevas formas que los transformaban en los precursores de los juegos de posición que empleaba para proponer y practicar condiciones más próximas al juego que nos identifica. Así, él proponía rondos muy diferentes, desde el cinco contra dos, hasta aquel en el que intervenía todo el equipo que estaba concentrado en una pretemporada (este último se practicaba en el círculo central del campo). Siempre contaba con un número de HD que disponían del balón, ubicados en un EDJ más o menos cuadrado, y otro número, siempre muy inferior, que quería la pelota. Casi siempre se jugaba a un toque y al pie; rara vez se permitían dos toques. Con el criterio de ocupar todo el espacio que las líneas (marcas) permitían, los poseedores jugaban «sobre» ellas, normalmente por fuera, pero el toque del balón se daría dentro del espacio marcado. Los recuperadores juegan dentro, intentando cortar las vías del balón de cada pase. Estos rondos entre jugadores HD profesionales se practicaban como iniciación a la sesión. Durante el juego daba, en contadas ocasiones, indicaciones sobre el bien jugarlo.

Los rondos que propondremos unen las dos tendencias que Laureano Ruiz y Cruyff desarrollaron en nuestro club, y que luego propusieron diferentes entrenadores que los sucedieron. Los expondremos desde el criterio del menor al mayor número de HD participantes en el rondo.

- Rondo (3v1): en este rondo juegan tres HD poseedores y un solo recuperador, y hay tres versiones para su práctica.

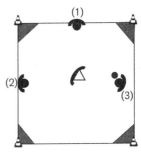

Esquema 29

Versión 1 (esquema 29):

- Se juega dentro de un espacio cuadrado (EDJ), marcado por cuatro conos. Y de distancias-dimensiones según el nivel de práctica de los HD jugadores.
- Inicialmente, se debe jugar a uno o dos toques, preferentemente a uno en cuanto se pueda.
- Los HD en posesión pueden desplazarse donde quieran, siempre dentro del perímetro del cuadrado (EDJ) para jugar el balón.
- Cuando el recuperador se hace con el balón, el último poseedor que lo tocó pasa a ser recuperador; se cambian las funciones y las posiciones de ambos, cosa que permite la alta continuidad de su jugarlo.
- Los poseedores podrán ocupar indistintamente tres de las cuatro bandas del EDJ en sus desplazamientos para jugar, intentando evitar los cuatro ángulos del EDJ, buscando con ello eficiencia y disponibilidad en sus trayectorias.
- Para facilitar esta cuestión puede proponerse un EDJ circular, lo cual también aportará descubrir las trayectorias de desplazamiento en curva para «pedir» el balón.
- Pueden proponerse ciertas formas de competición, como ver qué trío de HD logra mayor número de pases, o quién entra menos veces como recuperador, acaso quién logra recuperar en un menor número de pases de los poseedores…

En cualquier caso, ahora esto será superfluo, pues con la práctica de este rondo podrán lograrse ciertos objetivos.

Cuando estamos en fase de posesión:

- El poseedor, por tener que jugar a un toque, tiene que haber anticipado el pie-pierna de contacto, haber decidido a quién pasar, perfilarse a tal efecto, confirmar tal posibilidad según desplazamiento del HD recuperador, apreciar hasta el último momento del pase, el contacto «asertivo» con el HD deseado y distancia a la que está. Teniendo todo esto previsto, en el instante de tocar el balón y para mantener su disposición, «solo» tendrá que producir la energía del impacto al balón y aplicarla en el tiempo justo y con la superficie del pie correcta para que su pase logre su objetivo y prepararse para la siguiente acción.

- Mientras esto ocurre, el receptor compañero que ha «pedido» ese pase mediante trayectoria, tiempo y lugar posible deberá, mientras le llega el balón, hasta instantes previos, realizar todas las funciones cognitivo-motrices antes mencionadas para lograr mantener la disposición ininterrumpidamente.

- Durante estos tiempos, el tercer HD compañero tendría que haberse ofrecido al poseedor, pero por no haber sido elegido tendrá que repetir todas esas funciones al que ahora es nuevo poseedor.

Este «pedir» a uno y a otro HD continuamente en condiciones siempre distintas, aunque siempre en un mismo contexto, ofrece a los HD participantes un amplio campo de experiencias sobre lo que se ha de hacer antes-durante y en el después-antes que hemos llamado círculo virtuoso del pase, constituyendo así el objetivo prioritario y fundamental de este rondo; es el objetivo común a todos los demás rondos que proponemos.

Esta es la compleja continuidad perceptivo-motriz y socioafectiva del juego, en su fase de disposición del balón.

Mientras tanto, el recuperador estará continuamente autoorganizándose para interceptar alguno de esos pases, para lo cual tendrá que estar produciendo continuamente-ininterrumpidamente trayectorias de recuperación eficaces y ejecutarlas a distintas velocidades y orientación, para confundir al instantáneo poseedor en sus funciones anticipatorias antes indicadas, para que tome una decisión no válida que le proporcione su deseada recuperación. Hemos de tener presente que, en nuestro

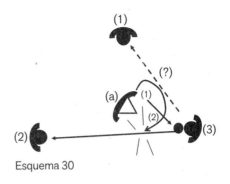

juego, la FR la realiza todo el equipo, por lo que la práctica de este rondo, por ser un único recuperador el responsable de la recuperación, no podrá practicar las situaciones de recuperación específicas. Por ello hemos indicado (esquema 30) que solo podrá experimentar la

Esquema 30

validez de las trayectorias que vaya utilizando en sus acciones sobre el poseedor contrario. El HD recuperador (a) tendrá que descubrir la trayectoria de intervención directa sobre el poseedor, ejecutada en línea recta o en curva. Veamos, cuando (a) realiza la versión en línea tendrá que ser muy rápida, iniciarla cuando el balón le está llegando a 3 para cuando realmente pueda tocarlo, (a) ya esté sobre él con opción de recuperarlo. Mientras que, si no puede realizar esta opción, debe optar por hacer la trayectoria de intervención (2) en curva. En el esquema (--------) la exponemos. La parte inicial en curva de esta trayectoria debe hacer renunciar al HD poseedor 3 del pasar a 1, y esa renuncia-duda hace que (a) tenga tiempo para llegar con la parte recta de su trayectoria de intervención a recuperar el pase «obligado» del 3 sobre el 2 en contra de su deseo inicial de pase sobre 1 (---⁽ᵃ⁾---→) abortado con la trayectoria en curva de (a). Ambas deben ser practicadas por todos los HD cuando estén en FD.

Versión 2 (esquema 31):

- En esta versión juegan los mismos protagonistas (4 HD); el EDJ es lo que aporta el cambio significativo, pues ahora está definido por el triángulo que forman los 3 HD que disponen del balón. No hay marcas que lo definan.

- En un primer momento, se informa de la distancia entre poseedores, que deberá mantenerse fija durante toda la

Esquema 31

FD por parte de cada «terceto» de HD. Ello no quiere decir que tengan que estar parados para mantener la «equidistancia» propuesta, sino que, por tener que jugar a uno o dos toques, los tres poseedores podrán moverse simultáneamente en relación con la manera de intervención del recuperador para estar ofreciendo distintas vías de pase a su compañero en disposición del balón. Siempre se intentará mantener la formación en triángulo que tenderá a ser equilátero en cada acción. Aunque en realidad será escaleno.

- Como en la versión 1, cuando el recuperador logra su objetivo, el poseedor que hizo el pase cortado pasará a ejercer de recuperador, asegurando la continuidad del juego.

- El recuperador vivirá las mismas experiencias que en la versión 1 acaso con un necesario mayor dinamismo.

- Por el contrario, los HD, cuando vivencian la FD de este rondo, están inmersos en unos espacios nuevos, pues ahora el balón es su referencia espaciotemporal, que les hará ver los valores que los PS de FD aportan a nuestro jugar. La triangulación y la multidireccionalidad son los patrones rectores de sus actuaciones, pues en cada pase deberán «recomponer» el triángulo y simultáneamente redireccionarse para que el pase sea posible para el HD compañero-poseedor del balón. Además, por tener que mantenerse a una equidistancia corta (5-6 m), están viviendo constantemente simulaciones de conformación de la CDN de ayuda mutua, de y para conformar los EENFD. Empezamos de esta forma a optimizar la heurística organizacional de una manera rudimentaria pero fundamental para ir comprendiendo la complejidad de nuestro juego.

Todas las experiencias vividas en los rondos (versión 1) son útiles y necesarias para «sacarle» provecho a esta versión 2, pues ya los HD tendrán asumidos muchos de los factores de ejecución de los pases necesarios ahora, para asegurar la continuidad del juego. Aun así, las dos versiones pueden-deben practicarse indistintamente a lo largo de nuestros entrenamientos, durante las prácticas iniciales del FB.

Versión 3 (esquema 32):

Es una propuesta de ejecución dinámica de la versión 2. Ponemos como ejemplo lo que sucede en el caso en que el recuperador (a) logra interceptar (⇨●) pase del 3. Ahora (a) poseedor conducirá el balón «robado» hasta otro lugar (a') (‒··‒≻) del EDJ significativamente alejado del (3). Con ello obliga a los HD 1 y 2 a tener que reorganizarse en función de: 1) la orientación y velocidad de la conducción del recuperador (a), ahora con balón; 2) de la ubicación que este decida para continuar el jugar, la FD con sus nuevos HD compañeros (1') y (2') pasando a recuperador (3') (xxx).

¿Qué aporta esta propuesta? Pues lograr una aproximación al juego más real que la versión 2, al hacer necesaria una nueva ubicación de sus nuevos HD compañeros. Además, en función de su triangulación, de las trayectorias de cada cual, para tornar a conformar la nueva triangulación necesaria en esa distinta ubicación/reubicación, viviendo de esta forma situaciones espacio-relacionales similares y más próximas a las concurrentes en la conformación de los EENFD de nuestro jugar. Es una simulación inicial de nuestra forma de juego, evocadora de las condiciones que los PS de FD proponen, como triangulación y multidireccional. Y es el recuperador quien debe atender al PS de contramovimiento para ocupar en su conducción y elección de la nueva ubicación el nuevo jugar, el «camino» eficiente por donde realizarla y un hasta dónde, que facilite los desplazamientos eficaces de sus dos «nuevos» compañeros. Esta propuesta puede enriquecerse con una que podemos denominar opción (b). En ella contemplamos la posibilidad de que el recuperador no conduce significativamente el balón recuperado, sino que lo pasa. Eso será posible si alguno de sus nuevos compañeros se desplaza en rápida trayectoria de contramovimiento para «dar línea» de pase al nuevo poseedor, a la vez que el otro compañero completa la triangulación teniendo presente la actual ubicación-presencia de su anterior compañero,

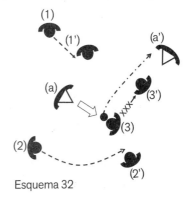

Esquema 32

ahora recuperador, que ya desde el momento mismo de su «pérdida» estará ejerciendo como tal, presionando al poseedor o impidiendo línea de pase. Como vemos, esta opción pone aún más en relieve la semejanza de estos rondos con el juego real, cosa que aumenta su valor en la información específica de nuestros HD jugadores, que sienten el valor socio-afectivo de verse siempre ayudados por sus compañeros como premio a su recuperación, que, por ser hecha con una alternancia liberadora de prejuicios, se transforma en canal y célula originaria de comunicación intragrupal para obtener la continua redistribución de funciones entre todos, sin reparos y que da una alta cohesión al equipo. Siempre se ha creído que el espíritu del rondo es mantener la posesión del balón y se ha prescindido de que hay que recuperarlo para jugarlo como queremos y donde queremos. Estos rondos versión 3 nos aportan tal conocimiento, recordándonos la interdependencia entre las dos fases del juego, así como que la eficacia y la eficiencia en el cambio de nuestra funcionalidad en ambas situaciones nos demostrarán el verdadero nivel de nuestro jugar al FB. También podemos apreciar en la opción (b) de esta versión la validez del repetir o en su caso doblar el pase, cuando el recuperador, en vez de conducir, pasa y se reubica alejándose del poseedor al que le quitó el balón. Con eso se libera muy posiblemente de la «persecución» del afectado, ahora nuevo recuperador. Con ello completamos el valor conformador que estos rondos de 3V1 tienen en sus distintas versiones expuestas.

- Pasamos a los rondos de 4V1 y 4V2 como camino hacia el juego de posición:

Rondo 4V1

Es el paso consecuente de los variados rondos de 3V1. Se juega en la propuesta de la opción A el mismo espacio que el 3V1, pero cada uno de los poseedores, mientras lo sean, se desplazarán en una y otra dirección sobre las líneas del cuadrado, sin salirse de ese EDJ, cuidando de que sus trayectorias se mantengan casi paralelas a esas líneas. Las prácticas de este rondo aportan a los HD participantes en FD practicar aspectos como:

- Los tres HD compañeros del poseedor deberán en todo momento obtener y mantener línea de pase con él, para que al menos dos sean seguras. Lo ejemplificamos en la opción B.

Así, el HD (2) poseedor se perfila y se acerca a (1), que también hace lo propio pidiéndole el pase; con ello atraen al recuperador (a). Este, por haber sido rápido, cae en el engaño (2) se gira y pasa a (3) (———(1)——), que se aproxima sin separarse de su banda facilitando su acción (◄- - ►). Entonces (4) se desplaza en su banda para

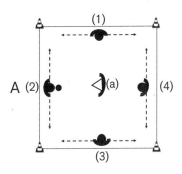

que (3) tenga la opción de pasarle el balón (———(2)——). Este lo hará si (a), contrariado, se gira lento sin acercarse a (4). Si no es así, (3), acaso el poseedor, repetirá la acción que antes hizo su compañero (2). Con esta explicación no queremos proponer una solución, sino exponer un criterio: la cooperación que los HD compañeros del poseedor instalados según PS de triangulación y multidireccional realizan para conseguir una eficaz salida de la situación y lograr mantener la posesión. Y es así como deberán intracomunicarse los HD componentes de las CDN de ayuda mutua, para la conformación de todos los EENFD de nuestro

proceso de juego. Ya lo habíamos «simulado» en el rondo 3V1, pero ahora es completado con un tercer HD para cumplir con el número mínimo que habíamos propuesto, como componentes de CDNAYU en nuestros EENFD en juego real, pues con la acción descrita entre los poseedores (1) y (2) atraemos al defensor contrario, y es el espacio que este

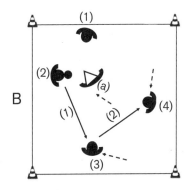

deja el utilizado según el PS de contramovimiento por (3) y (4); de esta forma, se mueven en relación con los tres criterios PS de la FD. Seamos conscientes de que, según lo descrito antes, el balón ha pasado de la posición (2) a la (4), lo que en un EENFD real supondría desplazar el balón de un pasillo a otro del EDJ. Pero si la pelota se la queda (3) sería avanzar o retrasar el balón entre dos zonas contiguas. Así, con este rondo, estamos experimentando en «miniatura» el juego real que tienen que ejecutar los HD jugadores que conforman la CDN de ayuda mutua en EEFD durante los partidos. No estamos «aprendiendo» una jugada, estamos incrementando el conocimiento de cómo juega nuestro equipo en coherencia operacional con nuestras tríadas, por lo tanto, la heurística organizacional de los HD jugadores de nuestros equipos.

Experimentamos la continuidad de este rondo en:

Rondo 4V2

En los primeros momentos de su práctica, se utilizará un espacio cuadrado de mayor dimensión que los propuestos para el rondo 3V1, con el objetivo de facilitar la continuidad de la FD a los poseedores, pero ese EDJ irá disminuyendo según vayan adquiriendo la pericia en la utilización del ET en las trayectorias de desplazamiento sus practicantes. Estos utilizarán las experiencias adquiridas en el rondo 3V1, pues pronto apreciarán que sus trayectorias deben permitirles disponer de dos hemiespacios de 3V1 en función de cómo se ubiquen y desplacen los dos recuperadores. En el esquema 33 vemos la situación que indicamos cuando lo recuperadores (a) y (b) ocupan estos espacios. Así, en el triángulo 1-3-4 momentáneo, marcado virtualmente con (ᄿᄿᄿ) pueden jugar como ya antes conocían el 3V1, donde posiblemente el HD3 poseedor jugaría con el (1) su compañero, tras com-

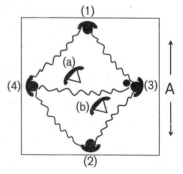

Esquema 33

probar que (a) se encuentra suficientemente alejado de (1), con lo que le doy
mayor espacio y tiempo para continuar
en FD. ¡Pero no es así de sencillo! Porque los recuperadores (a)-(b) no están
parados, por lo que esta situación que
exponemos acaso se ve durante muy
pocas «décimas» de segundo. Y en ese
microtiempo si (3) no ha mirado anticipadamente y se perfila muy rápidamente, ese pase al (1) puede ser interceptado por (a) más fácilmente.

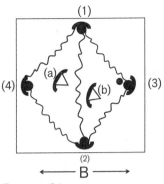

Esquema 34

Y decimos mirar, pues cada poseedor tendrá
que «ver» también la dimensión-triangulación del esquema 34, ya que
deberá rápidamente ver cuál de los dos «triángulos» han identificado sus
compañeros, y así comprender los movimientos que hacen para ayudar-
me de una u otra manera. Podemos entender que los movimientos e intenciones expuestos en el esquema 33 serán comprendidos por los cuatro
poseedores cuando los cuatro perciben la orientación (←— A —→), que es la
de avanzar o retroceder de zona con nuestro juego. Mientras que, si
coinciden en la dimensión (←— B —→), será para cambiar de pasillo. Esta
concordancia cognitiva debe establecerse entre todos los HD del equipo,
por lo que el entrenador tendrá que combinar todos los posibles «cuar-
tetos» de sus HD jugadores, cuando utilice este rondo en sus entrenamientos. Naturalmente, cuando a ellos les toque ser recuperadores y por
tanto ya conocedores del proceso, buscarán movimientos poco definidos
con trayectorias de engaño o de atracción para dificultar la concordancia
indicada, lo que proporcionará un gran avance en la optimización de las
interacciones entre el HD poseedor y sus compañeros HD, que serán los
componentes de las CDN de ayuda mutua, en los sucesivos EENFD que
luego, en el juego real, tendrán que obtener. Es una cuestión que quedará aún más en evidencia en la alternativa que exponemos como desarrollo de este rondo: consiste en proponer para potenciar la concordancia
cognitiva en la dimensión (←— A —→) en vez de un cuadrado, un rectángulo
como EDJ del rondo. Así «creciendo» en la dimensión (←— A —→) (esquema 35) facilitamos la concordancia en jugar en la dimensión avanzar-

progresar, o retroceder-regresar, de una a otra zona en el EDJ real, y consecuentemente en el rectángulo en la dimensión (←— B —→) deja clara la preferencia compartida de cambiar de pasillo. En ambos rectángulos tenemos que hacer que practiquen todos nuestros HD para luego poder jugar una alternativa aún más real, consistente en jugar este rondo 4V2 sin marcar el EDJ. ¡Casi en cuadrado o casi rectángulo! Haciendo-insistiendo en que los cuatro poseedores se reorganicen sin «excesos espaciales» en sus ventajas según se desplacen los recuperadores.

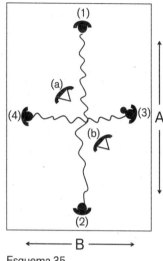

Esquema 35

Veamos: si los recuperadores ocupan posiciones en «diagonales» según (⊛——⊛) o bien (○——○), la disposición de los poseedores será, como planteamos en el esquema 36, «casi» en cuadrado. Pero si los recuperadores se disponen casi en «línea» (○∿∿○), o bien (⊛∿∿⊛), los recuperadores se colocarán casi en rectángulos, aumentando los lados del rectángulo que en cada caso corresponda, para disponer de una distancia de interacción eficiente. Como vemos, la necesidad de concordancia cognitiva de los cuatro en disposición ha de ser máxima, y este es el principal nuevo valor del rondo que nos ocupa. El entrenador tendrá que observar si esos desplazamientos libres de los HD en disposición son excesivos para disponer de un mayor EDJ que facilite en exceso sus posesiones, y tendrá que tomar las medidas pertinentes. Los hábitos cognitivo-motrices de este tipo de rondo son

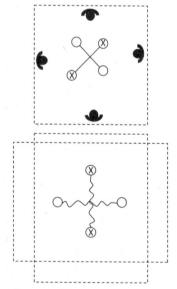

Esquema 36

la base conceptual del juego de posición, como más tarde veremos, y son práctica muy recomendable para realizar con eficiencia nuestro jugar en corto, al pie, y preferentemente a un toque, según tríadas de FD, así como las distancias de relación-interacción entre los componentes de las CDN de intervención con los de ayuda mutua, esos compañeros HD próximos, que aportan la calidad identificativa de nuestro jugar. Los HD que juegan en disposición en los esquemas propuestos figuran en posiciones centradas, ubicados en el punto medio de los lados, es cosa no real, pues evidentemente estarán desplazándose según las situaciones-condiciones que propongan los recuperadores. Debemos indicar que sus trayectorias más o menos paralelas a los lados-bandas como en el rondo 3V1 deben evitar las esquinas, pues en el caso de que dos de los HD coincidan, tanto sea uno el poseedor, o los dos sean receptores, estamos jugando con uno menos. Así como aquellos HD que ocupen los lados paralelos en su jugar deben evitar estar en frente de su HD, pues generan pases paralelos; a la misma altura dice el otro fútbol. ¡Genera un mal hábito de juego! Luego, en situación real, la pérdida de ese pase provoca que dos de los nuestros sean superados, con una sola acción de los contrarios. Como entrenadores, tenemos que insistir en estas cuestiones, así como en la de mantener la equidistancia acordada en las alternativas de no marcar el EDJ en estos rondos 4V2. Y en informar a los recuperadores de que el recuperar es el dárselo en disposición a los otros dos. ¡No es solo tocarlo! Con ello estamos insistiendo en el valor que damos a la continuidad en pasar de FR a FD; tenemos que poner en valor otra situación del jugar estos rondos 4V2, y es el poder experimentar el «pase por dentro». Consiste en obtener un pase entre los dos recuperadores por parte de dos de los HD y continuar en disposición. Es un ensayo conceptual del pase para superar «líneas» (FT) de contrarios y continuar conformando en otro EDJ deseado el siguiente EENFD de nuestro juego. Para terminar con las virtudes de este rondo 4V2, debemos señalar un doble rondo 4V2 que conforma el juego de posición 4V4 + 3 que más adelante propondremos. Por su parte, los recuperadores (a)-(b) pondrán a prueba en este rondo las experiencias de compartir con un HD sus posibilidades de recuperar. Es su sincronización PS espaciotemporal la que recompensará su esfuerzo con el éxito. En todos los momentos y situaciones deberán sintonizar sus acciones; ir al poseedor en trayectoria de intervención directa sobre su pierna-pie, ejecutor cuando su HD compañero haya obtenido una ventaja posicional sobre el HD en FD que esté ofreciendo al poseedor la vía de pase más atractiva. La actuación altruista de la primera acción, si estuvo bien sincronizada por el HD en posicional, si no se precipitó, puede dar buenos frutos; en el caso de que no fuera así, necesitaremos una nueva redistribución PS cambiando los papeles para lograr una posterior y deseada recuperación. Por tanto, en este rondo 4V2 se inicia el conocimiento del PS de recuperación, así como la necesidad de cooperación altruista de uno de ellos, en beneficio del otro, tantas veces cuantas sean necesarias alternando sus funciones hasta lograr el objetivo de recuperar, accediendo al contexto de FD deseado.

Rondo 5V2

Puede considerarse antepenúltimo rondo-conformador de aspectos de nuestro jugar, pues, a partir de un mayor número de HD en FD, 7-8..., serán rondos de carácter recreativo y socioafectivo. Recomendamos que este rondo se practique sin tener marcado su EDJ, pero informando en su inicio sobre la distancia entre los cinco HD en FD que componen el pentágono de juego (esquema 37). Esta equidistancia prefijada deberá mantenerse interjugadores HD durante todas las situaciones-actuaciones del jugar. El abuso ventajista de esta opción supondrá la intervención del entrenador para corregir ese fraude con la pérdida de posesión, y el consiguiente cambio de rol del infractor. Los entrenadores determinarán la duración del juego cuando al menos todos los HD participantes hayan ocupado las cinco posiciones del pentágono (EDJ). Esta morfología tendrá que identificarse durante todos los desplazamientos de sus componentes HD. Un triángulo, compartiendo su base con el lado de un cuadrado, pues

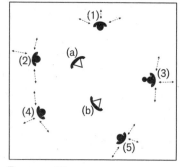

Esquema 37

ambos espacios ya han sido utilizados-reconocidos en anteriores prácticas de rondos por nuestros HD. La aportación de este rondo es que por fusionar esos dos EDJ proporciona la práctica-experiencia de minitrayectorias (←---→) multidireccionales-espaciotemporales entre cuatro HD en FD para interactuar con el HD poseedor; ese punto cuasi fijo que con la energía del balón reorganiza a los (5) componentes cada vez que a través de un pase determinado cambia de dueño. Así, por medio del conocimiento y aplicación de los PS de esta FD, los participantes podrán relacionarse e intracomunicarse por medio de aquellas minitrayectorias y estar continuamente reubicándose según quien sea el poseedor momentáneo del balón. Este será el «faro» que facilita a sus HD en FD encontrar vías de pase multidireccionales generadas en contramovimiento con los HD recuperadores utilizando «sabiamente» espacios que ellos «vacían» y atendiendo además a la triangulación, entre los cinco poseedores; con ello, lograrán el mantenimiento de su deseada FD. Podría malinterpretarse y pensar que este rondo no se podría practicar hasta que no se dominaran los rondos 3V1 y 4V2, pero no es así, pues todos los rondos expuestos pueden-deben practicarse intercalados en el tiempo de práctica y en variabilidad cotidiana, pues los logros-objetivos de todos ellos confluyen en cómo jugar al FB. En y desde esta perspectiva temporal, los entrenadores podrán apreciar las deficiencias cognitivo-ejecutivas de sus HD e implementar en sus entrenamientos aquel rondo de entre todos que puede ofrecer la práctica específica-paliativa de esas carencias observadas. De esta forma, lograremos realizar un entrenamiento adecuado a los criterios expuestos atendiendo a las necesidades específicas de nuestro grupo en condiciones de variación y complejidad necesarias para su rápida utilización en los partidos diarios de entrenamiento y en las competiciones oficiales.

Podemos pasar ahora al siguiente rondo con el que se complementa-suplementa:

Rondo 5V3

Es un desarrollo del 5 V2 que se practica de la misma forma, proponiendo una mayor distancia entre los cinco HD del pentágono (EDJ). La gran-nueva opción es que, cuando los poseedores lo necesiten, uno de ellos podrá ocupar un espacio-interior del pentágono que se esté jugando (esquema 38). Vemos en el esquema que los recuperadores (a)(b)(c) ponen en «aprieto» el pase al poseedor (3). Sucede cuando uno de sus compañeros (2) o (4) puede intervenir en su ayuda (〰️) en rápida trayectoria hacia el centro del pentá-

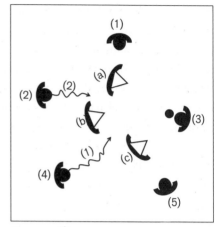

Esquema 38

gono, ubicándose correctamente perfilados para jugar. En el caso de decidirlo el HD4, sería como se indica con la trayectoria (〰️) para jugar un 3V1 en (3)(4)(5) contra (c), que es una situación ya bien reconocida, y que ahora se podrá apreciar el valor que tiene en estas comprometidas situaciones. Posiblemente, la «aparición» del (4) provocará que alguno de los tres recuperadores vaya sobre él, lo que facilitará al (3) pasar y continuar en posesión. Solo basta añadir que con la trayectoria (〰️) del (2) ocurriría lo mismo, pues serían ahora (1)(2)(3) contra el recuperador (a). Esta acción solo la puede hacer uno de los dos, por lo que tendrían que decidir-acordar a quién hacerla en esta situación. ¿Será el que primero tome la iniciativa? ¿Será el que entienda que él está en mejor situación? En cualquier opción, el ejecutor solo podrá jugar a un toque y retornar a la periferia del pentágono para continuar en FD. Hay una alta probabilidad de que la acción sea de repetir-pase con (3) para que este logre un pase por fuera, bien al (1) o al (5) teniendo en cuenta para ello la orientación de las trayectorias que adopten los recuperadores (a) o (c). Una vez que cualquiera de los HD en disposición ha realizado esta función de apoyo interior comentada, no podrá hacerla otra vez hasta que otro compañero HD haya hecho lo propio durante la misma FD. Así, todos llegarán a conocer la práctica de ayuda interior. Por su parte, los recuperadores conocedores de esta acción deberán evitarla haciendo de «Jano», mirando atrás antes de diseñar sus trayectorias que tendrán que ejecutar según PS de recuperación, sincronizarse para actuar en ese tiempo medido cuando el balón está llegando al poseedor (3), distribuyéndose en la sincronía para que uno tape el lado dominante del (3) para amenazar recuperar el balón que le está llegando, y los otros dos en trayectorias de refuerzo posicional para evitar la salida del pase hacia sus compañeros (1)-(5). Eso sí, ambos mirando para ver si el (2) o el (4) se están desplazando para ejecutar esa ayuda interior, que ellos también conocen. ¡Este es el juego! Los que ejecuten los PS respectivos en el «justo momento tendrán» el balón, pero ambos obtendrán los beneficios de este rondo 5V3. En este rondo se practica variadamente el hecho de repetir pase y jugar con un «tercer hombre», que es actuación específica de nuestro jugar (FD) para atraer oponentes hacia los interespacios de CDN de ayuda mutua, y así ampliar las CDN de cooperación gracias a los alejados, en el EEFD que estemos jugando. La práctica repetida del 5V3, variando la ubicación y los componentes-participantes en él, fortalece la autonomía decisional de los HD, por ser capaces de identificar las consecuencias inmediatas, buenas o malas que su decisión ha tenido respecto al juego deseado en cada momento. Todo en situaciones simplificadas del juego real, pues en FD reducimos hasta 5 los HD, que son la mitad de la realidad del equipo y en un EDJ también pequeño para que haya mayor cantidad de práctica variada, aunque todo ello validado por la constante y próxima presencia de oponentes HD que sean conocedores de nuestras intenciones-maniobras, lo que nos conduce a situaciones espaciotemporales altamente semejantes a las que se dan en la conformación de las CDN de ayuda mutua de los EEFD en juego real.

Rondo 6V3

Llegamos así al último rondo de los que hemos llamado conformadores de nuestro jugar: el 6V3. Se juega en EDJ marcado y tiene dos versiones espaciales para practicarlo, en cuadrado y en rectángulo. La de cuadrado (esquema 39) proporciona ampliar la experiencia que en el 5V3 anterior se había obtenido, pues se acota el EDJ que será determinado

según intenciones del entrenador. Cuando desea que se practique el repetir-doblar pase,
tendrá que ser reducido respecto al ya experimentado en el
5V3. Por su parte, cuando se
quiere practicar el pase interlíneas de recuperadores, será
practicado en un cuadrado de
lados mayores. Aparecerán espacios mayores interlíneas que
los HD en FD podrán utilizar
variando la velocidad de los pa-

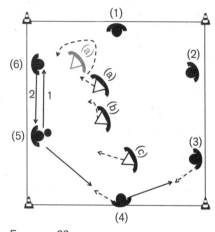

Esquema 39

ses con tal intención. La dinámica de pases en este rondo resulta determinante para lograr mantener FD, lo que interactúa con los HD en FR
que deberán adquirir alta eficacia en utilizar las PS de recuperación, para
que, cada vez que el balón pasa de un poseedor a otro, se tenga alguna
posibilidad de recuperarlo. En el esquema 39, el poseedor (5) está pasando apuros para jugar con (1), (2) y (3), y solo dispone de pase con (4) y
(6), lo que nos sirve como ejemplo de lo anteriormente expuesto. Deberá
jugar con (6), que le repetirá pase ($\xleftrightarrow{\frac{1}{2}}$). El pase ($\xrightarrow{\ \ 1\ \ }$) provocará
que los tres buenos recuperadores, (a)(b)(c), desplacen para que (a) tape
el pase de (6) a (1), y (b) hará lo propio para interrumpir la opción del
pase entre (6) y (2), por lo que (c) se verá obligado a cortar la más que
posible conexión (6) con (3) y (4). Todo ello fue provocado por el pase
($\xrightarrow{\ \ 1\ \ }$) lento, como atractor de los recuperadores. Es el momento en el
que (6) repite pase ($\xleftarrow{\ \ 2\ \ }$) con (5), que, alejándose y perfilándose en los
tiempos exactos, podrá hacer un rápido pase sobre (4) que habrá antici-
pado trayectoria para contactar con él, librando una vía de pase que será
imposible para (c), pues fue en ayuda de (b) y se puso en intermedias de
(3) y (4). Midiendo esas trayectorias y anticipando los tiempos de todos
ellos, el (3) con una trayectoria de reorientación proporciona al (4), ahora poseedor, salida de balón con un rápido pase al que no pueda llegar
(c), teniendo así juego por la banda hacia (2). Es otro momento-situación
que requiere acaso un tratamiento similar al utilizado, el repetir pase

para buscar salida del balón por la banda, en contramovimiento de los recuperadores, que es uno de los valores específicos de este rondo.

Este rondo en su alternativa de EDJ rectangular (esquema 40) ofrece vivir su práctica en un EDJ semejante al del juego de posición 4V4 + 3. Nuestras capacidades visoespaciales nos hacen sentir un reconocible EDJ cuando luego actuemos con HD compañero por dentro, haciéndolo menos agresivo. Es por tanto una antesala-espacial del 4V4 + 3, pues en sus lados largos están ubicados 2

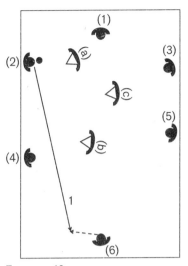

Esquema 40

HD. Y en los cortos solo 1 HD. También podemos identificar el valor del alejado, para conformar «ciertos» EEFD ante defensas numerosas en juego real, pues en este 6V3 se simulan las diferentes situaciones de conformar QR de 4Hd en CDN de ayuda que logran jugar con un alejado perteneciente a la CDN cooperación. Todo ello en un EDJ que también simula la direccionalidad que nos encontramos tanto en pasillos o en zonas, según orientemos en vertical o en horizontal los lados largos del EDJ de este multifacético rondo. Todo ello empieza cuando en un momento de su jugarlo los participantes se encuentran jugando en condiciones ET similares a las aquí indicadas (esquema 40). Como puede verse es un 5V3 que más o menos ocupa un tercio del EDJ manteniéndose alejado para los HD jugadores en FD. Y para los HD (a-b-c) recuperadores colocados en un magnífico triángulo de recuperación, donde (a) y (c) tapan las opciones de pase sobre (1)(2)(3), mientras (b) está expectante para que el pase de (2) sobre (4) si se ejecuta él pueda interceptarlo. La solución que este rondo facilita es la de ejecutar (2) un pase «impensado» por ser ejecutado mirando hacia (1) y perfilado hacia él, ejecutado con la velocidad y precisión justas para saltarse a su próximo HD compañero (4) para llegar franco, hasta el alejado (6) que en el último momento en trayectoria de reorientación lo recibe (——1——→) ante la sorpresa del HD oponente (b) pendiente de controlar al (4). Esta acción de «saltarse al próximo» se emplea mucho en el juego real para hacer vascular lateralmente a las defensas rocosas-densas (1-5-4-1) que ya hemos comentado, con el objeto de descubrir sus fallos de basculación para romper su simetría, lo que sucederá cuando con este pase al alejado los HD defensores contrarios basculan veloces sobre él, lo que nos permite acaso poder romper su simetría cuando disponemos del conocimiento para hacerlo.

Estos son los rondos que contienen los argumentos de nuestro juego y han de practicarse mucho durante las primeras etapas formativas de los HD que desean jugar al FB. Siempre según criterio de los entrenadores de esas etapas se deberán introducir normas que faciliten a los HD participantes entender el significado de sus prácticas. ¿Y esto para qué?, te preguntan. Y el entrenador debe contar con recursos para informar y para modificar en algo no sustancial el rondo, y así generar situaciones especialestemporales o atencionales y cooperativas, útiles para optimizar su «estabilidad ante el cambio y la sorpresa». Por ejemplo:

- Aumentar o reducir el EDJ si estaba prefijado y si era libre, ahora acortarlo, sin aviso previo.
- Indicar en cada momento del juego el número de contactos con el balón antes de hacer el toque de pase, cambiarlo varias veces.
- Mirar a un lado distinto al que se pasa, simultáneamente, no todas las veces.
- Como logran dos de los tres recuperadores HD que recupere «ese» tercer recuperador. O que, recupere quien recupere, sale el que lleva más tiempo como HD recuperador.
- Que el recuperador HD tenga que quedarse con el balón, o decir, suficiente con tocarlo, para que sea considerado como recuperado, para cambiar así el ritmo de jugar.
- Hacer un movimiento-gesto sorpresivo-confuso antes de recibir un pase, o posterior a ello. Y que en ambos momentos sea diferente a los que ya se hayan hecho en esa FD; o valgan todos los hechos durante el rondo.

Y un sinfín más que satisfagan la curiosidad de los HD y proporcionen tanto en FD como en FR a los HD participantes el conocer los criterios de eficiencia en su ejecución del pase y la eficacia de este, para comunicarse con sus compañeros HD con los que comparte ahora este rondo mediante y atendiendo a su tríada, de cara, al pie, al primer toque, que es identificativa de nuestro jugar.

Además, podremos proponer en todos los rondos expuestos otras intenciones.

Las específicas en sus FD podrán ser:

- Saber identificar los segmentos corporales reglamentarios que facilitan-proporcionan las interacciones (HD-balón-compañeros) en cada situación deseada de ese momento del juego.
- Apreciar el valor de la distancia de interacción, relativa a cada HD con quien compartir ahora el balón.
- Utilizar indistintamente las dos «piernas-pie» para ejecutar el contacto óptimo deseado con el balón, en cada pase que se pretende dar a un HD compañero.
- Descubrir el lugar-zona del pie de contacto con el balón y cómo ellos afectan a la velocidad y precisión del pase.
- Capaz de contactar antes o más tarde sobre la vía del balón para acelerar o retrasar «el toque».
- Buscar constantemente el espacio-vía del pase con el HD compañero poseedor del balón, ofreciéndole el perfil necesario sin acercarme a él en exceso (PS). Multidireccionalidad. Y en el momento justo.
- Practicar con frecuencia el repetir pase, o doblar pase con tus próximos, y así luego pasar al alejado para que disponga de espacio y tiempo suficiente para su actuación.
- Ensayar el ejecutar el control y el pase en una sola acción temporal, para lograr así el modificar el ritmo del jugar el balón, cuando sea necesario.
- Saber fintar-esconder el pase que deseas, mediante tu perfil corporal, o tu orientación, o bien tu mirada, o acaso las tres cosas juntas.

- Tener que mirar el entorno próximo en toda su amplitud para ver la dinámica de los acontecimientos del jugar que allí suceden. Ello te dotará de opciones de participar en ellos con la eficacia temporal necesaria, pues te permite pensar rápido tu actuación y poder ejecutarla también rápidamente, o más lenta según tus deseos, en relación con tu jugar.
- Aceptar de buen grado las intenciones propuestas por el entrenador y todas aquellas modificaciones que durante la práctica proponga. Sin duda, serán siempre en beneficio de tus intereses.
- Obtener el necesario dominio tempo-espacial para cambiar disposición-recuperación-disposición…, mediante la flexibilidad cognitiva que proporciona cambiar de PS en FD-FR-FD…

Y las específicas en sus FR podrán ser, además de las ya antes expuestas, las que siguen:

- El sincronizarse con todos los demás HD compañeros en actuación temporal conjunta, para lo cual deberán realizar previamente un reagrupamiento colectivo. Luego, ya desde ese punto «cero», acudir al unísono cada cual a la función específica de recuperación ya conocida-acordada de antemano por los 2-3 HD…, en FR del rondo en juego.
- El conocer y modificar el ritmo y velocidad de las trayectorias de recuperación sean estas las que sean, para sorprender a dos HD en disposición. Nunca correr en la misma dirección del balón y a una velocidad uniforme. ¡El balón siempre corre más que tú!
- El lograr la continuidad y constancia en sus ejecuciones cuando después de ese intento de recuperación no se logró el objetivo, y los HD en FD continúan en disposición del balón. Es cuando la continuidad se logra por medio de una nueva redistribución en el EDJ del rondo en juego de todos los HD recuperadores; esto quiere decir que se deberán redistribuir las funciones que habían realizado en el intento anterior, para actuar en un espacio-tiempo diferente al anterior fallido. Y esto repetirlo hasta obtener éxito, lo que es repetir en variedad.

- Explorar la direccionalidad y diseño de las trayectorias utilizadas en cada intento de recuperación; no hacerlas igual sobre el mismo HD poseedor. Le estamos dando mucha ventaja.

En estas condiciones diversas tenemos que proponer los entrenamientos de cada día. Debemos entender que con la variedad de rondos expuesta disponemos de grandes posibilidades de práctica variada en cada sesión, así el rondo 3V1 ocupa a 4 HD en su ejecución. Si tenemos en cada grupo de entrenamiento 18-20 jugadores HD, debemos montar cinco rondos, en el caso de que seamos los veinte indicados. ¡Y todos haciendo el mismo rondo! Hemos de plantear en cada grupo una misma intención y observar la evolución de ella en cada rondo. Y cada cierto tiempo tenemos que cambiar alguno de los componentes de cada rondo, para cumplir los criterios de nuestra práctica. Pero también podemos plantear un tiempo de práctica de rondos más enriquecedora:

Al disponer de rondos con distinto número de componentes	3V1 = 4 HD	Para «ajustarlos» al número total de HD
	4V2 = 6 HD	que participan en la sesión de hoy
	5V2 = 7 HD	
	5V3 = 8 HD	
	6V3 = 9 HD	

De esta forma, podemos plantear varios tipos de rondos practicados simultáneamente, con una intención común, para que puedan experimentarse desde espacios-tiempos-situaciones distintos en los diferentes rondos. Además, tener a todos los HD del equipo practicando masivamente, cumpliendo con las características de nuestra práctica. Por ejemplo:

- Disponemos de 18 HD jugadores de campo y dos porteros (los porteros ajustan el número de participantes), un total de 20 HD en el entrenamiento de hoy. Un entrenamiento «normal» sería el hacer cinco rondos de 3V1, y todos participan. Pero nuestra propuesta de entrenamientos nos indica ciertas condiciones de práctica, cosa que nos obliga a tener que plantear una intención común y única en toda la sesión practicada en unas determinadas condiciones. Ello nos plantea que en todas las alternativas de práctica propuesta nos esforcemos para diseñar espacios vivenciales de esas características. Así, los 20 HD los repartimos en la opción de hacer con una misma intención:

- Un rondo de 3V1 = 4 HD
- Dos rondos de 5V3 = 16 HD

Los veinte estarán entrenando en variedad, cuando después de cierto tiempo, tres o cinco minutos, dos HD del rondo 3V1 irán a cambiarse por dos en cada uno de los rondos de 5V3. Cuando todos hayan pasado por el 3V1, se termina la práctica.

El entrenador hablará del objetivo común con claridad meridiana y la mantendrá en los distintos rondos a lo largo de todo el entrenamiento.

Como conclusión final de los rondos, indicaremos la incidencia fundamental que estos tienen durante toda la vida deportiva de nuestros HD jugadores del FB. Es similar a lo que sucede con la barra en el caso de los HD que se dedican a la danza. Todos los bailarines/as calientan todos sus días de práctica, con unas rutinas sobre la barra, pues les proporcionan adquirir la postura corporal básica, su equilibrio global mediante identificación de su eje corporal y los apoyos dinámicos de sus pies para mantenerlo, pues saben que ellos son la base para sus desplazamientos precisos al ritmo que requiera la música que desean bailar. De la misma forma, el control de los brazos coordinados con los de los pies para mantener tronco y cabeza en el *en dehors* propio de los HD desde sus inicios como bailarines/as y durante toda su vida. Todo ello es igualmente válido para nuestros HD jugadores, pues tienen necesidades de control corporal-dinámico como lo tienen los/las bailarines/as, ya que cada pase exige mantener un apoyo monopodal sobre un lugar «preciso» que proporcione al otro pie contactar con el balón en el lugar deseado de una vía del esférico que discurre a una velocidad y en una dirección que quiero modificar; después de ello, se logra el reequilibrio inmediato para estar disponible para la actuación deseada siguiente en una situación de reequilibrio que la haga posible. Son los mismos elementos de control psicomotriz del HD aplicados a otra muy distinta situación del entorno, pues en el fútbol han de manifestarse ante la oposición de unos contrarios que no quieren «bailar» con nosotros ni con el ritmo-música que proponemos. Así pues, debemos tomar unas decisiones compatibles y simultáneas con la motricidad indicada, lo que complica sobremanera nuestras ejecuciones. Todo este fundamento psiconeuromotriz se adquiere y se mantiene por medio de la práctica de los rondos. Por ello los proponemos como práctica obligada durante toda la vida deportiva de nuestros HD jugadores. En la acción sublime del pase a la red, dominar estas prácticas facilita precisar la dirección del balón, pues esta nace del equilibrio global-corporal predeterminado por la implicación de cadenas cinéticas de articulaciones que parten del control-transmisión de la energía de todo el cuerpo al pie que contacta con el balón, para lo cual es necesario que, en todos los pases, incluido el definitivo a la red, se hayan practicado muchas horas de rondos-barra, pues son las que mantienen y optimizan esta neuromotricidad corporal básica-nuclear de poder hacer lo que realmente queremos-necesitamos hacer durante y en todas las ejecuciones del jugar. No hay más que observar la cantidad de movimientos reequilibradores-exagerados de brazos en las distintas actuaciones de los HD jugadores, para reconocer una práctica insuficiente de rondos-barra de tales HD. Además, nos protegen, como a los bailarines, de ciertas lesiones y de evitar «penaltis» por llevar los brazos exageradamente separados del tronco. ¡Pero eso ahora no toca!

Los juegos de posición (JP)

Muchos critican estos juegos de pases porque muchos entienden, con razón, que el fútbol es un juego altamente dinámico, por lo que jugar «parados» en una posición prefijada es algo irrelevante, incluso nocivo. Se suman a estas críticas no pocos entrenadores que dan razones tan evidentes como que no hay direccionalidad en el juego, que solo se juega «en corto» y no se juega el pase al espacio, cuestión fundamental en el fútbol, y sobre todo que desaparece el regate y la finalización, por lo que es una actividad tan alejada del juego que debe ser no deseada inútil para el entrenamiento del fútbol. Nosotros sabemos, porque nos lo dijo

Johan Cruyff y nos lo demostró, que el que no juega bien el juego de posición, ese que él mismo nos enseñó, 4V4 + 3, no sabe jugar al fútbol. Por eso, para nosotros, es eje vertebrador del conocimiento del FB identificador de las potencialidades del HD que desea jugar este juego, pues nosotros lo entendemos como un juego-intención-comunicación-engaño que sale del HD que juega libre, en interacción con otros HD compañeros y oponentes que tienen todos una misma intención: meter el balón dentro de la portería contraria de una manera que el árbitro dé por válida y otorgue el gol, y no como algo institucionalizado al que tiene que someterse el que a él juega. El defensa derecho tiene que defender en unas determinadas funciones... El centrocampista, otras diferentes con las que deberá lidiar por su cuenta... El punta debe... En definitiva, cada cual, según «el sistema» que se esté jugando y que el entrenador conoce tanto para el momento defensivo como para el ofensivo, o, aún más «moderno», para el momento con balón o sin balón. Todo ello es una interpretación de un sistema de juego concreto, establecido-reconocido por todos y que este entrenador considera idóneo para su equipo.

Para este tipo de concepción del jugar al fútbol universalmente aceptado, el juego de posición es una anécdota, pero para nosotros es uno de los fundamentos por los que nuestros jugadores HD logran un bagaje de conocimientos-dominios específicos que, junto con los rondos, los juegos de situación y los partidos de los entrenamientos, les otorgan adquirir un idioma específico de intracomunicación y unas costumbres-hábitos de actuación (HO) personales que identifican y se perpetúan en los HD de «nuestra especie», que pasamos a describir a continuación: la disposición de los HD participantes en el 4V4 + 3 es según se muestra en el esquema 41, donde los HD (1)(2)(3)(4) están en disposición del balón (FD), mientras tras (a)(b)(c)(d) lo hacen para su recuperación (FR). Como vemos,

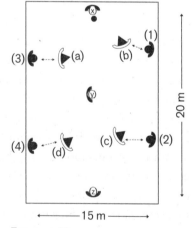

Esquema 41

no aceptamos momentos con balón o momento sin balón, sino que hablamos de dos fases intencionales-comportamentales-situacionales por las que transitan nuestros HD dentro de este «rectángulo» mágico, donde se harán conocedores de las esencias del jugar al FB. Para ello hace falta la intervención de tres «magos» (x)(y)(z) que mediante sus movimientos y pases harán vivir a los ocho participantes las situaciones de juego necesarias para su conformación en muchos aspectos específicos del jugar al FB. La magia es que ellos mismos también los descubren. Así, el juego discurre dentro del EDJ indicado, que inicialmente puede ser 15x20 m, y podrá ampliarse o reducirse, donde están incluidos 11 jugadores HD 7 en FD y 4 en FR. Los HD (x)(y)(z) son comodines, juegan en las posiciones que se indica en el esquema 41 siempre-solo en FD los cuatro HD en FD (1-2-3-4) en la periferia del EDJ, pero por dentro de los lados largos del rectángulo de juego. De esta forma, están jugando cuatro contra cuatro, más los tres comodines. Se acuerda que cuando alguno de los cuatro recuperadores logra su objetivo, los cuatro intercambian sus posiciones con los cuatro poseedores y en sus respectivos lugares (← – →). Esta acción se mantiene como regla durante todo el jugar 4V4 + 3 sin detener el juego mientras suceden esos acontecimientos. Cabe la posibilidad, en vez de hacer el cambio como se indica, que cada HD recuperador acuda a ocupar el lugar que le «caiga» más cerca, fuera o no el que le correspondía según vemos en el esquema 41. ¿Con ello puede que se «acelere» el tránsito de FR a FD en el juego y se exija mayor atención a los comodines? La posición del HD (y) es la «pieza» clave de este JP y el lugar del que tienen que «disfrutar» sucesivamente todos los componentes del JP, pues en él se obtienen múltiples beneficios, los necesarios, que todos los HD jugadores del FB deben adquirir, desde sus principios como HD deseosos de conocer las «esencias» del jugar al FB. Vamos ahora al esquema 42: en el espacio superior del juego, los HD poseedores (1)(x)(3)(y) están jugando un 4V2 contra los recuperadores (a) y (b). ¡Ya lo conocemos! Pero (y) deberá estar continuamente mirando atrás, a uno y otro lado, las trayectorias de los recuperadores (c) y (d) que se mueven a sus espaldas, mientras está simultáneamente jugando el 4V2. Su HD compañero (x) ha jugado «de cara» a él, pues él está viendo lo que (y) tiene a su espalda, cuando acaso le pase el balón al HD (y). Veamos esta posibilidad como alternativa de jugar este JP. Como (y) ha mirado a su espalda, habrá visto que (c) está más próximo a él que (d), lo que le permite anticipar su acción mientras-antes le haya llegado el primer pase de (x). Posiblemente optará por pasar a un toque, sobre (3), pues también habrá visto que el recuperador (d) está lo suficientemente alejado de él, casi tanto o más como el (a), que también ha visto. De esta forma, le pasa con mayor

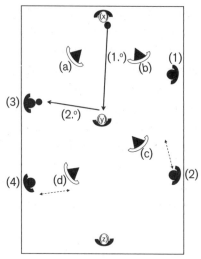

Esquema 42

seguridad que si hubiera pasado sobre (1), pues le da el pase con espacio-tiempo suficiente. Lo ha hecho con los conocimientos acumulados de su experiencia de los rondos 4V2, que simultáneamente con este JP tiene que practicar. Pero aquí hemos añadido algo muy necesario, el mirar antes los movimientos de los oponentes a su espalda. ¡Mirar atrás y a los lados antes de «pedir» el pase! Y a la vez cumpliendo PS de la FD, viendo la luz del balón y en triángulo con sus compañeros (3) y (1). No hemos expuesto una solución, sino la identificación de ciertos criterios básicos que ofrece el jugar utilizando los PS de la FD correspondiente con la cooperación de (2) y (4), que, con sus trayectorias (← – →) de engaño, fijan a los recuperadores (c) y (d). Sin embargo, pueden suceder muchas situaciones que jugar según los PS puede solucionar.

Veremos como ejemplo las más significativas para jugar con la continuidad y seguridad necesarias de permanecer en FD. Según vemos en el esquema 43, (a) y (b) son atraídos por la circulación de la acción anterior, posiblemente a los espacios que se indican. La actuación de (y) tiene que ser como se propone, teniendo que mirar dónde están (c) y (d). Se tiene que girar (⌒) y perfilarse hacia la banda izquierda, pero simultáneamente alejarse del poseedor (3) para, junto con sus compañeros (z)(4)(3) y (x), conformar un nuevo EDJ y jugar un también reconocido 5V3 (〰〰〰) (x)(y)(z)(3) (4) poseedores contra (a)(b)(d) recuperadores. El objetivo es asegurar esta ventaja numérica. Ahora los compañeros HD poseedores (1) y (2) tendrán que ejecutar las trayectorias que se indican (· ‒ ‒ ➤) para, con el desplazamiento de (1), mantener los recuperadores (a)(b) en esas posiciones, y, con el (2), hacer lo mismo con (c), que, como recuperador activo, «tapa» el posible pase del poseedor (3) sobre su

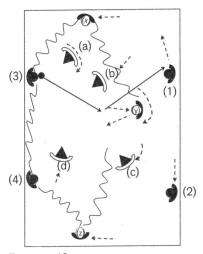

Esquema 43

compañero (2), dejando espacio para que (y) pueda ejecutar la trayectoria que desea, y acaso recibir un rápido pase de (3) que (y) ha vuelto a pedirle. Si eso ocurre, (y) deberá haber vuelto a mirar para confirmar dónde está (c); una vez localizado, tendrá que perfilarse para recibir el pase mencionado y poder pasarlo a su compañero (1), que tendrá espacio-tiempo para continuar en FD. Estas son unas muestras del juego de (y) en el EDJ del rectángulo sobre sus lados cortos, lograr el jugar 4V2, y en los lados largos jugarse un 5V3. En el peor de los casos, si el (c) también «entra» en el pentágono y se compromete la ventaja mencionada, como (y) lo tiene localizado, no deberá ofrecerse al (3), por el contrario, tendrá que aproximarse al (3) entre (d) y (c) que termina de entrar en el EDJ pentágono. De esta forma (3) podrá jugar por la banda sobre (4), ahora con vía más libre por el movimiento comentado de (d) y que (y) provocó con sus desplazamientos. Con todo ello, ahora se encontrarán jugando otro 4V2 con (y)(4)(z)(2) contra (d)(c) en la banda de «abajo» corta del EDJ rectángulo que estamos jugando... Estas son las alternativas fundamentales del jugar del (y), sobre cada una de las bandas del rectángulo de juego; vemos que siempre tendrá que ser apoyado por sus HD compañeros de manera semejante —nunca será igual— a la que hemos propuesto, pero sí atendiendo a la actividad que los contrarios logran ejecutar. Expongamos una tercera situación que

suele darse cuando los HD recuperadores son hábiles-rápidos en
diseñar las trayectorias de sus
desplazamientos poniendo en
alto riesgo el mantener su posesión por entender enseguida que
hay que «tapar» al (y), pues es él
quien está repartiendo el juego,
creando las ventajas numéricas,
cosa que tenemos que evitar.

Estamos jugando (esquema
44) un 4V2 en el lado corto de
abajo (ᨑᨑᨑ) y los recuperadores (a)(b) y (c) están rodeando
al (y) para que no entre en juego.

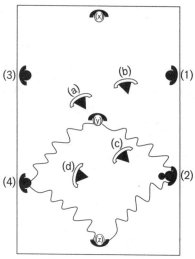

Esquema 44

Esta situación puede suceder en cualquiera de las bandas, pues el recuperador (c) tapa el pase del (2) sobre (y). Y el (d) está en medio entre (4)
y (z), mientras que (b), además de rodear al (y), está próximo a (1), con
lo que el equipo poseedor está en aprietos. La solución posible la tenemos en el esquema 45 con la alternativa de «repetir pase». Así, el (2)

hace un pase (——1——►) «lento» al
(z), lo que provoca que sus HD
compañeros en FD (3)(4) hagan
trayectorias que permitan a (z)
continuidad de juego a su izquierda, lado contrario de donde viene
el pase, como otras tantas veces
se ha hecho antes. Eso provoca
que los recuperadores entiendan
que es el momento de recuperar.
El (b) fue el primero que con su
trayectoria (╱╴╴╲) obligó a que
(2) diera el pase a (z), pues con su
buen diseño en curva «parece»
que asustó al (2) poseedor, para

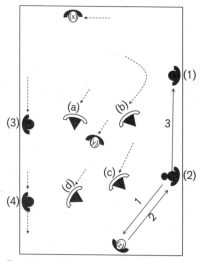

Esquema 45

jugar con (z) y no sobre (1), y además tapa su pase sobre (y). Todos los demás, viendo el buen momento, se afanan en presionar; (c) y (d) al (z) receptor; (c) lo hace directo sobre el poseedor (z), y (d) tapa la alternativa de pase de (z) sobre (4) esperando poder recuperar. Por su parte, (a) actúa sobre (3) con la misma intención, si (z) lograra realizar un pase sobre el (3) él podría intervenir con éxito. Debemos recordar que todo esto lo provocó un «pase lento» de (2) sobre (z). Y ahora, gracias a ello, nos hemos encontrado todos en la situación expuesta en el esquema 45, que concluye con un repetir pase rápido de (z) sobre su anterior pasador (2) donde existe un alto grado de probabilidades que ni (c) ni (b) puedan evitar, pues también (2) hizo un pequeño movimiento hacia (z) después de haber dado el pase, lo que hizo que tanto (b) como (c) creyeran en su buen posicionamiento. Por todo ello, repetir pase logra que (2) pueda dar continuidad en FD con un pase sobre (1) que parecía haber desconectado de la actuación de (2) desde el momento inicial de la maniobra-trayectoria de recuperación en curva sobre el poseedor (2). Pero es que también (x), no mencionado hasta ahora, con su trayectoria indicaba que (z), al recibir, jugaría sobre la banda-larga-izquierda según parecía por todos los desplazamientos de sus HD en FD. Como hemos visto, esto es posible si todos los HD en posesión se organizan respecto al balón y actúan según los PS de la FD uno; y los otros según los de FR. Aquí hemos expuesto las alternativas de éxito que tienen los HD en FD, pues estamos hablando de cuál es el aporte del JP a nuestro jugar y que ahora evidenciamos en los de la FR. Y es que los desplazamientos que hemos propuesto en todos, las acciones para los recuperadores, son los que los PS de la FR indican. ¿Y cómo es que no han dado el resultado esperado? La culpa es del intangible-tiempo, que hace que una misma actuación concluya en el éxito deseado o en el fracaso inesperado. Y es que el tempo individual tiene que concluir en un ritmo y una sincronía de todos los HD en FR para que su actuación sin transiciones tenga el efecto deseado. El PS de recuperar nos dice que hemos de sincronizar nuestras actuaciones para distribuirnos en el EDJ si queremos regresar a nuestro contexto de juego, que es el recuperar el balón, antes que los poseedores hayan logrado dar tres pases. De manera que, tras cada pase logrado por los poseedores, tenemos que redistribuirnos de otra nueva-

diferente forma, y ese ritmo de redistribución concretará el éxito o el fracaso de cada momento de la FR. En el rectángulo mágico del JP se producen todos estos efectos optimizadores tanto cuando los HD participantes se encuentren en FD como en FR, como vimos en el rondo 4V2. Y este efecto toma carácter exponencial cuando cada participante vaya comprendiendo y practicando este juego de pases que Johan Cruyff nos entregó. ¡Y es verdad que, como él mismo dejó dicho: el que lo juega bien juega bien al fútbol! Y lo podemos comprobar repasando las potencialidades que los HD necesitan optimizar para jugar al FB. El HD que está jugando en posición (y) toma las «esencias» para ser líder cooperativo por excelencia, cosa que permitirá a los entrenadores ver cuáles de sus HD, después de que todos hayan pasado suficiente tiempo por esa posición, tienen talento para jugar «por dentro» en la CDN de intervención y ayuda de los EENFD de nuestro Jugar. Por otra parte, y por el frecuente cambio de FD a FR y de nuevo a FD, todos los HD participantes incrementarán su conocimiento heurístico-operacional tanto en valores espaciales como en los mencionados-cualitativos-temporales, que les proporcionan la eficiencia y la eficacia para cambiar de rol instantáneamente-variablemente, argumentos suficientes para el control del ritmo del juego. No debemos olvidar la optimización de los factores de ejecución y perceptivo-motrices que son necesarios para la ejecución eficiente de las trayectorias en sus desplazamientos y su eficacia en el toque del balón necesario en cada diferente pase que deberá ejecutar para su intracomunicación durante el JP. Estos son:

- Optimizar equilibradamente la eficacia del toque con ambas piernas-pies.
- Seleccionar sus perfiles para mirar atrás y a los lados antes de pedir-recibir el pase y mantener esa actitud durante su ejecución, controlando al/a los oponente/s cercano/s. Así como la ubicación-desplazamientos de sus HD compañeros.
- No ocupar los ángulos del rectángulo (EDJ), pues dejará de ser mágico, al condicionar con ello su disponibilidad de trayectorias de desplazamiento y de recepción de las vías del balón. Es decir, tu PS de multidireccionalidad.

- Tanto cuando juegas de comodín como de HD en FD, no debes mantenerte ni en línea ni en paralelo con tus compañeros. ¡Siempre en otra línea! Favorecerás la PS triangulación fundamental para el bien jugar, en FD interlíneas CDN de intervención con la de ayuda mutua de nuestros EENFD durante el juego.

Y hay otros más que, por la buena praxis de los entrenadores, proporcionan a los HD su integración en el EDJ sin discrepancias disruptivas con los conocimientos que sobre el juego puedan tener sus otros HD compañeros, lo que a veces ocasiona retrasos en la aparición de los talentos personales y pérdida de autonomía decisional, tan necesaria en nuestro jugar, constituyendo una de las intenciones indispensables de nuestros entrenamientos. Así nuestros entrenadores tendrán qué:

- Hacer jugar y ubicar a todos los HD en los cuatro lados del rectángulo (EDJ) de manera alternada y variada, para que vean-sientan el EDJ desde distintas perspectivas-dimensiones espaciales, que es altamente favorecedora de valores empáticos, evitadores de discrepancias, y así poder obtener la necesaria convivencia entre todos los HD jugadores de nuestro equipo.
- Proponer que cada día de entrenamiento con JP el (y) comodín-central sea un diferente HD; solo después del tiempo necesario, el entrenador decidirá aquellos 5-6 HD que jugarán preferentemente conformando las CDN intervención y ayuda mutua en los EENFD. Y así todos aceptarán de buen grado tal decisión.
- De la misma forma, variar la secuencia en la ubicación de los HD en el JP, para que cada HD juegue a ambos lados de todos los demás; así incrementará su asertividad interindividual y se ayudará al entrenador a realizar las alineaciones de los partidos.
- Disponer el rectángulo del JP en diferentes lugares del espacio donde se entrena. Para fomentar la multidireccionalidad del jugar, evitando poner porterías para focalizar una referencia externa, que por no ser el balón deteriora la percepción ET de nuestros HD pudiendo ocasionar disonancia cognitiva (L. Festinger, 1962) que pone en conflicto sus ideas fundamentales sobre nuestro jugar,

porterías o balón como referencias para conformar los EDF de nuestro juego... No puede haber dudas que enlentezcan la toma de decisiones y el inefable tránsito entre las FD y FR identitarias del FB. El JP que nos mostró Johan Cruyff deberá ser practicado durante toda la vida deportiva de nuestros HD jugadores, pues nos mostrará continuamente quién juega a «lo nuestro» y quién aún no lo hace. Él lo demostró durante la práctica de sus entrenamientos.

¿Quién puede decir que estos «jueguecitos» no son fútbol? En estos textos hemos visto y probado la potencialidad y diversidad de nuestros conceptos, que además tienen una rápida aplicación al FB porque son el FB. Hacen a nuestros HD tolerantes ante las diferencias interpersonales, pues aceptan y respetan las actuaciones de los demás, aunque no estén de acuerdo con ellas, pues saben que acaso ese fallo de pérdida de balón es consecuencia de las interacciones de todos, posiblemente por no haber visto-interpretado la situación en unas mismas coordenadas tempo-situacionales. Eso deberá provocar el interés máximo en remediarlo, en una nueva y próxima experiencia que los JP sucesivos, sin duda, nos ofrecerán. Es una cuestión que se resuelve por la práctica continua y compartida de este JP a lo largo del tiempo.

Los juegos de situación (JS)

Estos «juegos de pase» son una alternativa de práctica específica de nuestros entrenamientos que les debemos a Pep Guardiola y Tito Vilanova, pues ellos fueron los que nos los mostraron, inicialmente como juegos de «posición grandes», pero, a partir de su práctica, se le dio valor; su gran valor es practicar «situaciones» específicas de nuestro jugar, pues en ellos ampliamos la práctica hasta lograr además la conformación de los EDF con atención preferente a sus CDN de cooperación, con lo que se completa el ámbito de interacciones para la conformación completa de nuestros EDF identificando el tiempo óptimo del que disponemos para jugar de esta forma con los demás HD compañeros. Compartiendo con los HD contrarios espacios-tiempos siempre nuevos, donde se ponen a prueba conceptos con una complejidad semejante al juego real, para que los HD participantes sean conscientes de estar viviendo los conceptos-situaciones identificativos de una manera propia de jugar al fútbol, en los distintos EDJ. ¡Dónde estoy y qué tengo que hacer aquí-ahora!

La proximidad espacial y la continuidad temporal ofrecen experiencias clarificadoras a los HD de que su participación en el juego no es «una jugada» aislada, sino que está gestando un proceso continuo-discontinuo de interacciones con sus HD compañeros, a través del pase como la forma preferente y clara de intracomunicación, y que, pese a encontrarse entre oponentes, pueda compartir una intención-situación velada para ellos y propicia para los suyos. Sin embargo, sabiendo que los contrarios, por ser HD compañeros de entrenamiento, disponen de esa misma información, cada situación del juego será siempre vivida-propuesta con y desde la autoexigencia de lo cooperativo para lograr mantener la disposición a unos y lograr la recuperación a los otros. Es decir, apreciar qué equipo dispone de un mayor tiempo del balón en todos los diferentes lugares del EDJ utilizado, aunque ello está también siendo consecuencia de una rápida recuperación cuando lo dispongan los contrarios, con los que comparten entrenamiento. Todo ello no es otra cosa que estar vivenciando situaciones del juego casi reales que en los rondos y los JP solo se vivían parcialmente, ya que únicamente un HD tenía oponentes a su espalda. Ahora se vive en espacios mayores integrados en el EDJ reglamentario, cuestión que antes no se contemplaba, lo que proporciona que puedan participar mayor número de HD jugadores, hasta llegar a intervenir 11V11 en el mayor de los casos. Estos JS simulan las situaciones que los HD participantes pueden vivir en las distintas zonas y pasillos durante las competiciones. Se evidencian todas, excepto la finalización de pase a la red (PAR), que se reservan para ser practicadas en los entrenamientos de partidos, siendo situaciones más reales de las que vivimos en los recorridos con finalización.

Para la práctica de los JS utilizamos los espacios teóricos que nosotros hemos llamado zonas y pasillos, lo que es una muestra más de la eficacia que esta nuestra opción tiene para la práctica tanto de nuestros entrenamientos como para la organización espacial del jugar al FB. Proponemos que se jueguen preferentemente en dos zonas y dos pasillos como espacios de referencia, que podrán modificarse durante la práctica, según sea el objetivo de la sesión. En ese espacio vamos a ubicar un determinado número de HD según la intención que se vaya a practicar. Como siempre, con un número igual de HD jugando en FD como los de FR, para que, cuando estos recuperen, se pueda jugar en igualdad, en los cambios de rol. Pero también contemplamos que haya un definido número de los HD que jueguen con el equipo en FD y no participen en ningún momento en FR. Por ello, cada equipo en FD jugará esta fase siempre con ventaja numérica, que será mayor o menor según en qué zonas y pasillos hayamos instalado en la práctica del JS, pero siempre respetando con ello la intención de la práctica y «maneras» de nuestro jugar. En las sucesivas sesiones se irán ocupando todas las zonas y pasillos del EDJ en la forma de 2x2 que hemos propuesto. Vemos en el esquema 46 la opción de dos zonas A y B por dos pasillos LD y CD. En estos lugares del EDJ como ejemplo, queremos practicar aspectos del inicio del juego por estos pasillos y zonas derechas de nuestro EDJ. Para ello ubicaremos en él a los HD que deseamos que practiquen la conformación de los EENFD siempre según nuestro jugar, para lograr el inicio de juego a pesar de que «vengan» gran número de HD contrarios a someternos a una «presión alta» a la salida del balón (FT). Para ello exponemos el ejemplo de un JS de 8V8 + 2, y vamos a suponer que en este EDJ los oponentes nos van a presionar con 7 HD, pues sus otros dos restantes permanecerán en su campo marcando a nuestros 2 HD instalados allí a tal efecto. Pero nosotros en ZA somos 11 HD, pues nuestro portero participa de este momento inicial del juego. Los HD en FD no intentarán progresar hacia la zona C del EDJ como lo harían en el juego real, sino demostrar a los HD recuperadores que podemos disfrutar de la posesión en esa zona «todo» el tiempo que sea necesario a base de tocar, tocar, según los criterios del PS de FD que así entrenamos. Pero los recuperadores deberán actuar con ese mismo «instinto», así estaremos practicando en variabilidad y reconociendo en cada situación de pérdida por qué sucedió.

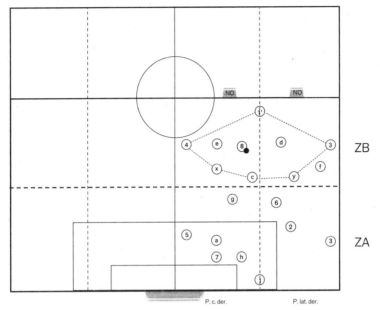

Esquema 46

Esta experiencia continuada nos hace obtener seguridad para poder llevar el balón hacia cualquier lugar en cualquier dirección y por cualquier «camino». Luego, en el juego real, utilizaremos de entre todas las exploradas y reconocidas las que en esa situación específica que ahora estamos viviendo entendemos como óptima. Será la que proporcione alta probabilidad de lograr conformar nuevos EENFD en un lugar deseado del EDJ contrario zonas C-D, si fuera necesario, y en el «buscado» momento y situación favorable. Y no es necesario poner unas pequeñas porterías en el esquema 46 sobre la línea del centro del campo para demostrar que logramos la salida del balón, dando un pase final a esas porterías. Ello ocasionaría dos situaciones no deseadas; los recuperadores se transformarían en defensores de las dos porterías obviando la intención de recuperar propia del FB. Por otra parte, los HD poseedores perderían su interés por el PS de multidireccionalidad, cuestión primordial para la conformación de los EENFD. En definitiva, estaríamos entrenando para jugar FT, conducir para superar, y defender las porterías, en vez de recuperar.

Hemos de entrenar siempre al modo Barça para generar alta seguridad psicológica a nuestros HD participantes, que se manifestará luego en saber cómo actuar en cooperación y ayuda mutua para conformar todos los EDFD y EDFR según los PS por todos conocidos al menos parcialmente en los JP, y que ahora serán completados para su aplicación en las situaciones de competición, pues todos los HD deben comprender que los errores que ahora aparezcan son solucionables, por lo tanto, no traumáticos, y así se consolidarán lazos interpersonales estables. Es cuanto aparecen, aceptan, reconocen quiénes valen para qué y quiénes no tanto. ¡Yo soy bueno en gestionar la conformación de cualquier EENF en las zonas B-C y pasillos izquierdos...! Esto es la seguridad psicológica que cada cual adquiere con la práctica de JS que han de ser ubicados en cada una de las zonas y pasillos de 2 + 2 en diversas situaciones, que harán aparecer, con el tiempo necesario de práctica, a los respectivos líderes cooperativos para cualquiera de todos los EDJ en los partidos, y que los entrenadores deben fomentar y conocer.

Así estos JS son antesala formativa para constituir un gran equipo que juega al FB. Seremos capaces de conformar EENFD en todas las direcciones según PS de multidireccionalidad, con la seguridad psicológica y el convencimiento de que, cuando queramos, pasaremos a jugar de ZB a ZC por los pasillos en los que los contrarios sean más vulnerables, y en el momento oportuno. De la misma forma, «avanzar» conformando los necesarios EENFD en zonas C-D para obtener el deseado pase a la red (PR), que todos queremos y que con ese fin estamos jugando. Para su entrenamiento, los entrenadores dispondrán de cada uno de los HD jugadores ocupando los lugares en ese EDJ según él entienda que podrán vivirlos durante la mayoría de las situaciones reales cuando el balón se esté jugando en el momento del inicio del juego (esquema 46). Así propone qué (1) y (1') sean los HD porteros, y los demás se dispondrán en la forma en que él estima como necesaria para que las vivencias-interacciones que se produzcan sean semejantes a las que en este espacio pueden aparecer en situaciones de juego real. Así los próximos se reconocen e interactúan con los alejados en alta variación para conformar los sucesivos EENFD que sean necesarios para jugar en la dimensión FB.

Vemos que los HD jugadores unidos (▬ ▬ ▬ ▬.) que están ahora conformando la CDN de ayuda mutua son (4)(1')(3)(y)(x) al poseedor (8), siendo los HD (x)(y) aquellos que el entrenador estime que hoy tendrán que ocuparse de las funciones de «comodines» libres jugando solo en FD. Al modo del (y) en los JP y que mayoritariamente jugarán «por dentro». Por su parte, con los dos porteros siempre en sus posiciones, practicarán en todo momento una simulada situación de inicio del juego, tomando decisiones de jugar por las bandas o por dentro para facilitar a los suyos el conformar los sucesivos EENFD acaso en QR de 5-5, como su entrenador quiere hacer, según la intención del entrenamiento del día.

Evidentemente se practican los PS de la FD para disponer del balón, y los de FR para recuperarlos en unas condiciones muy próximas a la realidad, pues los HD no tendrán que pasar por todas las posiciones, sino por las que han presentado ya antes, ser más talentosos. Pero sí variaron los HD compañeros que en distintas CDN tengan y deban conformar los EENFR o EENFD, en los distintos momentos del juego. Cuando los HD en FR logren recuperar, cuatro de ellos ya indicados por el entrenador ocuparán las posiciones fijas (2)(3)(4) y (5) de las bandas, y estos antes en FD pasarán a jugar en FR como ya conocemos de los JP en continuidad ininterrumpida, como en el juego real. Pasar de FD a FR sin transiciones.

Así se continúa jugando con una alta variedad en la conformación de cada EENFD según dónde esté ubicado el poseedor, bien sea más próximo al lado corto o al largo del rectángulo, 2 zonas x 2 pasillos donde estamos jugando, pues en los lados cortos solo juega un HD, el portero, mientras en las bandas tenemos 2 HD con los que interactuar de manera distinta. Hay direccionalidad sin haber porterías y hay multidireccionalidad cada vez que un equipo u otro juegue en FD, ante la necesidad de tener que mantener la disposición del balón el mayor tiempo posible y conformar los EENFD en distintos lugares, en parte facilitados por los cuatro HD fijos en las bandas largas, que los ayudarán a conformar las CDN de cooperación mientras los que lo hacen por dentro conforman las CDN de ayuda mutua, sin otro objetivo que el prolongar el mayor tiempo posible la FD. Con ello aumenta la seguridad psicológica durante la FD y el desánimo de los HD recuperadores, que solo se solucionará cuando ellos logren también FD prolongadas tras su recuperación. Estos valores anotados como psicológicos son también intención de nuestros entrenamientos para optimizar la estabilidad emocional ante lo contradictorio de la pérdida prolongada, que los activará para cuando recuperen, «cuidar» al balón en nuevas y prolongadas FD que nunca debemos evaluar por el número de pases dados, sino acaso por el tiempo de disposición del balón de cada equipo a lo largo de todo el tiempo de práctica de ese JS, que incluso ese valor podría ser considerado el de carga psicológica no deseada para los componentes del equipo perdedor, y tenerlo en cuenta en las sucesivas prácticas de los JS para la formación de los equipos, por parte del entrenador.

Ahora tenemos que indicar que los JS deben ser instalados ocupando la totalidad de subespacios (9) en 2x2 del EDJ reglamentario, y como la dimensión de este no es igual en todos los campos de los distintos estadios de fútbol, que como sabemos tienen unos límites mínimos y máximos reglamentarios, nosotros también debemos modificar las dimensiones de esos 2x2 que vayamos a utilizar, incluso entre series de práctica, en un mismo entrenamiento. Así podemos proponer una ZC entera y media de ZD en los dos pasillos centrales para practicar JS en espacios más parecidos a situaciones reales del juego en un momento de alto compromiso por el «fuera de juego» de los oponentes. La labor de los entrenadores es practicar en los nueve lugares del EDJ para identificar las diversas situaciones con las que se van a encontrar nuestros HD en los partidos, lo que le va a facilitar el observar los grupos de HD que tienen problemas y los que no, para solventar las muy distintas situaciones que los contrarios les puedan presentar, en cada uno de los diferentes espacios y momentos del juego.

En los JS se optimiza sobremanera la capacidad cognitiva del «mirar» para «ver» todo aquello que es necesario para actuar en la dimensión del FB. No hablaremos de neurofisiología o de bioquímica, sino de las interacciones e interdependencias entre el sistema visual respecto al sistema motor (kinestésico) y el de cognición-compleja del entorno de los HD. En otros términos, apreciar como lo que vemos influye en lo que hacemos. Nuestro sistema visual tiene unas propiedades entre otras que nos proporcionan ver para comprender el significado y la influencia-interacción espacial, entre los componentes, objetos, personas..., y demás «fenómenos» físicos del entorno observado. Para ello cada HD tendría que «explorar» continuamente, perfilarse y girar su cabeza-mirada trescientos sesenta grados según sus actitudes motrices, con el objeto de poder actuar con una intención en ese espacio dinámico en el que se encuentra. Con toda esa información visoespacial que aporta nuestro mirar logro «ver lo que veo», distinguir de ello lo que conozco y lo que no; ya hemos indicado que hay que ver antes, durante y después de ejecutar un pase. Esta información la tratan nuestras capacidades cognitivas de representación:

- **Ontológica**, que nos indica «qué es lo que veo», su esencia, sus virtudes, con la seguridad del conocimiento cierto.
- **Icónica**, que nos aporta «qué significa eso que veo» para el jugar al FB, su significado y significante.
- **Recursivo-reflexiva**, que nos «recuerda el resultado» que en otra ocasión tuvo esto que ahora yo y nuestro equipo estamos viviendo. Sobre todo, en referencia a los HD que estamos en CDN de ayuda mutua en los últimos EDF que hemos jugado. Por su grado de emotividad.

De esta forma, la mirada aporta datos suficientes para que nuestras capacidades cognitivas los procesen en la forma indicada, y así poder identificar lo que veo, qué significa ahora y si he visto el resultado que tuvo ello en otro momento que he vivido antes; que es lo que recuerdo de tal evento. Todo este proceso da origen a cierta propuesta que será una forma-sucesiva-simultánea de realizaciones motrices extraídas del repertorio de actuaciones que cada HD dispone en su memoria motriz fruto del entrenamiento diario realizado al modo Barça, desde el pase entre dos, hasta los JS que hemos propuesto que constituyen las referencias recursivas que cada HD dispone para afrontar las múltiples situaciones del jugar al fútbol. Con estas cuestiones expuestas no estamos proponiendo nuevas teorías de aprendizaje cooperativo, sino el resaltar la necesidad imperiosa de que nuestros HD en todos los momentos de la práctica sea esta cual sea, deberán «mirar» en las condiciones que hemos expuesto. Y que debemos continuar insistiendo día tras día, sesión tras sesión en esta cuestión, que está al alcance de todos los HD sean de la edad que sean, para ampliar su heurística organizacional.

Todos los juegos de pase hasta aquí expuestos nos ofrecen posibilidades inmensas para practicar la «esencia» del FB, mostrándonos su jugarlo como una unidad funcional sin «partirlo» en defensa-ataque, pues en todos practicamos el disponer el balón o el recuperarlo sin dudas, sin transiciones, en continuidad incontestable. Al no existir porterías «el atacar-defender desaparece», y podemos centrarnos en cómo, cuándo, por qué y para qué nos pasamos el balón y en cómo recuperarlo en caso de perder momentáneamente su dominio. Es nuestro jugar, y así lo hemos mostrado en estos juegos de pase. Además, en los JS proponemos a nuestros entrenadores contenidos del jugar al FB con prioridad en la ubicación específica de los HD participantes, y la finalidad de aprovechar al máximo las interacciones y el diálogo diverso entre todos los HD del equipo con el objeto de maximizar su integración en el grupo, su habilidad para cooperar, gestionar y resolver situaciones confusas y a veces conflictivas, así como desenvolverse en contextos diversos donde solo «contando» con mi equipo se podrán solucionar.

Nuestra propuesta se completa con los *partidos* que se realizan en la sesión, como culminación del proceso que nos llevará a la optimización integral de aquellos HD que desean ser HD practicantes-competidores de nuestro jugar FB.

Así disponemos de:

Se nominan según las dimensiones espaciales de sus EDJ, en relación y como unión conceptual, no según la progresión a los JP y JS. Todos ellos son juegos de pase, aunque en estos aparecen objetivos y medios del jugar que pueden parecer contradictorios con los planteados hasta ahora en los demás juegos de pase, por ejemplo, *la direccionalidad*; al pase se le añade la *conducción* del balón. No nos estamos contradiciendo respecto a lo expuesto hasta ahora; se trata de proponer en su justa medida alternativas de intervención entre los HD componentes de un equipo. ¿Y cuál es la justa medida? Es aquella cantidad de práctica que no desnaturalice las propuestas esenciales de nuestro jugar que hasta ahora hemos venido exponiendo. Que quede claro que posiblemente más del noventa y ocho por ciento de días de entrenamiento puede-debe terminar con alguna forma de partido de las que vamos a proponer, y que siempre estará relacionado con el interés-intención de la sesión, como conclusión de esta. Ni que decir tiene que todas estas alternativas de partidos que proponemos se practican-juegan en el EDJ con porterías, aunque en algunos casos jugarán tres equipos en competición, en ese EDJ, según veremos. Otra cuestión común es que habrá un árbitro que hará que se respeten todas las reglas de juego, acaso alguna de ellas modificada, pero muy clara, que se sancionarán como tales, o de otra forma convenida de antemano por el entrenador para incidir de manera constante y clara en el objetivo del partido en la sesión que estemos. Para esta cuestión en estos partidos también aparece el «comodín» que hace jugar al equipo en FD en ventaja numérica, como expresión-continuidad de una intención común con los JP o JS practicados en esa sesión. ¡Por ello no es necesario allí desvirtuarlos con porterías! Cada cosa a su tiempo y en su proporción pedagógica... Allí se tienen unos intereses, y ahora, en los partidos, se desarrollan aproximándonos a los intereses del equipo y para la optimización de los HD que en ellos participan. Tenemos que indicar que, aunque el chut, el pase a la red, no se practica en los JP ni JS, ya los habíamos mostrado como práctica en el momento de «mi amigo el balón», para la finalización en alguna de las ruedas de pase y en los recorridos. Así pues, la finalización también tiene su continuidad práctica en estos juegos del pase cuando en el partido fin de sesión haya esa intención propuesta desde su inicio, como interés común de cualquier partido. Ello constituye la unidad funcional de la sesión, criterio común en todas nuestras sesiones de entrenamiento.

Los partidos cortos (PC)

Llamamos así a uno de los tipos de partidos incluidos en la parte final de nuestros entrenamientos, que se juegan en un EDJ reducido a, más o menos, el doble del área. Es decir, 16,50 m x 2 + unos metros de largo, por 40,32 m de ancho, que es la distancia reglamentaria del área de portería, que se corresponde con los dos pasillos centrales de «nuestra» división del EDJ. Los juegan dos o tres equipos, como mínimo de cuatro HD jugadores, más portero. Con este número de HD nos centramos en la utilización preferente para la conformación de la CDN de intervención con los tres en CDN de ayuda mutua de nuestros EENFD en condiciones de alta variación. Si bien hay otras distintas intenciones del jugar, pues se juega en las zonas y pasillos en los que residen las máximas responsabilidades de nuestro jugar. Pues el equipo (X) inicialmente en FD juega en zonas C-D, mientras que el equipo (Y) en FR lo hace en zonas A-B hasta la recuperación. Hay varias alternativas de jugarlos, tantas como intenciones se quieran proponer en estos PC.

El esquema 47 es el EDJ para estos partidos doble de área. Con posibilidades de poder ampliar las distancias respecto a las porterías (◄⌒⌒►). Mientras la alternativa (======) sirve para modificar la amplitud del EDJ. Siempre habrá que ajustar ambas dimensiones, así como el tiempo de práctica, a las intenciones del entrenamiento.

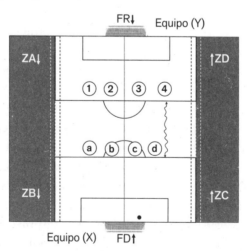

Esquema 47

En el primer caso, al modificar (←‿‿→), alargamos el EDJ de «nuestras» interzonas C y D, pues separamos los espacios reglamentarios de las áreas, asegurándonos que estas siempre serán respetadas en su totalidad, pues ello nos ofrece la práctica específica de «nuestros espacios», que es intención de estos partidos (PC), pues el equipo (X) en FD practica la conformación de los necesarios EENFD en su teórica ZC con la intención de acceder por alguno de los pasillos centrales a ZD con cierta ventaja, para lograr una situación de PAR y conseguir el deseado gol. Con el interespacio (←‿‿→) aumentado, facilitamos la conformación de los EENFD al equipo (X), y cuando lo reducimos los dificultamos siempre que aceptemos el fuera de juego como reglamento del PC en juego, cuestión que el entrenador puede modificar para fortalecer la intención de la sesión, poniendo «ciertas» condiciones, que, cuando son cumplidas por el grupo en FD, anulan el fuera de juego. De esta forma, se estimula a ese equipo para que cumpla con esos condicionantes y el equipo en FR a que no puedan cumplirlos. Con esta forma de atención selectiva grupal se potencia la heurística organizacional de los equipos. Por su parte, cuando modificamos el EDJ mediante (‗‗‗‗‗) haciendo los pasillos centrales más grandes-anchos, estamos facilitando al equipo en FD las acciones de finalización; por tanto, a los FR se los estimularán las actuaciones en sincronización de manera preferente. Cuando los hagamos más estrechos-pequeños, estaremos dificultando la actuación en la FD por facilitar el PS de sincronización en FR. Todo esto expuesto se enriquece cuando se propone que haya un HD libre, para jugar un 4V4 + 1, y ese comodín siempre juega con el equipo que está en FD, disposición del balón. Se puede indicar que él sí pueda «chutar» a gol, o que solo pueda hacerlo según y bajo ciertas circunstancias. O bien que no pueda hacerlo nunca. En esta última opción se estará viviendo una situación ventajosa para la conformación más variada de los EENFD al equipo poseedor.

En cualquiera de las opciones hasta ahora expuestas y cuando hemos incluido el HD + 1, no hemos acabado con las opciones de variar la práctica, pues aún contamos con la participación de un tercer equipo que entrará en juego cada vez que uno haga gol, sustituyendo al equipo goleado. El rápido saque del portero del equipo goleador hará que el equipo entre «enchufado» con los PS de FR, para recuperar y mantenerse en juego. Para todo ello debemos indicar que los mismos dos porteros permanecerán defendiendo una misma portería todo el tiempo del partido. Como hemos expuesto, vemos las muchas posibilidades de que disponen estos partidos PC para obtener situaciones de juego muy diferentes, a pesar del EDJ tan concreto-reducido que es semejante al que se van a encontrar nuestros HD cuando estemos en FD en estas zonas y pasillos centrales de los partidos contra equipos que juegan FT y acumulan cuatro HD en línea defensiva dentro de su área. Las variaciones propuestas en el jugar de estos PC nos ofrecen jugar en un ritmo de competición muy alto a sus participantes, que les posibilita disponer de opciones de finalización ante las defensas de los equipos que juegan FT con «sistema» de en línea de cuatro que implantan en el límite del área y los pasillos centrales, espacios en los que se juegan estos partidos, con equipos que practican el FT. Pero nuestros equipos no juegan FT, por lo que tenemos que indicar a nuestros HD que estén en FR que su PS de sincronización se inicie desde esa disposición de cuatro como vemos en el esquema 47. Con (1)(2)(3)(4) HD en línea ocupando los pasillos centrales del EDJ. Ya vimos antes este proceso de jugar para la FR. Estos PC son un «simulacro» de los mismos criterios allí expuestos, pero en espacios distintos y tiempos variables, y practicados con los mismos intereses que los expuestos en aquella situación, pero estos siempre tendrán la intención añadida de vivirlos en espacios muy reducidos por los contrarios y ritmos de juego superiores a los de competición, por ello podrán emplearse en los momentos definitivos de los partidos de competición real, donde acaso se den estas situaciones. Con estos PC, los entrenadores disponen de un medio de entrenamiento con los que practicar todos los CER en situaciones de alta exigencia perceptiva-motriz debido a las condiciones de proximidad constante de los HD contrarios, solo resuelta en parte por el HD que hemos indicado +1 en FD para solucionar esta contingencia. A algunos esto les parecerá irreal, cuando no es así, ya que esta ventaja se da en todos los espacios y momentos del jugar contra equipos que se organicen respecto a las porterías, ya que todos ellos defenderán la suya con una línea de como mínimo cuatro defensores cerca de su portería y posiblemente hacia la que nosotros llamamos ZC en la que nuestro control del balón en esa zona les hará retroceder a su frontal del área en el límite de la que para nosotros es ZD, con la ventaja que para nosotros supone el poder conformar EENFD con un igual o incluso mayor número de HD, tras su «repliegue» defensivo muy rápido y eficaz. Su bien jugar FT nos favorece, pues podremos conformar, entre los límites de la interlinea de nuestras zonas C-D, los EENFD que hemos entrenado en los PC en condiciones como estas, que ahora en los partidos los contrarios nos plantean por su jugar al FT. En conclusión, podemos decir que estos PC nos ofrecen niveles de práctica similares, y en algunas alternativas superiores, a los que se nos presentan en las zonas C-D en los partidos de competición oficial, donde los contrarios juegan en estas condiciones su FT.

Los partidos medianos (PM)

En estos partidos ampliamos el EDJ hasta el medio del campo, es decir, que las porterías se instalan una en su lugar, la línea de meta reglamentaria, y la otra frente a ella en la línea del centro del campo. Por lo tanto, entre 45-55 metros de distancia entre una y otra. Siempre son distancias aproximadas, pues cada equipo las ajustará a las dimensiones reglamentarias de su campo de entrenamiento y de competición. El EDJ se fija en las dos zonas A y B pero jugaremos según esquema 48 hasta utilizar casi los cuatro pasillos completos, o acaso reducirlos en algunos momentos según la intención de la sesión en el «ancho» de ambos pasillos (‾‾‾‾‾) laterales, en mayor o menor medida. Ello es para que el equipo no se acostumbre a jugar en unas mismas dimensiones en sus pasillos laterales, como sucede en la realidad de los distintos campos en la competición oficial. En estos PM podríamos utilizar dos equipos de entre 5 o 6 HD jugadores de campo más portero, y/o como alternativa, con uno o dos HD-libres-comodines, que solo juegan con el equipo que esté en FD. Normalmente se completarán partidos de 5V5 + 1 hasta 6V6 + 2, según el interés de la sesión y el nivel de los HD jugadores respecto a su conocimiento y práctica de nuestro jugar. Siempre con un portero por equipo, pues así se mantendrán cuando los equipos cam-

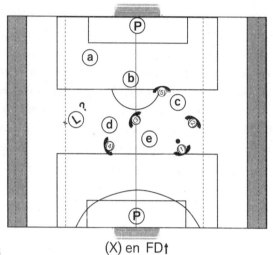

(X) en FD†

bien de portería, transcurrido el tiempo convenido de práctica del partido PM. Completamos así como máximo el llegar a jugar 7V5-8V6 HD jugadores de campo + los porteros. Los tiempos totales de práctica están en el entorno de quince o veinte minutos, que pueden aproximarse al tiempo real de juego de un buen medio tiempo de un partido de competición, pues, aunque es un poco por debajo, se compensa con que el ritmo es superior y muy continuo, sin parones, ya que, con cada falta o fuera de banda, el portero contrario pone en juego el balón de forma inmediata, y preferentemente con la mano, y sobre su HD compañero más próximo o el que tenga una situación respecto a sus HD más ventajosa, para que estos puedan con facilidad conformar el ENFD que ahora podrá estar conformado con tres de ellos en la CDN de ayuda y 3-4 en la de cooperación según el número de comodines. Es así cuando se quiera jugar con preferencia en alguno de los pasillos centrales, pero evidentemente ya con este número de HD existen muy distintas opciones. La experiencia y los conocimientos de nuestro juego del entrenador podrá indicar la intencionalidad deseada. Si bien en estos PM la aparición de los pasillos laterales y el número de HD de cada equipo permite por primera vez utilizar estos espacios en FD y en FR. Estos PM son ideales gracias al número de HD para practicar los PS de cada fase con un número suficientemente pequeño en cada CDN, que facilita sobremanera su rápida conformación en situaciones casi reales, lo que será altamente beneficioso para los HD participantes en ellos. Como vemos en el esquema 48, ya podemos conformar también ENFD con tres o cuatro HD en CDN de ayuda y uno o dos HD en CDN de cooperación si estamos jugando con un comodín en FD. En esta situación, el equipo en FR estará en inferioridad numérica por lo que sus HD, al aplicar el PS de distribución, tendrán que «descubrir» varios de ellos su necesidad de ubicación en los espacios intermedios de los HD en FD y estar muy atentos para anticipar sus acciones de las de sus oponentes en CDN de intervención y ayuda mutua para poder tener opciones de recuperar. Si no es así, en su siguiente redistribución necesaria tendrán que lograr una diferente sincronización para poner en aprietos la conformación de nuevos ENFD de sus oponentes. Todo esto referido a cuando estemos jugando el 5V5 + 1; sin embargo, cuando propongamos jugar un 6V6 + 2, tendremos que entender que jugar un 8V6 en FD en los espacios del PM es ya vivir, en ciertos momentos y lugares del EDJ, situaciones «cuasi» reales de partido, y con el valor añadido de la «densidad» numérica del EDJ, pues puede haber 14 HD en una zona y acaso un pasillo y medio de EDJ. Eso irá en beneficio de los participantes en ello, pues necesitarán alta eficiencia para conformar los EENFD a unos, y los correspondientes EENFR en desventaja numérica a los otros. ¡Y todos son de nuestro equipo! Todo esto válido para la optimización de la heurística organizacional, también obtenida en los PC, pero ahora en desventaja numérica significativa para cuando nos toca jugar en FR. Así, en todos los HD participantes, se presentará la necesidad de la personal autonomía decisional que les facilitará el cómo distribuirse en número y momento, para conformar todas y cada CDN en los distintos EENFD-R que se estén jugando. Todo ello en condiciones espaciotemporales-relacionales-situacionales que en estos PM se encuentran en un valor superior a los que se podrán encontrar en los partidos oficiales. La continuada utilización de los PC y PM con alternancia temporal, pero con la constancia de intencionalidades, es el específico medio del que disponen nuestros entrenadores para que los HD puedan y logren conformar con eficacia los sucesivos EENFD-R con alternancia y variación, al modo FB.

Los partidos grandes (PG)

Llamamos así a los partidos de entrenamiento que se juegan en un EDJ cuyas porterías se encuentran ubicadas en el centro de las dos respectivas líneas de área de portería pertenecientes a un campo reglamentario. Y los juegan (esquema 49) dos equipos de 7V7 + 2/3 y también 8V8 + 1/2 jugadores HD de campo, con su portero por cada conjunto. Es la primera situación en la que podremos «enfrentarnos» dos equipos completos de 11 HD para lograr exponer-practicar en una sesión de entrenamiento, cualquiera de todos y cada uno de los contenidos-componentes de nuestro jugar. ¡Pero nos falta uno! Los contrarios, pues en este caso son también HD compañeros que esperan y desean que las propuestas que les presentemos les sean útiles-eficaces para cuando se «enfrenten» a los verdaderos «contrarios». La solución a esa inevitable coyuntura está en el significado que le demos a ganar ese partido. Solo es solucionable gracias a la grandeza más sublime del HD que, como ser inteligente, su cerebro le permite dirigir su atención hacia donde quiera dentro de todo lo que ahora vive en el entorno en el que está implicado. El resultado cuantitativo de ganar 2-0 en esta práctica de entrenamiento tendrá el significado justo cuando todos los presentes en esa práctica vean el re-

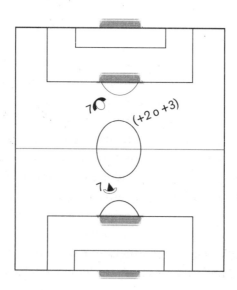

Esquema 49

sultado como consecuencia y no como finalidad. Como consecuencia de un proceso del jugar de ese equipo, acorde con unos términos-intenciones propuestas por el entrenador para ser hoy-ahora puestos en práctica por todos nosotros, HD que hoy hemos venido a entrenar, y que son necesarios para jugar al modo Barça. Veamos un ejemplo: en un momento del PG, el entrenador para el partido, que va 0-0, y comunica que Iván y Pedro, del equipo «verde», no pueden pasarse el balón entre ellos. Lo mismo sucede con Luis y Manolo de los «rojos». Todos saben que esos cuatro jugadores son los dos mejores de sus respectivos equipos. ¿Por qué después de reanudar el partido los rojos marcan dos goles? Posiblemente, la intención de la sesión fuera fomentar identificar la capacidad de liderazgo cooperativo de cada equipo, y ahora, con las indicaciones propuestas, ambos se quedaban «casi huérfanos» de sus respectivos líderes. Los dos líderes rojos han compartido su liderazgo, cooperando con los demás HD de su equipo al no poder relacionarse cooperativamente entre ellos. Lo han «entendido» antes y de forma eficiente respecto a los del equipo verde; es una cuestión que el entrenador debe indicar a todos, insistir en un próximo-alejado entrenamiento de su equipo para que todos los HD identifiquen, busquen qué hay que hacer cuando nuestros «mejores» sean bien «marcados» por los contrarios y no podamos contar tantas veces con ellos como quisiéramos.

Este es el valor específico de los PG: poder practicar en condiciones casi reales un mayor y distinto número de veces, situaciones de «estrés ambiental» que amenazan de alguna manera el bienestar de los HD participantes, el cómo estos son afectados en mayor o menor medida y cómo son resueltas en cada caso. El lector de este texto puede tacharme de ventajista, pues controlo-expongo lo que quiero que pase. Y no es así, pues, si el resultado continuaba siendo 0-0, podríamos apelar-informar al final de la sesión que los propios HD propusieran sus razones del porqué del resultado, y el entrenador encuadraría esas razones como práctica intencional del próximo entrenamiento. Sería necesario gestionar por medio de otro estrés emocional el PG del final de otra sesión dedicada a lo que los HD identificaron como posible o acaso desconocido estrés ambiental. Como vemos, el resultado no es el fin, sino la consecuencia. Antes ya hemos expuesto los grandes intereses de nuestro entrenamiento, y deben ser el motivo continuo de la práctica de estos PG. ¿Por qué en ellos jugamos en ventaja numérica de 2 o 3 HD en FD? Pues por jugar en un EDJ significativamente reducido, manteniendo un número de HD en él, próximos o iguales a los reglamentarios 11 HD por equipo, provocando con ello tener que hacer todo en un ritmo de mayor exigencia espacio-relacional, del necesario para jugar en el EDJ reglamentario. Hay un mayor número de actuaciones por unidad temporal, cuestión muy estimulante para optimizar la autonomía decisional en condiciones de estrés temporal, incluso a nivel superior a los partidos de competición oficial, a pesar de no tener «enemigos» reales. También en estos PG podemos-tenemos que proponer las mismas intenciones que ya habíamos explorado en los PC y PM para comprobar su nivel de instauración en el bagaje comportamental de nuestros HD, cuando se encuentran compitiendo en un espacio mayor y un número de HD igual a la realidad reglamentaria. Pero además y por estas condiciones de estrés espacio-relacional, la conformación de los EENFD-R se verá altamente comprometida, en la que solo los HD que dispongan del dominio de los PS específicos podrán proponer de forma integral los desempeños de valor competencial suficiente, para actuar en estos espacios, tomando las decisiones adecuadas, en cada momento de su jugar, tanto en FD como FR, que nos dé la iniciativa por jugar al modo Barça. Esta iniciativa se concreta en detectar oportunidades-momentos concretos donde poder, con nuestros EENFD-R, solventar cualquier situación y a la vez proponer otra nueva, consistente en generar contextos propios-específicos y comunes basados en los conocimientos validados por aquellos PS patrones-indicadores concretos y fácilmente comprensibles con los que cualquiera pueda intervenir en beneficio de los demás, y todos concluir en la conformación integral de los EDF necesarios para cada situación que el juego requiera. Solo podremos cambiar-controlar el signo de un partido jugando así, siendo nosotros mismos, con la resiliencia e iniciativa que vivimos en estos PG, pues todo esto no es una enseñanza teórica, se entrena, se practica implementando los PG como entornos amables donde se disfruta en actuaciones siempre colectivas, cuyo objeto es minimizar los riesgos de perder el balón en los sucesivos EENFD, valor identificativo de nuestro jugar, acceder a un espacio deseado desde donde alguno de nuestros HD en «representación» de todo el equipo tenga una situación de hacer un pase a la red de la portería contraria, que es la intención y la finalidad de nuestro jugar.

En el desarrollo del juego en estos PG se practican las «acciones» a balón parado. Si no hay en ellos fuera de banda, faltas, saques de esquina, penaltis, el entrenador las marca y las incluye en el juego. Cualquier falta en nuestro EDJ se saca en corto y sobre el HD, donde ya tengamos conformado el EENFD correspondiente, para continuar así jugando en FD saliendo con seguridad y eficacia de nuestro EDJ. En cualquiera de las demás situaciones el entrenador dispondrá soluciones-alternativas concretas que deberá indicar al equipo en general y que tendrá que practicar con cada equipo particular, por separado. Así pues, el que mejor lo ejecute según las propuestas del entrenador será el equipo que tendrá la posesión FD del balón para continuar jugando el PG que nos ocupa. Así, cuando ya dispongamos de opciones para cada clase de faltas, y cuando en los entrenamientos de PG haya esas sanciones, cada equipo decidirá colectivamente cuál utilizar, poniendo a prueba su heurística organizacional, que es intención clara del entrenamiento del PG en juego. También en los PG se practicarán aquellas situaciones «críticas» antes ya indicadas de inicio de juego en nuestra zona A bajo «presión» de los contrarios, o aquella otra que sucedía en la zona C y límite de zona D, donde y cuando los contrarios construyen defensas pobladas en sistemas (1-4-5-1) o (1-4-4-2) o similares, donde tenemos como solución el romper sus simetrías, como ya hemos comentado. En estos casos, acaso uno de los dos equipos tendrá que proponer un juego tradicional (FT) para que el otro pueda practicar estas soluciones; luego, solo en los partidos de competición, se podrá comprobar el nivel de eficacia alcanzado en nuestros entrenamientos. Una muestra más de lo ya propuesto sobre el alto valor informativo que la competición real ofrece a nuestros entrenadores y a los HD jugadores, sobre su nivel de estabilidad ante el cambio y la sorpresa cuando los equipos contrarios desarrollen-propongan estas alternativas, o no, en distintos momentos de algunos partidos. Los entrenadores utilizarán estas mismas artimañas indicando solo a uno de los dos equipos que participan en el PG que haga sorpresivamente de equipo contrario que juega FT, y ver cómo lo soluciona el equipo «sorprendido», que juega al FB. Si no lo logra, ya tenemos «tema» para entrenar. Estos son los grandes valores que los PG aportan a nuestros HD.

En estos tres tipos de partidos expuestos, los entrenadores tendrán siempre presente:

- Que la seña de identidad del jugar Barça es la intención constante de disponer del balón. Para ello, la corriente informativa del entrenador durante estos partidos será puntual, para fortalecer la idea de que quien dispone del balón determina el juego. Exhortará a todos los HD al compromiso de tenerlo-compartirlo con todos, para ser los «dueños» del juego. *¡El balón es nuestro!*

- Que todos estos partidos deben hacer entender a los HD que su participación en el juego no es una-su «jugada», sino un proceso continuo-discontinuo de actuaciones en interacción con sus compañeros HD por medio preferente del pase. Esta es la forma más limpia y clara de hablarse-comunicarse, para conformar los EEN-FD y «encontrarnos» entre contrarios sin darles opción de interferir en nuestras actuaciones, gracias a nuestros PS y demás conceptos que todos conocemos y ellos no. *¡Así nos comunicamos!*

- Que ha de hacer entender a todos sus HD que el tiempo corre a su favor cuando se autopredispone antes de actuar. Así, cuando pida el balón en FD o cuando se sincronice en FR con sus HD compañeros, es porque ya he identificado anticipadamente qué es lo que debo hacer para el bien del equipo en esa coyuntura que estamos viviendo y vamos a vivir el nuestro *continuum* del jugar. *¡Ya sé lo que debo hacer!*

- Que la psicología ambiental nos dice que el estrés ambiental amenaza el bienestar de los HD cuando son sometidos a él, generándoles síntomas incapacitantes momentáneos que se manifiestan en una reiteración de intervenciones individuales fallidas. Cuando el atento entrenador observa estos síntomas en algún HD participante en estos partidos, debe intervenir modificando las condiciones del entorno del juego, no «actuar» sobre el HD jugador. Ya conocemos las grandes posibilidades de cambio, sin necesidad de hacerlo con la intención que se tenía, que tienen estos partidos; esto es lo que hará el entrenador: modificar las situaciones-situación que están «castigando» a ese HD, sin modificar la intención que teníamos. Así evitaremos el estrés ambiental dañino. *¡Vamos a jugar!*

Todo lo que entrenamos son situaciones que viviremos en los partidos reales, contra HD contrarios de «verdad». Ya hemos indicado que, en los partidos, nuestros HD asientan sus conocimientos, validándolos con esta práctica real, incrementando así su afiliación al fútbol Barça. ¡Los partidos son el mejor entorno para la evaluación del entrenamiento! Y para eso los tenemos que utilizar... Así, cada vez nuestros entrenamientos podrán ser más eficaces, pero sin prisas, pues: «Al plantar sus semillas, nadie puede apreciar aún la belleza de las rosas», como dice la sabiduría popular.

9

Los hábitos operativos

¡Somos lo que hacemos cada día, de modo que la excelencia
no es un acto, sino un hábito!

ARISTÓTELES

Como consecuencia de nuestra forma de entrenamiento diario, todos los HD que lo realizan con una entrega total y convicción logran adquirir unos hábitos operativos y conductuales que los identifican como HD jugadores del FB. Estos hábitos (HO) se convierten en actuaciones regulares que aparecen siempre como soluciones-propuestas de todas las diferentes situaciones-acontecimientos que viven nuestros HD, en su jugar individual y en todos los partidos en los que participen de una u otra manera. Nacen de la casuística interaccional generada por la aceptación de las tríadas como rectoras de nuestro jugar, que concluyen en la interpretación necesaria de los PS generadores de acontecimientos singulares preñados de valores emotivo-volitivos, socioafectivos, y de una operacionalidad específica que nos identifica de una determinada manera de comprender y jugar al fútbol. Su práctica continuada y abundante en nuestros entrenamientos y partidos ante distintos equipos en las diferentes competiciones en las que participamos nos aportan la experiencia variada y múltiple que nos sirve para afianzarnos en las formas operativas por las que nos identifican los aficionados y seguidores de todo el mundo, como HD jugadores de un fútbol diferente, el FB. Como nos dice Aristóteles, y nadie le ha contradicho, los hábitos son consecuencia de lo que hacemos día tras día en nuestro vivir. En nuestro caso, en el entrenar día tras día, mediante práctica con la intención de lograr la excelencia. Así pues, tenemos que ser muy escrupulosos en nuestras propuestas prácticas, pero también en el lenguaje utilizado. Así el atacar-defender no existe en nuestro léxico, pero tampoco la fase con balón y la de sin balón, pues aceptamos con ella cierto tiempo de expectativa-dependencia de los contrarios que lo tienen. Dile a tu hijo: ven, que vamos a jugar al fútbol sin balón... ¿Nuestro cerebro acaso comprendería que se puede jugar sin balón al fútbol? Para nosotros sí existe el «recuperarlo» para jugar, que es lo que deseamos en todos los momentos de nuestros partidos. Por ello hemos expuesto la práctica masiva y específica, como características de nuestro entrenamiento, para lograr que los que así entrenan sean capaces de proponer situaciones en cada momento de su intervenir en el juego que sean interpretadas por todos sus HD compañeros, sin dudas ni errores, pues todos disponemos de un idioma común inequívoco, generador de intenciones al modo FB clarificadoras del cómo intervenir ahora para lograr modificar las condiciones del entorno (EDJ) como resultado de una completa y común identificación de lo que todos deseamos, con la firme determinación y energía que nos otorga la clara coincidencia de aquello ahora deseado. ¡La equifinalidad en cada actuación de todo el equipo que define el jugar al FB!

Se puede recurrir a la «metáfora» de equiparar estos hábitos con la luz, dado que la energía generada por la luz, al igual que la proporcionada por muestras tríadas, se propaga en un haz en forma de «onda» invisible que intercomunica a todos los «cerebros» de nuestros jugadores (HD) para una equifinalidad de acción, que siempre aparece en las distintas actuaciones de cada cual, pero como una luz que se manifiesta en los diferentes colores. ¿O es que Messi no tiene «una luz» propia de distinto color al que tienen Iniesta o Xavi, y todos juegan al mismo juego? Tienen la luz del FB. Ello sucede porque todos interpretan y comparten unos PS y disfrutan de la «claridad» del juego que su luz ilumina, dando color a unas propuestas inteligentes, diferentes y creativas de cada cual, confluyentes en un propósito concreto del juego (FB) de todos los HD participantes.

El contenido emotivo-volitivo de estas propuestas y sus efectos pueden acaso iniciarse a un nivel mecánico, el de cómo ejecutar cada acción, pero «la luz» genera posibilidades de interacción y «dominio» a niveles superiores. Así es la cognición compleja de cómo se ejecuta tal o cual acción, y la autoevaluación generativa, que se orienta hacia el incremento del bienestar personal de cada HD que juega a «lo nuestro». Pero dado que los sentimientos de bienestar o malestar personal son los causantes de nuestros estados emocionales, debemos incluirlos como los causantes, durante los partidos, de provocar situaciones y estados emocionales capaces de producir más variados signos comportamentales e interactivos mientras se está jugando. Solo por la intervención de «la luz» que los HO proporcionan, pueden nuestros HD buscar-crear nuevas formas de interacción que logren «estados vitales» centrados en poder regular sus intervenciones, para conseguir acceder a los estados de satisfacción-bienestar que les proporciona el jugar plenamente al FB. De esta manera, el FB es un fútbol donde los sentimientos tienen un significado que sublima y carga de significantes las señales y los signos (CER) que hacen de cada participación una mezcla de inteligencia, creatividad y respeto al compañero tanto como al contrario. Todo ello sin renunciar a lo que todos deseamos. ¡Ganar!

En consecuencia, los HO son indicadores de nuestra forma de jugar, pues nos muestran-facilitan:

- Acceder al nivel de coherencia-operacional intracompañeros (equipo), ayudándonos a mantener y desarrollar relaciones estables y reconocidas por todos.
- Saber que estamos jugando de acuerdo con las tríadas y, por tanto, produciendo el jugar que nos identifica como FB.
- Dotar al equipo de autonomía durante todo el partido, cosa que facilita la conformación de organizaciones eficaces y eficientes (EDF) que «superan» las actuaciones de nuestros contrarios en un porcentaje elevado, para el disfrute nuestro, de nuestros seguidores, de nuestro entrenador, y lograr la victoria, obtener la armonía y ritmo variado durante las distintas fases y momentos del partido, por utilizar ciertos PS, y no otros, para así conformar los EDF necesarios en cada situación.
- Dar la posibilidad a cada jugador de poder siempre ayudar a sus

HD compañeros como ellos quieren ser ayudados, en los tiempos y espacios que aportan valor a su acción. Así entendemos el valor de aquellas interacciones que nos unen, como de alto «sentido» cooperativo-altruista.

- Crear unas estrategias comunes a todo el equipo, para lograr superar con seguridad cualquier situación de incertidumbre que acaso pueda suponer perder cierto nivel de estabilidad no deseado, en algún momento del partido, pues sabemos que cualquier error se enmendará entre todos.

- Poner en evidencia que el valor del equipo es siempre mayor que lo que cada uno pueda aportar individualmente al juego.

- Promover-aprovechar el talento individual cuando está puesto al servicio del equipo. Es esta la única forma de que puedan manifestar libremente tales talentos aquellos HD jugadores que ostentan estas capacidades.

- Hacer que los entrenadores atiendan, estimulen y respeten la manifestación libre de sus HD jugadores, pues son sin duda expresión de lo que él ha propuesto como práctica preferente durante sus entrenamientos, y así las reconoce y fomenta a lo largo de los partidos.

- Aportar la capacidad y posibilidad para generar nuevas y diferentes morfologías y arquitecturas a los EDF por conformar, en todos los momentos de cualquier partido, tanto en FD como FR. Eso nos otorga la iniciativa y creatividad del juego.

- Desear participar en todas las organizaciones (OH) que requiera en cada momento el jugar, para conformar los EDF que correspondan, asumiendo la responsabilidad que en cada situación le pertoque, según el objetivo por todos deseado y no eludir la confianza que todos han depositado en él/ella.

- Aceptar siempre el compromiso que estos HO proponen como leyes no escritas que atañen a todos los HD, pero que, por ser interpretadas por cada uno, no coartan su libertad individual, y, sin embargo, deben aportar la coherencia operacional identificativa de acuerdo con los PS del jugar al FB.

- Lograr el cómo poder ofrecer a los espectadores creatividad, belleza y eficacia a partes iguales, pues los HO proporcionan a cada HD el jugar según los talentos de los que dispone, y no solo los físicos del «mucho correr»...

- Poder, cuanto antes y con precisión, identificar la intención del jugar de los compañeros HD. Para lo cual siempre utiliza los PS bajo el crisol de las tríadas que permiten lograr esa equifinalidad incuestionable, para cada uno y todos los espacios-tiempos del juego.

Deberás tener presente que todos los HO que tú utilices son visibles para todos, para los contrarios también, por lo que deberás utilizarlos con variantes personales nunca repetitivas. «Amagarlos» hasta el último momento de su realización, que es la forma de apreciarlos, para así siempre intentar confundir a tus oponentes más directos, pero evita cualquier situación de aislamiento. ¡Siempre hay «algo que hacer» para tu equipo! Y tendrás que manifestarlo por medio de los HO. Utilizando los CER de los que dispongas, para conformar las OH específicas que cada momento del juego requiere y tu equipo necesita.

Gracias a estos HO que a continuación proponemos, el EDJ deja de ser un simple lugar «continente» espacial donde se «amontona» el juego en el que domina el cuanto más mejor, pues así lo entiende el FT, y pasa a ser «contingente», ya que se transforma en todo aquello que es absolutamente necesario, lugares donde se pueda hacer posible el conformar cada EDF sin caer en la contradicción de la posibilidad de no poder utilizar en el tiempo justo aquel HO que cada cual dispone para lograr sus deseos para jugar al FB. Así aparecen en su esencia las dos situaciones espaciotemporales en FR-FD, sucesiones temporales imprevisibles e irrepetibles en el discurrir del macrotiempo del partido.

Sabiendo que el espacio es tangible y el tiempo es intangible, tenemos que vivir lo espacial y sentir lo temporal para que todos nuestros hábitos se muestren a su debido tiempo. Así, todo nuestro saber-hacer tendrá que manifestarse en ritmos globales con los «tempos» de cada HD. Concluyendo en ciertos hábitos operativos que deben aportar formas no de acción, sino de interacción propias de nuestro jugar cooperativo y creativo en distintos instantes del jugar de cada cual, durante todos los tiempos de y en cada partido (ideograma 26). Así se reparte la iniciativa del

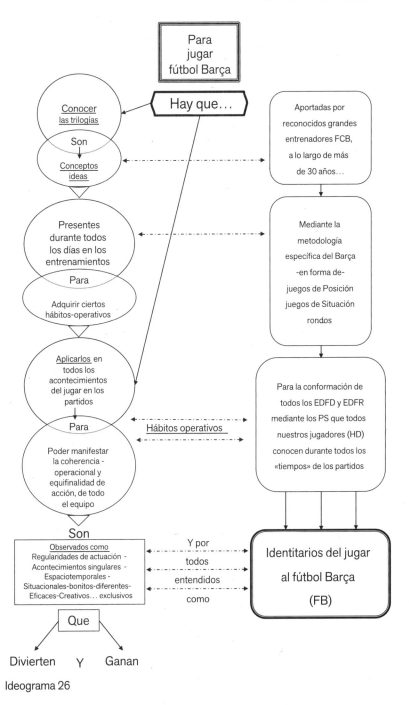

Para jugar fútbol Barça

Hay que…

Conocer las trilogías

Son

Conceptos ideas

Aportadas por reconocidos grandes entrenadores FCB, a lo largo de más de 30 años…

Presentes durante todos los días en los entrenamientos

Para

Adquirir ciertos hábitos-operativos

Mediante la metodología específica del Barça -en forma de- juegos de Posición juegos de Situación rondos

Aplicarlos en todos los acontecimientos del jugar en los partidos

Para

Hábitos operativos

Poder manifestar la coherencia - operacional y equifinalidad de acción, de todo el equipo

Para la conformación de todos los EDFD y EDFR mediante los PS que todos nuestros jugadores (HD) conocen durante todos los «tiempos» de los partidos

Son

Observados como Regularidades de actuación - Acontecimientos singulares - Espaciotemporales - Situacionales-bonitos-diferentes- Eficaces-Creativos… exclusivos

Y por todos entendidos como

Identitarios del jugar al fútbol Barça (FB)

Que

Divierten Y Ganan

Ideograma 26

ahora jugar entre todos, pues yo puedo jugar donde tú y tú donde yo; todos aprendemos de cada uno, y así el grupo se optimiza en cada partido al tiempo que el jugar fluye en estos términos de confianza e interacción. Así accedemos a la sublimación del compromiso, y los «talentos» individuales se pondrán al servicio del grupo. ¡Somos un equipo!

El espacio como continente en el FT es tridimensional, pero la contingencia del espacio en el FB es consecuencia de dos dimensiones temporales que se añaden por tener que conformar en tiempos distintos los EDFD o los EDFR. Por un lado, el ritmo global del equipo, y por otro el tempo individual que aporta la creatividad implicada en cada CER, sea este cual sea y sea como sea que se haya gestado su conformación. Así cada EDF en FB es multidimensional, pero de alta coherencia debida precisamente a los HO; a partir de este momento podemos proponerlos, escribirlos para su comprensión y sostén de toda práctica. Ello no constituye una propuesta cerrada, pues cada entrenador en su equipo podrá «descubrir» y utilizar alguno diferente que estime válido para dotar de personalidad a sus jugadores. Cada HO puede decir-proponer ciertos conceptos, pero estos solo empezarán a tener sentido para el jugar cuando lo expuesto se verifique con actos que expresen alta coherencia con lo ya expuesto en cada HO. Así se van adquiriendo por los HD ciertas características de su hacer en el juego que todos sus compañeros identifican como propias, y las respetan como tales. Sabemos que existe una manera muy extendida de llegar a conclusiones erróneas a este respecto. Y es atribuir a otros-todos nuestra propia visión del juego, pensando que nuestros HD compañeros tendrán nuestra misma forma de desentrañar esta o la otra acción, que tendrán la misma forma de interpretar mi pase, o la intención de mi desplazamiento en esa o la otra dirección, pues a esas conclusiones nos conducen nuestras vías lógico-asociativas de nuestro cerebro. Y la mayoría de las veces esto no ocurre. Es solo con la aceptación tácita de los PS como conseguimos una aproximación de aquellos posibles juicios de todos nuestros HD compañeros a una idea común, un HO de cómo jugar ahora y cada momento a una forma común de entender el juego para jugar al FB, desestimando respetuosamente otras formas de jugar al fútbol, pues aquella es sin duda la que nos identifica. Así nace la coherencia operacional ya mencionada, que no es otra que apreciar todo aquello hecho que no pueda reemplazarse por algún otro elemento, sin que con ello sufra el conjunto de lo hecho, se desnaturalice, se destruya la obra… Para los HD, sentir que, por solo realizar voluntariamente unos HO, se tiene la certeza de estar haciendo algo nuevo-necesario-interesante para conectarse plenamente con sus HD compañeros tiene un alto valor emocional; además de estar conviviendo con las tradiciones y enseñanzas de las personas HD que les precedieron en la misma forma-idea del jugar al FB. De esta manera, se afianza su compromiso con este camino único elegido, lo que le mantendrá en el esfuerzo necesario para poder legitimar los resultados que de esta forma se obtengan.

Por todo lo expuesto hasta aquí, pudiera parecer que los HO limitan la libertad, y no es así, pues es cuando en el jugar existe la posibilidad de elegir entre lo que hacer y lo que no cuando más se presentan problemas a la hora de tomar una decisión. Los HO logran congeniar la libertad y la necesidad de participar en una OH con otros HD que por obra de los PS comunes le están facilitando su elección, pues le están invitando al disfrute de quien festeja una «labor» compartida con ellos, y con otros muchos que antes les precedieron en esta forma de jugar. Y sabemos que nuestro cerebro es social, y estamos programados desde el nacimiento para interactuar con otros HD. Se aprende «en grupo» y de los grupos, pero los HO añaden el valor de aprender «como grupo» a través de compartir una misión que solo como grupo se puede lograr. Pues los HO inducen a la cooperación con generosidad, la solidaridad y el compromiso total, generadores de un alto valor socioafectivo, claramente superior a cualquier otra simple colaboración, entendida por muchos como suficiente y necesaria para jugar al fútbol en equipo, mientras la cooperación constituye en sí misma la recompensa. Y es que para jugar al FB es imprescindible jugar al fútbol «como equipo» creando vínculos emocionales y sentimientos de respeto a los compañeros, y asentar el orgullo de pertenencia a una institución centenaria que ha practicado el jugar un fútbol diferente, donde aprender y practicar la táctica y la estrategia son proyectos no útiles, pues la necesidad de actuar y el cómo hacerlo nacen en el FB de las evidencias plasmadas en tríadas y los PS que las transforman en una manera de jugar donde el comunicarse, ser solidarios y coaprender entre todos juntos son las alternativas de la táctica y la estrategia del FT. Estas expresan el deseo colectivo de ganar donde confluyen las expectativas de todos materializadas en un «objeto redondo» que siempre sorprende, el balón. Ese deseo colectivo tiene su fundamento en dos valores que parecen antagónicos, la disciplina y la libertad. Los HO los hacen no solo compatibles, sino necesarios. A la primera la transforma en una autodisciplina necesaria para que cada cual actúe en coherencia operacional con sus compañeros, pues todos quieren jugar al FB que las tríadas sustentan y los patrones semánticos (PS) facilitan. Y la segunda es posible cuando el entrenador no solo permite, sino que promueve, que cada una de las actuaciones de cada cual se desarrolle en la libertad de interpretar estos HO según sean entendidos y aplicados individualmente en los diferentes momentos de cada acontecimiento del jugar. Para apreciarlo no hace falta tener los «ojos» que Johan Cruyff tenía, sino practicar en cooperación la conformación de EDFD y EDFR con tus HD compañeros durante los entrenamientos y partidos donde practicar los HO que a continuación exponemos. Es la única manera de poder abreviar la distancia entre la ignorancia y el conocimiento para jugar al FB.

Exponemos un número mayor de HO para conformar los EDFD que los de EDFR, pues evidentemente nuestro juego se entiende desde el disponer del balón la mayor cantidad del tiempo de juego. Pero todos son necesarios-imprescindibles para jugar al FB, pues tanto en FD como FR serán indicadores de la eficiencia y eficacia operativa del equipo, y también disfrute para espectadores y técnicos seguidores de nuestra manera de interpretar el juego. Además, unos hábitos conductuales que son la trascendencia de los HO en «el juego» del vivir en sociedad.

Cada párrafo ha de ser interpretado y practicado durante y en cada entrenamiento, constituyendo así un motivo de conocimiento práctico de inmediata aplicación al juego. Este proceso se fundamenta en la capacidad de nuestro cerebro de «atención ejecutiva» que nos permite detectar aquello que cambia en nuestro entorno donde estamos ejecutando una tarea para poner la atención (fijarnos) en uno o varios aspectos de la realidad de ese entorno prescindiendo de todos los demás. Así, cada HO nos proporciona «descubrir» esa acción dentro de los complejos acontecimientos del juego. No aislarla del contexto, sino reconocerla para poder identificarla-evaluarla dentro de muy variados contextos, lo que converge en una intracomunicación e interacción con nuestros HD compañeros que incrementa el archivo comunicacional común, los CER que hemos venido mencionando, y poder identificarlos sin errores como transmisores fundamentales de la información necesaria para jugar entre todos al FB. Con todos, podemos manejar las situaciones estresantes que los oponentes proponen, y entre todos planificar-conformar los EDF necesarios en cada situación de juego, fijando metas comunes, lograr anticipar sus consecuencias. Algunos-otros HO exponen e indican formas para el autocontrol o la toma de decisiones de alta frecuencia operacional necesaria para no actuar de cualquier manera ante esas situaciones no deseadas, si no hacerlo al modo Barça, agrupando todas las funciones ejecutivas de nuestro cerebro en la «dirección» FB.

La sucesión de HO que exponemos no tiene ningún criterio ni de prioridad ni de orden, solo el de que son para aplicarlos-entenderlos-observarlos en los EDFD o para los EDFR.

Los HO en EDFD:

- Antes de dar un pase a tu compañero, valora el porcentaje que él o ella tiene de poder continuar en FD, sin perder la iniciativa y estabilidad del equipo. Mira tu entorno y el suyo, pensando en si el EDFD que allí se conforme logrará tener una mayor probabilidad de éxito del que ahora estamos compartiendo. Y toma una decisión con seguridad, confiando en tu compañero.
- Siempre que quieras «pedir» un pase a tu HD compañero poseedor «faro», has de generar previamente el espacio necesario. Hazlo por medio de trayectoria de simulación, con y en el tiempo justo para confundir a los oponentes cercanos. Todo ello sin acercarte a tu compañero, pues con ello seguramente facilitarías a los contrarios próximos también reducirlo, complicando el poder continuar en FD, contraviniendo el juego que los PS proponen.

- En la mayoría de las situaciones, no tengas prisa por llegar con un pase «largo» sobre un HD compañero ubicado en CDN de cooperación del EDFD que compartís. Saltarse una zona o más, con ese pase, acaso suponga una clara aproximación a la portería contraria, pero valora antes la probabilidad porcentual que tiene el equipo para conformar «allí» el EDFD que permita mantener la FD en los (T...n+1) tiempos sucesivos. Al mismo tiempo, evalúa si acaso él pueda estar en disposición de finalización en la portería contraria concierta eficacia. ¡Actúa en consecuencia! Has de conocer bien sus PCE.

- En todos los EDFD en los que participas, tanto en CDN de ayuda como de cooperación, ofrece constantemente una vía-línea de pase a tu compañero HD poseedor. Tienes que ver la luz del balón. Él decidirá a quién pasar, pero tú dale una posibilidad real. Te lo agradecerá. Dale opciones de multidireccionalidad, como indican los PS de FD.

- Ante la posibilidad de un pase largo o uno corto que tengan los dos muy parecidos porcentaje de éxito, deberás optar por el corto, pues con ello estás facilitando la conformación del siguiente EDFD a todos tus compañeros. Eso proporciona eficiencia y gran estabilidad al equipo y la adscripción al PS correspondiente del jugar al FB. Todo ello es lo deseado por todos.

- Para tu bien jugar tienes que entender y ponderar el perjuicio o el beneficio que para nuestro equipo supone cada uno y todos los acontecimientos vividos y por vivir. Eso te obliga a ser cuidadoso con cada acción, por pequeña que sea, o te la hayas propuesto en algún momento «neutro» de tu jugar. No debes hacer nada que sea inútil para ti o tu equipo. Para ello deberás tomar conciencia de «aquello que no es obvio», pues es lo que luego, en el transcurrir del tiempo de los partidos, suele crecer y crecer transformándose posiblemente en obstáculo, por haber pasado desapercibido, siendo un grave perjuicio para el jugar de nuestro equipo.

- Solo deberás descartar un pase o cualquier otra acción de juego «fácil» si, a cambio, obtienes tiempo-espacio para que tus HD compañeros puedan conformar el EDF en el que ahora estamos implicados. Si no es así, juega siempre fácil de acuerdo con los PS; tus compañeros HD te lo agradecerán.

- Todos los movimientos en tu jugar (CER) han de tener un sentido-significado-coherencia e interés para el jugar de tu equipo. Cuando actúes, será para «algo» que tus compañeros entiendan, compartan, agradezcan o acaso ahora necesiten. Jugar así es la forma de unir propósitos para lograr la coherencia operacional, que nos proporcionará tener la iniciativa del juego. Abandona tu propio interés, lucimiento y la codicia personal. Así protegerás y conservarás lo fundamental del jugar al FB. ¡El balón!

- Evita siempre y sin dudarlo enfrentamientos individuales con tus oponentes, siempre que estés en ZA o ZB. Piensa que, en ese momento, tus HD compañeros se están afanando en conformar un eficiente y seguro EDFD en (Tn+1) que pueda ofrecernos continuar con un porcentaje más alto de mantener la FD. No los defraudes «jugándotela» tú solo; confía en ellos. Si no tienes otra opción, temporaliza el juego protegiendo el balón esperando la ayuda, que sin duda llegará. Esta opción en zona D es otra historia...

- Entiende que, cuando estés ubicado en CDN de ayuda mutua con tus PS, deberás estar intentando provocar ventajas específicas de tipo numéricas y/o cualitativas, según la zona donde se inscribe el juego. Mientras que cuando estés en CDN de cooperación, siempre las posicionales pueden ser las más eficientes. ¡Acude incesantemente a lograrlas!

- Cuando apreciamos la evidencia de estar en cierto E-T actuando en «desventaja numérica», siempre puede existir la posibilidad de «repetir pase» como gran alternativa. Con ello generamos más tiempo para que nuestros compañeros logren conformar el EDFD correspondiente que nos proporcionará el continuar en FD rompiendo con la ventaja de los contrarios, y con esa u otro tipo de ventajas acaso ahora más eficientes conformar los sucesivos EDFD que nos den la continuidad pretendida. ¡Participa en ello!

- Ten presente que tus desplazamientos sin balón en FD para conformar con tus compañeros los necesarios EDFD sucesivos del jugar deben ser eficientes. Así, han de ser cortos, a velocidad ajustada a los tempos y trayectorias de todos tus compañeros. Y tienen que ser eficaces: que ofrezcan líneas de pase en cualquier situación del HD compañero poseedor. O han de ser trayectorias de atracción, para liberar de oponentes el entorno próximo de nuestro compañero poseedor, y también para «limpiar» la línea de pase que acaso otro compañero esté proponiendo. Pero, es más, tendrás que acceder a una ubicación en todo momento que te permita obtener alguna clase de ventaja clara para tu HD compañero poseedor o para ti mismo, que, aunque no sea utilizada por tu equipo, sin duda ocupará la atención de los oponentes, lo que favorecerá que nuestro equipo obtenga o mantenga la iniciativa del juego. Todos estos objetivos son elementos cualitativos para conformar tus trayectorias sin balón en FD, a lo que llamamos «actuación asertiva» de nuestro jugar. ¡Búscalas continuamente! Los PS las facilitan.

- Como ya sabes, en cualquier y en todas las zonas y pasillos del EDJ siempre priorizamos disponer del balón por medio de conformar entre todos los necesarios EDFD sin riesgos, e intentando aproximarnos a la portería contraria continuamente. Pero si en algún momento de este proceso de juego los oponentes en algún lugar del EDJ logran obtener posiciones fuertes, no hay que arriesgar e insistir en ese primer momento. No debemos alejarnos de ese lugar, pero nunca mostrando indecisión. Debemos, sin tardar, con los sucesivos EDFD por conformar, lograr reorientar nuestro jugar de nuevo, generalmente por otros pasillos para una nueva amenaza de la portería contraria, y con renovada energía proporcionada por la prolongada disposición del balón durante el tiempo necesario que nos otorgue otra ocasión de gol. El proceso continúa a nuestro favor mientras mantengamos la posesión del balón, así podremos optar a un pase a la red.

- No utilices CER que necesariamente reduzcan el espacio en torno a un compañero o coarten su iniciativa. Has de saber que siempre que reduces los espacios del entorno donde se está jugando se reduce irremediablemente el tiempo disponible para cualquier acción. Con poco tiempo para jugar, todo se precipita y los oponentes también estarán más cerca. Todo ello puede ocasionar aumento de dificultad en la conformación de los EDFD si no lo hemos entrenado con antelación y gran dedicación. Tenlo siempre presente, pues, si es este el caso, nuestro jugar será hermoso y ganador.

- Todos tus movimientos son CER y por ello deberán tener y proponer una intención clara de interacción cuando los utilices. Si eres receptor, ponte de cara y en corto en la CDN de ayuda mutua si es el caso y esa CDN del EDFD necesita tu aportación. Pero no olvides que el HD poseedor puede apreciar otras alternativas de intracomunicación con otro HD compañero, que puede estimarla como mejor que la tuya… No te desanimes, persevera en tus actuaciones siempre de acuerdo con los PS, acude a la conformación acaso ahora en la CDN de cooperación, allí serás más útil en ese momento y en esa situación.

- Generalmente, se acepta que la pierna dominante, sea la izquierda o la derecha, se emplea para jugar en largo y ejecutar las finalizaciones en portería contraria. Mientras que la «otra» es para dominar el juego en corto, los pases, controles y el juego rápido, en espacios reducidos donde hay que ejecutar cambios rápidos de dirección ayudando con y sin balón a la dominante. Así pues, las dos deben ser perfeccionadas en ambos aspectos del juego, pues ambas deben obtener la victoria en todos tus compromisos y los del equipo. Todo ello nos hace prestar atención a que cada uno cultive y «pula» su propio camino durante su constante entrenamiento. De ti depende.

- Siempre busca jugar «de cara», es de tríada. Para ello inicia pedir el balón a tu compañero no acercándote hacia él directamente, sino lateralmente; así indicas a tu compañero poseedor el lado que está más «abierto» detrás de él y que no puede ver. Él te pasará, si ve que detrás de ti hay alguna posibilidad, y jugará contigo en otra polaridad que dificulte la acción de los contrarios próximos. Además, aparece en ti la posibilidad de repetir pase con él o acceder al «tercer hombre» alejado, superando «líneas» de presión

(FT) de los contrarios. Siempre, todo esto es propio identificativo de nuestro jugar al FB, que los PS proponen.

- Recuerda que también es de tríada jugar a «un toque». Si no fuera posible, inténtalo a dos; es decir, con un corto toque de «control» antes de realizar el pase deseado. Este control es de «dominio» del balón que termina de llegarte, y debes hacerlo para:

  – Obtener otra posición para adquirir una postura personal equilibrada, nueva y disponible, adaptada al balón que te llega, y así poder mirar cómo están las cosas.

  – Lograr un nuevo necesario «perfil» previamente anticipado, respecto a tus HD compañeros y a la continuidad del jugar que deseas y estás buscando.

  – Acaso para dar algo más de tiempo para que suceda «algo» en tu entorno, pues lo que está sucediendo ahora no lo ves claro.

  – Puede que también lo hagas, en vez de tener que hacer una pequeña trayectoria de engaño por la proximidad de algún contrario. En este caso, el control será «largo».

  – O también para atraer a los contrarios hacia ese lado, que para esta ocasión será «lento», con pausa, hasta asegurarte de que has logrado el engaño, y vienen. En ese momento justo, el toque de pase se hace con el pie de la lateralidad del engaño, aunque sea el del primer contacto de control. Es la única manera de hacerlo en tempo ajustado al desplazamiento de los contrarios, que habías previsto y provocado. Si no aprecias la necesidad de ninguna de estas cuestiones, juega al primer toque, es del Barça.

- Debes saber que hacer las «asistencias» de finalización después de una larga FD, preferentemente por medio de un pase al pie o al espacio, y no tanto mediante un centro a la ZD y remate (FT), siempre ha sido un rasgo de identidad en el FB. Si bien este no deja de ser un pase aéreo sobre un espacio por «conquistar» a los contrarios; pero esa no es nuestra preferencia. Por ello y también preferentemente, los «saques de esquina» serán jugados en pase corto y al pie de un compañero. Este dará otro pase a algún compañero que ya forma parte de la CDN de ayuda mutua, o acaso de intervención del EDF, que ya se ha conformado mientras se realizaban los dos primeros pases. De esta forma y por medio de diferentes trayectorias que todos previamente conocen, gracias a los PS, logramos algún tipo de ventaja en los pasillos centrales de la zona D para generar una verdadera situación con alto porcentaje de lograr una finalización deseada, el gol. Acaso si no se logra este final, estamos organizados (OH) para pasar instantáneamente a EDFR en esa zona D y recuperar lo que es nuestro, el balón, manteniendo el proceso de juego a nuestro favor.

- Identifica y facilita en nuestro jugar, el hacer los EDFD preferentemente por los pasillos exteriores en zonas A-B, para atraer-abrir a los contrarios, para después, en ZC, por medio de diferentes ritmos, cambiar de pasillos, tanto exteriores como interiores. Esto hace cometer errores en la llamada presión (FT) de nuestros contrarios, cosa que proporciona no pocas veces acceder a la ZD en las deseadas condiciones a pasillos interiores o exteriores donde con ajustados pases, que no centros aéreos, lograr ocasiones para marcar gol. Jugando así en todas las zonas transitadas, podemos controlar el ritmo de conformación de nuestros EDFD, la iniciativa y estabilidad de nuestro jugar. Son cuestiones imposibles mediante centros aéreos y «remates» luchados, con acaso un cincuenta por ciento de probabilidad como máximo de éxito, pues los oponentes nos esperan en pobladas líneas defensivas. No dudes en ejecutar estas opciones y ritmos expuestos, para que nuestros seguidores disfruten tanto como nosotros; por poder acceder a variadas-numerosas ocasiones de golear.

- Cuando decidas conducir el balón estando en zonas B-C, en vez de pasarlo, piensa que estás mostrando la localización y el camino no de ti, sino de «nuestro tesoro», el balón, a todos los contrarios, próximos y alejados. Les estás ofreciendo el secreto de tu actuación, muchas veces rechazando la ayuda de tus HD compañeros, complicando la conformación estable de los sucesivos EDFD. Cabe la posibilidad de que esa conducción sea útil para «atraer» a algún contrario de su línea defensiva, y así poder obtener alguna ventaja en otro EDJ más o menos próximo donde podamos conformar con eficiencia el EDF deseado. En estos casos, tu conducción tiene que ser corta y a la velocidad que se ajuste a los tempos de tus compañeros, pues son ellos los que determinan la posibilidad de conformar el siguiente EDFD en el ritmo por todos previsto. En este caso, tu conducción habrá sido eficiente si logras pasar el balón allí donde haya más porcentaje de éxito. Calcula bien los riesgos de tu conducción en estos términos y no dudes en hacerla cuando estés en ZD y puedas finalizar. Aquí tu libertad y creatividad nunca serán coartadas.

- Es costumbre y rasgo identificativo del jugar al FB que el inicio del proceso de nuestro jugar en FD, excepto en el saque de «centro», lo realice nuestro portero. Puede hacerlo con la mano o con el pie, pero el pase siempre irá sobre alguno de sus HD compañeros. Portero, tienes-debes proponer... ¡Toma, vamos a jugar! Con un pase rápido y al pie de tu HD compañero, sin generarle dudas. Dale espacio y tiempo. Este debe ser el que ya esté formando parte de un EDFD que todo el equipo ha conformado pocos segundos antes, para sorpresa de los contrarios. Esta debe ser tu intención: darle, en el espacio-tiempo justo, el «poder» del balón, en el EDFD que todo el equipo ha conformado para facilitarte tu actuación. Solo así podemos generar las condiciones iniciales de un proceso sistémico para jugar al FB. El futuro-próximo del jugar depende de ello.

- También es identificativo de nuestro jugar el «tocar y tocar»..., por lo que algunos nos critican y otros nos ensalzan e identifican. Este tocar y tocar no es un «tiki-taka» sin objetivo ni razón, como algunos interpretan. Por el contrario, es hacer creer a los contrarios que no hacemos nada, pero sí lo hacemos, pues, por cambiar rápidamente y con insistencia el balón de lugar, logramos mantener un alto grado de atención-tensión en todo el equipo contrario, si estamos preferentemente ubicados en ZC, haciendo incursiones por los pasillos laterales y centrales no pocas veces en zona D. Debemos realizar estas «maniobras» continuamente, con seguridad y según las oportunidades que en cada EDF del jugar podamos lograr. «Amenazar y no dar» es la cuestión para producir un desgaste de los contrarios al ir modificando los ritmos de conformación de los sucesivos EDFD cada dos pases, como mucho en tres pases. Estos cambios de lugar en EDJ del balón, acompañados de cambios de ritmo en nuestro jugar, hacen creer a los contrarios que vamos a realizar «algo», y ellos reaccionan. Lo hacemos nuevamente en otro lugar y a otro ritmo, y vuelven a reaccionar, hasta llegar al aturdimiento, sino al cansancio, de no saber qué va a pasar. Este es el momento-espacio cuando posiblemente tengamos una menor resistencia para hacer la acción por nosotros deseada-prevista de finalización con éxito.

- Todo ello también es fundamental en los momentos iniciales de ambas partes en todos nuestros partidos. En la primera parte, para obtener desde el primer momento la iniciativa del juego, y comprobar si «caen» en nuestra red de pases. En la segunda parte, para identificar si han cambiado de táctica (FT) respecto a nuestro juego de pases. Todos sabemos que con el trascurso del partido el «tocar y tocar» pone a nuestros adversarios en situación de desventaja, por el desconsuelo de no tocar balón y no identificar-reconocer para qué lo hacemos. Hasta que «sufren» por este desconocimiento la inesperada consecución del gol en ahora esta situación, que no tiene nada de especial-distinta de cualquier otra lograda en otro momento anterior de nuestro jugar. Esta es la razón fundamental de nuestro jugar al juego de pases: romper su simetría local para y hasta terminar en un «pase a la red» de la portería contraria, que ellos no identifican cuándo podrá suceder. Esto sucederá cuando nosotros vemos su aturdimiento y falta de atención que ni ellos advierten. Ten todo esto muy presente, entrénalo, confía en su alta eficacia y ponlo continuamente en práctica durante tu jugar al FB. Tenemos una metáfora perfecta para identificar la dinámica de este hábito fundamental del pase-pase-pase de nuestro jugar. Y es la metáfora de cómo «atacar» la cima del Everest. Nadie lo ha logrado de una sola «cordada» ni con dos, sino «vivaqueando» en sucesivos «campos» para irse aclimatando a la altura y al tiempo, que cambia inesperadamente. Los distintos equipos de escaladores van ascendiendo de un «campo» a otro más próximo a la cima, esperando su uno o dos HD del equipo que lograron llegar hasta allí, para que sean los que «hagan cima». Esperan todos el momento y situación en las que se dan las condiciones en las que los elegidos son fuertes, para que tengan más altas probabilidades porcentuales de «hacer cima». Les dan todos los medios que necesitan y esperan su regreso triunfal. Así es nuestro jugar al FB, pero con la ventaja de que nosotros podemos crear las condiciones «atmosféricas» que nos favorezcan para hacer cima, el deseado gol. Y si no es así, podemos continuar jugando.

- Es táctica común en el FT realizar preferentemente su ataque por la banda, pasillos laterales FB, más débil del equipo enemigo (como lo hacen en las batallas en «campo abierto» los ejércitos), pues es la zona más vulnerable. Y se informa qué costado es menos «poderoso», el de banda derecha o el de la izquierda. ¡Por allí vamos a «atacar»! En el FB no vamos a eliminar esa opción, pero la consideramos no muy válida, pues nuestros contrarios también conocen esa debilidad suya, y seguramente tendrán un plan de refuerzo pensado para solventar tal contingencia. Mientras que el lado fuerte, por gozar de la confianza del entrenador y de todo el equipo, seguramente carecerá de ese plan. Nuestro jugar en zonas A y B es jugar por esos pasillos, pero en las definitivas zonas C y D lo hacemos por los pasillos interiores, preferentemente en ZD. Con el debilitamiento paulatino del equipo contrario por nuestro tocar-tocar. Debemos acudir más veces, en los equipos que así sea, por su lado fuerte, pues como es «amenazar y no dar» causamos más fatiga al jugador lateral más fuerte por no tener un plan para él ante esta coyuntura. Eso sí, no podemos perder allí el balón. Esta actuación continuada genera desconfianza y sensación de inferioridad a los contrarios, pues ni su mejor lateral es capaz de robarnos, y será más «dolorosa» para nuestros oponentes. En esos espacios, hay que ajustar la conformación en mayor número nuestros EDFD, para hacerles más «daño» generando inestabilidad en esa banda, donde han dejado solo a su mejor lateral. Tiene su dificultad, pero da un gran rendimiento a nuestro equipo, tanto físico como emocional.

- Cuando hemos tenido éxito tanto en FD como en FR realizando actuaciones según nuestros PS específicos en un partido, no debemos repetir. Y si lo hacemos, que sea en otro espacio del EDJ, contra otros oponentes allí ubicados. Los HD aprenden la modificación temporal de nuestras actuaciones; los ritmos y tempos diferentes de su realización son el medio. Para lograrlo, basta con prestar atención y practicar en FD en variedad las «cosas pequeñas», como perfiles, postura, orientación corporal, elección del pie de contacto, número de jugadores próximos... Y en FR a las «cosas grandes» como dinámica del juego, nivel de iniciativa o ritmo de conformación de los EDF... Ello nos aportará poder hacer lo mismo de manera diferente en cada fase de nuestro proceso de juego. Pruébalo y verás el resultado, no repitas y repitas nada de la misma forma. Esto será un estímulo para el constante progreso de tu creatividad y disfrute personal.

- Tus ojos deben enfocarse tanto en alcance como en amplitud. Hay que ver cerca lo que está lejos, y lo que está cerca se debe ver con distancia. Viviendo lo cercano y sintiendo lo alejado. No puedes sentirte atraído por lo próximo, pues ello deforma la realidad del acontecer del juego, así como el fluir continuo del jugar. Si nos focalizamos en lo próximo, estamos caminando por la senda de la derrota, mientras que la fluidez entre lo lejos-cerca es el camino del éxito. Hay que practicar la observación e intentar percibir que son dos capacidades diferentes. El ojo que observa es más rápido, genera en el cerebro soluciones ya contrastadas, por ello las puede anticipar; conoce sus diversas consecuencias e influencias en el juego. Mientras que el ojo que percibe es más lento, pues tiene que contrastar todo este ahora con imágenes de su pasado, encontrar identidades. No es que tengamos una clase u otra de estos ojos, sino que el ojo que observa es el experto, y la mirada del aprendiz debe percibir, como paso previo al conocimiento. Esfuérzate en mirar a tu alrededor en todo momento para hacer de tus ojos expertos observadores; tu cerebro hará el resto.

- Se dice que unos «pies activos» dinámicos son necesarios para los HD en el fútbol; se debe conocer la forma de moverlos ante el doble requerimiento durante las acciones de juego, al tener que realizar simultáneamente las acciones de correr, desplazarse y conducir o tocar el balón. Esta doble función es objetivo de muchos entrenamientos. En el fútbol, debes entender que el juego se realiza, imagina y evalúa con el cerebro; los órganos exteroreceptores, sobre todo la vista, ayudados también por los órganos interoceptores, propioceptivos y kinestésicos, que aportan en su conjunción el maravilloso efecto del equilibrio, lo iluminan. En todo este complejo proceso, los pies son los «apoyos» activos de nuestro cuerpo sobre la superficie del EDJ. En el FB no existe una forma diferente de mover los pies, que no sea como lo hacemos al caminar, correr o saltar, para desplazarnos en las trayectorias deseadas y conectar con el balón. Bien sea para conducir de manera continua y sucesivamente, o para tocarlo con un mayor o menor impacto, energía, para dar un pase a un compañero con la intención de comunicarnos y compartir un propósito común. Con «el chut» a portería en sus diversas alternativas, estas acciones se completan. Serán posibles gracias a que en todas ellas se realizan unos determinados «apoyos» de nuestros pies, ligeramente modificados respecto a nuestra marcha y carrera, en función de la situación de juego que estamos viviendo. Se trata sencillamente de identificar el tiempo y la frecuencia de los apoyos de nuestros oponentes directos, no de su velocidad. Ver cómo se van alineando, «dejando» una «huella» imaginaria en el suelo por donde se va desplazando con o sin balón. Para intervenir eficazmente sobre su desplazamiento hay que identificar ese ritmo de apoyos, y el tempo-momento en que nuestro adversario está en el aire, que es el necesario momento de tránsito ineludible entre apoyos sucesivos. Sabemos que solo teniendo al menos un apoyo podrá cambiar de dirección su trayectoria, si nos adelantamos a ese momento, en su situación aérea antes del apoyo de caída, estaremos en condiciones de superarlo. Haciéndole salir de su trayectoria deseada o de no poder, en su caso, contactar con el balón en el lugar correcto y hacernos con él, para que todo esto sea factible tenemos que correr, desplazándonos a distancia de intervención y obtener un número de apoyos en un tempo superior o inferior al suyo. El superior para anticiparme al suyo cuando sea posible o el inferior esperando el «entretiempo» de fase aérea para intervenir. Este es el HO que debemos cultivar, como el gran maestro en este sentido, Andrés Iniesta. Parece que no es rápido, pero «se va» de cualquier adversario sin aspavientos ni espectaculares bicicletas. Muy al contrario, no parece apresurado, sino armonioso. Tengamos esto presente: nuestros apoyos se activarán en esta dimensión como variable temporal para superar adversarios con el balón o para acudir con el tempo exacto a la conformación del EDFD que en cada momento del juego sea necesario. Para sacar máxima ventaja de estas acciones deberás intuir la intención de tus adversarios próximos e identificar sus momentos de falta de atención o desánimo. ¡Ese es el momento! No es tu velocidad de apoyos, activados al máximo, sino armonizarla en FD con el ritmo del equipo y en FR con el tempo de apoyos de tu adversario directo. Este es un HO de alto rendimiento y eficiencia.

- En todos los momentos-situaciones del partido, y pase lo que pase, tu mente no puede quedar presa de tu cuerpo. Aunque superficialmente tengas el ánimo débil o creas estar cansado, permanece fuerte por dentro. No permitas que haya insuficiencia ni tampoco excesos en tu mente. Escucha su silencio intemporal y podrás disponer de toda tu energía. Es esencial para que todo el equipo cuente contigo y puedan saber que todos somos necesarios, imprescindibles, igual de «grandes» para nuestro jugar en «modo» FB, durante todo el tiempo del partido, sin pausa...

- Cualquier fricción o contratiempo genera energía negativa, por lo que tu pensamiento puede alimentarse con esa energía en cualquier dirección. Sé optimista, tenemos el balón; confía en tu equipo para canalizar tal energía hacia una salida genial a un hipotético contratiempo. ¿Cómo hacerlo? Has de responder inmediatamente con un pensamiento de una situación agradable vivida por ti con tu equipo de algún acontecimiento cercano exitoso; mejor si puede ser en una situación parecida. Nuestros-tus pensamientos transforman el mundo. Has de tener conciencia de lo que hay más allá de nuestro limitado contexto donde ahora juegas, solo así los obstáculos se vuelven relativos y podrás jugar en libertad, disfrutando de tu jugar.

- La puesta en práctica de tus deseos y aspiraciones por ser el poseedor del balón pueden modificar el entorno en tu EDF y acaso acércate a la meta; hazlo sin obsesionarte en alcanzarla ya. Ello puede causarte a menudo la pérdida del balón. Siempre antes, utiliza la «distracción», que es buena aliada para lograr tu deseada ocasión de gol. Da tiempo a tus HD compañeros de crear varios focos de atención a los contrarios, que es más eficiente que una sola individual amenaza, así haces también participe de ello a tus compañeros. Confía en ellos, pues están deseando cooperar contigo.

Por tanto, en entrenamientos del FB, no se trata solo de adquirir y mejorar los aspectos tácticos, técnicos y físicos de nuestros jugadores, sino de adquirir unas formas arraigadas en nuestro pasado, de «hacer un jugar» diferente; las tríadas dan a nuestros HD la posibilidad de poder experimentar la continua interacción entre el reto y el disfrute que, junto con el respeto a la identidad del equipo, dan la oportunidad de jugar al «modo Barça». Por ello, estos HO se ponen en la práctica cotidiana, para conformar los EDFD expuestos, que serán posibles siempre que también disfrutemos de los HO del pase que a continuación proponemos.

Los HO del pase

Como hemos expuesto en el capítulo 6, todo el jugar al FB es pase. Y la expresión máxima de esta forma de compartir el balón con los HD de mi equipo se realiza en la FD. Por ello, y para mostrar el «respeto» que le debemos, exponemos, por separado, estos HO del pase.

- Todo pase entre HD implica hacer una propuesta de actuación común que es buena y deseada para todo el equipo, pues, gracias a todos, los dos ejecutores podemos realizarla con eficacia, cosa que facilita la conformación del EDF en juego, o cualquier otra actuación por todos los HD deseada para nuestro jugar al FB. Hazlos siempre desde esta perspectiva; el juego fluirá con seguridad, sin dudas.

- Cada pase muestra una intención, pero que no termina en ese momento; si no es un pase a la red, es un paso más hacia ello. Muchos son trampa-distracción-engaño, para los HD contrarios próximos y más alejados, pues con ellos deseamos alcanzar ese pase a la red que todos queremos y que es el objetivo del juego; céntrate en cada paso-pase del camino al gol. Así se juega en equipo.

- Debo ser consciente de que con cada pase transmito, mediante la energía del balón, además de la intención común descrita, tiempo, espacio, posibilidades, recuerdos, sueños, respeto, amor... Y todo ello por medio de una actuación que dura escasos segundos. ¡Qué grande es este juego! Si bien tenemos que entender que eso solo es posible si el pase es «seguro». Sucede cuando el balón llega a su destino en condiciones amables, adecuadas a los talentos del HD receptor. No perder en este trance el balón es el argumento base de nuestro jugar y el pase es el vehículo transportador de nuestras «esencias» y «respetos».

- Todo pase hecho-ejecutado sin un previo mirar en las condiciones ya descritas es hacerlo a ciegas. Solo valdrá para liberarnos de la responsabilidad y el compromiso debido a nuestro equipo. Es jugar a la lotería de nuestros miedos-deficiencias y no al FB. Mira a tu alrededor antes y durante para tomar la decisión de a quién y cómo dárselo. Después para confirmar o no tu deseo, y así continuar activo en el proceso del jugar. Es la única forma de lograr mantener la iniciativa de tu equipo. Te sentirás reconocido por ello.

- Ya sabemos que mediante el pase nos comunicamos entre todos los HD compañeros para conformar los sucesivos EENFD que nos permitan conducir el balón entre todos los HD por los lugares del EDJ que deseamos. No descartamos para ello una conducción individual, que es una sucesión de automicropases, que persigue lograr el mismo efecto: conformar un nuevo EENFD en otro lugar del EDJ. Será corta y justificada cuando se haga para «facilitar» la conformación de un nuevo EENFD con el que lograr acceder a una nueva zona o pasillo donde «pillemos» en contramovimiento a los HD contrarios allí ubicados, y a los nuestros poder actuar según los PS de triangulación y multidireccionalidad para obtener un nuevo-cambio deseado de ritmo en la conformación del sucesivo-siguiente EENFD en juego, que con un pase posiblemente no habríamos podido lograr. Estas pequeñas-cortas conducciones y el repetir doblar pases facilitan estos cambios de ritmo en la conformación de los sucesivos EENFD que muchas-algunas veces son necesarios en zonas C-D para lograr situaciones de pase a la red. Siempre buscadas como colofón de nuestro jugar cada FD. ¡Hazlas en el momento justo!

- Un pase entre nosotros es una carrera para uno o varios de los contrarios, pues siempre ellos intentarán «robarnos» el balón. Mil pases durante un partido son mil carreras repartidas entre los componentes del equipo contrario. Muchas, todas, sin éxito si no hemos perdido un balón. ¿Qué han estado haciendo? Desesperarse…

- Siempre debo darte el pase como a ti te gusta, para que no tengas que acomodarte a mi ejecución, para que disfrutes de mi «regalo»; lo he hecho pensando en ti. ¡Es solidaridad y cooperación altruista!

- El pase es la principal forma de comunicarnos, es la comunicación-macro, la que tienen y entienden todos nuestros HD compañeros. Es la común, y también es reconocida en parte por nuestros contrarios. Hay una comunicación semántica paralela a la del balón; solo nosotros la conocemos como «escitala»; la empleaban los éforos espartanos para sus comunicados de guerra. También podemos pensar en los modernos mensajes cifrados, compuestos por códigos ocultos indescifrables para los enemigos; solo nosotros conocemos las claves del cifrado. Estos son los patrones semánticos PS específicos que se pueden emplear en las diferentes fases de nuestro jugar. ¡Utilizados siempre!

- En las zonas alejadas del pase a la red ZA y ZB, puedo utilizar pases «neutros» con una simple intención de conformar EDFD que proporcionen a los contrarios poca información, o información no significativa. Sin embargo, en las próximas ZC y ZD, la información no solo será poco significativa, sino engañosa e indescifrable por utilizar, ahora sí los (MG) microgestos. Así ahora las variaciones en el ritmo de conformación de cada EDFD son fundamentales para obtener situaciones de pase a la red.

- Es el momento donde-cuando la velocidad del pase y su variación producirán los efectos deseados de ruptura de simetría en su defensa, dándonos opciones de pase a la red, con el que culmina el proceso de nuestro jugar al FB en esa situación.

- La vía del balón debe no ser paralela a alguna de las líneas horizontales que limitan el EDJ, lo que indicaría que los HDR no estarán pidiendo el pase a la misma altura que su HDP, siempre lo harán en triangulaciones, según PS. Y recordemos la metáfora del billar a tres bandas...

- En los pases entre tres, una de las vías que forman los tres «actores» acaso podrá ser paralela a las líneas del EDJ, si por ello obtenemos algún tipo de V0 en el tercer hombre que sea muy relevante, o el deseado pase a la red, en ZD.

- En los pases entre compañeros de la misma CDN, y si es posible, se deberá «saltar» al contiguo próximo, con un pase a segunda estación en el que su velocidad será la información más eficiente, pues de ser alta informará equívocamente a los contrarios próximos que acudirán con prontitud a «presionar» a ese segundo receptor, dejando al compañero de primera estación que yo he saltado en condiciones óptimas de jugar libre de oponentes. Esto es lo que yo HDP pretendía con mi pase inicial a la segunda estación, saltándome la primera. Este tendrá que permanecer en la inicial CDN para y hasta que se consuma el engaño; así podrá recibir el pase de su compañero en segunda estación y jugar con espacio-tiempo suficiente el EDFD siguiente con una intención renovada, para facilitar su continuidad con todos los demás compañeros que, para ello, ahora están reorganizándose.

435

- Otra alternativa, pero con la misma intención, es la de repetir pase o doblar pase entre dos HD ubicados en distintas CDN, pues con ello logramos posiblemente atraer contrarios y a la vez dar tiempo a los demás compañeros para conformar el EDFD en los términos indicados en la QR que deseamos jugar, en ese lugar del EDJ en el que estemos.

- En el FT se ha adoptado como «muletilla» del pase bien el concepto «paso y me voy». ¿Adónde? ¿Para qué? Muchas veces se indica para «doblar» al compañero al que he pasado… En el FB siempre sabemos qué hacer y cómo hacerlo. Nos lo indica el nivel de conformación del EDFD que estemos jugando según la propuesta de la QR elegida a tal efecto por nuestro entrenador, que ya fue entrenada y vivida acaso en otros partidos anteriores. El «doblar» es tarea muy utilizada en FT, y será poco para el FB, pues la acción de doblar deja al equipo que desea conformar el sucesivo EDFD sin un jugador de la CDNAYU en ese momento, cuestión que posiblemente complique la QR en ese EDJ. El dos contra uno que obtiene al doblar pase se obtiene en el FB por otros medios, repitiendo pase en el juego a tres.

- Otra muletilla del FT es que el pase se haga siempre «fuerte». Ahora ya sabemos el alto valor que variar la velocidad del pasar tiene en nuestro jugar, así como el nivel de incertidumbre que causa en los contrarios tal posibilidad.

- Todo pase en FB nace de una intención común y de un conocimiento mutuo. ¡Esta es nuestra fuerza!

Los HO en EDFR

Piensa y siente la energía que te da el querer recuperar lo que es tuyo. ¡El balón! No basta con «saltar» al presionar al poseedor. ¡Hay que quitárselo! ¡En nuestro jugar, no hay fase sin balón! Esta es la intención, esencia y el fundamento de los PS para conformar el EDFR por medio de nuestra autoorganización. Así:

1. Valora el riesgo que tiene la situación de pérdida, referido al espacio-lugar donde se realizó, y actúa siempre en la dimensión de recuperación, para autoorganizarte en un tiempo óptimo, según los PS específicos de FR.

2. Recuerda siempre que no nos defendemos, pues ello significa dar la iniciativa del ataque a los contrarios, sino que en todos los espacios de pérdida nos «activamos» para la recuperación inmediata y así obtener una OH que logre el EDFR que deseamos. Observa a tus HD compañeros y no actúes solo. ¡Sincronízate con ellos!

3. Tu actividad, si estás cerca del «ladrón», se centra en que no pueda hacer un pase a un compañero mejor situado que él. Para eso, distribúyete, eligiendo la trayectoria que estimes de mayor eficiencia, la de oclusión o de acción directa que ya conoces. Ahora son eficientes.

4. En cualquier lugar del EDJ que ocupes, entorpecer la ayuda entre los jugadores contrarios, pero siempre esperando «el momento», no muestres al poseedor-oponente tus intenciones. Tu sincronización es fundamental.

5. En situación de peligro en ZA, sacrifícate con la intención de retardar la acción del poseedor si estás cerca de él. Las trayectorias de balanceo disuasorio y de obstrucción son ahora las más eficaces. Pero sin precipitación, con la de «balanceo» haces retardar la acción del oponente poseedor y das tiempo a que tus compañeros puedan allí redistribuirse y lograr un EDFR eficaz para la recuperación.

6. En todas las situaciones de pérdida no arriesgues con una intervención aislada y precipitada, puede que te superen y quedar fuera de la acción. Espera a tus compañeros para lograr con tu participación la redistribución sincronizada para la recuperación. Una trayectoria de refuerzo posicional en la espera puede ser ahora eficaz. Observa y actúa con decisión.

7. Ten siempre presente que, haciendo una falta o cediendo un fuera de banda, paras el juego de los contrarios, pero no recuperas el balón. Solo se pueden justificar estas acciones en fun-

ción de las realizadas en campo contrario, o si tu equipo ha perdido claramente su estabilidad por alguna actuación inesperada de los contrarios. Y nunca deberás aceptar estas acciones en la ZA.

8. Cualquiera y todas las acciones de recuperación FR se inician inmediatamente cuando se estima la pérdida, pero se ejecutan en una sincronización temporal siempre diferente. De aquí la necesidad de redistribución, pues cada cual desde su ubicación se recolocará respecto al poseedor contrario, y sus HD compañeros próximos, así como a mis propios compañeros próximos al lugar de la pérdida en tiempos y trayectorias diferentes, difíciles de predecir. Por ello modificarás tus trayectorias sucesivamente respecto a los HD oponentes y sus compañeros, según como los próximos se desplacen en la ayuda de su compañero poseedor, y en función de que tus compañeros vayan o no ocupando los espacios que habíamos nominado «calientes», para conformar el EDFR que corresponda. Estas dos funcionalidades requieren de un tempo diferente de sincronización que solo la experiencia del bien jugar y el entrenamiento te aportarán. ¡Afánate en ello! Así se inicia la contextualización para regresar al modo FB.

9. Si por tu precipitación, en alguno de los tempos que has utilizado, te encuentras aislado y el poseedor te supera en conducción, debes lograr que al menos lo haga por los pasillos exteriores. Hazte fuerte para conseguirlo. A continuación, vuelve por el pasillo central más próximo que te corresponda, para integrarte en la conformación del EDFR que tu actuación ha favorecido. Tus compañeros ya se habrán hecho cargo de ello, acaso ya contextualizados.

10. En general, entiende que, para obtener la autoorganización que en cada caso corresponda, todos tus movimientos-trayectorias y demás CER deberán anticiparse a los de los oponentes que estén en tus inmediaciones. Y a la vez serán premonitorios de las actuaciones de tus compañeros, estén estos donde estén. Así se facilitan todos los «contactos» de intracomunicación sincro-

nizada para conformar el EDFR deseado, y la coherencia operacional contextualizada para la FD que se logre a continuación.

11. Si recuperas el balón, recuerda que hasta que nuestro equipo, con su contextualización, no realiza tres pases, esa recuperación no es efectiva. Alinéate con los «preceptos» ya indicados para la recuperación inmediata. Estos tres pases son el objetivo, solo con ellos podremos obtener la equifinalidad que nos permita obtener una nueva autoorganización de éxito, en el Tn+1 del jugar inmediato. Y a partir de ello utilizaremos los PS de FD para conformar los sucesivos EDFD, o acaso una situación de gol, según el lugar del EDJ donde se haya recuperado el balón.

12. Cuando por la recuperación eficaz de un compañero tuyo acaso te encuentres en CDN de cooperación muy alejado del espacio de recuperación, busca en tu entorno próximo una ventaja posicional mediante trayectorias de oclusión de algún-algunos contrarios, o de refuerzo posicional en tus inmediaciones. Con ello puedes colaborar con el posterior EENFD de tu equipo cuando tu compañero recuperador se percata de esta actuación, pues en ese espacio conquistado por alguna de tus trayectorias pueden establecerse las bases de que, con un segundo pase nuestro, se obtenga ya EDFD que deseábamos lograr entre todos en ese lugar y tiempo, gracias a los PS utilizados con eficacia.

13. Ser eficaz en FR es conformar espacios donde la confianza en los compañeros y la equifinalidad confluyan para que, cuanto antes, reconozcamos el número de jugadores que constituyan cada CDN del EDFR, así como una arquitectura donde no se doblen funciones y la colocación de cada uno esté en consonancia con su PCE y su morfología no dependa de la ubicación de los contrarios, sino que esté mediatizada solo por la ubicación del balón. Solo así podremos obtener los beneficios de la previa sincronización de nuestro equipo, ser eficaces en la FR en el ahora To del jugar y adquirir la iniciativa, aun sin el balón.

14. Despejar el balón «golpeándolo» lejos, lo más lejos que puedas, pensando que con ello ganas tiempo para reorganizarnos es «ti-

rar piedras sobre tu tejado», pues en el FB la sincronización se establece en torno al balón. ¿Podemos acaso todos llegar allí? Cuando sin duda debíamos estar sincronizándonos en el lugar donde se produjo el golpeo temerario... En ningún caso es justificable esta actuación, pues además es un claro signo de impotencia individual y de desconfianza en tu equipo. Siempre es sustituible por una conducción de seguridad, en círculo, esperando la ayuda de tus compañeros HD que sin duda allí acudirán con prontitud, en eficaz triangulación-multidireccional a ese EDJ.

15. En todas las acciones de «balón parado» a favor de nuestros contrarios, nuestros EDFR se conformarán a base de trayectorias de agrupación, muchas de ellas preestablecidas por nuestro equipo y entrenadas al respecto. No son totalmente cerradas, pues desconocemos las intenciones y proyectos de los contrarios. Y es que, aunque conozcamos sus anteriores actuaciones al respecto, siempre pueden sorprendernos, improvisando una situación que desconocemos. Para estos «avatares» debemos disponer de organizaciones ecológicas, entrenadas a tal respecto en los PG, como hemos visto. Son estas las compuestas por trayectorias de todos nuestros HD jugadores, unas de agrupación combinadas-interpuestas con algunas de oclusión, acaso con otras de balanceo disuasorio, con el objeto de llevar la iniciativa frente a los «rematadores» del equipo contrario. Además, hemos de seleccionar uno a uno cada jugador contrario a los que someteremos nuestra redistribución en las trayectorias que les apliquemos a cada cual. Hemos de entrenar la sincronía de todas esas trayectorias anticipándolas a las que realicen cada uno de los contrarios, y para eso necesitamos conocerlas. El entrenador dará esta información y gestionará el entrenamiento de estas organizaciones ecológicas, altamente eficaces como autoorganizaciones en FR para nuestro equipo.

Nuestra sincronía de los tempos resulta fundamental para obtener EDFR en el lugar donde predecimos la caída del balón puesto que pusieron en juego nuestros oponentes. Una vez que alguno de nosotros logremos contactar con ese esférico, todos debemos reorganizarnos, mientras nuestro compañero, en esa efímera posesión, pueda protegerlo hasta que en su entorno hayamos conformado el EDFD que nuestra reorganización haya obtenido. Así en T(n+1) podríamos continuar en la deseada FD.

Todos estos HO, tanto en FD como FR, y los HO del pase son identificativos del jugar al FB, que se continúan con unos hábitos conductuales referidos a cómo vivir la competición que son diferentes de los HO y los complementan-suplementan, completando el perfil del jugador HD que compite bajo nuestros colores. Representan nuestra identidad, reconocida, respetada e identificada como de alta calidad humana y deportiva en todos los ámbitos del deporte en el que nuestros HD participan.

Entendemos estos hábitos conductuales del siguiente modo:

Hábitos conductuales del FB

- Cada oponente, sin saberlo, es un amigo disfrazado, pues nos permite descubrir de lo que somos capaces, ya que nos marca nuevos y desconocidos caminos para nuestra optimización. Así como el esfuerzo necesario para lograr la excelencia que necesitamos para superar a cualquier otro adversario. Optimizamos nuestro jugar, gracias a ellos. Respétalos.
- Respetando al entrenador durante nuestros entrenamientos y a los árbitros en sus decisiones durante los partidos nos dignificamos a nosotros mismos como HD, así como al juego que tanto amamos.
- El balón es nuestro amigo. Es el vehículo que nos proporciona la libertad, la creatividad, el compañerismo y el disfrute del jugar que deseamos. ¡Cuídalo! No lo golpees, tócalo con interés, compromiso y energía delicada-intencionada.
- Saludar a todos los contrarios al iniciar y finalizar el partido es comunicarles sincera reciprocidad en el respeto personal y a las reglas del juego, que nos igualan en posibilidades de triunfo, para

ambos equipos. Esto es libertad, democracia y confraternidad ante el esfuerzo desplegado.

- La comunicación por medio y a través del pase es lo identificativo de nuestro jugar al FB. Hazlo siempre con el respeto, cuidado y cariño que se merece este jugar y la historia de este club.

- Has de entender que, llegando tarde a un entrenamiento sin que haya una causa de peso para ello, muestras un bajo nivel de compromiso con tu equipo y con la autodisciplina que debes imponerte. Ambas cosas imprescindibles para ser jugador (HD) de este equipo.

- Debes respetar siempre la camiseta (el número) que llevas; tienes que lograr alcanzar metas particulares y éxitos de grupo, superiores a los que consiguió tu antecesor. Con ello demuestras tu entrega absoluta al club al que perteneces; no necesitarás besar el escudo para demostrarlo.

- Organiza y cuida los lugares donde entrenas-compites, con ello demuestras el respeto y cuidado de ti mismo, a tus compañeros con quienes lo compartes y al juego que practicas. «Juego limpio».

- Solo el reglamento puede coartar nuestra creatividad. Exprésate con libertad y respeto valorando su eficacia en la situación que ahora vives; te ganarás el respeto y el cariño de tus HD compañeros y de los espectadores-seguidores.

- El tiempo de juego de un partido debes entenderlo como un «simulacro» de tu vivir, pues en su discurrir sin pausa debes realizar todo lo que deseas y para lo que te has preparado a conciencia. Vívelo como tal, nunca te defraudará si así lo haces, ya que hasta la derrota y el desencanto te servirán para demostrarte a ti mismo unas nuevas posibilidades de gestión de unos nuevos caminos de felicidad.

- Lograr un gol no es el fin del proceso, sino el inicio de otro; nos abrimos a la posibilidad de identificar como fue ese logro y el poder conformar nuevos entornos que nos den la posibilidad de repetirlo con una probabilidad de lograrlo de nuevo que ha crecido, aun en situaciones nunca iguales en un futuro-nuevo momento del partido.

- La ayuda, el respeto, el compromiso y la cooperación con los demás compañeros HD es siempre algo prioritario respecto al lucimiento personal en cualquier situación del jugar de todos los partidos.
- En el jugar de cada cual debe valorarse tanto el esfuerzo y entrega como el talento ejecutivo-creativo. En cada situación del partido cada opción tiene su momento, y por ello todo es necesario. Demuéstralo en los entrenamientos de cada día, así te conocerán tus HD compañeros y tu entrenador.
- El compromiso personal nos obliga siempre a intentar hacer «algo» nuevo y mejor de lo que soy capaz de hacer ahora, en este momento de mi vida deportiva.
- En nuestro jugar, la técnica es el sustitutivo de cualquier otro valor en la realización de las tareas del jugar. Solo la belleza se le acerca; la violencia ni se contempla.
- El conocimiento continuo de unos y renovados objetivos comunes, compartidos por todo el equipo, nos ofrece el entrenar-competir-vivir cada partido con renovada intención, entusiasmo, así como con una energía ganadora e indestructible ante la adversidad de una dolorosa derrota.
- La «esencia» de nuestro jugar es disponer del balón el mayor tiempo posible. Poder compartirlo entre todos los HD del equipo para que, comunicándonos, disfrutemos de él, sabiendo que ello nos llevará sin duda a la victoria deseada. Para ello practica «abundantemente» y de forma variada el pase, con todos sus «aditamentos» en cada uno de tus entrenamientos y partidos, sin descanso y durante toda tu vida deportiva. ¡Es el mejor consejo que puedo darte!

De todo lo aquí expuesto nada es más importante, pero todo es necesario para obtener y mostrar una forma de vivir el tiempo de juego. Si lo trasladamos a situaciones de nuestro día a día, se puede transformar en la guía identificativa del llamado ADN Barça.

Epílogo

El ADN Barça

Desde hace tiempo se reconoce y se acuña como identidad diferenciadora del sentir-vivir-ser del Barça en aquellos deportistas que por convivir cierto tiempo inmersos en el ambiente-entorno de este club integran en su haber ciertas formas de habilidades comportamentales psicosociales, que les otorgan argumentos para vivir-convivir de cierta manera identificativa, única, en los espacios de juego de los distintos deportes en los que participan nuestros equipos.

Se «sospecha» que esta potestad se adquiere en un lugar «fantástico» llamado la Masia. Esta identidad, durante mucho tiempo simbólica, ahora puede tomar cuerpo y esencia real, tras conocer las conclusiones del Proyecto Genoma Humano en 2003. Se desmitifica la creencia de que lo que nos hace lo que somos, y bastante de lo que podemos ser en nuestra vida, está «escrito» en nuestros genes ya desde nuestro nacimiento. Muy al contrario, en sus investigaciones, la llamada epigenética admite que pequeños e insistentes cambios bioquímicos frecuentes sean altamente influyentes en las maneras de cómo y cuándo se expresan durante nuestra vida los genes. Estos microcambios que genera nuestra propia vida pueden llegar a marcar de manera significativa nuestro material genético de una u otra forma, y, por lo tanto, la información contenida en el ADN de cada individuo, haciendo que se exprese o no, y cómo lo hace o puede hacerlo.

Por tanto, el valor semántico ADN Barça puede tener un nuevo significado que hasta ahora era solo simbólico para la mayoría. Se transforma en un reto para nuestros entrenadores, educadores y cuidadores, para que ahora más que nunca expongan-propongan continuamente a nuestros deportistas (HD) a ambientes vivenciales de ciertos contenidos y prácticas experienciales que porten contenidos identitarios del modo de «vivir» el Barça, tal y como hemos expuesto en estas páginas.

De esta forma, la epigenética aceptará, por su lado (y el entorno del fútbol por otro), la existencia de un ADN Barça en los deportistas, «nacidos» de la Masia. Sabemos que no es cosa de un día, ni de varios años, sino consecuencia de la continua «inoculación» en pequeñas pero incesantes «dosis» de cierta forma de vivir el juego y practicar ciertos contenidos seleccionados, específicos, de algunos elementos de intracomunicación, experimentados en las prácticas de sus entrenamientos-partidos durante el tiempo que han estado con nosotros. Así, son identidades conformadas al modo Barça, practicadas en espacios variados-variables de convivencia, donde los deportistas permanecen inmersos en «cierta» categoría de entornos complejos de realizaciones siempre compartidas, donde los valores humanos florecen y su fruto es un jugar diferente que resulta identificativo de nuestro jugar, vivir, convivir...

¡Es el ADN Barça!